KB273521

일본의 도덕과 도덕교육

洪顯吉

머리말

「일본의 도덕과 도덕교육」이라는 책을 쓰는 의도는 다음의 세 가지이다.

첫째, 우리 한국인은 우리와 가장 가까운 나라의 하나인 일본을 반드시 정확히 알지 않으면 안 된다. 왜냐하면 우리의 역사가 보여주듯 우리에게 좋은 일이나 좋지 않은 일이나 모두 가까운 나라와의 사이에서 일어나기 때문이다. 우리가 이웃 나라를 정확히 파악하여 좋은 일은 서로 격려하고 유대를 가지며 좋지 않은 일을 미리 예방함으로서 결국 두 나라사이에 바람직한 국제관계를 갖게 된다.

그런데 이제까지의 우리 한국인을 보면 착한 민족이라 그런지 다른 나라에 대하여 매우 착한 기대를 한다. 다른 나라가 우리 한국에 대해 좋지 않은 일을 하리라는 생각을 전혀 하지 않는 것 같다. 이런 마음은 우리 한국인의 바램이며 이상에 불과하다. 우리에게 주어진 현실은 그렇지 않다. 나라와 나라사이나 민족과 민족사이는 아주 냉혹한 경우가 많다. 자기 나라 또는 자기 민족이 살아가기 위해서는 주위의 나라나 민족이 착취의 대상이 되며 수단이 되기도 한다. 이러한 불미스러운 역사가 자기나라나 자기 민족에게 일어나지 않게 하려면 주위의 나라를 정확히 알고 자기를 강하게 기르는 길 밖에 없다.

우리가 일본을 정확히 알아야 한다고 할 때 무엇을 정확히 알아야 하는가, 라는 의문을 갖게 된다. 의문에 대한 대답은 우리가 현재 사는 모습에서 생각해 볼 수 있다. 우리를 보면 우리는 현재 여러 방면에서 다양하게 살아가고 있다. 이것은 일본도 마찬가지이다. 그렇다면 일본이 여러 방면에서 다양하게 살아가는 모습을 전부 정확히 알면 된다는 말이 된다.

그런데 정확히 알아야 한다는 말은 실제의 모습만을 아는 것이 아니라 실제의 모습 속에 들어있는 일본인의 사고방식까지 알아야 한다는 말이다. 왜냐하면 사고방식은 가치판단을 기반으로 하여 실제의 모습을 변화시키는 주체가 되기 때문이다. 그런데 가치판단이란 바로 도덕의 문제에 해당되므로 이 책을 쓰게 되었다고 하겠다.

둘째, 우리 한국은 경제적으로 잘 살아야 한다는 목표를 세우고 강조하고 있다. 그런데 잘 살겠다는 말은 무엇보다도 풍족한 의식주를 갖추는 것을 말하며 갖추기 위해서는 국민 모두가 부단한 노력을 하지 않으면 안 된다. 그러나 실제는 노력만 해서는 안 된다. 국민이 하나로 단결하고 협력하는 정신자세를 갖지 않으면 안 된다. 그런데 국민이 하나로 단결하고 협력하는 정신자세를 갖도록 하는 것이 도덕이요 도덕교육이다.

다시 말해 도덕과 도덕교육이 제대로 갖추어지지 않는다면 경제적 풍요는 존재하기 어렵다는 말이다. 설사 도덕과 도덕교육이 갖춰지지 않았는데도 경제적 풍요가 존재한다면 이는 다른 나라의 덕택이던지 아니면 노력의 대가로 온 일시적 현상에 불과하다.

일본은 경제적으로 한국보다 매우 앞서 있으며 경제적 풍요를 오랜 기간 누려오고 있다. 일본인들의 그러한 생활 속에 들어있는 그들의 정신자세를 정확히 보지 않으면 안 된다. 이러한 지금의 일본을 직시하는 데에 도움이 되고자 이 책을 쓰게 되었다고 하겠다.

셋째, 우리는 경제적 풍요를 강조하면서도 한편으로는 정신적 풍요를 갈망한다. 정신적 풍요란 많은 여러 가지 지식을 통해 자기를 알고 자기를 조절해 가며 주위에 좋은 영향을 주는 정신의 능력을 말한다. 그런데 이러한 정신 능력의 형성은 사회의 도덕적 분위기와 가정과 학교의 도덕교육에서 많은 영향을 받는다.

그러나 우리 한국의 도덕과 도덕교육은 경제적 풍요가 전부이고 대학입시교육이 전부인 것처럼 강조되는 현실 속에서 어찌할 바를 모르고 있다. 이러한 때 이웃 일본은 어떠한가 라는 의문은 도덕과 도덕교육에 관심이 있거나 연구하는 전문가에게는 하나의 중요한 기초연구가 되리라 생각한다. 그래서 이 책을 쓰게 되었다고 하겠다. 다음은 이 책의 내용이 어떻게 구성되었는가를 간단히 적어보고자 한다.

필자가 장기간 일본에서 살아온 경험을 기반으로 제1장에서는 일본사회가 보여주는 도덕을 그대로 적어보며 나아가 도덕과 도덕 속에 들어있는 도덕성을 구조적으로 고찰해 본다. 또한 이러한 도덕과 도덕성 구조가 유지 발전하기 위해서 제2장에서는 학교의 도덕교육, 제3장에서는 가정의 도덕교육이 어떠한가를 들여다본다. 특히 학교 도덕교육의 경우 우리 학교 도덕교육의 문제점을 생각해보고자 한·일 비교연구의 형태를 띠게 된다.

또한 이러한 도덕과 도덕교육의 배경에는 어떠한 도덕사상이 존재하는가를 둘로 나누어 정리한다. 제4장에서는 도덕과 도덕교육에 직접 관련 있는 도덕사상으로 도덕과학(moralogy)을 정리하며, 제5장에서는 많은 도움을 주는 도덕사상으로 석학의 사상을 정리한다. 와쓰지 데쓰로의 풍토사상은 일본의 육·칠십대를 풍미한 도덕사상이며, 나카무라 하지메는 매우 깊고 넓은 종교지식으로 일본인의 정신을 파헤치고 있다. 마루야마 마사오는 흔히 일본의 국체사상을 반대하는 사상학자로 말하고 있으나 그러나 필자는 국제화에 맞는 국체사상의 기반을 재구성하려고 노력한 학자로 보며 그의 사상을 정리한다.

제6장은 일본의 도덕과 도덕교육의 결론과 전망을 적어본 마지막 장이 된다. 특히 한국인과 일본인은 같은 조상을 가진 민족인가, 라는 의문과 이에 관한 연구는 일본을 정확히 알기 위해서 반드시 연구해야할 주제이며 동시에 일본의 도덕과 도덕교육 연구의 기초연구가 되므로 필자가 고찰해 본 것을 소개한다. 또한 본 총서의 취지에 맞춰 일본의 도덕과 도덕교육 연구에 필요한 대표적 문헌을 부록으로 소개하며, 색인, 일문초록, 후기를 붙여둔다.

일본 사회가 보여주는 도덕은 어떠한가

제1장
일본 사회가 보여주는 도덕은 어떠한가

문헌을 통해서나 여행 등의 체험을 통해서나 다른 나라의 어떤 내용에 관하여 이렇게 또는 저렇게 쓸 수 있으나 얼마나 정확하게 썼는가에 대하여는 많은 의문을 갖게 한다. 우리가 다른 나라를 알고 문자로 표현할 때 무엇보다도 요구되는 것은 정확성이다. 왜냐하면 다른 나라에 관한 어떤 내용을 기술했을 때 그것은 그 나라를 알리는 지식이 되며 지식이 가지고 있는 지식성(知識性)은 바로 정확성(正確性)이 되기 때문이다.

일본의 도덕과 도덕교육을 정리함에 있어서도 마찬가지이다. 그래서 십 년이 넘는 일본에서의 생활을 기반으로 일본의 도덕과 도덕교육에 관한 지식의 정확성을 일본이라는 현장에서 찾기로 했다. 다시 말하면, 현재의 일본인이 생활로서 실천하고 있는 도덕과 이러한 도덕을 다음세대에 전달하는 가정과 학교에서의 도덕교육, 나아가 이와 같은 도덕과 도덕교육의 배경을 이루고 있는 석학들의 도덕사상을 정리해 보자는 것이다.

1. 일본의 도덕

1) 일본의 도덕의 네 가지 폼

인간은 동물과 다르게 누구나 바람직한 삶을 누리기 위해 어떤 가치

기준을 갖고 「옳다」 「그르다」를 생각하고 판단하며 행동한다. 이러한 판단과 행동을 우리는 「도덕적」이라는 말을 붙여 「도덕적 판단」 「도덕적 행동」이라고 한다.

그런데 「도덕적 판단」을 하기 위한 일련의 사고과정을 합쳐 도덕적 사고(moral thinking)라고 하며 표면에 나타난 「도덕적 행동」을 도덕적 폼(moral form)이라고 부른다. 폼(form)이라는 말을 도덕교육 이론에서 언급하고 있는 사람은 영국의 교육철학자인 피터스이다.[1] 피터스는 폼을 방법이란 의미에서 사용하고 있으나 여기에서는 형태, 형식의 의미를 포함시켜 좀 더 넓은 의미로 사용하고자 한다. 그러면 먼저 일본인들의 생활에 나타나 있는 도덕적 폼 가운데 일본적 특징이 강한 네 가지 폼을 선택하여 살펴보자.

(1) 「인사」

일본인들이 널리 사용하고 있는 고지엔(広辞苑)이라는 사전에는 「인사」의 의미를 「사람과 만났을 때 서로 행하는 의례적인 동작, 말, 대응」으로 설명되어 있다. 이러한 인사를 일본말로는 「아이사쓰」(挨拶)라고 하며 의미는 한자가 말해주듯 「가까이 간다는 애(挨)와 다가간다는 찰(拶)」을 써서 「가까이 다가간다」가 된다.

이러한 인사의 의미에서 본다면 「인사」란 일본인만이 하는 것이 아니라 인간이면 누구나 하고 있는 공통 현상이라 하겠다. 뿐만 아니라 인사는 침팬지 같은 영장류 동물에게서도 볼 수 있다.[2] 그렇다면 왜 이러한 인사를 일본인의 도덕적 폼으로 그것도 첫 번째 폼으로 들고 있는가?

일본인들은 하루의 생활을 인사에서 시작하여 인사에서 끝내고 있다. 이러한 일본인의 생활은 인사를 많이 한다는 양적 측면과 인사를 아주 중요하게 생각한다는 질적 측면을 포함하고 있다. 그런데 일본인들의 인사에는 무엇보다도 눈에 띄는 것은 「만났을 때와 헤어질 때」의 인사와 「미안합니다」「고맙습니다」의 인사, 그리고 「처음 만난 사람」과의 인사라고 하겠다.

「만났을 때」와 「헤어질 때」의 인사의 특징은 「인사말」이 우리 나라처럼 「안녕하세요」「안녕히 가세요」 등의 한 가지의 말이 아니고, 아침, 점심, 저녁, 밤에 따라 다르다. 즉 「인사말」이 매우 발달해 있다. 인사말이 발달해 있다는 말은 인사를 많이 하며 중히 여기고 있다는 말이 되겠다. 특히 일본인들은 정확하고 친절하며 밝고 성의있는 「인사말」과 「표정」 및 「자세」를 한 세트로 하여 누구나 철저히 실천하고 있다. 이러한 실천은 어린이에게 그대로 교육이 되고 있다.

「미안합니다」「고맙습니다」라는 인사의 경우, 상대방에게 걱정이나 실례 및 번거로움을 줄 때는 반드시 「미안합니다」라는 인사말을 정중하게 하면서 머리를 정중하게 숙이는 행동을 보인다. 또한 조금이라도 도움이 되었다든지 자기를 생각해 주면 역시 머리를 정중히 숙이는 행동과 「고맙습니다」라는 정중한 인사말을 갖춘 인사를 한다. 물론 친한 사이는 가볍게 인사를 하지만 「미안하다」「고맙다」라는 인사말은 거의 잊지 않고 말한다. 아주 잘 못했을 경우는 무릎을 꿇고 「용서를 바랍니다」라고 진심을 다해 빌며 어떠한 벌도 다 받겠다는 태도를 보인다. 과거의 일본 무사들은 자살까지도 서슴지 않았다고 한다.

처음 만난 사람과의 「소개 인사」의 경우도 위에서 말한 인사처럼 한 세트가 되어있다. 「처음 뵙겠습니다. 저는 ○○○라고 합니다. 잘 부탁합니다」라는 말과 함께 정중히 인사를 한다. 처음 만난 사람에게 특별한 이유 없이 「잘 부탁합니다」라는 말을 하여 우리 식으로 생각하면 이상한 느낌이 들 것이다. 그러나 그 말이 의미하는 뜻보다는 그 말을 통해 자기를 상대보다 낮추는 식의 겸손을 느끼게 하여 자기와 상대와의 거리를 좁히는 인사로서의 기능을 생각할 수 있다.

이와 같이 일본인들의 인사 중에 몇 가지를 들어보았다. 그러나 일본인들의 인사는 이 정도가 아니다. 일본인의 인사는 때와 장소에 따라 인사말과 인사 행동이 하나의 세트가 되어 고정되어 있다. 그리고 인사 원칙은 한 번의 인사말과 한 번의 인사행동을 보이는 것이다. 장례식 등 슬픈 일을 당했을 때는 「유감입니다」라든지 또는 「안 되었습니다」라고 정중히 머리 숙여 인사한다. 결혼식 등 즐거운 일에는 「축하합니다」라는 인사말을 건넨다. 슬프다고 지나치게 슬픈 표현을 한다든지 즐겁다고 농을 거는 등의 인사말이나 인사행동은 아주 친한 사이가 아니면 결코 하지 않는다.

특히 인사할 때의 몸의 태도 역시 하나로 고정되어 있다. 보통 인사에서는 얼굴은 밝은 표정으로 미소를 머금고 살짝 쳐다본 후 고개와 어깨를 한 번 숙인다. 정중한 인사의 경우는 크게 한 번 숙인다. 먼 거리이거나 보이지 않거나 등의 상황과 상관없이 머리를 숙였다 쳐다보며 미소를 보낸다. 몸과 몸이 접촉하는 악수 등은 전통 인사가 아니기에 잘 사용하는 편이 아니다. 물론 국제화의 물결 속에 외국인과의 관계 등에서는 보여지고 있다. 우리처럼 여학생들이 다정하게 손을 잡고 가는 모습은 흔치 않으며 사람이 많지 않은 버스나 전차 안에서는 조금만 닿아도 「미안합니다」라고 깍듯이 인사를 한다. 만원 차의 경우는 들어간 대로 가만히 있으며 눈은 다정한 눈빛으로 상대의 눈을 피하며 신문은 세로로 두 겹 접어서 보는 등의 태도를 취하기도 한다.

이와 같이 늘 하는 인사와는 좀 다른, 일 년의 시작 인사인 연하장에 대하여 살펴보기로 하자. 일본은 음력을 쓰지 않으므로 설이라면 양력설이 된다. 양력설의 연하장은 전국적으로 일제히 시행하는 일본 전 국민의 인사가 된다. 2천년도의 통계를 보면 사용한 연하장이 27억4천8백만

통이 되며 일본인 1인당 22통이 된다고 한다.

매년 11월 중순경이 되면 전국 우체국은 일제히 연하장 판매가 시작된다. 연하장은 고정된 형식이나 그림이 들어있는 엽서로 되어있다. 판매하기 시작하여 얼마 지나면 매진되고 만다. 보통 몇 백 장씩 사가며 남거나 잘못 써서 못 쓰게 된 것은 규정에 의한 약간의 수수료만 내면 환불해 받을 수가 있다. 이것은 연하장만이 아니라 우체국에서 파는 우편엽서나 항공엽서 등 모두 마찬가지이다.

연하장에 쓰는 인사말은 몇 가지로 정해져 있다. 그 중에서 가장 많이 쓰이는 것은 「새해가 열렸습니다. 올해도 잘 부탁드립니다」이다. 이 말을 중심으로 다양하게 표현을 하거나 그림 및 사진을 넣는 등 나름대로 특징 있게 만든다. 연하장을 많이 보내는 사람은 인쇄를 하거나 아르바이트를 시켜 대필하기도 한다.

그런데 철저한 것은 연하장을 가능한 12월 20일 전에 부치도록 하며 우체국은 아르바이트생을 동원해서라도 받는 사람 개인별로 모아두었다가 1월 1일 아침 일찍이 일제히 배달한다. 1월 1일 아침에 일어나 편지함을 보면 「새해가 시작되었습니다. 지난해 잘 이용해 주어 고맙습니다. 올해도 잘 부탁합니다」라고 적힌 우체국 연하장을 맨 첫 장으로 자기에게 온 연하장이 묶여 들어있다. 받은 연하장은 즉시 들여다보며 자기가 보내지 않은 곳에서 온 연하장에 대하여는 즉시 답장을 써서 보낸다. 그래서 조금 큰 우체국들은 설날 연휴에도 오전만 근무를 하며 배달을 한다.

일본인들은 연하장의 주소로 주소록을 정리하기도 하며 일 년의 친분을 계속한다. 연하장에는 우체국에서 주는 복권이 명시되어 있어 매년 1월 15일 발표를 한다. 이와 같은 연하장이라는 새해 인사를 일본 전국이 똑같이 하고 있다는 것이 특징이 된다.

그런데 연하장을 안 보내며 안 받는 경우가 있다. 부모나 자식 및 조부모 등 직계가족이 사망한 경우 즉시 아는 사람들에게 「○○○가 사망하여 신년의 연하장을 보내지 못하며 또한 받을 수 없음을 송구스럽게 생각한다」는 내용을 검은 색 등 테줄이 그려진 엽서에 적어 보낸다. 이 엽서를 받은 사람은 물론 그 집에 연하장을 보내지 않는다.

그런데 일본인들은 설날 연휴에 또 하나의 인사를 한다. 신(神)에 대한 인사이다. 설날 연휴에 신에게 인사한다는 참배(参拝)를 하려고 신(神)의 집인 신사(神社)를 방문한다. 전국의 신사는 설 연휴에는 이러한 참배객들로 문전성시를 이룬다. 절과 신사 구별 없이 참배하기도 한다. 신문에는 참배객이 많이 온 10대 신사나 절을 알릴 정도로 신사참배는 일본 전국이 동시에 하는 인사 행사이다.

일본인들은 이와 같이 인사를 많이 하고 철저히 하지만 좋지 않다고 생각하는 상대에게는 인사를 하지도 않을 뿐만 아니라 인사 받기도 꺼려한다. 마주치기 싫어 길을 돌아서 가기도 하며 어쩌다 마주치면 목을 뻣뻣이 들고 다른 곳을 보거나 상대를 쳐다보지 않고 지나가는 태도를 보인다.

이러한 일본인들의 인사를 보면 그들에게 있어서 인사는 자기를 표현하는 예의이지만 상대나 자기를 도덕적으로 평가하는 기준이 됨을 생각할 수 있다.

(2) 「선물」

「언어와 자세」를 통하여 자기의 마음을 상대에게 전하는 것이 「인사」라고 한다면 「물질」을 통해 자기의 마음을 전하는 것이 「선물」이라고 하겠다. 그런데 일본에서는 이와 같은 「선물」에도 인사처럼 하나의 규칙이 있다. 이 규칙을 들어보면 다음과 같다.

첫 번째의 규칙은 선물과 뇌물을 철저히 구별하고 있다는 것이다. 예를 들어 관공서 등에서 볼 수 있는 촌지(寸志)의 경우이다. 잘 봐 달라는 의도에서 행하는 촌지는 「뇌물」로 간주되어 절대로 용납이 안 된다. 그렇다고 해서 선물로서의 촌지를 할 수 없는 것은 아니다. 용무가 다 끝난 후에 드리면 되지만 돈을 촌지로 해서는 안 된다. 고향이나 여행을 갔다왔다든지 생일이라든지 등의 그럴듯한 명목을 붙여 「물건」을 약간 주는 것은 「선물」로서 허용된다. 그러나 이렇게 주었다고 해서 다음에 잘 봐달라는 기대를 갖는 것은 안 통한다. 이러다 보니 관공서나 학교 등에서의 우리가 말하는 촌지는 볼 수가 없다.

일반적인 「선물」의 경우도 마찬가지이다. 「선물」을 주는 이유가 분명해야 하며 선물의 종류와 양은 받는 사람의 기호에 맞추어야 한다. 기호를 모를 때에는 자기 고장의 특산물이나 보통 무난한 것을 약간 주는 것으로 되어있다. 일본인들이 「선물」을 토산품(土産品)이라는 말의 한자를 써서 「오미야게」(お土産)라고 말하는 이유가 여기에 있다 하겠다.

일본인들은 「선물」이 「뇌물」로 생각될 때는 물론 거절하지만 받은 후에 쓰레기통에 버리기도 한다. 노동자가 쓰레기통에서 일억 엔(우리의 돈으로 10억 원 정도)을 주워서 한 때 매스컴을 떠들썩하게 했던 일이 있었다. 결국 신고한 뒤 일 년이 지나도 주인이 나타나지 않아 노동자가 세금을 제한 나머지를 가지게 되었다. 일본 항간에서는 「뇌물」로 들어온 돈이라는 평이 일반적이며 주인이 나타나지 않은 것은 일억 엔 보다 더 큰 돈을 잃을까봐라는 소문이 나돌았다.

두 번째 규칙은 선물의 목적은 서로의 관계를 부드럽게 하자는 데에 있다. 즉 선물은 상대에 대해 자기가 호의를 가지고 있음을 알리며 서로의 관계를 부드럽게 잘하자는 신호이다. 그래서 선물을 준 사람은 선물을 준 것으로 끝나며 선물을 받은 사람이 선물을 어떻게 처리하든지 마음을 쓰지 않는다. 받은 사람 역시 비슷한 수준의 물건으로 가능한 빨리 답한다. 아니면 여행을 갔다왔다는 등의 명목으로 선물을 줄 기회가 생기면 잊지 않고 준비했다가 선물한다. 그러기에 선물을 주고받는 사람은 선물의 목적 외에 어떠한 기대나 구실을 붙이지 않는다.

일본인들은 이와 같이 선물에 대한 규칙을 잘 지킴으로서 서로의 인간관계를 더욱 부드럽게 하고 있다. 물론 그렇다고 해서 일본사회에 뇌물 같은 것이 없는 것은 아니다.

예를 든다면 한 때 일본사회를 시끄럽게 했던 수상을 지낸 다나카의 뇌물 사건이다. 다나카가 수상으로 재직 시 미국 록키드 항공사로부터 항공기매입과 관련하여 오억 엔(우리 돈으로 약 오십억 원)의 뇌물을 받은 사건이 있었다. 이 때 일본인들은 뇌물의 액수나 다나카라는 인물보다는 수상이 뇌물을 받았다는 데에 분노를 느끼고 있었다. 검찰의 철저한 수사와 여러 번의 재판을 거듭하던 중 다나카가 병으로 죽고 말아 끝나게 되었으나 유죄판결로 끝난 유명한 사건이었다. 가끔 일본 신문 구석에는 지방의 면장 정도의 사람이 업자와 천 엔 정도의 점심식사를 한 것이 드러나 스스로 면장을 사임하는 등의 기사가 보이기도 한다.

이와 같이 뇌물이 없는 것은 아니나 뇌물에 대한 경계심이 매우 강하다. 왜냐하면 뇌물 받은 것이 탄로 나면 자기 소속집단에서 제거 당하거나 스스로 그만 두어야 하는 풍토가 되어있기 때문이다. 그러나 선물제도의 측면에서 보면 선물의 제도가 다양하여 부당한 뇌물을 예방시켜준다고 볼 수도 있다. 몇 가지 예를 들어보자.

직장 동료 한 사람이 조금 먼 곳에 어느 정도의 기간이 걸리는 연수 등을 떠나면 같은 직장의 동료나 친지, 이웃 등의 가까운 사람들은 전별금을 주게 된다. 전별금을 받은 본인은 연수장에 도착하면 즉시 덕분에 무사히 도착했다는 간단한 편지를 띄운다. 그리고 연수가 끝나 귀가할 때는 연수한 곳의 토산품을 선물로 가지고 간다. 토산품은 이러한 사람들을 위해 적절한 금액으로 정성스럽게 만들어져 있다. 물론 남에게 폐를 안 끼치겠다고 아무도 모르게 연수를 가는 경우도 있다. 이럴 때는 주위에서 모르는 척 해주기도 한다. 그러나 지금의 일본은 대도시화에 따라 이런 관습이 엷어지는 것도 사실이다.

일본인들은 잘 아는 사이거나 이해관계가 있는 사이는 조그만 변화가 있어도 철저히 알리는 편이다. 주소변경이나 가정내의 변화 등에는 전화나 인편 등으로 알리기도 하나 대개는 엽서에 변화된 사유를 명확히 적어 알리며 받은 사람은 적절한 예의를 갖추며 예의의 하나로 선물이 행해지기도 한다.

일 예로 아기를 출산한 경우, 축하의 말과 더불어 아기의 앨범 등을 보내는 것이 보통이다. 물론 아기를 낳은 측은 생일 등 여러 가지 다른 명목으로 답례를 한다.

이와 같은 일본인들의 「선물 문화」를 통해 일본인들이 마음을 하나로 통합하고 있음을 알 수 있다. 즉 선물을 받은 측은 어떠한 형태를 통해서라도 반드시 답례를 한다. 주는 측과 받는 측은 주고받고 하여 항상 마음에 부담감이 남지 않는 자기의 항상성을 가지려 하며 이러한 가운데 마음의 평안을 유지한다. 이렇게 일본인들은 남에게 신세를 안 지려는 마음 상태를 유지하는 마음가짐이 선물에서도 작용한다. 결국 「선물」은 일본인들의 「타인에게 폐를 끼쳐서는 안 된다」는 도덕의 폼으로 작용한다.

(3) 「대화」

「대화」(対話)란 일상생활에 있어서의 언어활동을 말하며 어느 인간사회에서나 인간은 서로 대화를 하며 살아간다. 동물행동학을 중심으로 한 생물학을 참조하여 대화의 의미를 넓혀보면 지구상의 모든 생물사회가 대화를 하고 있을지도 모른다.

영국의 교육철학자 피터스는 우리가 실제 하고 있는 대화 속에는 실천

이성이 존재하고 있으며 그래서 대화는 도덕교육에 있어 매우 중요함을 강조하고 있다.[3] 이 말은 대화야말로 하나의 도덕의 폼으로 생각할 수 있다는 말이 되겠다. 그러면 일본인의 대화는 어떠한가?

우선 일본인들의 대화에 있어서 「대화」라는 말부터 보면 그들은 「대화」라는 말을 「하나시아이」(話合)라고 하며 의미는 한자의 의미 그대로 「이야기를 모은다」는 말이 된다. 말 그대로 일본인의 대화는 이야기를 모아 결정을 하는 방식을 취하고 있다. 좀더 자세히 살펴보면 다음과 같다.

첫 번째로 들 수 있는 것은 일본인들은 「대화」속에 「아니」라든지 「안된다」라는 부정적인 말은 거의 사용하지 않는다. 상대방의 말속에 자기와 같은 생각의 말이 있으면 이를 거론하며 자기의 생각을 붙여나간다. 그러기에 상대의 말을 자세히 잘 듣는다.

상대방의 말속에서 자기와 다른 말을 골라내어 다른 점을 비판하면서 자기의 말이 옳음을 설득하는 토론식 대화가 아니다. 오히려 그렇게 하는 것은 인품이 낮은 비도덕적인 사람으로 간주되기도 한다.

그러면 이야기할 때 자기의 생각과 같은 말이 없을 경우는 어떻게 하는가? 이 경우에는 두 가지의 대화 형식이 나타난다. 하나는 우선 가만히 있는 경우이다. 가만히 있으면 상대 역시 자기의 생각과 다르다는 것을 알고 더 이상 이야기를 하지 않는다. 또 하나는 자기의 생각과 다른 점을 자세히 묻는 경우이다. 물론 겸손한 태도로 자세히 묻는다. 상대 역시 자기의 생각과 다르기에 묻는 것임을 알고 자세히 설명한다. 이러다가 같은 점이 있으면 이 점이 대화의 중심이 된다. 그러나 계속 다르면 서로가 자세히 물으며 자기의 생각을 조금씩 비치면서 이야기를 모아간다.

그러면 이해관계가 얽힌 문제에 대한 대화는 어떠한가? 우선 이해관계가 얽힌 사람에게 결정권을 양보하는 형식을 보인다. 대학원 입학시험과 스포츠의 중계를 예로 들어보자.

입학시험의 경우 면접시험을 들어보면, 면접 교수들 가운데 전공과 직접 관련이 있는 교수가 학생과 대화를 하도록 하며 다른 교수들은 전공 교수에게 도움이 되는 질문을 하는 등의 대화를 한다.

스포츠 중계의 경우 선수가 잘못했을 때, 잘못하게 된 상황 설명을 하는 정도로 끝낸다. 배구에서 서브할 때 공을 너무 세게 쳐서 라인 밖으로 나간 경우「처음이라 긴장하여 그런지 서브가 길었습니다」라는 말로 해설하는 정도이다.「그렇게 해서는 안 된다」라든지「이렇게 해야 된다」라든지「그러므로 교체해야 한다」라든지의 말은 거의 하지 않는다.

1990년에 들어와 소니 회사의 창립자인 모리타 아키오와 소설가이자 후에 동경도지사를 지낸 이시하라 신타로가 같이 쓴『노(No)라고 말할 수 있는 일본인』이라는 책이 한 때 베스트셀러가 되어 화제가 된 일이 있다. 그들은 여기에서 일본사회가 예로부터 종적인 사회였기에 윗사람에게 노(No)라는 말을 쓸 수 없었으므로 지금도 일본인들은 노(No)라는 말을 쓰지 않는다고 말하고 있다.[4]

그렇다고 일본사회가 노(No)를 안 쓰는 것은 아니다. 예를 들어 구속 단계에 이른 범인에 대하여는 이름 뒤에 씨(氏)를 붙이지 않으며 인간이 아니라는 정도의 냉혹한 노(No)를 휘두른다. 일반 사회 역시 도덕을 안 지키는 사람에 대하여는 가혹할 정도의 노(No)를 보여주고 있다.

두 번째는「내가」라는 위치보다는「우리」라는 위치에서 대화를 한다.「나」란 말을 생략하고「~하지 않을까?」라든지「~하겠지요」라는 말을 통해 자기의 생각을 슬쩍 비추며, 이 때 서로의 생각이 일치하면 더 깊이 이야기하게 된다. 만약 자기의 생각과 다르게 되면 다른 점을「~하지 않을까요?」라든지「~하겠지요」라고 슬쩍 말하던가, 가만히 있던가 하면서 서로의 일치된 생각을 찾아내기 시작한다. 이것은 지방에 따라 약간의 차이는 있으나 대화의 일반적 경향이다. 그래서 대화에는 시간이 필요하며 일본인들은 이러한 시간을 「사이 간」(間)이라는 글자를 써서 「마」(間)라고 부르며 아주 급한 일 외는 서두르지 않는다.

세 번째로 일본인의 대화에는 「앞에 내세우는 말」(일본말로 다테마에·建て前·立て前)과 「본심에서 하는 말」(일본말로 혼내·本音)의 이중구조로 되어있다.

서로 잘 모르는 사람이나 외국인의 경우 또는 직접적인 이해관계가 아닌 경우에는 가능한 무난한 긍정적인 측면에서 수용하는 자세의 대화가 전개된다. 이러한 대화는 상대의 기분을 건드리지 않아 인간관계를 부드럽게 하고 여러 사람의 이익을 생각하는 등 건설적인 측면이 있다. 이러한 대화를 「앞에 내세우는 말」(일본말로 다테마에)이라고 한다. 반면 자기가 속한 집단의 이익이나 자기의 이익과 직접 관계가 되는 생각을 말하는 것을 「본심에서 하는 말」(일본말로 혼내)이라고 한다.

예를 들어 「한국인을 어떻게 생각하느냐?」고 물었을 때 대부분의 일본인들은 올림픽 등을 거론하면서 한국인들이 매우 활동적이고 단결력이 강한 데에 감탄한다는 식의 말을 한다. 이런 식의 말을 다테마에라고 한다. 이런 말을 했다고 그 일본인이 한국을 좋아하거나 긍정적으로 보고 있다고 속단해서는 안 된다. 이 질문이 자기와 직접적인 이해관계가 없는 한 자기의 혼내로 대답하지 않는다. 그러기에 개별적으로 대화를 나누어보면 대부분이 한국을 긍정적으로 보는 것 같지만 통계를 보면 싫어하는 나라에 한국이 선두로 달리기도 한다.

일본인들은 이러한 이중구조를 잘 구분하고 있으며 인간관계 속에서 유효 적절히 사용하여 자기의 위상을 유지하고 있다. 그러나 이러한 대화의 구조를 깊이 모르는 외국인의 경우, 일본인은 이중인격자다라는 말로 비평을 하기도 한다.

네 번째로 일본인들의 대화는 매우 구체적인 데서 출발한다. 「한국인을 어떻게 생각하느냐?」의 경우, 「올림픽」 등 구체적인 사실을 들어 말한다. 만약 구체적인 사실을 모르면 「한국인에 대하여 잘 모르겠다」고 대답한다. 일본인들의 대화는 구체적인 사실을 아는 데서 출발하며 추상적인 것으로 발전하거나 일본인 등과 비교하여 말하거나 하지 않는다. 그러기에 비약적인 농담이나 유머가 거의 없다. 물론 그렇다고 농담이나 유머가 없는 것은 아니다. 아주 가까운 사이엔 즐겨하고 있으니 말이다.

이상과 같이 네 가지의 특징을 들어 일본인의 대화를 분석해 보았다. 그런데 일본인들의 대화에서 갖는 특징을 정신분석학자 프로이드가 말한 지성화(知性化)[5]와 같은 측면에서도 생각할 수 있다. 즉 지성화에서 비롯되어 관습이 되고 하나의 도덕문화가 되었다는 것이다. 그러나 일본에 있어서는 이러한 대화를 하나의 도덕으로 생각하는 것이 큰 특징이라 하겠다.

(4)「국체」(国体)

어떤 조직의 국가사회를 만드느냐에 따라 국민의 생활은 크게 다르게 된다. 한 사람이나 한 집단을 중심으로 한 종적인 사회를 형성할 때는 역사에서 보는 것 같이 왕이 다스린 봉건주의 국가나 히틀러의 전체주의 국가, 소련의 사회주의 국가가 되며, 국민 대부분이 참여하고 다수의 의견을 존중하는 횡적 사회를 형성한다면 소위 말하는 민주주의 국가가 된다. 이러한 사회 속에 국민이 어떻게 살아왔는가는 역사가 잘 설명해주고 있다. 그러면 일본 국가사회의 조직은 어떠한가?

우선 일본 사회의 여러 조직의 모체라고 할 수 있는 국가조직을 보면 다음과 같다. 1945년 이전으로 올라가 보면 천황을 만세일계(万世一系)의 살아있는 현재의 신(神)으로 생각함과 동시에 부모와 같이 생각하는 가족국가사회를 조직하였다. 이를 한 마디로 국체(国体)라고 부른다.[6]

그런데 이 조직은 일본 사회내의 모든 조직의 모델이 되고 있다. 일 예를 들면 어느 기업이든 기업의 장(長)은 부모처럼 되고 직원 전원이 가족처럼 되는 가족조직이 되어있다. 그 결과 직원은 죽을 때까지 고용되며 오래된 직원이 대우를 받는 종신고용제(終身雇用制)와 연공서열(年功序列)이라는 제도가 만들어지고 일본 조직사회의 특징을 이루게 된다. 이렇게 일본 사회 속의 크고 작은 모든 집단의 조직은 가족과 같은 조직을 이루게 된다.

그런데 이러한 사회 조직들이 국체의 부분조직이 되며 국체는 이러한 부분 조직들을 통해 천황중심의 일본이라는 유기체국가사회, 즉 가족국가사회를 더욱 강화시키고 있다. 그러면 이러한 조직을 잘 유지하고 더욱 발전시키기 위한 방법으로 교육은 어떠한가를 보자.

우선 일본이 제2차 세계대전에서 망한 1945년 이전의 학교를 보면 천황과 황후의 사진 및 천황이 하사했다는 교육칙어를 모신 봉안전(奉安殿)이라는 성역(聖域)이 있었다. 학생들은 일단 등교하면 제일 먼저 봉안전에 인사를 올려야 했다. 특히 경축일 등의 행사 때 교육칙어를 낭독하는 일과 봉안전을 잘 지키는 일은 교장들의 가장 중요한 일의 하나였다. 마을의 유지들과 학생들 앞에서 교육칙어를 봉독(奉読)할 때 만약 한자라도 틀리거나 또는 봉안전을 잘못 지킨 경우에는 사표를 제출하거나 심지어 자살까지 하는 경우가 있었다고 한다.[7]

교육칙어의 내용은 천황의 국가를 위한 충효사상으로 구체적인 수신(修身)교육의 형태를 띠고 있었다. 물론 수신교육은 교육칙어가 반포되기 전인 1872년부터 초등학교의 수신과를 통하여 이루어지고 있었다. 그러나 교육칙어가 나온 후부터는 천황을 중심으로 한 수신교육이 되었으며 이로 인해 학생은 물론 모든 국민은 천황의 신민(臣民)으로 정착되는 조직이 이루어졌다. 일본 사회 내에서 행해지고 있는 여러 행사에서도 이와 같은 조직의 예를 들 수 있다.

일 예로 고교야구의 경우를 들여다보자. 우리나라에도 고교야구가 있지만 일본은 우리보다 훨씬 전에 시작하고 있다. 팔십여 년의 역사를 가진 이 행사는 경기장의 이름을 빌려 고시엔대회(甲子園大会)라고 한다. 일본의 전국규모의 고교야구대회는 이것 하나뿐이며 경기는 선발팀을 중심으로 하는 3월의 봄방학에 시행하는 경기와 대표팀을 중심으로 여름방학에 시행하는 경기로 나누어 치르고 있다. 이 중에서도 여름방학 경기가 성대하다.

고교야구가 1915년 시작된 당시에는 70여 고등학교가 참석하였으며 대표를 토너먼트식으로 뽑아 경기를 하였다. 그런데 지금은 5천 4백여 개의 고등학교 중에 야구부가 있는 약 4천 개의 고등학교가 참가하여 일본 전국 도도부현(道都府県)[8]에 설치되어 있는 야구장에서 5월부터 예선전을 시작하여 8월초가 되면 49개 대표팀이 결정이 된다. 8월 중순부터 49개 팀은 각 도도부현(道都府県)의 대표가 되어 오사카(大阪)에 있는 고시엔(甲子園)이라는 야구장에 모여 야구의 최우수 교를 향하여 토너먼트식 시합을 전개한다. 이 시합이 끝나면 2학기가 시작된다.

그런데 이러한 고교야구대회에서 주목할 점은 각 지역에서 대표를 뽑기 위해 치르는 예선전이나 대표가 되어 고시엔 운동장에서 경기하는 본선대회나 똑같은 진행방법과 규칙으로 시행하고 있다는 것이다. 주최자인 아사히신문(朝日新聞)에서는 예선대회부터 대대적으로 보도하며 국영방송의 TV와 교육방송이 적극적으로 돕는다. 예선이나 본선이나 한 게임이 끝나면 양 팀의 감독과 주장 및 잘 한 선수들은 기자들에게 둘러싸여 반성의 긴 시간을 갖는다. 특히 이긴 편의 감상과 반성이 중심이 되나 내용의 공통점은 상대방의 실수나 컨디션이 좋지 않아 이겼다는 겸손의 미덕을 중심으로 하고 있다. 경기의 개회식과 폐회식이 엄격히 진행되며 폐회식은 우승팀과 준우승팀이 긴 시간을 들여 철저히 행한다.

그런데 이러한 고교야구대회는 팔십여 년 간을 변함없이 시행한 결과 고교생들에게는 여러 가지 낭만과 추억을 심어주었으며 또한 지역사회의 홍보와 지역간의 유대강화를 높여주었다. 나아가 고교야구는 사회야구와 프로야구의 기반이 되는 일본 청소년 문화의 하나로 자리잡고 있다. 특히 주목할 점은 대회가 하나밖에 없고 승자중심의 시합이기에 최우수 팀에게 경의를 표하는 경향이 두드러진다. 그래서 이 고시엔 대회는 일본 고등학교를 하나로 단결하게 하는 나카마[9] 의식을 갖게 하는 등 구심점이 된다. 결국 고교생 청소년들은 고시엔 대회라는 조직을 통해 일본이라는 국체에 하나로 통합되고 있는 것이다.

이와 같은 조직은 고교야구대회만이 아니다. 일본의 국기라고 불리는 씨름의 하나인 스모(相撲)가 있으며, 유도, 검도 등이 있다. 이들의 규모는 전국적이며, 최고가 되는 대회는 하나밖에 없어 전부 유기체론적 조직을 이루고 있다. 일본의 젊은이들은 이러한 조직을 통해 엄격한 규율 속에 서로 경쟁하며 최고의 승리자에겐 경의를 표한다. 이러한 조직들을 통해 일본인은 하나라는 나카마 의식을 갖게 된다. 특히 일본의 각 지방에서 수없이 행하고 있는 마쓰리(祭)라고 하는 많은 축제(祝祭) 역시 이러한 조직과 같이 일본을 하나로 통합하는 작용을 하고 있다.

그러면 지금의 일본의 국가조직은 어떠한가? 지금이라 한다면 1945년 이후부터 지금까지를 말한다. 천황은 1946년 1월 1일 인간선언을 함으로써 살아있는 신에서 일본국민의 상징으로 바뀌어 소화헌법에 명시되었다. 그리고 봉안전이나 교육칙어 및 수신교육도 과거의 역사가 되고 말았다. 그러나 일본 사회의 구석구석에는 아직도 과거의 조직이 많이 남아있다. 앞에서 말한 스포츠의 제도는 물론 전국적으로 활용되고 있는 공민관(公民館, 우리 나라의 새마을회관과 비슷함)제도, 신사참배 등을 들 수 있다.

그러나 중요한 것은 일본인 대부분이 천황을 중심으로 하는 가족적 국가관이라 하는 틀을 벗어나면 생존할 수 없다는 인식을 가지고 있다는 점이다. 이러한 의식이 남아있는 이상 일본의 모든 조직은 변하기 어려우리라 생각된다. 그러기에 이 국체조직은 일본인을 만드는 도덕으로서의 기능을 다하고 있다고 하겠다. 지금의 신문, 방송 등에서 어느 기업체에서는 종신고용제나 연공서열제가 무너지고 있다는 보도가 간혹 보이기도 한다. 그러나 과연 얼마나 무너지는가는 더욱 고찰해 봐야 할 것이다.

2) 일본의 도덕의 구조

이상에서 살펴본 바와 같이 일본인들의 생활에 나타난 도덕을 「인사」「선물」「대화」「국체」로 좁혀 고찰하였다. 그런데 유기체 가족국가 사회로 경제대국을 이룬 지금의 일본을 본다면 역시 도덕의 폼 중에 「국체」를 주목하지 않을 수 없다.

일본은 우리와 마찬가지로 자원이 넉넉하지 못한 나라이다. 인구는 많고 제2차 세계대전에서의 패전은 그들을 더욱 궁핍하게 만들었다. 이 때 그들에게 경제재생의 기회를 가져다 준 것은 한국전쟁을 비롯해 월남전쟁이라고 한다. 그러나 이러한 기회를 제대로 살린 것은 그들의 국체에 의한 하나의 단결에서 비롯했다고 하겠다. 그러기에 개인중심의 민주주의가 확립된 지금에 와서도 일본인들은 「국체」를 「일본의 틀」이라고 하며 벗어나려고 하지 않는다.

이와 같은 측면에서 보면 「인사」에서 시작하여 「인사」에서 끝남으로 서로가 더욱 가까이 접근하는 생활 태도와 뇌물과 「선물」을 엄밀히 구별하여 서로가 건전한 접근을 시도하는 선물 제도 및 가능한 남에게 미안함과 불쾌함을 주지 않으려는 서로의 「대화」는 바로 「국체」를 유지, 발전시키는 구성요소라고 하겠다.

「인사」「선물」「대화」라는 도덕을 「정확히」「철저히」 실천하면 할수록 그 중심인 「국체」는 더욱 강력한 생존력을 가진 하나의 유기체처럼 작용할 것이다. 다시 말해 일본인들은 「인사」「선물」「대화」를 「정확히」「철저히」 실천하는 사람을 「국체」에 충실한 사람으로 보며, 바로 이러한 사람을 건전한 도덕적인 일본인으로 보고있다. 「국체」를 핵으로 한 「인사」「선물」「대화」는 일본인 한 사람 한 사람의 도덕적 행동구조를 이루며 이것을 기준으로 일본인들은 인간의 행동을 평가하고 있다. 그렇다면 이러한 일본인들의 도덕적 행동구조에 들어있는 도덕적 생각 즉 도덕성 또는 도덕적 사고는 무엇인가? 이를 고찰해 보자.

2. 일본인의 도덕성

1) 도덕성의 네 가지 원리

앞에서 일본인들은 「국체」를 중심으로 「인사」「선물」「대화」라는 도덕적 폼이 하나의 구조를 형성하고 있으며, 일본인들은 이것을 도덕적 사고의 틀로 살아가고 있음을 고찰하였다. 그러면 이러한 도덕적 사고의 틀을 움직이는 도덕적 사고는 어떠한 것인가? 즉 일본인들의 도덕적 틀은 어떠한 생각에 의해 도덕적 행동으로 나타나는가 이다. 이러한 생각을 「도덕적 사고」라고 하지만 도덕적 사고가 나타내는 특성을 생각하여 여기에서는 「도덕성」이란 말로 표현하고자 한다.

(1) 「현세 중심」의 원리

인간에게 인간성이 있듯이 도덕에는 도덕성이 있다. 인간에게서 인간성을 떼어낼 수 없듯이 도덕에서도 도덕성을 떼어낼 수 없다. 그래서 서양의 경우는 도덕(moral)과 도덕성(morality)을 구분하지 않고 같이 사용한다.

그런데 도덕은 인간과 분리하여 존재할 수 있는 말이 아니다. 그렇다면 도덕성이란 인간성과 분리할 수 없는 말이 된다. 그러면 인간성에서 볼 때 도덕성은 무엇인가? 한 마디로 말해 도덕을 실천하려는 성향을 말한다. 즉 도덕을 지키려는 마음가짐 또는 생각을 말한다.

그렇다면 일본인의 도덕적 폼 구조 다시 말해 도덕구조의 중심인 「국체」를 지키려는 일본인의 도덕성은 어떠한가를 살펴보자.

영국이 낳은 역사 학자 토인비는 일본역사에 대하여 같은 섬나라인 영국과 비교하면서 일본인은 외래문명에 대해 배타적인 성격을 가지고 있음과 동시에 외래문명을 자기 것으로 만드는 탁월한 재능을 가지고 있다고 말하였다.[10] 과연 일본인들은 토인비의 말대로 메이지유신(明治維新)[11]을 계기로 서양의 문물을 일본 것으로 만드는 재능을 보였다.

메이지유신을 주도한 사람들은 나아가 정신문제에 있어서도 탁월한 재능을 발휘한다. 예수의 신(神)이라는 절대적 권위와 석가의 금욕과 자비심, 유교의 충효사상을 통합하여 천황의 위상을 확립한다. 그래서 천황은 사랑과 자비를 베푸는 현재 살아있는 절대적 권위를 갖춘 신(神)으로 등장하게 되며 일본인들은 신민(臣民)으로서 충과 효를 다하게 된다. 이러한 일본은 천황을 머리로 한 하나의 유기체 국가로 불리며, 이를 한 마디로 「국체」(国体)라고 한다. 물론 이러한 해석은 천황에 대한 일본의 전통적 생각을 고려하지 않고 외래문화의 측면을 중심으로 한 데서 비롯된 것이라 하겠다.

그런데 주목할 점은 신(神)이라면 인간이 죽은 후를 다스리는 미래와 관련된 것이 일반적인데 일본에서는 「천황을 현세에 살아있는 신」으로 조직하였다는 것이다. 즉 여기에서 일본인들은 매우 현세를 중요하게 생각하는 현세 중심주의가 작용하였음을 생각할 수 있다.

이 현세주의에 관하여는 일본의 석학 나카무라 하지메(中村元)가 잘 설명하고 있다. 그는「살기 위해서 주어진 환경 세계나 객관적 조건들을 그대로 긍정하며 여러 사상에 존재하는 현상세계를 그대로 절대자로 보며 현상을 떠난 경지에 절대자를 인정하지 않는 사고방식」[12]이라고 말하고 있다.

그런데 더 생각해야 할 것은 메이지유신을 계기로 한 국가조직의 재정비에 있어서 왜 현세주의라는 원리가 작용되었는가이다. 이에 나카무라의 말을 더 빌려보면 다음과 같다.

「일본신화에도 미래의 세계는 언급 되어있지 않으며 원시신도는 어디까지나 현세에 가치를 두고 있다」[13]라고 말한다. 이 말을 근거로 생각해 보면 일본인들의 현세주의적 경향은 일본역사의 시작부터 있어온 본능적 현상이며 메이지유신은 이러한 현세 중심적 경향을 일본국민이 하나로 통합하게 하는 데에 적절히 이용했다고 하겠다.

그런데 인간이면 누구나 현세 중심적 경향이 있으므로 현세주의 자체가 일본인의 도덕성의 하나의 원리라고 하기에는 너무나 단순하다고 생각할 수 있다. 그러나 일본에 있어서 현세주의는「국체」형성의 원리로서 철저히 실천되고 있으며 이「국체」가 하나의 도덕적 폼으로 강력히 작용하고 있는 것으로 보아 하나의 도덕성으로 보지 않을 수 없다.

현재의 일본의 종교를 보면 일억 이천만이 넘는 인구이지만 내세를 강조하는 기독교에는 백만 정도의 신자수가 있는 정도이다. 그런가 하면 현세를 강조하는 신도의 경우는 일본인 거의 다가 믿고 있는 현상을 보여주고 있다.[14] 이러한 종교현상의 예 역시 일본인 자신이 매우 현세 중심적이라는 것을 나타내고 있다고 하겠다.

(2)「상대를 생각하는 마음」의 원리

일본의 도덕구조의 핵인「국체」의 기능을 충분히 살리는「인사」「선물」「대화」라는 도덕에는 타인과 자기와의 관계를 어떻게 생각하는가라는 의문을 해결해 주는 하나의 원리가 있음을 알 수 있다. 왜냐하면 세 가지 도덕은 자기 혼자서 할 수가 있는 행위가 아니며 타인과 자기와의 관계에서 일어난다는 공통점을 가지고 있기 때문이다.

「인사」의 경우, 인사말은 상대에게 밝고 정중하게 정확히 들리도록 하며 인사행위는 정중히 단정하게 한다. 또한 이러한 인사를 철저히 실천하고있다. 특히 새해의 인사나 연하장 등에서 볼 수 있는 것처럼 「아무쪼록 잘 부탁합니다」라는 인사말은 상대보다 자기를 낮추는 겸손을 알 수가 있다. 즉 자기 스스로를 낮춤으로써 상대를 자기 위에 올려놓는 관계가 성립한다. 물론 결과적으로는 자기에게 이익이 있게 되어 자기가 중심이라고 말할 수 있겠으나 상대를 자기 위에 놓는 것으로 보아 상대가 중심이 된다고 하겠다.

이러한 인사의 원리를 자연의 원리에서 보면 다음과 같이 설명할 수 있다. 자연 속의 동물을 연구하고 있는 동물행동학(ethology)에서는 「인사」란 인간만이 하는 행위가 아니라고 한다. 인간과 같은 영장류의 동물인 침팬지 등을 보면 역시 인사가 활발하다. 특히 침팬지의 경우는 인간에게 지지 않을 정도로 인사가 다양하다.[15] 그러면 이러한 동물들은 왜 인사를 하는 것인가?

이에 대한 대답으로 동물행동학에서는 「긴장완화」를 들고 있다. 동물에게는 본능적으로 공격성(aggression)이 설계되어 있어 자기가 위험에 처할 때나 또는 자기가 살기 위해 남을 잡아먹거나 남의 물건을 뺏을 때 공격적 행동으로 나타난다. 그런데 이 공격성을 어느 정도 완화시키지 않으면 같은 종끼리도 공격성을 드러내어 서로 죽이게 되고 그렇게 되면 종의 번식에 문제가 일어나게 된다. 바로 이러한 공격성이 심한 공격적 행동으로 나타나게 하지 않게 하기 위해 둘 사이의 긴장을 완화시키는 방법의 하나로 「인사」라는 기능이 설계되어있다.

　이러한 동물의 「인사」에 대한 해석은 인간에게도 적용된다고 한다.[16] 인간 역시 공격성이라는 동물성이 자기가 살아야한다는 이기적인 측면에서 강하게 작용하고 있으며 여기에서 발생하는 긴장을 완화시키는 장치의 하나로 우리 인간에게도 「인사」라는 장치가 설계되어있다.

　인사에 대한 이와 같은 긴장완화라는 자연의 원리에서도 역시 긴장완화를 위해서는 상대를 생각하는 마음 그것도 자기 위에 올려놓는 것처럼 생각하는 원리가 내재되어 있음을 알 수 있다.

　이러한 인사의 원리를 유교사상에서도 다음과 같이 말한다. 「인사」란 「예」(礼)에 속한다고 한다. 그런데 이 「예」(礼)란 「사양하는 마음」(辭讓之心礼端也)에서 비롯된다고 말한다. 그렇다면 「사양하는 마음」이 인사의 내용이 되며 도덕성이 된다. 다시 말해 두 사람의 관계에서 중심을 나에게서 상대방으로 사양함에 따라 상대와 자기와의 사이가 부드러워진다는 것이다.

　이와 같이 본다면 인사 속에는 「상대방을 먼저 생각하는 마음」이 하나의 원리로 존재한다고 보겠다. 일본인들이 이러한 인사를 철저히 실천하는 것은 바로 「인사」라는 형식을 통해 본능적으로 설계되어 있는 「상대를 생각하는 마음」을 끌어내기(release)[17] 위해서라고 하겠다.

　「선물」에서도 「인사」와 같은 점을 알 수 있다. 선물을 할 때 선물 받을 사람의 기호를 생각하는 점이나, 뇌물이 안 되도록 주는 시기를 고려하는 점이나, 받은 선물에 대하여는 어떠한 형태든지 보답을 하는 점 등을 생각해본다면 역시 「상대를 생각하는 마음」이 하나의 원리로 존재하고 있음을 알 수 있다.

　「대화」에 있어서도 「인사」나 「선물」처럼 상대의 부탁 등에 노(No)라는 직접적인 표현을 안 하려고 하는 태도나 진심을 내세우기 전에 상대의 기분을 거슬리지 않는 다테마에(建前)라는 말을 내세우는 것을 보면 「상대를 생각하는 마음」이 하나의 원리로 존재한다고 하겠다.

(3) 「원만한 인간관계」의 원리

앞에서 고찰한 「상대를 생각하는 마음」에서 다음과 같은 의문을 더욱 제기할 수 있다. 즉 상대와 자기와의 관계에서 자기중심에서 상대중심으로 중심이 이동하는 행사의 하나가 「인사」라고 설명하였는데 그것으로 충분한가이다. 만약 「상대를 생각하는 마음」에서 생각하고 행동할 때 자기의 주장은 어떻게 되는가이다.

이 점을 상대와 자기와의 관계에서 무엇보다도 중요시하는 「대화」에서 생각해보고자 한다. 일본인들의 대화에는 앞에서도 약간 언급한 것처럼 「앞에 내세우는 말인 다테마에(建前)」와 「본심에서 하는 말인 혼내(本音)」로 분화되어 있다.

자기의 이익이나 책임과 직접 관계가 없을 때에는 다테마에를 사용하며 또한 다테마에를 사용함으로써 상대와 자기와의 사이는 매우 부드러워지게 되며 자기의 겸손과 지성을 최대한으로 보여줄 수가 있게 된다.

그런데 자기의 이익이나 책임과 직접 관계가 될 경우는 어떠한가? 일본인들은 자기의 이익이나 책임과 직접 관계가 있어도 자기의 혼내는 직설적으로 강하게 표현하지 않는다. 다테마에와 비슷하여 일본인이 아니면 알기 어려운 경우가 많다. 그 이유는 상대를 우선하는 즉 「상대를 생각하는 마음」이 작용하여 상대가 자기의 사정을 알아주기를 원하는 면도 있기 때문이다. 일본의 정신과 의사인 도이 다케오(土居健郎)는 일본인의 이러한 마음을 아마에(우리말로는 '응석')라는 말로 표현하고 있다.[18]

그런데 상대가 자기의 본심을 잘 이해하여 상대와 자기와의 관계가 잘 되어 가면 다행이지만 어떤 피치 못할 상황이 일어나 자기의 본심이 변하는 경우가 있다. 아무리 자기의 이익이나 책임과 관계가 있다하더라도 소속된 집단이나 리더의 이익과 다른 경우는 집단이나 리더의 이익을 옹호하기 위해 자기의 본심을 바꾼다. 그러기에 일본인의 특징으로 집단주의니 보스 중심주의니 하는 말이 생기기도 한다. 일본인들이 종종 사용하는 나카마(仲間, 한패의 의미)라는 말은 이를 뜻하기도 한다.

그러나 이렇게 자기의 본심을 바꾸는 경우는 대개 외국인과의 관계에서 볼 수 있는 현상이며 일본인들 사이에는 서로 이해 속에 잘 조화하며 친밀한 관계를 유지해간다. 다시 말해 외국인들과 일본인들은 서로가 서로의 사고 방식을 잘 모르므로 일본인 편에서 보면 외국인의 부탁이나 생각이 「상대를 생각하는 마음」이 적거나 무리한 경우가 많다고 생각하게 되며 또한 「상대를 생각하는 마음」에서 말하는 「상대」의 범위가 일본인에 국한하므로 외국인에 대하여는 폐쇄적이 되기가 쉽다. 그러다 보니 외국인에 대하여 일본인 중심의 집단중심이 되고 만다. 그런데 외국인 측에서 보면 본심인 혼내는 일본인 자기들의 이익에 두고 있으며 앞에 내세우는 다테마에로 적당히 처리하는 것 같이 보여 결국 거짓말하는 것 같은 생각을 하게 된다.

이와 같이 볼 때 일본인들의 「대화」에는 「상대를 생각하는 마음」이라는 원리에는 「원만한 인간관계의 원리」가 작용함을 알 수 있다. 또한 빈번히 오고 가는 「선물」이나 「인사」역시 상대와 자기와의 관계를 부드럽고 연속적 관계를 유지시키며 자기와 상대의 거리를 좁혀주므로 「원만한 인간관계」의 원리가 내재되어 있다고 볼 수 있다.

(4) 「철저한 정확성」의 원리

이상과 같이 일본인들의 도덕의 폼인 「인사」「선물」「대화」「국체」에서 「현세중심의 원리」「상대를 생각하는 마음의 원리」「원만한 인간관계의 원리」가 도덕의 내용인 도덕성으로서 내재되어 있음을 고찰했다.

그런데 이러한 도덕성은 어느 나라 어느 민족이나 그들의 생활 속에 존재하고 있는 것이다. 그런데 왜 이것을 일본인의 도덕성의 구성 원리로 생각하는가이다. 이 점을 생각해보자.

일본인들은 영토가 섬으로 되어있어 옛날의 일본인들은 섬을 벗어나 살 수가 없었다. 그러다 보니 일본 나름대로의 문화가 형성하게 되었다. 특히 섬이라는 폐쇄공간은 한 곳에서 여하튼 살아야 한다는 삶에 대한 압력을 강하게 주었으며 그 결과 일본인들은 외국인에 대하여 폐쇄적이고 자기들끼리는 매우 현세적인 태도를 갖게 된다. 또한 일본인들의 성격은 구체적이고 세밀해져 여성적이라는 말도 듣게 된다. 이러한 경향을 일본에서는 섬 근성, 일본어로 「시마쿠니노 콘조」(島国の根性)라고 말한다.

이러한 풍토적 현상에 의해 일본인들은 현세에 대해 매우 구체적이고 나아가 철저히 의식화(儀式化)하기 시작한다. 앞에서 고찰한 네 가지 도덕적 폼 역시 이러한 의식화의 하나라 하겠다.

그래서 일본인들은 삶에 대한 압력을 자기 발 밑의 현세를 철저히 완벽히 이행하는 것으로 메워갔다. 즉 직장이나 가정이나 이웃에서 의식화된 자기 역할에 대해 철저했다. 이것만이 자기를 살게 하는 길이었다. 여기에서 일본인들에게는 「철저한 정확성의 원리」를 도덕성의 하나로 갖게 된다. 이 「철저한 정확성의 원리」가 작용하여 「인사」 「선물」 「대화」 「국체」라는 도덕적 폼은 발전하게 되며 구체적이고 정밀한 하나의 일본만이 가진 틀이 되어간다.

일본문화가 축소지향[19]의 경향을 나타내는 것처럼 보이는 것도 일본만이 가진 틀의 한 모습이며, 도이 다케오가 말한 응석(아마에)이 철저한 정확성의 원리에서 오는 긴장을 완화시키는 요소로 작용하고 있는 것 역시 이 틀의 한 모습이라 하겠다.

결국 일본인들은 「현세중심의 원리」 「상대를 생각하는 마음의 원리」 「원만한 인간관계의 원리」라는 도덕성을 「철저한 정확성의 원리」에 의해 실천하게 되며 그 결과 다른 국가와는 다른 일본이라는 거대한 하나의 가족국가를 이루게 된다. 작은 국토 속에 높은 인구 밀도의 일본은 빈약한 자원, 지진, 화산, 태풍 등의 어려움을 주는 자연환경 속에서도 풍요한 나라, 조용한 나라, 아름답고 깨끗한 나라를 만들어 간다는 것은 바로 「철저한 정확성의 원리」속에 도덕적 폼을 실천하기 때문이리라.

그러나 이러한 일본은 결국 새로운 역사를 만든다. 1890년에 제정된 교육칙어를 실천하기 위하여 일본의 교육은 「철저한 정확성의 원리」를 강조하여 왔다. 그 결과 일본은 빠른 시간에 일본인 중심의 국가관과 세계관을 갖게되고 나아가 제2차 세계대전이라는 큰 전쟁의 주역이 된다. 다시 말해 일본이 세계를 상대하여 싸우게 된 힘은 바로 이와 같은 「철저한 정확성의 원리」에 의해 만들어진 것이라고 하겠다.

그러나 일본은 결국 패전을 하게 되고 미국의 지배를 받았으며 새로운 역사의 길을 걸어 지금에 이르게 되었다.

그런데 현대는 과학지식의 시대이며 과학지식을 통해 세계는 지구촌이라는 하나의 거대한 공동사회로 되어가고 있다. 이 때 각 국가가 갖추어야 할 도덕성은 「상대를 생각하는 마음의 원리」와 「철저한 정확성의 원리」가 된다. 왜냐하면 과학지식은 잘 사용하면 우리에게 편리한 삶을 가져다주지만 나쁘게 사용하거나 잘못 사용하면 오히려 생존의 위험을 가져다주기 때문이다. 특히 「철저한 정확성의 원리」는 지식 속에 들어있는 지식의 성질인 지식성(知識性)이라 하겠다. 일본의 철학자 이마미치 도모노부(今道友信)가 제안하는 새 윤리학 에코에티카(Eco Etica)[20] 역시 「정확성의 원리」를 국제화의 도덕으로 시도해 보는 연구라 하겠다.

2) 일본인의 도덕성의 구조

이상에서와 같이 일본인의 도덕적 폼인 「인사」 「선물」 「대화」 「국체」

에서「현세중심의 원리」「상대를 생각하는 마음의 원리」「원만한 인간관계의 원리」「철저한 정확성의 원리」가 도덕성으로 내재함을 고찰하였다.

그런데 도덕의 폼이「국체」를 중심으로 하나의 구조를 이루고 있으므로 도덕성 역시 하나의 구조를 이루고 있다. 여기에서 말하는 도덕성의 구조란 바로 도덕성의 원리들이 하나의 도덕성의 원리를 중심으로 구조를 이루고 있는 것을 말하므로 도덕성의 구조를 고찰한다는 말은 무엇보다도 먼저 중심이 되는 도덕성원리가 무엇인가를 고찰한다는 말이 되겠다.

그런데 도덕성구조의 표현인 도덕구조의 중심 도덕인「국체」를 보면「국체」를 결속시키는 원리 즉「국체」의 도덕성은「상대를 생각하는 마음의 원리」이다. 이「상대를 생각하는 마음의 원리」가「철저한 정확성의 원리」에 의해 강화되면 될수록「원만한 인간관계의 원리」가 작동하며 원만한 인간관계란 현재의 인간관계를 말하므로「현세 중심 원리」가 강화된다.

그러므로 일본의 도덕성의 구조는「상대를 생각하는 마음의 원리」가 구조의 중심원리가 되며 이 원리를 중심으로「철저한 정확성의 원리」「원만한 인간관계의 원리」「현세 중심 원리」가 하나의 구조를 이루고 있는 것이라 하겠다. 그러면 이 도덕성 구조가 현재의 일본 사회 속에서는 어떻게 되어있는가?

3. 일본인의 전통적 도덕성「오모이야리」(思遣)

1)「상대를 생각하는 마음의 원리」와「오모이야리」

일본의 도덕성 구조의 중심 도덕성인「상대를 생각하는 마음의 원리」

는 무엇보다도 먼저 지금의 일본 사회에서 많이 사용하고 있는 「오모이야리」라는 말과의 관계를 생각할 수 있다. 왜냐하면 「오모이야리」라는 말 역시 「상대를 생각하는 마음의 원리」와 같은 의미를 가지고 있기 때문이다. 그래서 먼저 「오모이야리」라는 말을 살펴보자.

「오모이야리」라는 말은 일본의 문헌을 보면 아주 일찍이 나타나 있다. 일본인이 많이 사용하고 있는 『고지엔』(広辞苑)이라는 사전을 보면 「오모이야리」(思遣)라는 말은 서기759년까지 시(詩)를 모아놓은 당시의 시집인 만요슈(万葉集)를 비롯해 헤이안 시대(平安時代, 794~1191) 중기의 장편소설인 겐지모노가타리(源氏物語), 이세집(伊勢集), 905년에 나온 고킨와카슈(古今和歌集)라는 노래집 등에 실려있다.

그러기에 「오모이야리」를 일본의 전통적 도덕성이라고 할 수 있다. 그러면 「오모이야리」의 의미는 무엇인가? 이 말을 한자로는 「생각을 보낸다」는 의미의 「사견」(思遣)이라는 글자를 쓰고 있다. 그런데 이 말의 의미를 먼저 앞에서 말한 『고지엔』(広辞苑)에서 보면 「남의 입장을 자기의 입장에 비추어 생각하는 것」으로 적혀있는 것을 알 수 있다. 그러면 일본인의 실제의 생활에서는 어떠한가?

2) 일본의 전통적 도덕성인 「오모이야리」의 의미

일본어에서 말하는 「오모이야리」의 의미를 히로이케 지쿠로의 도덕과학사상(제4장 참조)을 참조로 생각해보면 다음과 같다. 인간사회에는 조상, 부모, 건국 신, 황실, 세계적 성인 또는 이에 준하는 훌륭한 사람들이 있으며 이들은 자기 후손이나 자식 및 자기 민족 또는 여러 면으로 약한 사람들에 대해 「그들의 입장을 자기의 입장으로 바꾸어 생각하는 훌륭한 마음을 가지고 있어」 그들을 이해하고 돕는다. 그러나 일반인들은 그렇지 못하다. 그렇지만 일반인도 자기의 조상이나 부모 및 건국 신, 황실 등 훌륭한 사람들을 존경하고 사랑하다보면 그 훌륭한 사람들이 갖는 마음과 같은 마음이 되어 「남의 입장을 자기의 입장으로 바꾸어 생각하는 마음가짐」을 갖게 되며 남을 이해하고 돕게 된다. 이렇게 「남의 입장을 자기의 입장으로 바꾸어 생각하는 마음가짐」을 오모이야리라고 한다.

이러한 일본의 오모이야리의 의미를 보면 조상, 부모, 건국 신, 황실, 세계적 성인 또는 이에 준하는 훌륭한 사람을 얼마나 존경하는가에 따라 오모이야리의 깊이와 크기가 달라진다고 생각할 수 있다. 또한 오모이야리는 남의 입장을 자기 입장으로 생각하여 그 사람과 같은 마음이 되는 것이므로 오모이야리는 모든 도덕성을 유발하는 도덕성이라고 생각할 수 있다. 그래서 일본에서는 이러한 「오모이야리」 도덕성이 일어나지 않으면 다른 도덕성이 일어나지 않는다고 생각한다. 무엇보다도 깊은 도덕성을 내세우는 세계 3대 종교의 도덕성을 보면서 더욱 생각해보자.

유교의 경우, 논어의 위령공 제15를 보면, 자공이 묻는다. 일생을 지키고 실천해야 할 한 마디 말이 있다면 어떤 것이 있는지요? 라고. 이에 공자는 「서」(恕)라고 말하며 그 의미를 「자기가 원하지 않는 것을 남에게 강요하지 않도록 하는 것」이라고 말했다.

불교의 경우는, 나카무라 하지메의 문헌을 참조해 보면, 인도의 우파니샤드에서는 「사람들을 동정할 것」을 말했으며 불교에서는 이를 구체적으로 가르치고 있다고 한다. 즉 불교의 법규경이나 제경요집 및 장로의 시 등을 인용하여 「남을 험담하여 해를 주면 안 된다」 「남에게 괴로움을 주면서 자기의 즐거움을 바래서는 안 된다」 「남을 걱정하게 하는 사람은 자기도 걱정하게 되는 것이다」 「사람은 각각 자기의 즐거움을 구하고 있으므로 남의 즐거움을 해쳐서는 안 된다」라는 가르침이다. 이를 한마디로 말

해 자비(慈悲)의 도덕성이 된다.[21]

기독교의 경우는 바이블의 여러 군데서 찾을 수 있다. 일 예로 마태복음 제5장을 보면 예수가 산상에 올라 가르치는 산상수훈이 있으며 원수를 사랑하라는 사랑의 극치를 가르친 말이 있다.

「이웃을 사랑하고 원수를 미워하라, 라는 말은 여러분으로부터 들었다. 그러나 나는 여러분에게 다음과 같이 말하자고 한다. 원수를 사랑하고 박해하는 사람을 위해 기도하라. 그렇게 하면 하늘에 계신 여러분 아버지의 아들이 될 것이다. 하늘에 계신 아버지는 나쁜 사람의 위에나 좋은 사람 위에나 태양을 뜨게 하고 있으며 올바른 사람에게나 올바르지 않은 사람에게나 비를 내리게 하고 있으니까 말이다. 여러분이 자기를 사랑하는 사람을 사랑한다고 하면 어떤 보상이 있겠는가? 그러한 것은 세금을 걷는 사람도 하고 있지 않은가? 형제끼리만 인사를 한다고 하면 남보다 나은 것이 무엇인가? 그러한 것은 이방인들도 하고 있는 것이 아닌가? 그러기 때문에 하늘에 계신 여러분의 아버지가 완전하신 것 같이 여러분도 완전한 사람이 되도록 하라.」

이와 같이 예수는 하나님 아버지가 모든 인간을 사랑하므로 너희들도 남을 위하고 생각하고 잘되기를 기도해야 한다는 사랑(愛)의 도덕성을 말하고 있다.

위에서 살펴본 바와 같이 유교의 「서」(恕)도덕성, 불교의 자비(慈悲)도덕성, 기독교의 사랑(愛)도덕성에는 각각 남의 입장을 자기 입장처럼 생각하는 일본에서 말하는 「오모이야리」도덕성과 같은 도덕성을 강조하고 있음을 알 수 있다.

이와 같은 고찰에서 우리는 일본이 「오모이야리」도덕성이라는 매우 현명한 도덕성을 선택하여 강조하고 있음을 알 수 있다. 다시 말해 일본인들은 상대와 같은 생각을 가지는 데에 의미를 두며 나아가 같은 생각을 상대에게 알리는 데에 의미를 두는 사견(思遣)이라는 글자를 사용하여 오모이야리 도덕성이라고 부른다는 것이다.

일본의「오모이야리」는 우리 한국인이 잘 말하는「입장을 바꾸어서 생각해 봐」라는 말이나 이 말을 한자로 말하는「역지사지」(易地思之)와 매우 유사하다고 하겠다. 그러나 다르다면 한국인의「역지사지」의 경우는「남의 입장과 자기의 입장을 어떻게 바꾸는가의 방법이 명확치 않다」고 생각할 수 있는데 비해 일본의「오모이야리」는「자기의 입장으로 남의 입장을 끌어들여 생각하는 즉 어디까지나 자기의 입장이 중심인 것」이 다르다 하겠다.

그러기에 일본의 도덕성인「오모이야리」는 도덕성의 시작단계의 도덕성을 말하므로 누가 어느 종교를 믿던지 그리 문제가 안 된다. 일본의 종교 대부분이 타종교를 그리 문제시하지 않으며 마치 모든 종교를 포함하는 것 같은 자세를 취하는 것은「오모이야리」도덕성을 중시하기 때문이라고 할 수 있다.

3) 결론

이상의 내용을 간단히 결론 내려보면 다음과 같다. 지금의 일본 사회가 보여주는 도덕을 폼(form)과 콘텐트(content)로 나누어「인사」「선물」「대화」「국체」라는 폼을 고찰하였다. 그 결과 이 4가지 도덕적 폼은「국체」를 중심으로 구조를 이루고 있음을 알게되었다.

또한 도덕적 폼이 구조를 이루고 있다면 도덕의 콘텐트인 도덕성 역시 구조를 이루고 있음을 생각하게 된다.「현세중심의 원리」「상대를 생각하는 마음의 원리」「원만한 인간관계의 원리」「철저한 정확성의 원리」라는 네 도덕성을 고찰한 결과「상대를 생각하는 마음의 원리」를 중심으로 구조를 이루고 있음을 생각하게 되었다.

도덕성 구조의 중심 도덕성인 「상대를 생각하는 마음의 원리」는 바로 일본사회가 강조하고있는 전통적 도덕성인 「오모이야리」와 같음을 알게 되었으며 이 「오모이야리」도덕성은 깊은 도덕성을 유발시키는 시작단계의 도덕성임을 설명하였다.

현재의 일본사회에서 볼 수 있는 여러 가지 문화현상을 「오모이야리」라는도덕성으로 분석한다면 그 속에 담겨진 일본인의 특징을 잘 알 수 있으리라 생각한다.

■주

1) 영국의 런던대학 교수인 리차드 스탠리 피터스(R. S. Peters)는 *Form and content in Moral Education(Authority, Responsibility, and Education. George Allen & Unwin*, 1978.)이라는 논문에서 content와 form이란 말을 사용하고 있다. 그는 콘텐트(content)는 도덕의 원리를 말하며, 폼(form)은 원리를 규명하는 '방법'으로 사용하고 있다. 필자는 좀 더 넓은 의미로 '방법' '형태' '형식'의 의미로 사용하고자 한다.

2) 河合雅雄, 沢田允茂, 『動物と人間』, 思索社, 1980, 125~130면.

3) Richard S. Peters. *Moral Development and Moral Education*. George Allen & Unwin, 1896, pp.45~60.

4) 盛田昭夫, 石原慎太郎 共著, 『「No」と言える日本』, 光文社, 1990, 109~111면.

5) 프로이드(Sigmund Freud, 1856~1939)는 인간이 가지고 있는 방어기제(defence mechanism)의 하나로 지성화(intellectualization)를 들고 있다. 감정을 직접 표현하면 공격 비난을 받게 되므로 추상화시켜 표현하는 것으로 일 예로 '죽여 버리고 싶어'라고 말하고 싶지만 '저항이 느껴져'라고 말하는 것을 든다.

6) 국체(国体)란 일본을 건국한 아마테라스오미카미(天照大神)여신(女神)서부터 시작하여 BC.300년 전의 신무천황을 제1대로 현재 124대의 쇼와천황(昭和天皇)에 이르기까지 하나의 계통으로 내려오는 만세일계의 살아있는 현재의 신을 부모

처럼 모시는 가족과 같은 국가조직을 말한다. 이는 메이지유신(明治維新, 1830~1889)을 계기로 만들어졌다. 그런데 아마테라스오미카미에서 신무천황까지의 연결과 또한 1대부터 33대까지의 계속에 관하여 의문을 제기하기도 한다. 왜냐하면 AD.592년 제33대로 표시된 스이코천황(推古天皇)부터 재위가 확실한 것으로 되어있기 때문이다. 그런데 124대 쇼와천황(昭和天皇)이 1946년 1월 1일 인간선언을 함으로서 국체에서의 천황의 위상이 주목되기도 한다.

7) 加藤地三, 中野新之祐, 『敎育勅語を読む』, 三修社, 1984, 參照하면 다음과 같다. 교육칙어는 1890년(메이지 23년)10월 30일 반포한 교육헌장이다. 내용을 이루고 있는 글자수는 315자이며 반포 일까지 넣으면 330자가 된다. 당시의 경축일은 일년에 4번 있었다. 신년(新年 1월 1일), 기원절(紀元節 우리 나라의 개천절과 같음, 2월 11일), 천장절(天長節, 천황의 탄생일), 메이지절(明治節, 메이지 천황의 탄생일, 11월 3일)이다. 1900년(메이지33년)에 정한 소학교 령 시행규칙을 보면, 제28조 기원절, 천장절, 1월1일에는 직원 및 아동이 학교에 모여 다음과 같은 식을 거행하여야만 한다. ① 직원 및 아동은 일본의 국가인 '기미카요'를 합창한다. ② 직원 및 아동은 천황폐하와 황후폐하의 사진을 향해 받들어 모시는 최고의 경례를 한다. ③ 학교장은 교육에 관한 칙어를 봉독한다. ④ 학교장은 교육에 관한 칙어를 기초로 천황의 뜻이 있는 곳을 설교한다. ⑤ 직원 및 아동은 이 축일에 해당하는 창가를 합창한다.

8) 일본의 행정구역은 현재 1都(東京都) 1道(北海道) 2府(大阪府·京都府) 43현(県)으로 되어있다. 고교야구 대표팀은 도(都)와 도(道)에서 각각 2개팀, 부(府)와 현(県)에서 1개 팀으로 하여 전부 49개 팀이 된다.

9) 나카마(仲間)란 한 직장에서 같은 일을 하는 사람들이 외부에 대하여 자기들을 가리키는 말로 우리말로 번역하면 '한패' '친구' 등의 말이 해당된다. 나카마가 되면 한 식구와 같이 허물이 없는 사이가 되며 그래서 나카마의 이익을 위해서는 거짓이나 희생도 불사하는 태도를 갖게 된다. 크게 보면 외국에 대해 일본인 전부가 하나의 '나카마가' 된다. 이는 일본문화의 하나의 특징이 되고 있다.

10) Arnold Joseph Toynbee. 『歷史の教訓』, 松本重治 訳, 岩波書店, 1981, pp.49~51.

11) 1830년부터 1889년까지 일본이 천황지배하의 통일국가형성을 위한 정치개혁을 말한다. 이때 일본은 아시아를 벗어나(탈 아시아) 서양의 문물은 받아드리는 입장을 취한다. 그러나 정신은 일본의 정신을 갖는 다는 화혼양재(和魂洋才)라는 말이 생기게 된다. 토인비의 말은 바로 이러한 의미로 생각할 수 있다.

12) 中村元, 『東洋人の思惟方法 3 日本人の思惟方法』, 春秋社, 1979, 11면.

13) 상게서 12)의 29면.

14) 1980년 12월 31일의 통계를 일 예로 보면 신도계(神道系)가 약 9,580만 인, 불교계가 약 8,770만 인, 기독교가 약 100만 인, 기타가 약 1,570만 인으로 나타나 있다. 신도계와 불교계를 합치면 일본인구보다 많은 것은 신도와 불교가 중복되기 때문이다. 일본의 절과 신도의 신사(神社)는 매우 비슷하며 같은 곳에 있어 참배가 중복되기도 한다.

15) 상게서 2), 125면.

16) 渡辺格, 外2人 編, 『NOBEL賞講演 生理学, 医学 1970~73』, 講談社, 1985, 157~159면에 의하면, 1973년 동물행동학에서는 최초로 3사람의 연구자가 노벨 의학생리학상을 받았다고 한다. 프리쉬는 벌, 로렌츠는 새, 틴버겐은 물고기를 연구하여 공동수상을 하였다. 이때 노벨상을 준 이유는 다음과 같다. 「(전략)세 분의 연구는 모든 종(種)에 적용함은 물론, 교만하여 부끄러움을 모르며 스스로 똑똑하다고 하는 인간에게도 적용되는 것입니다」.

17) 릴리즈(release)란 말은 '자유롭게 한다'는 말의 의미로 쓰이나, 동물행동학에서는 매우 의미 있는 용어로 사용한다. 인간을 포함한 모든 생명체에는 여러 가지 많은 본능이 자물쇠처럼 설계되어 있으며 이러한 본능이 자극이라는 열쇠에 의해 열리어 나타나는 것을 릴리즈라고 한다. 이를 해발(解発)이라고 번역하기도 한다. 여기에서는 「인사」 역시 「상대를 생각하는 마음」이라는 자물쇠를 여는 열쇠로 보는 것이다.

18) 土居健郎, 『甘えの構造』, 弘文堂, 1980. 참조.

19) 이어령, 『「縮み」志向の日本人』, 学生社, 1982. 일본인은 모든 문화를 작게 축소하여 생활화하고 있음을 지적하며 이를 축소 지향이라는 말로 표현하고 있다.

20) 今道友信은 국제철학회 대표이며 동경대학 교수이다. 1974년 불가리아 국제철학회에서 현대인은 새로운 생태관을 수립하고 여기에 맞는 새 윤리학을 만들어야 됨을 주장했다. 새 윤리학이란 자연, 문화, 기술을 통합한 환경을 에토스로 한 인간 생태학을 기반으로 한 윤리학을 말한다. 여기에서 새로운 덕으로 '정확성'을 주장한다. 岩波書店, 『思想』(1983년 1월호)의 「技術時代における新しい倫理学」, 『エコエテカ』, 講談社学術文庫(1990).

21) 中村元, 『原始仏教の生活倫理』, 春秋社, 1972/78, 298~299면.

일본 사회 속의 학교의 도덕교육은 어떠한가

제2장
일본 사회 속의 학교의 도덕교육은 어떠한가

먼저 일본의 학교교육이 어떠한가를 학교와 학생에 관한 통계를 통해 보고자 한다. 올해(2001년)의 일본 통계청의 통계에 의하면 일본의 인구는 1억2천 721만(남자 6천219만, 여자 6천502만)이 된다. 그러면 우리 남한보다 인구가 3배 가까이 되는 일본에 학교와 학생 수는 어떠한가?

유치원의 경우, 학교 수는 1만1천 374개교(국립 49, 공립 883, 사립 8,442)이며 원생 수는 1백75만 3천 명(남자 88만8천, 여자 86만5천)이라고 한다. 선생 1인당 원생수는 16.4명이며 1학급당 원생수는 23.9명이다. 선생 중 여선생은 94%에 이르고 있으며 유치원을 다닌 아동이 초등학교 1학년의 60.6%를 차지한다.

초등학교(일본에서는 소학교)의 경우, 학교수는 2만3천 964개교(국립 73, 공립 2만3천 719, 사립172)가 되며, 학생수는 7백29만 7천 명(남자 3백73만 4천, 여자 3백56만 3천)이다. 교사 1인당 학생수는 17.9명이며, 1학급당 학생수는 26.9명이다. 선생 중 여교사가 62.5%를 차지하고 있다.

중학교의 경우, 학교 수는 1만1천 191개교(국립 76, 공립 1만 429, 사립 686)이며 학생수는 3백99만 명(남자 2백4만 2천, 여자 1백95만)이다. 교사 1인당 학생수는 15.6명이며, 1학급당 학생수는 32.1명이다. 여교사는 40.6%에 이르며, 중학교까지 의무교육이다. 고등학교 진학률은 남학생이 95%이고 여학생은 96.7%가 된다.

고등학교의 경우, 학교 수는 5천479개교(국립 15, 공립 4천146, 사립 1천318)이며 학생수는 4백6만 1천761명(남자 2백4만 2천453, 여자 2백1만 9천308)이다. 교사 1인당 학생수는 15.2명이며, 여교사는 26.1%를 차지하며, 대학진학률은 45.1%가 된다. 고등학교에는 방송통신 고등학교가 119개교가 있으며 19만 명의 학생이 있다.

전문대학(일본에서는 단기대학)의 경우, 학교 수는 559개교(국립 19, 공립 51, 사립 489)이며 학생수는 28만 9천 명(남 3만1천, 여 25만8천, 여학생이 89.2%)이다. 4년제 대학 편입이 10.2%, 취업 59.1%(남자 44.4%, 여자 60.5%)이다. 여자교수는 41%가 되며, 교수 1인당 학생수(1997년)는 국립의 경우 10.9명, 공립은 10.5명, 사립은 24.8명이 된다.

대학의 경우, 학교수는 669개교(국립 99, 공립 74, 사립 496)이며 학생수는 2백76만 6천 명(남자 1백73만 9천, 여자 1백2만 7천)이다. 대학원 진학률은 10.8%이고 취업은 57.3%이다. 여자교수는 12%가 되며, 교수 1인당 학생수(1997년)는 국립의 경우 10.4명, 공립은 10.3명, 사립은 26명이 된다.

이 외에 고등전문학교 62개교에서 5만7천 명의 학생이, 전수학교 3천496개에서는 75만3천 명이 공부하고 있다. 또한 학원 등의 각종학교 2천165개교에서는 20만8천 명이 여러 가지 공부를 하고 있다.

그밖에 특수학교인 맹(盲)학교가 71개교 있으며 학생수는 4천 명에 이르고, 농(聾)학교는 99개교에 학생수가 7천에 달하며, 정신박약아 등을 가르치는 양호학교는 818개교이며 학생은 8만1천에 이른다.

일본은 이러한 학교 환경을 갖추고 21세기의 국제사회에 맞는 인간교육을 하고 있다. 그러면 이러한 일본에 있어서 학교교육의 기초교육인 도덕교육은 어떠한가?

1. 과거의 도덕교육

1) 교육칙어

지금까지 일본인들의 인성을 형성해 온 도덕교육의 기초작업은 일본 근대화의 시작인 메이지유신(明治維新)을 계기로 비롯된다. 이 때의 모습을 생생하게 표현하고 있는 것을 일본의 정치학자인 마루야마 마사오(丸山真男)의 『일본의 사상』이라는 저서에서 참조해 보면 다음과 같다.

1888년 6월 추밀원(枢密院)[1]에서는 명치천황의 임석 아래 이토 히로부미(伊藤博文)를 의장으로 하는 일본제국 헌법심의 회가 열렸고 여기에서 이토는 헌법제정의 근본정신에 대한 자기의 소신을 피력한다. 유럽의 경우는 종교가 헌법정신의 기축이 되어 한 사람 한 사람의 정신을 이루고 있는데 일본의 경우에는 불교가 한 때에 흥했지만 지금은 쇠약하고 군주대대의 유훈(遺訓)을 기반으로 한 신도(神道)는 인간의 마음을 돌이키는 종교로서는 힘이 부족하다. 결국 일본에는 유럽처럼 강한 전통적 종교가 없으므로 오직 황실(皇室)을 헌법의 기축으로 해야 한다는 것이다.[2]

그런데 의문은 이토가 유교에 관하여는 전혀 언급을 하지 않은 점이다. 그러나 헌법 제정 후 유교의 충효사상을 중심으로 한 교육칙어(教育勅語)가 만들어진 것을 보면 마루야마의 말처럼 유교는 종교로 보지 않은 것 같다. 그러면 이토가 말한 황실은 일본헌법에 어떠한 기축이 되었는가.

이토를 중심으로 한 메이지유신의 공로자들은 일본의 황실이 오랜 역사 속에 오직 하나로 끊임없이 내려오고 있으므로 천황이 일본을 통치해야함을 헌법 제1조로 정한다. 그리고 제2조 천황의 세습제, 제3조 천황에 대한 신성불가침을 제정한다.[3]

결국 일본은 천황의 나라가 되며 천황은 신(神) 즉 살아있는 신으로 어떠한 책임도 지지 않는 존재가 된다. 천황은 최상의 정신적 권위와 최대의 정치적 권력을 갖게 되며 일본국민은 정치적으로는 천황의 신민(臣民)이요 정신적으로는 천황의 신자(信者)가 된다. 이렇게 해서 일본은 천황을 머리로 한 유기체적 국가가 되고 이를 국체(国体)라고 하며 황국사관(皇国史観)이라는 역사관이 형성된다.

그런데 일본사상의 「음양도」(陰陽道)[4]에 관한 일본인들의 연구[5]에 의하면 서기 513년경 백제의 오경박사에 의해 전해진 음양도가 일본의 종교나 문화 등 모든 면에 정착하기 시작하여 607년에는 음양도를 기반으로 한 중국의 천황제처럼 일본에서도 천황 제도를 사용하게 된다고 한다. 즉 천황은 음양도에서 말하는 우주만물의 중심이 되는 현재의 살아 있는 신(現神)이 되며 일본의 최고통치자가 된다.

그렇다면 황국사관이란 이미 이렇게 일본에 정착 된 천황의 개념을 국가의 기초로 더욱 강화하여 만들어졌다고 하겠다. 그러나 메이지유신과 더불어 음양도는 사교나 미신으로 간주되어 폐지령이 내려져 일반인으로부터 없애려고 한다. 그러나 그렇다고 해서 천년이상의 역사 속에 토착화 된 음양도가 금방 사라질 리가 없다. 1946년 1월1일 천황의 인간선언과 더불어 천황을 일본 및 일본국민통합의 상징(象徵)으로 헌법 제1조가 바뀔 때까지 이 황국사관은 계속된다.

그러면 여기에서 문제는 이러한 황국사관이 지금의 일본인들에게는 얼마나 남아있는가이다. 물론 반세기라는 세월이 지났고 그 당시의 사람들도 많이 사라졌으므로 그 당시처럼 강하게 존재하고 있지는 않다고 본다. 그러나 1890년 10월 30일 황국사상이 중심이 된 교육칙어가 반포되고 이 칙어가 1946년 10월 8일 철폐되기까지 철저히 교육시켜 일본인의 정신으로 정착시킨 점과 또한 현재의 일본의 모든 제도가 그 당시와 별로 달라지지 않은 점을 보아 황국사관이 지금이라고 해서 일본인의 정신 속에 남아있지 않다고 할 수는 없다. 그러면 황국사관이라는 틀 속에서 형성된 일본인의 정신 즉 일본인의 인성은 구체적으로 어떠한 것인가.

2) 오모이야리(思遣) 도덕교육

황국사관이라는 일본의 틀 속에서 형성된 일본인의 인성을 구체적으로 파악하기 위해서는 천황이 직접 내린 「교육칙어」를 고찰하지 않으면 안 된다. 1890년 내려진 교육칙어는 일본이 앞으로 어떠한 일본인을 만들 것 인가하는 도덕교육의 지표가 된다. 우선 전문이 315자로 구성되어 있는 교육칙어를 일본의 문부성(文部省)에 의해 해석된 것을 다음과 같이 옮겨보고자 한다.

짐이 생각하느니 나의 선조께서 나라를 여신 것은 대단히 원대한 것이며 덕(德)을 세우신 것은 대단히 깊고 두터운 것이다. 또한 나의 신민(臣民)은 충(忠)에 매우 열렬했으며 효(孝)를 다 하였고 나라 안의 모든 사람이 전부 마음을 하나로 해서 대대로 미풍을 만들어 왔다. 이것은 나의 나라 정신의 정수이어서 교육의 기반이 되는 것이다. 너희들 신민은 부모에게 효를 다하고 형제자매 사이좋게 지내며 부부는 서로 이해하고 사랑하며 친구는 서로 신의로서 사귀어라. 또한 자기를 낮추고 기분대로 하지 말며 사람들에게 자애를 베풀도록 하고 학문을 닦고 가르침을 배워서 지식고 재능을 기르며 선량하고 쓸모 있는 인물이 되어라. 나아가 공공의 이익을 넓히고 세상을 위하는 일을 하도록 하며 언제나 황실의 규범과 함께 헌법을 비롯해 제 법령을 존중하고 지키며 만일 위급한 큰 일이 일어났을 때에는 대의에 의한 용기로 한 몸을 바쳐 황실국가를 위해 다 하도록 하라. 이렇게 해서 신(神)의 말씀대로 천지와 함께 끝없는 황위의 영광을 다하여 받들어라. 이와 같이 하는 것은 단지 짐에 대한 충의를 다하는 선량한 신민인 것만이 아니라 그것이 곧 너희들의 선조가 남긴 미풍을 확실히 나타내는 것이 된다. 여기에 제시한 길은 진정 나의 선조가 남기신 가르침이어서 황실조상 대대의 자손 및 신민은 다같이 복종하고 지켜야한다. 이 길은 고금을 통해 영원히 잘

못이 없으며 우리 나라는 물론 외국에 있어서도 올바른 길인 것이다. 짐은 너 신민과 함께 이 길을 귀중하게 지키고 전부가 이 길을 체득하고 실천할 것을 간절히 바란다.[6]

이상과 같은 교육칙어에서 알 수 있듯이 국가의 개념을 황국사관에 두고 황실과 국민과의 관계를 명확히 하며 국민은 신민으로서 유교의 가르침에 따라 하나로 단합 되도록 하는 일본인 도덕의 하드웨어를 정립하고 있다. 그런데 이 교육칙어는 반포이래 일본이 2차 대전에서 패하기까지의 반세기를 일본국민에게 철저히 교육되어왔다. 그 당시의 철저함이란 지금으로서는 상상도 할 수 없을 정도라고 한다. 일 예로 축일행사시에 각 학교에서는 교육칙어를 교장이 대독하였는데 한 글자라도 잘못 읽었을 때엔 할복 자살까지 하는 일이 있었다고 한다.[7]

그렇다면 교육칙어를 통해 일본인들은 어떠한 도덕을 갖게 되었는가. 물론 황실에 충성을 다하고 국민들끼리는 하나로 뭉쳐야 한다는 확고한 도덕의 틀은 갖추어 졌다고 하겠다.

그러나 구체적으로 어떠한 도덕을 갖추었는가를 생각지 않을 수 없다. 물론 이에 대해서는 여러 가지로 대답할 수 있겠지만 본 고찰에서는 반세기에 걸쳐 철저히 교육한 이상 현재의 일본사회에는 구체적인 일본인의 도덕이 남아있다고 본다. 이러한 점에서 볼 때 일본인들이 현재의 가정과 학교 및 직장 등 사회 전반에 걸쳐 「오모이야리」라는 말을 도덕이나 도덕성의 의미로 널리 사용하고있는 것을 주목하지 않을 수 없다. 즉 이 「오모이야리」가 일본인의 구체적인 도덕임을 생각하지 않을 수 없다.

「오모이야리」란 한자로는 「思遣」(사견)이라고 쓰며 이 한자의 의미는 「생각을 보낸다」가 되겠다. 일본에서 가장 널리 사용되는 고지엔(広辞苑)[8]이라는 사전에는 이 말이 「자기의 입장에 비해 남의 입장에 대하여 생각하는 것」으로 설명되어 있다.

특히 교육칙어가 유교사상을 기반으로 하고있는 점을 고려하여 『논어』를 보면 충(忠), 효(孝), 서(恕)의 사상을 찾아 볼 수 있으며 그 가운데 서(恕)의 의미를 보면 「자기가 바라지 않는 것은 남에게 베풀지 않는다」(己所不欲勿施於人也)라고 되어 있어 곧 일본의 「오모이야리」의 의미와 같다고 할 수 있다.

그러나 일본인들의 생활 속에 나타나 있는 「오모이야리」는 서(恕)의 의미를 이미 일상생활화 하고 있다고 하겠다. 예를 들면 일본인들은 남의 슬픔이나 안 된 일에 대하여 「참 안 되었습니다」「참 유감입니다」 등의 말만으로 인사를 대신한다. 즉 상대와 같은 자기의 심정간을 표현한다. 이렇게 말한다고 해서 물질적 육체적으로 돕겠다는 의미가 들어있는 것은 아니다. 돕는 것은 그 다음의 일이라 하겠다. 단지 자기의 마음을 나타내는 것뿐이다. 그렇다면 「오모이야리」의 의미는 동정을 해야할 어떤 상황에서 「자기의 마음과 남의 마음이 같게 되기 시작한 마음을 표현하는 것」 다시 말해 동정(同情)그 자체가 된다고 하겠다. 그렇다면 오모이야리는 「이타심의 시작」이라고 말할 수 있겠다.

그런데 이 「오모이야리」는 어떻게 형성되는가? 물론 「오모이야리」의 사전적 의미나 또는 서(恕)의 의미처럼 남의 입장을 자기의 입장처럼 생각하게 해서 형성시키는 방법을 생각할 수 있다. 그러나 남의 입장이 자기의 입장처럼 느껴지지 않을 때는 어쩔 수 없게 된다.

그런데 일본사회를 보면 다음과 같은 방법을 말할 수 있다. 예를 들어 설명해보면, 동생의 어떤 딱한 상황에서 내가 동생을 생각하는 마음(오모이야리)을 가지려면 나를 사랑하는 부모가 즉 내가 사랑하는 부모가 동생도 나를 사랑하듯이 사랑하고 있다는 생각을 하면, 부모가 동생의 딱한 상황을 얼마나 아파할까를 생각하여(효의 정신) 동생을 생각하는 마음을 갖게 된다고 하겠다.

이와 같이, 일본의 경우 천황이 나와 일본 국민을 똑같이 사랑하고 있으며 천황 앞에 일본인은 똑같이 평등하다는 생각이 들면서 천황을 위하는 생각이 들면 들수록(충의 정신) 자기가 다른 일본인들과 같은 마음(오모이야리)이 된다고 하겠다. 즉 효를 하면 할수록 형제 사이에, 충을 하면 할수록 같은 민족사이에 「오모이야리」가 강하게 작용하여 가정이나 국가는 하나로 단합된다는 것이다. 바로 이것이 그 당시의 도덕교육의 원리라 하겠다. 그러기에 그 당시의 일본의 도덕교육은 학교는 물론 강습 강연 등을 통하여 특히 황실에 대한 충의 교육을 철저히 하게 된 것이다.

3) 과거 도덕교육의 과제

일본은 이렇게 「오모이야리 도덕」을 실천함으로서 천황을 중심으로 하나로 단결된 나라를 만들었으며 이로 인해 생긴 힘으로 주변국가를 식민지화했을 뿐만 아니라 제2차 세계대전의 주역이 되기도 했다. 그러나 미국과의 전쟁에서 패함과 동시에 그 다음해인 1946년 천황의 인간선언에 의해 일본은 새 나라를 만들어야 할 새 국면을 맞이하게 된다.

그런데 어느덧 새 국면을 맞이한 지 반세기가 지나고 있다. 지금 일본의 도덕교육은 과거의 도덕교육의 입장에서 본다면 일본인 자신이 말하는 것 같이 「도덕교육의 부재」(不在)라고 할 수 있다. 왜냐하면 도덕교육의 원리인 황실에 대한 충의 교육을 강하게 할 수 없는 환경이 되고 있기 때문이다. 특히 미국 등으로부터 들어오는 자유민주사상은 젊은 세대에게 황국사관의 주장을 가로막는 큰 요인이 되고 있다. 그러나 아직도 기성세대의 대부분은 황국사관을 가진 세대이며 황국사관의 풍토가 남아있기에 「오모이야리」는 일본인의 도덕으로 여전히 작용하고 있다. 우리가 일본인을 대할 때, 그들의 「오모이야리」에서 파생되는 친절함과 틀림없는 정확성 등을 느끼게 되는 것이 한 예라 하겠다.

도덕교육의 측면에서 지금까지의 반세기를 볼 때 일본인들은 두 가지의 과제를 해결하려고 노력해 왔다고 하겠다. 하나는 「오모이야리」를 중심으로 한 도덕교육을 어떻게 할 것 인가이다. 생활 속에서 일어나는 도덕적 갈등을 「오모이야리」로 해결함으로써 「오모이야리」를 형성시키려고 노력은 하고 있으나 일본인들의 정확하고 완벽한 성격에 비추어 아직도 충분한 방법이 되고 있다고는 할 수 없다. 또 하나는 1970년대에 들어와 국제화 즉 세계화를 외쳐온 일본은 이제까지 일본인에 한한 「오모이야리」의 한계를 어떻게 세계화하느냐 하는 문제이다. 물론 정치, 경제, 교육 등의 측면에서 노력하고 있지만 지금으로서는 충분한 방안이 제시되고 있다고는 보기 어렵다. 우리 나라와의 관계에 있어서 아직도 편견적 언행이 나타남은 이를 뜻하는 일 예라 하겠다. 그러나 일본의 지식인들은 이 과제들의 해결을 위해 총력을 다하고 있음을 일본을 갈 때마다 강하게 느껴지는 것도 사실이다.

2. 현재의 도덕교육

1) 도덕교육의 방법

일본의 현재의 도덕교육을 고찰함에 있어서 이해를 쉽게 하기 위하여 우리 나라의 현재의 도덕교육과 비교하면서 고찰하고자 한다. 우선 현재의 도덕교육의 범위를 효(孝)도덕과 도덕교재를 중심으로 초·중학교의 도덕교육을 고찰하고자 한다. 우선 우리의 일본에 대한 자세부터 살펴보자.

근대에 들어와 일본은 35년간(1910~1945) 우리 나라를 지배하였다. 그 결과 우리들은 「약자를 지배하는 행위는 나쁘다」라는 판단 속에 일본에 대하여 「나쁘다」라는 도덕적 판단을 갖고 있다.

물론 이러한 판단은 도덕적 판단 중에 정서주의적 판단[9]에 속한다고 할 수 있으며 나아가 우리 나라 사람에게는 다른 나라를 괴롭히지 않는 「높은 차원의 도덕성」을 가지고 있다고 볼 수도 있다. 그러나 여러 나라가 서로 돕는 속에 자기 나라가 존재하는 지구적(global) 현실 속에 우리는 일본에 대한 이러한 정서주의적 도덕적 판단을 넘어설 때에[10] 앞에서 말한 「높은 차원의 도덕성」을 갖게 된다고 하겠다.

우리가 일본에 지배당한 당시를 도덕적 측면에서 보면 우리 나라는 유교사상을 기반으로 한 도덕을 지켜나가려고 애를 쓰고 있었으며 일본은 우리와 같은 유교적 도덕 위에 유럽의 기독교를 기반으로 한 합리적 도덕을 받아들여 새로운 도덕을 구축하려고 노력하고 있었다. 일본이 받아드린 합리적 도덕은 당시의 봉건사회를 기반으로 한 유교적 도덕보다는 민주적 도덕이라고 하겠다. 즉 인간은 신 앞에 평등하고 자유로우며 서로 존중해야 한다는 정신이 근간을 이루는 도덕이었기 때문이다. 한편 이러한 민주적 도덕은 민족의 높은 응집력에 의한 경제적 힘을 갖는 국가집단을 이루는 기초가 되었다.

그러나 여기에서 우리는 방향을 바꾸어 동물사회학을 제창한 동물행동학자 윌슨(Edward O. Wilson)의 주장을[11] 중심으로 생각해 보고자 한다. 그는 인간의 본성에는 동물과 같은 공격성이 생득적으로 프로그램 되어 있으며 이 공격성은 7가지의 형태로 나타난다고 한다. 그 중의 하나로 도덕과 관련 된 공격성을 들고 있는데 도덕적으로 우수한 집단이 그렇지 못한 집단을 대할 때 본능적으로 자기와 같은 인간집단으로 보지 않고 인간 이하의 집단처럼 보게 되어 공격성을 드러내게 된다는 것이다. 이러한 윌슨의 본능설을 근거로 생각한다면 근대에 들어와 도덕적으로 우수한 집단을 형성한 유럽 국가들이 앞을 다투어 여러 나라를 식민지화하거나 일본이 주위 국가에 행한 식민지역사가 왜 일어났는가를 설명할 수도 있다.

그러나 윌슨의 주장은 우리로 하여금 그러한 본능적 공격성을 드러낸다는 것은 동물과 별 차이 없는 다시 말해서 참된 의미의 우수한 도덕적 집단이 아니라는 것을 깨닫게 해 준다. 즉 합리적인 도덕으로 우수한 선진국이 되었을 때 그렇지 못한 나라들이 나라같이 보이지 않아도 공격성을 드러내서는 안 된다는 것을 시사하고 있다. 다시 말해서 「합리적인 도덕이 제대로 정확히 교육된다면 본능적인 공격성을 상당히 극복할 수 있게 된다」는 것이다.

이것은 선진국을 지향하는 우리에게는 「참된 선진국이 되려면 무엇보다도 본능적인 공격성을 제어할 수 있는 도덕교육이 충분히 이루어져야 한다」는 교육의 지표를 제시함과 동시에 「우리의 현재의 도덕교육은 어떻게 되어있는가」라는 현재의 우리 도덕교육에 대한 고찰의 필요성을 강하게 갖게 한다. 뿐만 아니라 우리를 결국 도덕적으로 낮게 보았던 일본은 어떠한가라는 일본의 도덕교육에 관한 이와 같은 고찰의 필요성을 갖게 한다. 그러나 이러한 고찰에는 개연성의 문제가 크므로 이를 최소화하기 위하여 먼저 도덕을 어떠한 관점에서 볼 것인가라는 도덕적 관점을 명확히 하지 않으면 안 된다.

「어떤 집단이나 개인이 보다 낳을 생존과 번영을 위하여 반드시 가져야 할 정신」을 「도덕성」으로 생각할 때 이 도덕성을 어떻게 보는가에 따른 도덕적 관점이 존재한다. 즉 이 도덕성을 신과 같은 절대적 진리와 직결시켜 본다면 종교적인 관점이 되며 정신구조의 고도의 기반으로 본다면 철학적인 관점이 된다. 또한 모든 생명체와 유기적인 관계를 갖는 생명원리로서 본다면 과학적인 관점이 되며, 인간마음의 주체로서 또는 사회집단의 존재규칙으로서 본다면 심리학적 및 사회학적인 관점이 되겠다.

그러나 이러한 도덕적 관점은 개인과 국가의 발전을 위한 내용(content)

을 중심으로 한 형식들(forms)이 되며 지금의 지구적 시대에 있어서 이
러한 형식들은 공존하지 않으면 아니 된다. 바로 사화학자 베버의 가치
의 공존이 이를 의미한다고 하겠다. 그렇다면 여기에서 도덕성의 본질에
대한 연구도 중요하지만 이 도덕성을 어떻게 형성하는가, 라는 도덕 교
육적 측면에서의 연구를 주목하지 않을 수 없으며 이러한 측면에서 보면
도덕 교육적 방법은 우선 크게 구조주의적 관점과 요소주의적 관점으로
나누어 볼 수 있다.

   도덕성을 형성하기 위해서는 개인은 어려서부터 도덕성의 형식인 여러
가지 도덕을 실천하도록 교육되며 이 때에 여러 가지 도덕을 하나씩 실
천해야 한다는 관점이 있는가 하면 여러 도덕을 하나의 구조로 보고 구
조의 핵과 같은 「중심도덕」을 실천함으로써 다른 도덕은 자연히 실천된
다는 관점이 있다. 전자가 요소주의적 관점이라고 한다면 후자를 구조주
의적 관점이라고 하겠다.

   그런데 요소주의적 관점은 결과적으로 구조주의적 관점에 일치하게 된
다. 즉 여러 가지 도덕을 하나씩 실천해 가는 중에 하나의 중심도덕을
알게되어 결국 구조주의적 관점을 갖게 된다는 것이다. 특히 도덕이 생
명의 생존과 직결되는 점을 중시하여 생명과학의 측면에서 보면 요소주
의적 관점의 기반을 이루는 기계론(mechanism)은 구조주의적 관점의
기반인 유기체론(organism)에 통합되고 있다고 하겠다.[12] 이에 우리 나
라와 일본의 도덕교육을 구조주의적 관점에서 고찰해 보고자 하는 데 의
미를 둔다.

2) 한국의 효(孝)중심도덕과 일본의 서(恕)중심도덕

   우리 나라와 일본에 있어서 옛날부터 전통적으로 내려오는 중심도덕은

두 나라의 생활 속에 실천되고 있는 도덕사상인 유교사상의 구조를 고찰함으로써 알 수가 있다. 유교사상이란 구조주의적 관점에서 보면 생득적으로 내재 되어있는 인(仁)이라는 도덕성을 제대로 형성시키자는 사상으로 이는 나라와 국민에 대한 충(忠)도덕과 어버이에 대한 효(孝)도덕 남에 대한 서(恕)도덕으로 구조를 이루고 있다. 즉 인(仁)도덕성이 내용(content)이라면 충(忠), 효(孝), 서(恕)도덕은 형식(form)이 된다. 다시 말해서 구조주의 관점에서 볼 때에 충(忠), 효(孝), 서(恕)도덕이라는 서 가지 형식 중에 한가지라도 충분히 실천한다면 다른 두 가지가 실천되며 나아가 내용인 인(仁)도덕성이 형성된다는 것이다.[13]

그런데 인간은 「민족이나 가족처럼 한 핏줄에 대해서는 생득적으로 희생하도록 프로그램이 되어있다」고 윌슨(E. O. Wilson)은 희생생득설[14]을 강조하듯이 우리 나라 사람이나 일본인에게는 한 핏줄의 모임인 가정을 매우 중요시하는 경향이 있다. 그 결과 인(仁)도덕성을 키우는 데에 실천해야 할 세 가지 형식(form) 중에 가정 중심인 「효(孝)도덕」을 중시하는 경향이 강하다. 그러면 구체적으로 우리 나라와 일본은 어떠한가.

우리 나라의 경우는 유교가 조선시대(1392~1910)에 국교가 되면서 종적 관계로서 임금에게는 충성을 다 하는 충(忠)도덕과 가정에서의 효(孝)도덕을 비롯하여 횡적 관계인 서(恕)도덕이 정착된다. 충신(忠臣)이나 충복(忠僕), 효자(孝子)나 효자비(孝子碑)라는 말은 그 당시 충, 효 도덕의 최상의 실천을 의미했다. 서(恕)도덕에 있어서도 그 의미는 「남의 형편을 자기의 형편처럼 헤아려 이해하는 마음가짐도덕」이 되며 이는 「긴 세월을 살아온 나이 많은 사람들의 도덕」에서 잘 실천되고 있으므로 서(恕)도덕은 「젊지 않다」의 준말 「점잖다」는 말로 실천되어 왔다. 나아가 서(恕)도덕은 역지사지(易地思之)라는 말로 대신하여 널리 쓰여졌다. 지금도 「점잖다」나 「역지사지」라는 말은 높은 도덕적 평가의 의미를 가지고 있다. 그러나 역사적으로 보아 우리 나라는 전통적으로 부모와 자식 간의 효를 중시한 생각이 강했으며 이에 충(忠), 효(孝), 서(恕)도덕에서 부모와 자식간의 효(孝)도덕을 높이 실천한 현상이 두드러지며 결국 효(孝)중심도덕으로부터 충(忠), 서(恕)도덕을 함께 하며 나아가 인(仁)도덕성을 형성하고자 한 도덕교육이 되었다고 하겠다.

한편 일본의 도덕교육은 우리 나라의 영향으로 에도 시대(江戶時代, 1603~1867)에 들어와 효(孝)중심도덕이 사회에 정착된다.[15] 그러나 메이지 시대(明治時代, 1867~1912)에 들어와서는 천황을 주인으로 하고 국민을 신민(臣民)으로 하는 하나의 가족국가론을 형성하며 충(忠), 효(孝), 서(恕)도덕을 기반으로 한 교육칙어(教育勅語)를 신민(臣民)에게 철저히 실천시킴으로서 가족국가론을 정착시킨다.[16]

그러나 이때에 이토 히로부미(伊藤博文)를 중심으로 하는 유신 공로자들은 유럽의 기독교를 참조로 천황을 살아있는 예수처럼 신격화하며 국민은 천황이라는 신에게 복종하고 충성을 다하는 일본을 만들어간다[17] 또한 신 앞에 모든 인간이 평등하듯이 일본 국민은 천황 앞에서 모두 평등한 관계를 갖게 되며 그 결과 일본은 가정이라는 소규모의 집단보다는 국민 전체를 큰 가족으로 한 대집단을 강조하게 되고 이에 충(忠), 효(孝), 서(恕)도덕 중에 충(忠), 서(恕)도덕을 중심도덕으로 강조하게 된다.

나아가 일본은 충(忠), 서(恕) 도덕을 통합한 도덕을 일본의 전통도덕에서 재구성하게 된다. 「남의 형편을 자기의 형편처럼 헤아려 이해하는 마음가짐 도덕」인 서(恕)도덕과 이러한 서(恕)도덕의 이유가 되는 「신(神)은 자기와 남을 똑같이 사랑하므로 신(神)에게 충 도덕을 다한다면 남의 형편을 자기의 형편처럼 헤아리게 된다는 서(恕)도덕의 당위성」을 의미하는 일본의 전통적인 도덕 즉 충과 서 도덕이 통합된 「오모이야리」(思遣)라는 말을 강조하게 된다. 이에 일본은 「오모이야리 도덕」의 실천을

강조하게 되고 이로 인해 하나로 단결되며 특히 일본인에게만 「오모이야
리 도덕」을 실천 할 것을 강조한 나머지 결국 타민족에게는 본능적인 공
격성을 드러내는 차별이라는 형식을 갖게 된다.

이렇게 두 나라는 효(孝)중심도덕과 서(恕)중심도덕을 나름대로 실천해
왔다. 그러나 두 나라는 똑같이 1945년 8월 15일을 기하여 미국식 민주
주의를 받아들이지 않으면 안되게 된다. 이에 두 나라는 각각 전통적인
도덕을 민주주의를 기반으로 한 도덕으로 재구성하지 않으면 안되게 되
었다. 특히 일본은 신(神)이었던 천황이 1946년 「인간선언」을 하였으며
일본은 이제 서(恕)도덕의 당위성을 충(忠)중심의 도덕만이 아닌 측면에
서 재구성하지 않으면 안 된다. 여기에서는 효(孝)중심도덕을 양국 도덕
교육의 중심 도덕으로 하여 고찰하고자 하며 특히 도덕교육에 있어서 가
장 도덕성형성의 기초자료인 초, 중학교의 도덕교재를 고찰하고자 한다.

3) 현재의 한국과 일본의 초·중학교의 도덕교육과 효(孝)중심도덕

(1) 한국의 초·중학교의 도덕교과서와 효(孝)중심도덕

현재의 우리 나라 초, 중학교의 도덕교육의 특징은 도덕교육이 하나의
교과로 되어있어 도덕교육 교사가 별도로 있으며 도덕 교과서라는 교재
가 있어 이것을 중심으로 수업형식의 도덕교육이 행해진다는 것이다.

초등학교의 경우 1, 2학년은 「바른 생활」이라고 하고 3학년 이상은 「도
덕」이라고 하며 도덕교과서는 학기별로 나누어져 있어 전부 12권이 된
다. 중학교는 학기 관계없이 한 학년에 1권이 되며 해서 전부 3권이 된
다. 결국 학생은 도덕교과서 15권을 초, 중학교 12년에 걸쳐 도덕교사
에게 도덕수업을 통해 도덕을 학습하게 된다.

수업시간 수는 소학교가 1시간 40분을 원칙으로 1년에 1학년은 60시

간 2학년은 68시간 3학년부터는 34시간으로 되어있으며 중학교의 경우
는 1시간 45분으로 68시간씩 되어있다. 즉 12년 동안 약 468시간 15권
의 도덕교과서를 배우는 것이 도덕적 인간의 기초를 이루는 초, 중학교
의 도덕교육이라고 한다.[18] 이렇게 볼 때 무엇보다도 중요한 것은 도덕
교과서라고 하겠다. 본 연구에서는 이 15권의 교재 가운데 1996학년도
1학기 교재로 나온 초등학교 도덕교과서 6권과 중학교 3권 합쳐 9권 속
에 효(孝)중심도덕이 어떻게 되어있는가를 고찰해 보고자 한다.

① 초등학교의 도덕교과서와 효(孝)중심도덕

우리 나라 초등학교 1학기의 도덕교과서[19]를 보면 1학년은 10과, 2학
년에서 6학년까지는 각12과로 구성되어 있으며, 효(孝)중심도덕에 관한
내용은 4·5과에 집중되어 있다. 이렇게 1학년에서 6학년까지 4·5과에
집중되어있는 것은 대개 5월에 4·5과를 가르치게 되며 5월은 어린이 날,
어버이 날, 스승의 날이 있는 가정의 달로서 이를 계기로 교육적 효과를
높이기 위하여 그렇게 구성한 것 같다. 이를 학년별로 보면 다음과 같다.

1학년의 「바른 생활」의 경우 「화목한 우리 가정」이라는 제목 속에 가
정을 화목하게 하기 위하여 내가 할 일은 무엇인가를, 형제끼리 사이좋게
지내기, 고운 말 쓰기, 기쁜 일 축하해 주기, 부모님께 걱정 끼치지 않기,
부모님을 돕기, 가족끼리 서로 돕기 등으로 그림을 통해 설명하고 있다.

2학년의 경우는 「고마우신 부모님」이라는 제목 속에 부모님은 우리를
낳아주고 길러주고 사랑하고 열심히 일하며 또한 부모 자신을 낳아주신
할아버지 할머니도 잘 모신다고 설명하고 있다. 그리고 부모의 고마움을
알고 은혜에 보답하는 길은 부모의 가르침에 잘 따르는 것과 부모를 기
쁘게 해 드리는 것이라고 역시 그림을 통해 설명하고 있다.

3학년의 도덕교과서에는 「예절바른 태도」와 「어머니의 마음」의 제목

으로 되어 있으며 「예절바른 태도」에는 고운말을 안 쓰는 망아지와 인사를 잘하는 친구, 할아버지 할머니를 잘 모시는 마음을 동화식으로 설명하고 있으며 「어머니의 마음」에는 자식에 대한 어머니의 마음을 쓴 어머니의 글과 그 글을 읽고 반성하는 자식의 모습을 동화로 엮고 있다.

4학년의 경우는 「서로 아껴 주는 사람들」이라는 제목 하에 가족과 친척들이 서로 생각하며 아껴주는 모습을 아침에 일어나 시작되는 가족들의 아침 생활 모습과 홍수 났을 때 친척들이 서로 돕는 모습을 동화식으로 나타내고 있다.

5학년의 경우는 「화목한 가정 생활」과 「조상들의 예절 생활」로 되어 있으며 「화목한 가정 생활」에서는 어머니가 병원에 입원하여 어머니가 부재인 가정의 생활 모습과 가족이 함께 놀러 갈 곳을 모여서 의논하는 과정을 동화 형식으로 나타내고 있다. 「조상들의 예절 생활」에는 성묘에 관한 내용과 이율곡의 효도에 관한 내용을 동화 형식으로 쓰고 있다.

6학년의 경우는 「예절의 형식과 정신」으로 되어 있으며 여기에는 교육청에서 개설한 예절학교에 관한 것과 집에 오신 작은할머니를 맞이할 때의 예의와 인사에 관한 것, 예절의 형식과 정신에 관한 토론, 공과 사를 지키는 예절이 바른 정승의 이야기 등을 동화식으로 엮고 있다.

이와 같이 초등학교의 효(孝)도덕에 관한 교과서의 내용을 보면 가정의 화목으로부터 시작하여 부모의 고마움을 알아 부모의 가르침에 따르고 부모를 기쁘게 해드리며 부모의 마음을 이해하는 내용이 중심이다. 또한 5, 6학년에서는 효(孝)도덕에 관한 생각을 할 수 있는 능력을 기르고자 했으며 특히 효(孝)도덕의 기반을 예절로 하고 있음이 특징이라 하겠다.

② 중학교 도덕교과서와 효(孝)중심도덕

우리 나라 중학교 1학년의 도덕교과서[20]의 내용은 크게 「1. 삶과 도덕 2. 가정과 학교 생활 예절 3. 사회와 도덕 4. 국가와 민족」 등 4영역으로 구성되어 있으며 이 중 「가정과 학교 생활 예절」의 영역 속에 가정과 학교생활의 의의와 가족 친족 이웃 간의 예절을 설명한 후 특히 「효도와 경로」의 단원을 설정하고 효(孝)도덕에 관하여 설명하고 있다.

내용은 효도(孝道)와 경로(敬老)가 옛날부터의 우리 예절의 기본이었음을 언급 한 후 「효(孝)는 늙을 노(老)와 아들 자(子)가 합쳐서 된 글자로 자녀가 부모를 받들어 모신다는 의미를 담고 있다」고 해석하고 있다. 또한 「어버이 친(親)은 목(木), 입(立), 견(見)이 합쳐서 된 글자로 나무 위에 올라가서 본다」는 의미를 가지며 「시장에 나무 팔러 간 아들이 오는 것을 보기 위하여 어머니가 나무 위까지 올라가 기다리는 내용의 옛 이야기」로 설명하고 있다.

또한 효(孝)도덕의 실천방법을 공자의 「사람들은 대개 효도라고 하면, 부모를 음식이나 옷으로만 봉양하면 되는 것인 줄로 아는데, 부모를 공경하지 않는다면, 그것이 개나 말을 기르는 것과 무엇이 다르겠는가」라는 말을 인용하여 언급하고 있으며 더 나아가 맹자의 「내 부모를 공경함으로써 그러한 공경의 마음을 미루어 남의 부모에게까지 미치게 하고, 내 자녀를 사랑함으로써 그러한 친애의 마음을 다른 사람의 자녀에게까지 미치게 한다」는 말과 효경의 「제 부모를 공경하는 사람은 감히 남을 미워하지 못하고, 제 부모를 공경하는 사람은 감히 남을 업신여기지 못한다」는 말을 인용하여 나타내고있다.

2학년의 도덕교과서 역시 4영역으로 되어있으며 1학년처럼 「가정, 이웃, 학교 생활과 도덕 문제」의 영역 속에 가정 생활과 도덕 문제를 다루고 있다. 즉 가정의 변화와 문제점 및 서양의 가정 등을 들면서 우리의 효친경로(孝親敬老)도덕을 어떻게 재구성할 것인가를 도덕적 문제로 제기하고 있다. 그런데 여기에서 어떠한 확실한 해답을 제시하고 있지는 않다.

3학년의 경우는 공산주의 이론을 별도의 영역으로 하여 전부 5영역으로 구성하고 있으며 1, 2학년처럼 두 번째 영역의 「예절바른 생활」에서 예절의 정신과 형식 관계 및 현대에 있어서의 예절의 문제 등을 언급하고 있다. 그러나 효(孝)도덕에 관하여는 직접 논의하고 있지는 않다.

중학교의 도덕교과서에 나타난 효(孝)도덕을 보면 1학년의 경우는 공자와 맹자 및 효경까지 인용하며 비교적 자세히 설명하고 있으나 2학년부터는 현재의 가정의 문제점과 예절 등과 연관시켜 생각해보는 내용이 되고있다. 특히 중학교에서는 효 도덕을 중심도덕으로 서 도덕 등을 구조화하는 내용으로 볼 수 있다.

(2) 일본의 초·중학교의 도덕자료와 효(孝)중심도덕

현재의 일본의 초·중학교 도덕교육의 특징을 들면 우선 도덕교육이 교과에 들지 않고 특별활동처럼 특수교과 영역으로 되어있으며 도덕수업은 담임선생이 담당하고 있다.

수업시간은 소학교(우리 나라의 초등학교에 해당)가 1시간 45분으로 1년에 1학년은 34시간, 2학년 이상은 35시간씩 하도록 되어있으며 중학교는 1시간 50분으로 3학년까지 년 35시간씩 하도록 되어 있다.[21]

도덕교재는 문부성(교육부에 해당)에서 규정한 '소학교 지도서 도덕편'과 '중학교 지도서 도덕편'에 의거 가르치는 사람이 만들어 가르치게 되어 있다.[22] 그래서 일본에서는 「도덕교과서」라는 말 대신 「도덕자료」라는 말을 쓰고 있다. 물론 「도덕자료」를 만들 때에는 문부성의 심사를 받게 되며 그래서 「소, 중학교 지도서 도덕편」과 「도덕자료」는 매우 중요시되고 있다.

그러나 「도덕자료」는 대부분이 도덕교육을 전공하거나 관심있는 대학교수 등의 학자들이 소·중학교의 교장 및 교사와 도덕교육연구회를 만들고 이 연구회에서 만드는 경우가 대부분이다. 일본에는 이러한 연구회가 매우 많다고 하겠으나 도덕자료의 특징으로 보아 8개의 연구회를[23] 들기도 한다.

특히 일본의 도덕교육의 특징이라고 한다면 도덕교육을 단지 수업에서 끝나는 것이 아니라 학교생활을 통하여 물론 가정과 지역사회와의 관계 속에 실천하고자 하는 데에 있다고 하겠다. 또한 일본에서는 도덕교육을 매우 중시하여 교직단위 이수 시에는 도덕교육을 필수로 하고 있다. 그러면 「소·중학교 지도서 도덕편」과 「도덕자료」에는 효(孝)중심도덕이 어떻게 되어있는가?

① 소학교 지도서 도덕편과 도덕자료의 효(孝)중심도덕

먼저 문부성에서 규정한 「소학교 지도서 도덕편」에서 학교 도덕교육의 목표를 보면 다음과 같다.

「교육기본법 및 학교교육법에 정해진 교육의 근본정신에 기반을 둔 인간존중의 정신과 생명에 대한 외경(畏敬)의 염(念)을 가정, 학교, 기타 사회의 구체적인 생활 속에서 살리고, 개성이 풍부한 문화의 창조와 민주적인 사회 및 국가의 발전에 노력하고, 나아가 평화적인 국제사회에 공헌할 수 있는 일본인을 육성하기 위한 기반으로서 도덕성을 기를 것으로 한다.[24]

또한 「도덕시간에 있어서는 이상의 목표를 기반으로 하여 각 교과 및 특별활동과 밀접한 관련을 지으면서 계획적 발전적 지도에 의해 이를 보충 심화 통합하고 아동의 도덕적 심정을 풍부히 하고 도덕적 판단을 높이며 도덕적 실천 의욕과 태도의 향상을 도모함으로써 도덕적 실천력을 육성하도록 한다」라고 도덕시간의 목표를 규정하고 있다.[25]

이와 같은 목표를 이룰 수 있는 내용을 「소학교 지도서 도덕편」은 저학년(1, 2학년), 중학년(3, 4학년), 고학년(5, 6학년)으로 나누어 구체적으로 지시한다.

우선 저·중·고학년에 각각 똑같이 「① 주로 자기 자신에 관한 것. ② 주로 타인과의 관계에 관한 것. ③ 주로 자연이나 숭고한 것과의 관계에 관한 것. ④ 주로 집단이나 사회와의 관계에 관한 것」 등 4가지 영역으로 나누고 4영역에 각각 구체적으로 실천해야 할 「도덕적 지시문」을 명시하고 있다. 저학년의 경우 14가지, 중학년은 18가지, 고학년은 22가지의 「도덕적 지시문」이 명시되어 있다.[26]

이 중에 효(孝)도덕에 관한 지시문은 저, 중, 고학년 모두 4번째 영역 「주로 집단이나 사회와의 관계에 관한 것」에 명시되어 있다. 저학년은 「부모 조부모를 경애하고 나아가 집안 일을 돕는다」. 중학년은 「부모 조부모를 경애하고 가족 전부가 밝고 즐거운 가정을 만들도록 노력한다」. 고학년은 「부모 조부모를 경애하고 가족의 행복을 구하며 나아가 도움이 되도록 한다」라는 지시문이다.

「소학교 지도서」에는 이외에도 도덕교육 방법, 각 교과와의 관계, 가정과 지역사회와의 관계, 평가, 지도계획 평가 등의 지시가 명시되어 있다. 이와 같은 지시를 기반으로 연구회나 연구자들은 교재로서의 도덕자료를 만든다. 그러면 여기에서 교재 중 널리 알려진 8개의 연구회의 하나인 이노우에 지로(井上治郎)의 도덕교육 연구회가 만든 도덕자료를[27] 일 예로 들어보고자 한다.

이노우에는 소학교 저, 중, 고학년 도덕자료로서 「도덕자작자료선집」3권을 1990년 연구회 회원인 소학교 교사나 교감, 교장 등 55명과 집필하여 만들었다. 저학년의 도덕자료란 18명의 소학교 선생이 소학교 학생들의 생활작문 가운데 문부성이 지시한 4영역의 14가지 도덕적 지시문에 해당되는 생활작문 39편을 선별, 정리하여 4영역 14가지 순서로 편찬했다. 39편의 작문 각각의 끝에는 「활용상의 힌트」를 넣어 참고하도록 하고 있다. 물론 이 자료에는 저학년의 도덕교육 및 자작자료 등에 관한 설명이 지도에 도움이 되도록 서두에 자세히 기록되어 있다.

그런데 이 자료에는 효(孝)도덕에 관한 3편의 생활작문이 실려있다. 「일요수업 참가」「우리 아버지」「발렌타인 날의 선물」이 그것이다. 내용을 요약하면 다음과 같다.

「일요수업 참가」는 일요일에 아버지만을 모시고, 아동의 수업을 보여주는 날 생긴 일을 아동 자신이 쓴 생활작문이다. 요찬이라는 어린이는 수업참관으로 온 아버지가 신경 쓰여 아버지를 자꾸 보다가 손도 잘 못 들고 수업도 어떻게 했는지 모른다. 종례 때 보니까 아버지가 혼자 집으로 가신다. 같이 못 가 섭섭한 마음으로 돌아오다 아버지와 같이 가는 친구를 만나 부러워한다. 집에 와서 아버지께 왜 혼자 가셨느냐고 물어보니 수업시간에 손도 못 들고 해서 화가 나서 먼저 가셨다고 한다. "공부를 열심히 하여 배고픈 사람 누구지?"라고 물었을 때 손을 들었다고 하니까 아버지가 때릴 것 같이 성을 내셨다고 한다. "왜 성을 내셨는지 모르겠다."로 끝난다.

그런데 이 생활작문의 활용상의 힌트를 요약하면 다음과 같다. ①요찬이 오직 아버지를 생각해서 보고 있는데 아버지는 거기에 맞는 사인을 안 해 작은 마음이 지금도 아프다는 것. ②2학년 1학기 끝날 때쯤 이 작문을 화제로 해서 「요찬은 좋은 아이인가, 아닌가, 왜 그런가」를 칠판에 요약해서 적어보는 등의 지도를 해 보도록 한다. ③②의 경우 좋은 아이인가 아닌가라는 대답과 그 이유가 빨리 나오겠으나 문제는 좋은 아이라는 대답이 나오는 데 있다. 대답을 유도하기 위하여 「요찬이 왜 아버지만을 보았는가」를 묻는 것은 좋지 않으며 아이들이 작문을 계속 읽어서 스스로 발견하여 즐거움을 느끼게 하는 데 있다.

「우리 아버지」의 경우는 2학년이 된 지 얼마 안 된 어린이가 매일 새벽 4시에 나가 생선을 사와 낮에 팔며 빵과 채소도 사서 파는 행상을 하는 아버지를 학교 쉬는 날 하루를 쫓아다녀 보고 아버지의 고생을 느껴보는 글이다. 「발렌타인 날의 선물」의 경우는 설날 세배돈 1만6천 엔을 받아 어머니에게 드린 어린이가 발렌타인 날 아버지와 할아버지께 초콜릿을 선물하려는 과정에서 어머니에게 2천 엔을 받는 경위와 아버지와 할아버지가 받아 기뻐하며 같이 나누어 먹는 모습 등을 자세히 표현한 글이다. 물론 이 두 작문의 마지막에도 「일요수업 참가」처럼 상황에 따른 아이의 심리와 지도 등에 관한 활용상의 힌트가 적혀있다.

중학년과 고학년의 경우 역시 저학년의 도덕자료의 구성과 같다. 중학년의 경우 「어머니의 민요」「빨간 장갑」「생일 날」의 세 작문이 있으며, 고학년의 경우는 「어머니에게 원함」「빨간 장갑」의 두 작문이 있다. 그러나 이러한 작문을 포함한 중학년 도덕자료의 37편의 작문과 고학년의 33편의 작문 가운데는 저학년의 39편의 작문도 마찬가지이지만 효(孝)도덕과 관련지어 가르칠 수 있는 작문이 적지 않다고 하겠다.

② 중학교 지도서 도덕편과 도덕자료의 효(孝)중심도덕

「중학교 지도서 도덕편」[28]은 「소학교 지도서 도덕편」과 구성 면에 있어서 거의 같다고 하겠다. 도덕교육의 목표 및 도덕시간의 목표가 같으며 내용의 구성에 있어서도 4가지 영역이 소학교와 같다.

그러나 중학교는 학년별로 영역이 되어있지 않고 3년 간을 통틀어 4영역으로 나누어 1영역에는 5개, 2영역에도 5개, 3영역에는 3개, 4영역에는 9개 등 합쳐 22개의 「도덕적 지시문」이 명시되어 있다.

효(孝)도덕에 관한 것은 소학교처럼 4번째 영역에 있으며 「(5) 부모, 조부모에게 경애의 념을 깊이 하며 가족의 일원으로서의 자각을 갖고 충실한 가정생활을 구축하도록 할 것」으로 명시되어 있다.

중학교의 도덕자료 역시 소학교처럼 연구회 등에서 만들며 소학교와 거의 다름없기에 자세한 것은 생략하고자 하나 문부성의 지도서의 지시대로 도덕자료에 있어서의 지도 내용이 소학교에서 중학교까지 단계적으로 깊이 들어가도록 되어 있다.

3) 현재의 한국과 일본의 초, 중학교의 도덕교육의 특징

현재 우리 나라와 일본의 초·중학교의 도덕교육을 효(孝)중심도덕의 관점에서 도덕교과서의 내용을 중심으로 고찰해 볼 때 다음과 같은 몇 가지의 특징을 알 수 있다.

우리 나라의 경우는 도덕교육을 교과교육으로 하여 도덕교과서와 도덕교사 및 도덕시간을 중심으로 운영하고 있으며 도덕교과서의 내용은 덕목을 동화식의 작문을 통하거나 원칙적인 설교를 통하여 가르치려고 한다. 모순과 원칙이 복잡하게 얽힌 상황을 분석하고 생각하는 지도보다는 도덕적 원리를 알면 상황에 얽힌 모순을 스스로 해결할 수 있다는 우리 나라의 전통적인 학습방법이 그대로 적용되고 있다고 하겠다. 또한 이러한 도덕 교과서의 내용 구성은 교육부의 교육과정에 명시된 도덕교과의 목표[29]와는 다른 즉 도덕의 실천을 통한 도덕성 형성보다는 도덕성을 알고 느껴 형성시키는, 다시 말해 인성으로서의 도덕성을 갖도록 하는 데에 중점을 두고 있다고 생각할 수 있다.

그러나 일본의 경우는 우리와는 많이 다른 점을 보여주고 있다. 우선 도덕교육을 특수교과로 취급하여 담임이 문부성의 지침에 의거자료를 만들어 지도하게 되어있다. 그러다 보니 연구회라는 집단이 형성되고 결국 집단이 도덕자료를 만들어 집단이 가르치는 도덕의 본질을 잘 살리는 방법을 사용하고 있는 점이 보이기도 한다. 또한 모순과 원칙이 얽힌 상황을 중시하고 이의 분석을 소학교 저학년부터 언어를 통하여 시도하려고 하는 점은 소위 지금의 선진국들이 시도하는 도덕교육과 같은 방향이라고 하겠다.

특히 일본의 도덕교육은 도덕자료를 통한 도덕 수업 외에 학교생활과 가정생활 지역 사회생활에서도 도덕교육을 중시하는 것을 보면 학교에서의 도덕교육은 가정에서 사회로 이어지는 하나의 연장에 불과하다고 하겠다. 그러나 이것은 메이지유신 때 일본 전 국토의 가정·학교·사회를 통합하여 실천된 도덕교육의 전통이 아직도 강하게 남아있는 것으로 볼 수 있겠다.

4) 현재의 한국과 일본의 초, 중학교의 도덕교육의 과제

우리 나라와 일본 두 나라의 도덕교육에 관한 위와 같은 고찰에서 앞으로서의 과제가 될 문제점을 본 연구의 결론으로 생각해 보면 먼저 우리 나라의 도덕교육에 있어서 두 가지 문제점을 생각할 수 있다.

하나는 우리 나라의 옛날부터 전해 내려오는 도덕교육이라고 할 수 있는 「감동적인 미담」을 「옛날 이야기 식」으로 전개한 도덕교육이 지금의 초, 중학교 도덕교과서 및 도덕교육에 그대로 남아있다는 것이다. 또 하나는 「온정과 미담」으로 인성을 강조하다 보니 현실 속에 일어나는 여러 가지 상황에 대한 처방에 결국 감정이 중심이 되는 경향을 강하게 갖게 된다는 것이다.

그러면 이 두 가지가 왜 문제점이 되는 것인가. 우선 이러한 전통적 도덕교육에 대한 영국의 도덕교육학자인 노먼불의 말을 참조해 보면 그는 전통적인 도덕교육의 특징으로 「추상적」「연역적」「수동적」「불합리적」「소극적」「갈등의 무시」를 들고 있다.[30] 우리의 도덕교육이 노먼불의 주장과 같은 면을 나타내고 있다면 현대의 도덕교육은 그와 반대로「구체적」「귀납적」「능동적」「합리적」「적극적」「갈등의 중시」를 통해 전통적 도덕교육을 재구성해야 하지 않는가를 생각할 수 있다.

또한 감정이 중심이 된다면 감정이란 상황에 약하며 자의성이 강하므로 감정이 중심이 된 도덕적 판단이 충분한 판단이 되는가에는 문제의 여지가 있다고 하겠다. 역시 이러한 도덕교육으로서는 국민이 하나로 단결이 되는 응집력도 충분치 못할 뿐만 아니라 윌슨이 주장하는 생득적인 공격성도 충분히 제어할 수 있다고 할 수 없겠다. 그러기에 우리의 역사를 보면 힘이 약하여 주위로부터 공격을 주로 받아왔으며 같은 민족 간에도 나아가 이웃 간에도 대립이 많은 즉 공격성을 잘 드러내는 것이 아닌가. 지연, 혈연 등에 쉽게 좌우되는 것도 이러한 연유라 생각할 수 있다.

일본의 경우는 도덕교육의 발전 방향으로 보아 매우 바람직한 방향을 선택하고 있다고 하겠다. 그러나 메이지유신 이래 가정 학교 사회가 일체가 되어 실천한 천황중심도덕의 철저성의 영향과 도덕자료를 만드는 과정에서의 문부성의 깊은 간섭은 도덕적으로 지나치게 완벽을 기하려는 일본인을 만들어내게 되고 결국 이는 일본인 외의 다른 민족을 같은 인간으로 보지 않게 되는 문제점을 가져올 수 있다고 생각된다. 일본이 제2차 세계대전의 주역이 된 것은 일본인이 도덕적이 아니기에 그런 것이 아니라 너무 일본인에게만[31] 도덕적인 데서 온 현상이라 할 수 있겠다.

그러면 우리 나라나 일본의 도덕교육은 어떻게 해야 하는가. 물론 이는 이제부터의 연구과제라고 하겠다. 그러나 이 과제를 달성하기 위해서는 본연구가 언급하고 있는「문제점」을「알아야」한다. 즉 본 연구의 연장으로서「구조주의적 관점에서의 효(孝)중심 도덕의 도덕교육」과 그「속효성」(速效性)[32]을 연구해야 한다고 하겠다.

마지막으로 한국과 일본에 관한 연구는 어떠한 연구이던 최종의 연구 목적이 두 나라의 바람직한 관계를 지향하는 「관계인식」에 있어야 함을 전제해서 이루어져야 한다고 생각한다. 왜냐하면 두 나라는 너무 같기 때문이다.

3. 현재의 도덕교육 과정

우리는 여러 관점에서 도덕교육의 의미를 말하고 있다. 그러나 유기적 환경 속에서 생명이 태어나 살아간다는 유기체 철학을 바탕으로 한 구조주의적 관점에서 보면 도덕교육이란 자기가 속한 국가사회나 지구사회가 필요로 하는 정신구조를 갖춘 사람을 만드는 교육이라 하겠다.

그러기에 고금동서를 막론하고 사람들은 가정이나 학교나 사회에서 종교나 철학, 과학, 문학, 예술 등의 지식을 통해 또는 정치, 문화 등의 형식을 빌려 나름대로 도덕교육을 해 오고 있다.

여기에서 한국의 도덕교육과 일본의 도덕교육을 비교 고찰하고자 하는 의도는 위에서 말한 도덕교육 본연의 의미가 한국과 일본에서 어떻게 구현해야 하는가를 탐구하기 위해서이다. 그러나 한국과 일본과의 관계를 생각해 보면 앞에서 말한 본 연구의 의도를 더욱 강조하는 본 연구의 필요성을 갖게 한다.

한국과 일본은 가장 가까운 이웃으로 민족형성으로 보나 문화 교류로 보나 매우 밀접한 관계를 맺어왔다. 그런데 근대에 들어와 한국은 35년간 일본의 식민지가 되는 모욕을 겪었다. 그래서 한국인들은 지금도 일본에 대하여 매우 좋지 않은 감정을 가지고 있으며 '약자를 지배하는 것은 나쁘다'라는 도덕적 판단 속에 일본에 대하여 '혹독한 비판'을 내리고 있다.

그러나 한국인들이 도덕적 판단에 의해 일본을 비판하고 있지만 도덕교육 이론에서 보면 이런 판단은 정서주의[33]에 지나지 않는 경향을 띠기 쉽다. 그 이유는 다음과 같다.

한국은 일본으로부터 벗어나 55년이 지난 지금 아주 다른 나라가 되어있다. 일본 역시 마찬가지이며 두 나라를 둘러싼 세계 역시 아주 달라져 가고 있다. 그런데 한국인들은 이렇게 달라진 현실을 무시하는 듯 지금의 일본을 과거의 일본처럼 비판하고 있다. 이렇게 한국인들이 비판하는 것은 미워하는 감정이 너무 깊기 때문이다. 이렇게 미워하는 감정이 있는 한 한국인들의 도덕적 판단은 정서주의 경향을 띠지 않을 수 없다고 하겠다.

그러면 한국인들은 어떻게 해야 하는가? 이에 대한 대답은 무엇보다도 「한국인들이 보다 정확한 도덕적 판단을 알아야 한다」는 것이다. 그런데 보다 정확한 도덕적 판단을 하기 위해서는 도덕적 판단과 직접 관련이 있는 한국의 도덕교육을 고찰해야 할 필요성이 요구된다. 뿐만 아니라 일본이 한국에 미움을 안겨주었기에 일본의 도덕교육을 고찰해야 할 필요성도 갖게 된다.

이에 한국과 일본 도덕교육의 설계도인 두 나라의 도덕교육과정을 비교 고찰하고자 하는 것이다.

1) 현재의 한국의 도덕교육 과정

(1) 한국의 초·중학교 도덕과 교육과정의 목표

현재의 한국의 도덕과 교육과정을 보면 자주 개정되어 제1차(1954), 제2차(1963), 제3차(1973), 제4차(1982), 제5차(1987), 제6차(1992), 제7차(2000)에 이르고 있다.[34]

현재 제6차 교육과정이 학교 현장에서 실천 중인데 한편 1997년 12

월에 제7차 교육과정이 벌써 발표되어 있는 상태이다. 그래서 한국의 초·중학교의 도덕과 교육과정을 고찰함에는 현재의 제6차 교육과정만이 아니라 제7차 교육과정까지 고찰하지 않을 수 없다. 그러면 먼저 도덕과 교육과정에서 말하는 도덕교육의 목표를 고찰해 보자.

① 제6차 도덕과 교육과정의 목표

초등학교 1·2학년은 도덕과목을 통합교육과정으로 운영하여 「바른 생활」이라고 부른다. 그러기에 「일상 생활에 기본적인 예절과 도덕규범을 습관화하여, 건전한 도덕성의 기초를 형성하게 한다」라는 도덕교육의 목표를 갖는다.

초등학교 3~6학년은 도덕교과를 「도덕」이라고 부르며 도덕교육의 목표를 「일상 생활에 필요한 도덕규범의 의미와 중요성을 이해시키고, 이를 실천하게 하여 자율적인 도덕 생활을 영위할 수 있게 한다」로 하고 있다.[35]

중학교의 경우도 도덕교과를 「도덕」이라고 부르며 도덕교육의 목표를 「한국인으로서 가치 있는 삶을 살아가는 데 필요한 도덕규범과 예절을 파악하게 하고, 일상 생활 속에서 부딪히는 도덕적 문제를 바람직하고 합리적으로 해결할 수 있는 판단능력을 기르게 하며, 삶의 이상과 원리를 체계화하여 실천할 수 있는 도덕적 성향을 형성하게 한다」로 하고 있다.[36]

② 제7차 도덕과 교육과정의 목표

제7차에서는 제6차를 개정하여 초등학교 1·2학년과 초등학교 3학년에서 10학년(고등학교 1학년)까지 둘로 나누어 도덕교육의 목표를 기술하고 있다.

초등학교 1·2학년의 「바른 생활」에서의 도덕교육 목표는 「일상 생활에 필요한 기본 생활습관과 예절 및 규범을 알고 습관화하여, 건전한 인성을 지닌 민주 시민의 자질을 형성한다」로 되어있다.

초등학교 3~10학년은 「한국인으로서 바람직한 삶을 살아가는 데 필요한 기본 생활습관과 예절 및 도덕규범을 익히고, 일상 생활에서 부딪치는 도덕적 문제를 바람직하고 합리적으로 해결할 수 있는 판단능력을 기르며, 올바른 시민 의식과 국가·민족 의식, 그리고 세계평화와 인류공영 의식을 함양하고, 삶의 이상과 원리를 체계화하여 실천할 수 있는 도덕적 성향을 기른다」[37]로 되어 있다.

(2) 한국의 초·중학교 도덕과 교육과정의 내용

초등학교와 중학교의 제6차 및 제7차 도덕 교육과정에 있어서 공통된 내용의 특징은 무엇보다도 내용을 크게 학생의 생활의 장을 기준으로 「개인 생활」「가정·이웃 학교 생활」「사회 생활」「국가·민족의 생활」이라는 4개의 영역으로 나누고 이 4개의 영역 속에 각각 몇 개의 예절과 규범 등의 도덕적 실천의 의미가 담긴 말을 넣고 있다. 이러한 말을 여기에서는 「도덕내용」이라는 말로 대신하고자 한다.

그런데 제6차의 초등학교 1·2학년 경우는 「가정·이웃·학교 생활」에서 「학교 생활」을 분리하여 5개 영역으로 나누고 있으며, 제7차에서는 초등학교 1·2학년은 구체적인 다른 말로 표현하고 있다. 그러나 의미가 같은 것으로 보아 4개의 영역으로 나눈 것과 다름없다고 하겠다.

그러면 4개의 영역 속에 어떠한 내용이 들어있는가를 하나하나 고찰해야 하겠으나 여기에서는 도덕교육과정이 도덕교육의 설계도로서 어떻게 구성되어 있는가를 파악하는 데에 있으므로 제일 기초인 초등학교의 1학년의 도덕적 언어들이 위 학년에서도 계속 실천되도록 연속성[38]을 가지고 있는가를 고찰하고자 한다. 왜냐하면 도덕성이 열리는 것은 다양한 도덕내용의 연속적인 실천에서 이루어지기 때문이다.

① 제6차 도덕과 교육 과정의 내용

제6차 도덕교육과정의 내용 중 학교도덕의 시작인 초등학교 제1학년 도덕과 교육과정의 내용부터 살펴보면 다음과 같다.

우선 영역을 크게 4개로 나누고 있으며 각 영역에 도덕내용을 배치하고 있다. 이를 순서대로 보면 다음과 같다.

㉮ 개인생활에서는, 바른 몸가짐·상대에 알맞은 인사·웃어른에 대한 바른 말씨·등, 하교시의 안전·자기 일 스스로 하기·시간 지키기·정리 정돈·하루 생활 반성 등 8가지의 도덕내용을,

㉯ 가정·이웃 생활에서는, 형제간의 우애·바른 식사 예절·이웃에 대한 예절 등 3가지를,

㉰ 학교생활에서는, 선생님에 대한 예절·친구와 사이좋게 지내기·학급 물건 애용·학교 생활에의 적응 등 4가지를,

㉱ 사회생활에서는, 공공 시설 바르게 이용하기·힘든 일 함께 하기·질서 지키기·쓰레기 바르게 처리하기 등 4가지를,

㉲ 국가민족생활에서는, 국기, 애국가에 대한 바른 자세·애국 선열에 감사하기 등 2가지를 제시하고 있다. 전부 합쳐 21가지의 도덕내용이 실천대상으로 제시되어 있는 것이다.

그런데 여기에서 중요한 것은 1학년의 21개의 도덕내용들이 위 학년의 도덕내용과 어떻게 연결되어 있는가라는 「연속성」인 것이다. 이유는 앞에서도 언급했지만 한 인간의 도덕성은 지능과 마찬가지로 다양한 도덕을 실천하는 가운데 자기에 맞는 성향이 열리기 때문이다. 다시 말해 어떤 학생이건 도덕성이 내재되어 있는데 이런 도덕 저런 도덕을 실천하다보면 자기가 잘하는 도덕을 알게 되고 그 도덕을 중심으로 그 학생은 도덕성이 구조화되기 때문이다.

② 제6차 도덕과 교육 과정 내용의 연속성

초등학교 1학년에는 21개 도덕내용이 제시된 것을 위에서 살펴보았다. 위 학년을 보면 도덕내용들은 2학년의 24개, 3~6학년의 68개, 중학교 1~3학년의 36개로 구성되어 있다. 그러면 초등학교 1학년의 도덕내용이 위 학년에 어느 정도의 「연속성」을 가지고 있는가를 고찰해 보자.

고찰 방법으로는 「연속성」의 유무를 파악하는 데에 본 연구의 의미가 있으므로 21개의 도덕적 언어 가운데 한국사회에서 강조되고 있는 도덕적 언어 4개를 아래와 같이 선택하여 그 「연속성」[39]을 고찰해보고자 한다. 「상대에 알맞은 인사」는 2학년의 「때와 장소에 알맞은 인사하기」로 연속성을 보이고 있으나 1년 연속에 그치고 있다.

「친구와 사이좋게 지내기」는 2학년의 「친구의 의견 존중」과 3학년의 「우정과 신의」로 연속성을 보여주고 있으나 2년 연속에 그치고 있다.

「쓰레기 바르게 처리하기」는 2학년의 「자연 보호 활동에 참여하기」와 4학년의 「환경보호」로 연속성을 보이고 있으며 2년 연속에 그치고 있다.

「국기, 애국가에 대한 바른 자세」는 2학년의 「국가에 대한 긍지와 애국심」과 3학년의 「나라 사랑」으로 연속되고 있으며 이것 역시 2년에 그치고 있다.

이상과 같이 고찰해 보면 초등학교 1학년의 도덕내용들의 연속성은 충분히 고려되지 않았다고 하겠다. 위 학년으로 올라갈수록 도덕내용의 개념이 확대되어 넓은 의미로 관련이 있다고 보는 연속성을 주장한다면 이는 초등학생에게는 도덕내용의 구체성과 연속성이 도덕성 형성에 가장 큰 효과가 있다는 도덕교육 일반론을 경시하고 있는 주장이라 하겠다.

③ 제7차 도덕과 교육 과정의 내용

초등학교 제1학년의 경우, 6차 교육과정이 명사 중심의 언어로 영역을 나누었다면 7차에서는 동사중심의 언어로 5영역을 다음과 같이 나누고 영역에 따라 도덕내용을 실천하도록 제시하고 있다.

㉮ 내일 스스로 하기에는, 몸 깨끗이 하기·자세 바르게 하기·스스로 준비하기 등 3가지의 도덕내용

㉯ 예절 지키기에는, 바르게 인사하기·바르게 식사하기 등 2가지

㉰ 다른 사람 생각하기에는, 친구와 사이좋게 지내기·여럿이 함께 쓰는 물건 소중히 다루기·쓰레기 바르게 처리하기 등 3가지

㉱ 질서 지키기에는, 차례 지키기·학교 규칙 지키기 등 2가지

㉲ 나라 사랑하기에는, 국기 바르게 달기·애국가 바르게 부르기 등 2가지를 제시하고 있다. 이와 같이 하여 도덕내용 총 12개를 제시하고 있다.

그런데 위의 「제7차 초등학교 제1학년 도덕과 교육과정의 내용」을 앞의 제6차 교육과정과 비교해 보면 다음의 네 가지를 알 수 있다.

㉮ 제7차 교육과정이 도덕교육의 명칭을 「바른 생활」과 「도덕」으로 나눈 것은 제6차와 같으나 학년 구분과 내용에 있어서는 매우 다르다. 학년 구분은 「초등학교 1·2학년」과 「초등학교 3~10학년」으로 구분하여 고등학교 1학년까지 도덕의 영역으로 하고 있다.

㉯ 제7차 초등학교 1·2학년에서는 4영역을 좀더 구체적인 동사중심의 도덕내용으로 표현하고 있으며, 초등학교 3학년에서 고등학교 1학년까지의 3~10학년에서는 제6차와 같이 4영역으로 나누고 있다. 또한 「초등학교 3~10학년」에서는 4영역에 「덕목」 20개를 규정하여 제6차와는 전혀 달리하고 있다.

㉰ 제7차 교육과정의 초등학교 1·2학년의 내용을 보면 제6차에 비해 9개가 준 12개의 도덕내용들로 되어있으며 마지막을 「~지키기」와 「~하

기」등의 동사로 되어있어 이유를 유발하는 듯한 표현을 하고 있다.
㉺ 제7차에서 제시한 12개의 도덕내용들을 보면 제6차와 마찬가지로 한
 국 사회가 강조하는 「효도」나 「정직」에 관한 도덕내용이 없음을 알
 수 있으며 이는 도덕내용 선택에 있어 우리 사회 도덕의 중요성을 고
 려하지 않은 점을 생각할 수 있다.

④ 제7차 도덕과 교육 과정 내용의 연속성

그러면 제7차의 초등학교 1학년의 도덕내용 12개가 위 학년의 101개
의 도덕내용 속에 어떤 연속성을 보이고 있는 가를 고찰해 보자. 고찰
방법은 제6차의 경우와 같다.

「바르게 인사하기」의 경우는 2학년의 「이웃 사람들에게 예절바르게
행동하기」와 3학년의 「인사, 언어 예절」로 연속성을 가지며 2년 연속에
서 그치고 있다.

「친구와 사이좋게 지내기」의 경우는 4학년의 「친구 사이의 믿음과 우
정」으로 연속되며 1년 연속에 머물고 있다.

「쓰레기 바르게 처리하기」는 2학년의 「환경을 깨끗이 하기」와 3학년
의 「환경을 보호하기」에 연속성을 가지며 2년 연속으로 끝나고 있다.

「국기 바르게 달기」는 3학년의 「나라 사랑」과 8학년의 「올바른 애국
애족의 자세」와 연속된다고 볼 수 있으며 2년 정도에 머물고 있다.

이상의 고찰을 보면 제7차 역시 제6차와 별 차이 없이 연속성이 부족
함을 알 수 있다.

특히 인사를 「예절」이라는 덕목으로만 봄으로써 인사를 너무 어렵고
중요하게 취급하여 인간관계를 가장 쉽게 하는 방법인 간단한 인사를 경
시할 수 있다는 생각이 든다.[40]

(3) 한국의 초·중학교 도덕과 교육 과정의 방법

① 제6차 도덕과 교육 과정의 방법

초·중학교에 있어서의 제6차 도덕과 교육과정의 교수·학습 방법을 보면 초등학교 1·2학년과 3~6학년 및 중학교로 나누어 제시하고 있다.[41]

초등학교 1·2학년에서는 6가지 방법을 규정하고 있으며 요약하면 다음과 같다. ㉮지속적 지도 방법 ㉯느끼고 생각하는 방법 ㉰가정생활과 연계 지도 방법 ㉱교사의 본보기 ㉲지도자료 활용 방법 ㉳극화와 시청각 자료 활용 방법 등이다.

초등학교 3~6학년에서도 6가지 방법을 언급하고 있다. ㉮생각과 토의 방법 ㉯학습자료 활용 방법 ㉰수업 방법(문제제시-관련규범-규범의 타당성-도덕적 판단 연습-실천동기의 강화) ㉱다양한 의견발표 방법 ㉲학교·가정생활 연관 지도 방법 ㉳교사의 본보기 등이다.

중학교의 경우는 9가지 방법을 제시하고 있다. ㉮목표와 내용에 부합되는 지도 방법 ㉯수업 지도 방법(인지적 영역은 물론 정의적 영역까지) ㉰교사의 확고한 신념과 열정으로 지도 ㉱탐구식 토의 방법 ㉲학생들이 다짐하고 발표할 수 있는 기회의 부여 방법 ㉳내용의 재구성 지도 방법 ㉴자발적이고 흥미를 유발할 수 있는 다양한 학습 보조자료의 개발 방법 ㉵교사들의 본보기 ㉶수업 방법(가정교육과 타 교과교육 등과의 적절한 관련 속에 행함) 등이다.

이상과 같은 제6차 도덕과 교육 과정의 방법을 보면, 서로 중복되는 방법도 있지만 초등학교 1·2학년의 경우는 지속적이고 가정과 연계 지도하며 극화와 시청각자료 활용 등의 방법에 관한 것이 특징을 이루며, 3~6학년에서는 생각하고 토의하는 방법과 다양한 의견발표 방법 및 판단 중시의 도덕수업 방법에 대한 것이 특징을 이룬다. 중학교의 경우는 탐구식 토의 방법 및 자발적이고 흥미를 유발할 수 있는 다양한 학습 보조 자료의 개발 방법, 정의적 영역을 강조한 수업방법을 언급한 것이 특징이라 하겠다.

② 제7차의 도덕과 교육 과정의 방법

제7차에서는 제6차와는 달리 초등학교 1·2학년과 초등학교 3학년~10학년(고등학교 1학년)의 둘로 나누어 방법을 말하고 있다.[42]

초등학교 1·2학년의 경우, 10가지 방법을 제시하고 있으며 요약해 보면 다음과 같다. ① 반복 지속적 지도 방법 ② 개방적인 대화 방법 ③ 실천 기록란과 가정 통신 등을 통한 교사와 학부모의 협동적 지도 방법 ④ 교사의 본보기 ⑤ 적절한 자료수집 활용 방법 ⑥ 극화 자료 및 시청각 자료 활용 방법 ⑦ 체험학습의 장 준비 활용 방법 ⑧ 의무와 배려에 초점을 맞춘 방법 ⑨ 학부모와 지역사회 인사의 수업참가 방법 ⑩ 수업시간에 대한 교사의 융통성 있는 방법 등이다.

특히 초등학교 1·2학년에서는 「교수·학습 자료 개발」방법 9가지를 제시함이 제6차와 다른 점이다. 9가지는 ① 창의적으로 구성하고 활동 중심으로 통합 ② 지도제재는 내용의 의미를 함축하면서 호기심을 줄 수 있도록 ③ 삽화나 사진은 구체성을 띠며 설명삽입도 가능 ④ 각 제재가 끝나는 부분에서는 지켜야 할 일을 제시하고 실천 확인 및 반성 자료 제시 ⑤ 간접적으로 모범적인 행동으로 나아가도록 구성 ⑥ 발달 단계에 어울리는 노래 놀이 포함 ⑦「우리들은 1학년」교과서 및 다른 교과서와 긴밀히 연계되도록 내용 및 삽화 구성 ⑧ 여러 교과의 관련 영역과 연계 ⑨ 제재 구성은 통합의 정신을 극대화 할 수 있도록 한다 등이다.

초등학교 3~10학년(고등학교 1학년)에서는 7가지 방법을 제시하고 있다. ㉠ 인지적 영역과 정의적 영역을 중점으로 선생의 확고한 신념과 열정 속에 지도하는 방법 ㉡ 학생들의 경험을 교과서의 내용과 관련 탐구식 토의 방법 ㉣ 스스로 기본 생활 습관과 예절 및 도덕규범 실천 다짐과 발표 기회 제공 방법 ㉤ 지역의 특성이나 시사성이 강한 내용은 지역과 시기에 맞게 재구성하며 다양한 학습자료를 개발하고 선생 상호간 공유하는 방법 ㉥ 교사의 도덕적 모범 ㉦ 감화, 설득, 탐구식 지도, 실천, 체험 중심의 지도 방법 ㉧ 타 교과에서 다루는 가치 문제, 교내행사, 교사와 학생간의 상호작용 등을 도덕수업과 연관시켜 도덕규범을 내면화하고 도덕적 실천 성향을 높이며 도덕실(또는 예절실)을 적극 활용하는 방법 등이다.

이상의 제7차 방법을 보면 제6차의 방법과 거의 중복되고 있으나 다른 점은 초등학교 1·2학년에서는 학부모와 지역사회 인사의 수업참가 방법과 교수·학습의 자료 개발 방법 등 9가지의 제시라고 하겠으며, 초등학교 3~10학년(고등학교 1학년)에서는 감화와 설득하는 지도와 도덕실(또는 예절실)의 적극 활용하는 방법을 들 수 있다.

(4) 한국의 초·중학교 도덕과 교육 과정의 평가

일본의 도덕교육은 교과교육이 아니므로 수치 등에 의한 「평가」는 하지 않는 것을 원칙[43]으로 하기에 본 연구의 비교고찰에서는 한국의 도덕과 교육과정에서의 평가를 정리하고 일본에서는 왜 평가를 수치로 하지 않는가를 생각해 보고자 한다.

도덕교육에 있어서 「평가」가 가능한가는 하나의 연구과제르 되어있다. 그러나 비교고찰을 주제로 하는 본 연구에 있어서 「평가」에 대한 한국만의 고찰은 그리 큰 의미를 갖지 못하므로 한국의 도덕과 교육과정에 있어서의 「평가」는 2000년부터 시행할 제7차 교육과정의 「평가」를 고찰하는 정도로 해 두고자 한다.

제7차의 「평가」는 초등학교 1·2학년과 초등학교 3학년~10학년의 둘로 나누어 각각 제시하고 있다.

초등학교 1·2학년에서는 5가지 평가를 제시하고 있다. ㉮ 지식, 초보적인 판단 능력, 행동 성향 등의 종합적 평가 ㉯ 절대기준의 평가 ㉰ 평가의 결과는 교수·학습 방법 개선을 위한 자료 ㉱ 평가결과를 가정과 학교의 연계를 통한 학생의 인격적 성장 도모에 활용하는 것 등이다.

초등학교 3학년~10학년(고등학교 1학년)에서는 5가지 평가를 제시하고 있다. ㉮ 도덕성의 인지적, 정의적, 행동적 측면에 대한 통합적 평가 ㉯ 도덕성의 인지적, 정의적, 행동적 측면에 대한 통합적 평가의 준거제시 ㉰ 다양한 평가 방법으로 지필 평가, 행동 관찰, 자기보고 법, 면담, 구술 평가, 포트폴리오(portfolio), 토론과정 및 발표에 대한 관찰 평가, 학생상호평가 ㉱ 평가결과는 학생의 도덕적 성장을 위한 자료로 활용 ㉲ 도덕평가는 도덕수업 개선을 위한 활용 등이다.

위와 같은 한국의 도덕과 교육과정에서 말하는 평가는 제6차에서 12가지(초등6, 중학6)가 제7차에서는 2가지를 줄여 10가지를 제시하고 있다. 그러나 제6차의 평가는 2가지가 평가 활용 등에 관한 것으로 실제는 10가지이며 제7차는 10가지 중에 4가지는 평가의 활용 등에 관한 것으로 실제는 6가지라 하겠다.

2) 일본의 도덕 교육과정

(1) 일본의 소·중학교의 도덕학습지도요령의 목표

일본의 교육과정은 「학습지도요령」[44]이라는 이름 하에 한국의 교육부에 해당하는 문부성에서 개정을 주관하며 이 「학습지도요령」을 바탕으로 교육현장에서는 도덕자료를 만들어 검정을 받은 후 교재로 사용하고 있다.

그런데 일본의 경우는 거의 10년 간격으로 개정하고 있으며 제1차(1958년), 제2차(1968년), 제3차(1977년), 제4차(1988년), 제5차(1998

년)로 진행되고 있다.[45]

지금의 도덕 교육과정은 제4차이지만 2002년 4월부터 시행할 제5차가 1998년 12월에 이미 나와 있는 실정이다. 그래서 본 연구에서는 제4차와 제5차를 비교 고찰하고자 한다.

① 제4차 도덕학습 지도요령의 목표

제4차에 명시된 도덕교육 목표에서는 (1)도덕교육의 목표와 (2)도덕 시간의 목표로 나누어 제시하고 있다.[46]

(1) 도덕교육의 목표는 교육기본법과 학교교육법에 정해진 교육의 근본 정신에 기초를 둔 「인간과 생명 존중의 정신」을 가정, 학교, 그 밖의 사회의 구체적인 생활 속에 살려나가며 개성이 풍부한 문화의 창조와 민주적 사회 및 국가의 발전에 노력하며 나아가 평화적인 국제 사회에 공헌할 수 있는 「주체성을 가진 일본인」을 육성하기 위해 그 기반이 되는 「도덕성」을 기르는 것으로 하고 있다.

(2) 도덕 시간의 목표로는 도덕교육의 목표를 밑바탕으로 각 교과, 특별 활동 및 통합적 학습[47]의 시간 속에 도덕교육과 밀접한 관련을 도모 하면서 계획적이고 발전적인 지도에 의해 도덕시간을 보충, 심화, 통합하여 도덕적 가치에 대한 자각을 깊이 하여 「도덕적 실천력」을 육성하는 것으로 하고 있다.

② 제5차 도덕학습지도요령의 목표

제5차 도덕학습 지도요령의 목표는 제4차 목표에 「학교의 교육활동 전체를 통해서 도덕적인 심정, 판단력, 실천 의욕과 태도 등의 도덕성을 기르는 데 있다」를 첨가하여 「도덕성」육성에 대해 구체화하고 있는 것이다.[48]

(2) 일본의 소·중학교의 도덕학습 지도요령의 내용

일본의 경우, 소학교는 학년을 저(1·2)·중(3·4)·고(5·6)학년으로 나누고 3개의 학년에 각각 4개의 시점(視点)을 정하고 도덕내용을 제시하고 있다. 영역을 설정하고 도덕내용을 제시하는 형식은 한국과 같다고 하겠다. 그러면 일본의 학교 도덕형성의 기초학년인 저학년의 4가지 시점과 제시된 도덕내용을 정리해 보자.

① 제4차 학습지도요령의 내용

(1) 주로 자기 자신에 관한 것 :

①건강과 안전에 주의하며 물건과 돈을 중히 여기며 주위를 정리 정돈하며 제멋대로 하지 않고 규칙 바른 생활을 한다.

②자기가 하지 않으면 안 되는 공부나 일은 확실히 한다.

③좋은 일과 나쁜 일을 구별하며 좋다고 생각하는 것을 스스로 먼저 한다.

④거짓말을 하거나 속이거나 하지 않으며 솔직한 생활을 해나간다.

(2) 주로 타인과의 관계에 관한 것 :

①기분 좋은 인사, 말, 동작에 마음을 쓰며 밝게 대한다.

②가까이 있는 어린이나 노인에게 따뜻한 마음으로 대하며 친절히 한다.

③친구와 사이 좋게 하며 서로 돕는다.

④늘 신세진 사람들에게 감사한다.

(3) 주로 자연이나 숭고한 것과의 관계에 관한 것 :

①가까이 있는 자연과 친하며 동식물에 아름다운 마음으로 대한다.

②살아있다는 것을 기뻐하며 생명을 중요하게 생각하는 마음을 갖는다.

③아름다운 것에 대해서는 상쾌한 마음을 갖는다.

(4) 주로 집단이나 사회와의 관계에 관한 것 :

① 모두가 사용하는 물건을 중하게 여기며 약속이나 규칙을 지킨다.

② 부모, 조부모를 경애하며 스스로 집안일 등을 하며 가족에 도움이 되는 기쁨을 안다.

③ 선생을 경애하며 학교의 사람들과 친하며 학급이나 학교의 생활을 즐겁게 한다.

이상의 제4차의 도덕학습 지도요령의 내용을 보면 4개의 시점에 14개의 도덕내용이 각각 완전한 하나의 문장으로 제시되고 있음을 알 수 있다.

② 제5차 학습지도요령의 내용

제5차 학습지도요령의 내용은 제4차의 내용을 그대로 연속시킨 위에 4번째 영역 「주로 집단이나 사회와의 관계에 관한 것」에 「④ 향토문화나 생활에 익숙하며 애착을 갖는다」를 첨가한 것이 된다. 즉 제4차와 같은 4개의 시점에 15개(제4차의 14개+1)의 도덕내용이 제시되고 있다.

이상의 소학교 저학년의 제4차와 제5차의 도덕학습 지도요령의 내용을 정리해 보았다. 이와 같은 학습지도요령의 제4차의 내용 전부를 보면 소학교 저학년에서부터 중학교 3학년까지를 소학교는 저(1·2), 중(3·4), 고(5·6)학년으로 나누고 중학교는 하나로 보아 네 가지로 나누고 네 가지에 각각 4개의 시점을 설정하고 총 75개의 도덕내용을 제시하고 있다.

제5차는 제4차의 75개의 도덕내용 가운데 문장을 약간 고친 것과 새로운 내용 3개를 첨가한 정도의 개정을 하고 있다. 즉 제4차보다는 3개가 많은 78개의 도덕적 언어를 내용으로 제시하고 있다.

그러면 일본의 경우 소학교 저학년(1·2)의 도덕내용의 연속성은 어떠한가? 제4차와 제5차를 합쳐 정리해 보고자 한다.

(3) 제4 · 5차 도덕학습 지도요령의 내용의 연속성

한국의 6 · 7차의 도덕내용의 연속성을 고찰할 때와 마찬가지로 일본의 경우 역시 일본사회에서 잘 이루어지고 있거나 강조되고 있는 「거짓말」 「인사」 「친구관계」 「효도」에 관한 4개의 도덕내용을 선택하여 그 연속성을 보고자 한다.

「거짓말을 하거나 속이거나 하지 않으며 솔직한 생활을 해나간다」는 저학년의 도덕내용을 보면 「올바르다고 생각하는 것은 용기를 내어 행한다」는 중학년의 도덕내용으로, 「성실히 밝은 마음으로 즐겁게 생활한다」는 고학년 도덕내용으로, 「진리를 사랑하고 진실을 구하며 이상실현을 향해 자기의 인생을 열어나간다」는 중학교의 도덕내용으로 확대 연속됨을 알 수 있다.

「기분 좋은 인사, 말, 동작에 마음을 쓰며 밝게 대한다」는 저학년의 도덕내용 역시 「예의의 중요함을 알고 누구에게도 진심으로 대한다」라는 중학년의 도덕내용으로, 「때와 장소를 분별하여 예의 바른 진심을 갖고 대한다」는 고학년의 도덕내용으로, 「예의의 의의를 이해하고 때와 장소에 맞는 적절한 말과 행동을 취한다」는 중학교의 도덕내용으로 확대 연속되고 있다.

「친구와 사이 좋게 하며 서로 돕는다」는 저학년의 도덕내용은 「친구와 서로 이해하고 신뢰하며 서로 돕는다」는 중학년의 도덕내용으로, 「서로 신뢰하고 서로 배우며 우정을 깊이하고 남녀 서로 사이 좋게 돕는다」는 고학년의 도덕내용으로, 「우정의 귀중함을 이해하고 진심으로 신뢰할 수 있는 친구를 사귀며 서로 격려하고 서로 높여준다」는 중학교 도덕내용으로 확대 연속되고 있다.

「부모, 조부모를 경애하며 스스로 집안일 등을 하며 가족에 도움이 되는 기쁨을 안다」는 저학년의 도덕내용은, 「부모, 조부모를 경애하고 나아가 집안 일을 도우며 가족에게 도움이 된 기쁨을 안다」는 중학년의 도덕내용으로, 「부모, 조부모를 경애하며 가족의 행복을 구하며 나아가 도움이 되는 일을 한다」는 고학년의 도덕내용으로, 「부모, 조부모를 경애하는 마음을 깊게 하며 가족 일원으로서의 자각을 가지고 충실한 가정생활을 쌓아간다」는 중학교의 도덕내용으로 연속되고 있다.

이상의 도덕학습 지도요령 내용의 연속성을 보면 구체적인 도덕내용이 소학교의 저학년에서 중학교 3학년까지 일사불란하게 확대 계속되는 연속성을 보여주고 있다.

(4) 일본의 소·중학교의 도덕학습 지도요령의 「방법」

일본의 도덕교육과정인 「도덕학습 지도요령」에서 「도덕수업 지도방법」을 찾는다면 「지도계획의 작성과 내용의 취급」을 규정한 것과 「도덕시간의 학습을 지도하는 방법」을 들 수 있다. 「지도계획의 작성과 내용의 취급」부분은 학습 지도요령을 어떻게 사용해야 하는가의 방법을 말한 것으로 학습 지도요령의 의미를 더욱 명확히 하는 중요한 방법임으로 여기에서는 이를 방법으로 정리하고자 한다. 한국의 도덕과 학습 지도방법과 유사한 「도덕시간의 학습을 지도하는 방법」은 주[49]로 대신하고자 한다.

그러면 지도계획 작성과 내용을 어떻게 취급해야 하는가의 취급방법에 관하여 정리하면 다음과 같다.

① 제4차의 지도계획의 작성과 내용의 취급

소학교의 「지도계획의 작성과 내용의 취급」을 요약하면 다음과 같다.

1. 도덕교육의 전체 계획과 도덕시간의 연간 지도계획을 탄력성 있게 작한다.

(1) 전체계획은, 학교의 모든 교육활동과 관련 되도록 하고 아동과 학교 및 지역의 실태를 고려하며, 학교 도덕교육의 중요 목표를 설정하고, 도덕의 내용과 각 교과 및 특별활동 및 통합적 학습 등의 지도와 관련하며 가정이나 지역사회 등과의 관련 방법이 나타나도록 작성한다.

(2) 연간계획은 도덕교육의 전체계획을 기초로 각 학년에 있어서 지도 내용의 배열을 연구하며 학년간의 관련을 도모하는 속에 작성한다.

2. 내용의 전체구성 및 관련성과 발전성을 명확히 하기 위해서는 4개의 시점에 의해 분류한다.

3. 도덕시간의 지도는 아동이 흥미나 관심을 갖는 교재를 개발하거나 개별지도를 연구하거나 아동 스스로가 도덕 실천력을 기르고 내면 깊은 도덕성을 육성하도록 해야 한다.

4. 도덕교육을 발전시키기 위해서는 학급이나 학교의 환경을 갖추고 학교 도덕교육의 지도내용이 아동의 일상생활에 살아있도록 가정이나 지역사회와 공통이해를 깊게 하고 서로 연관짓도록 해야 한다.

5. 아동의 도덕성에 대해서는 언제나 그 실태를 파악하여 지도에 살려가도록 한다. 단, 각 교과에서 행하는 평가처럼 평가하는 것은 도덕시간에 대해서는 적절하지 않다.

중학교의 경우는 소학교와 같으나 3번과 7번에 다른 내용을 첨부하고 있으므로 이것만 적어두고자 한다.

3. 아동의 발달단계를 고려하여 지도할 것. 저학년은 기본적인 생활습관이 정착하도록, 고학년은 세계 속의 일본인임을 자각하도록 할 것이다.

7. 도덕시간의 지도는 학급담임교사가 하는 것을 원칙으로 한다.

② 제5차의 지도계획의 작성과 내용의 취급

제4차와 비교하여 다른 것만 고찰해 보고자 한다.

〈소학교의 경우〉

1. 각 학교에 있어서 교장을 비롯해 전 교사가 협력해서 도덕교육을 전개하기 위해 다음과 같은 도덕교육의 전체 계획과 도덕시간의 연간 지도계획을 작성한다.

   (1) 각 학교에 있어서 1·2학년은 기본적 생활습관이나 선악의 판단, 사회생활의 규칙을 익히고, 3·4학년은 자주성과 서로 협력하는 태도를 기르며, 5·6학년은 자립심과 국가사회의 일원임을 자각하도록 한다. 이를 아동이나 학교실태에 맞추어 지도할 것을 연구하며, 특히 고학년은 고민, 마음의 동요, 갈등을 적극적으로 취급하여 깊이 생각할 수 있도록 지도한다.

2. 도덕시간은 기본적으로 각 교과, 특별활동, 통합학습의 시간에서도 각각의 특질에 부응하는 적절한 지도를 행한다. 그때 아동 스스로가 성장을 실감할 수 있고 과제나 목표를 알 수 있도록 연구할 필요가 있다.

3. 도덕시간의 지도에 있어서 다음 사항을 생각해야 한다.

   (1) 교장이나 교감의 참가, 다른 교사 등의 협력적인 지도 등에 대해서 연구하여 지도체제를 충실히 한다.

   (2) 버렌티어(volunteer) 활동, 자연체험 활동 등을 살리는 등 다양한 지도를 연구하며, 매력적 교재의 개발이나 활용 등을 통해 아동의 발달 단계나 특성을 고려한 창의적 연구를 한 지도를 행한다.

4. 「학교와 학급에서의 인간관계, 보호자나 지역인들의 적극적 참가와 협력」을 첨가한다.

〈중학교의 경우〉

1. (3) 각 학교에서는 특히 규율 있는 생활을 할 수 있도록 하고, 자기의 장래를 생각할 수 있게 하여 국제사회에 살고 있는 일본인으로서의 자각을 몸소 익히도록 하는 지도를 아동이나 학교 실태에 맞게 연구해야한다. 또한 고민이나 마음의 동요, 갈등 등의 문제를 적극적으로 취급하며 인간으로서의 삶의 방법에 대해 깊이 생각하도록 한다.
3. 도덕시간의 지도에 있어서 다음 사항을 생각해야 한다. (1) 학급 담임 선생이 지도하는 것을 원칙으로 한다(이하는 소학교와 같다).

3) 한국과 일본의 도덕교육과정 비교

이와 같이 한국과 일본이 현재 실천하고 있거나 다음에 실천할 도덕교육과정을 각각 정리해 보았다. 이제부터 비교를 통하여 두 나라의 도덕교육을 명확히 해보고자 한다. 여기에서 말하는 「비교」란 어떤 기준을 설정하여 옳고 그름을 비교하는 것이 아니라 4가지의 관점에서 대비해 보는 비교를 말한다.

(1) 도덕교육 목표의 비교

현재 제6차 한국 도덕과 교육과정에 나타난 도덕교육의 목표는 초등학교 1·2학년과 3~6학년 및 중학교로 나누어 기술하고 있으며, 일본의 경우는 소·중학교를 합쳐 하나로 통합하여 도덕교육의 목표를 제시하고 있다.

그런데 한국의 경우 2000년부터 시행할 제7차 도덕과 교육과정을 보면 초등학교 1·2학년과 초등학교 3~10학년(고등학교 1학년)의 두 가지로 나누어 기술하고 있어 일본처럼 하나로 통합해 가는 과정을 생각하게 한다.

목표의 내용을 보면, 한국은, 제6차에서는 「일상 생활의 기초 도덕→

자율적인 도덕생활→실천할 수 있는 도덕적 성향 형성」으로 전개하고 있으나 제7차에서는 「건전한 인성을 지닌 민주 시민의 자질 형성→실천할 수 있는 도덕적 성향 형성」으로 개정하고 있다.

 일본의 경우는 목표를 도덕교육과 도덕시간으로 나누고 있으며, 현재의 제4차 도덕교육의 목표는 「인간과 생명 존중의 정신을 구체적인 생활 속에 살려→개성이 풍부한 문화의 창조와 민주사회, 국가 국제사회에 공헌할 수 있는 주체성 있는 일본인 육성→그 기반이 되는 도덕성을 기르는 것」으로 하고 있으며, 제5차에서는 「학교 교육활동 전체를 통하여 도덕성을 기를 것」을 첨가하고 있다. 도덕시간의 목표는 「도덕교육의 목표를 밑바탕으로→각 교과, 특별활동 및 통합적 학습의 시간 속에 도덕교육과 밀접한 관련을 도모→도덕시간을 보충, 심화, 통합→도덕적 실천력을 육성」하는 데 있다.

 두 나라의 도덕교육의 목표를 보면 한국은 언어를 바꾸어 표현하고 있으나 일본은 부족한 점을 더하여 보충해 가는 것을 알 수 있다. 물론 두 나라가 자주적·민주적·국제적 도덕성을 갖춘 시민을 만들자는 내용은 공통이라 하겠다.

(2) 도덕교육 내용의 비교

 한국의 제6차 도덕교육과정의 경우, 초등학교 1·2학년은 5영역 안에, 초등3학년~중3학년은 4영역(개인생활, 가정·이웃 학교 생활, 사회 생활, 국가·민족 생활) 안에 내용을 담고 있다. 그리고 제7차의 경우, 초등학교 1·2학년은 5영역(내일 스스로 하기, 예절 지키기, 다른 사람 생각하기, 질서 지키기, 나라 사랑하기) 안에, 초등3학년~고1학년은 6차의 4영역과 같은 영역 안에 담고 있다.

 도덕내용에 있어서는, 제6차의 경우, 초등학교 1·2학년부터 중학교

3학년까지 125개의 도덕내용을 실천하게 하고 있으나 제7차의 경우는 덕목 20개와 이것과 관련된 도덕내용 113개를 실천하도록 하고 있다.

제6차의 초등학교 1학년의 도덕내용 21개가 나머지 104개와, 제7차의 12개가 나머지 101개와 연속적으로 발달하고 있는가를 고찰하였으나 연속성이 매우 부족함을 알게 되었다. 또한 21개의 도덕내용을 보면 지금의 한국 사회가 가장 강조하고 있는 효도나 정직이라는 도덕과 관련 있는 도덕내용은 매우 부족함을 알 수 있다. 이는 도덕내용 선택에 있어서 사회 현실을 고려하지 않았다고 생각하지 않을 수 없다.

일본의 경우를 보면 초등학교나 중학교나 같은 4개의 시점(주로 자기 자신에 관한 것, 주로 타인과의 관계에 관한 것, 주로 자연이나 숭고한 것과의 관계에 관한 것, 주로 집단이나 사회와의 관계에 관한 것) 안에 내용을 담고 있다. 제4차에서는 도덕내용 75개를 실천하도록 되어있으며 제5차에서는 이 75개 가운데 3개를 더 구체화하여 78개를 실천하도록 하고 있다.

또한 도덕내용의 연속성을 보면 제4차나 제5차에 있어서나 소학교 1·2학년의 도덕내용이 중학년에서 고학년 및 중학교에까지 일사불란하게 연속적 발달을 하도록 설계되어있음을 알 수 있다.

(3) 도덕교육 방법의 비교

한국과 일본의 도덕 교육과정에 있어서의 방법을 보면, 엄밀히 말해 직접적인 비교는 할 수 없다. 그러나 두 나라의 방법이 왜 다른가에 대한 고찰이 방법론의 비교가 된다고 생각한다.

한국의 제6차와 제7차의 도덕과 교육과정에 있어서의 방법은 도덕내용의 교수와 학습의 측면에서의 방법을 제시하고 있다.

방법은 제6차에선 21가지, 제7차에선 자료개발방법 9가지를 포함하여 26가지가 된다. 초등과 중등 및 학년에 따라 다르게 제시하고 있지만 교육학에서 말하는 방법을 거의 다 제시하고 있는 모양을 보인다.

일본의 경우는, 제4차 학습지도요령에 명시한 방법이라면 도덕내용들을 지도할 때 필요한 지도계획과 연간계획의 작성방법과 각 학년에서 도덕내용을 도덕지도의 주제나 내용으로 취급하는 방법을 명시하고 있다. 제5차는 제4차의 방법을 보완 첨가하는 약간의 개정을 하고 있다. 그러면 왜? 두 나라가 제시하는 방법의 방향이 다른가?

한국의 경우는 도덕교육이 교과교육의 하나로 되어있어 국정으로 된 교과서가 있으며 이를 초등학교에서는 담임이 가르치기도 하나 별도의 도덕교사가 있어 도덕수업시간을 가르침으로써 오직 도덕교육을 하는 것으로 되어있다. 그러므로 도덕과 교육과정은 교과서를 어떻게 가르치는가에 초점을 맞추게 되었으며 교과서의 내용을 어떻게 가르쳐야 한다는 수업방법을 제시하게 되었다고 하겠다.

일본의 경우는 한국과는 달리 도덕교육이 교과 외 교육이어서 도덕수업을 하는 선생에게 도덕수업 교재를 만들어 검정을 거쳐 쓰게 하는 방법을 택하고 있다. 그러므로 현장의 선생은 도덕교육 학자인 대학교수들과 함께 교재를 만들게 된다. 이렇게 만든 교재는 문부성의 검정을 거쳐 도덕수업에 사용하는 도덕자료가 된다. 그런데 이 도덕자료는 교과 외 교육에서 사용하는 자료이므로 전 교과나 학교생활 등과 관련시키지 않을 수 없게 된다. 그래서 도덕교육과정 역시 「학습지도 요령」 속에 포함시킨다.

이와 같은 일본 도덕교육에 있어 특히 「도덕자료」를 만들어야함은 매우 중요한 교육적 작업이 된다. 그래서 문부성은 「도덕자료」를 만들 때 도움을 주기 위한 「지도계획의 작성과 내용의 취급」을 명시하게 된다.

한국과 같은 교수·학습의 방법을 일본의 도덕교육에서 찾는다면 「학습지도요령 해설 도덕편」에서 지침으로 언급하고 있음을 알 수 있다.

즉, 일본 문부성의 「소학교학습지도요령해설 도덕편」과 「중학교 학습

지도요령해설 도덕편」에서는 도덕수업시간의 지도방법을 다음과 같이 들고 있다. 주 49)와 중복되나 적어두고자 한다.

초등학교(소학교)를 보면 「학습지도의 다양한 전개」라는 이름 하에 「체험활동을 살리는 등 다양한 학습지도의 구상」으로, 1) 다양한 형식의 읽을 자료를 살린 학습지도 2) 체험을 살리는 등의 학습지도 3) 각 교과와 관련을 갖게 하는 학습지도 4) 복수시간 취급의 학습지도 5) 학급경영과 관련시킨 학습지도 6) 가정, 지역사회와 제휴를 도모한 학습지도 7) 도서관, 박물관 등을 이용한 발전적인 학습지도 등을 들고 있다. 또한 「마음에 영향을 주고 마음을 움직이게 하는 지도법의 연구」에는, 1) 학습에 흥미의 환기나 동기부여의 연구 2) 자료활용 연구 3) 발문의 연구 4) 표현의 연구 5) 협의의 연구 6) 체험담 등 설화의 연구 7) 도덕노트의 연구 등 모두 14가지의 지침을 제시하고 있다. 중학교는 소학교와 내용은 같으나 12가지의 지침으로 되어있다.

(4) 도덕교육 평가의 비교

한국의 도덕과 교육과정에서는 수치 및 설명으로서의 평가를 인정하여 다양한 평가를 행하고 있으나 일본에서는 설명으로서의 평가만을 인정하는 형식을 띠고 있다.[50] 일본의 주장은 도덕은 수치로 나타낼 수 없다는 관점이라 하겠다. 다시 말해 사람을 수치화할 수 없다는 말이 되겠다.

4) 한국과 일본의 도덕교육과정 비교의 결론

도덕 교육과정이란 도덕교육을 잘 하기 위한 설계도이다. 한국과 일본의 현재의 도덕 교육과정과 다음 사용할 도덕 교육과정을 비교 정리해 본다는 것은 바로 두 나라의 도덕교육의 설계도를 비교해 본다는 말이며 나아가 도덕교육을 비교해 본다는 말이다. 그런데 비교하는 이유는 일본의 도덕교육을 통해 일본을 잘 알자는 데 있음과 동시에 우리의 도덕교육을 더욱 명확히 하고자하는 데에 있다. 그런데 이상에서 비교해 본 결과 다음과 같은 점을 명확히 해야 함을 알게 되었다.

첫째, 도덕교육 목표는 하나의 도덕을 중심도덕으로 간단 명료한 문장으로 정확하게 작성해야 한다. 중심도덕이란 사회에서 가장 실천을 필요로 하는 도덕이며 그 사회가 전통적으로 내려오는 도덕이 된다.

이 점은 일본이나 한국이나 충분치 못하다고 하겠다. 일본은 「오모이야리」, 한국은 「효도덕」이라는 전통도덕으로 도덕교육의 목표를 구조화한다면 더욱 효과 있는 도덕교육이 되리라 생각할 수 있다.

둘째, 도덕교육의 목표를 정하였다면 목표를 실천하기 위한 구체적인 도덕내용의 선택이 필요하다.

이 점 역시 일본과 한국 두 나라는 충분치 못하다. 일본의 경우, 도덕내용의 연속성은 실천적 효과를 올리므로 바람직하다고 하겠으나 「오모이야리」를 중심으로 좀더 도덕내용을 구조화하지 않으면 안 된다고 생각한다. 현재 일본사회의 도덕 기반인 「오모이야리」가 부족함으로서 나타나는 일본사회의 병리현상을 본다면 이 점을 생각지 않을 수 없다. 한편 이는 한국에 있어서도 마찬가지이다. 한국 전통도덕의 하나인 「효도덕」이나 강력한 사회적 요구인 「정직」에 관한 도덕내용이 초등학교 1학년의 도덕내용에 고려되고 있지 않은 것을 보면 과연 도덕내용 선택은 어떻게 해야 하는가를 생각하게 한다.

셋째, 정확한 목표와 이에 맞는 내용이 충분히 갖추어졌을 때 최대의 효과를 올릴 수 있는 정확한 방법이 필요하다. 정확한 방법이란 도덕내용을 실천하려는 교사와 학생의 노력 속에 존재한다.

이 점 역시 일본과 한국 두 나라 모두 부족한 점이 보인다. 일본의 경우는 「학습지도요령」이므로 방법제시의 어려운 점이 있다고 생각할 수 있다. 한국의 경우는 다음의 두 가지를 말할 수 있다. 하나는 많은 방법을 그저 나열하고 있다는 것이며 또 하나는 학년을 나누어 방법을 나열하고 있다는 것이다. 과연 이러한 방법이 효과가 있는가는 깊이 생각해볼 문제라 하겠다.

넷째, 도덕의 평가는 문장으로 표현함이 가장 정확한 평가에 가깝다 하겠다. 이 점은 수치화하는 한국의 경우 깊이 생각해볼 문제이다. 평가를 수치화 하면 활용에는 용이하리라 생각한다. 수치화 했을 때의 문제점은 사람을 서열화, 차별화 하는 문제가 있게 된다. 충분히 연구를 해야하는 과제라 하겠다.

▌주

1) 메이지헌법에 의하면 추밀원이란 중요한 국무 및 황실의 대사에 관해 천황의 상담에 응하는 것을 주업무로 하는 합의기관을 말한다.
2) 丸山眞男, 『日本の思想』, 岩波新書, 1978. 28~31면.
3) 長谷川正安, 『日本の憲法』, 岩波新書, 1979. 203면. 일본의 황실이 오랜 일본의 건국신인 아마테라스오미카미에서 지금의 125대 헤세천황까지 끊이지 않고 계속 이어져오는 것을 만세일계(万世一系)라고 한다.
4) 음양도란 역(易)의 음양사상, 오행사상, 신선사상과 이들의 영향을 받은 도교가 합쳐 이루어진 일본의 고대사상을 말한다.
5) 岩波講座, 『東洋思想第16巻 日本思想2』, 岩波書店, 1989. 316~344면.
6) 加藤地三, 中野新之祐, 『教育勅語を読む』, 三修社, 1984. 33~34면. 필자의 번역임.
7) 상게서 6), 참조.
8) 新村出 編, 『広辞苑』, 岩波書店, 1976. 327면.
9) 정서주의(emotivism)라는 도덕이론에 관하여 일 예를 들어 설명하면 '인간은 인

간을 살해해서는 안 된다' 라는 도덕률의 근거는 '인간이 인간을 살해하는 것에 찬
성할 수 없다' 는 의미의 말로 되어 결국 '찬성할 수 없다' 라는 정서에 있다고 보
는 설이다. 이에 대해 R. S. 피터즈는 도덕율의 근거가 정서에 있다면 상황에 좌
우 될 가능성이 있어 도덕율의 근거로서는 충분치 못하다고 평한다. 정서주의의
대표 저서로는 C. L. Stevenson. *Ethics and Language*. Yale University
Press, 1985.를 들 수 있다.

10) 「넘어설 때」라는 말은 일본인이 과거에 한국에 대한 행위가 「나쁘다」라는 판단
이 일본인에 대한 모든 판단의 기준으로 작용하여 「일본인은 무조건 나쁘다」라는
식으로 판단하는 것이 정서주의적 판단임을 「안다면」일본인을 정확히 볼 수 있는
판단을 갖게 된다는 말임.

11) Edward O.Wilson. *On Human Nature*. Harvard University Press, 1978.
Edward O.Wilson. *Sociobiology : The New Synthesis*. Harvard University
Press, 1975. 참조.

12) 永井博, 『生命論の哲学的基礎』, 岩波書店, 1973. 프리조프 카프라(Fritjof
Capra), 『현대물리학과 동양사상』, 이성범, 김용정 번역, 범양사, 1993. 참조.

13) 공자의 『論語』에 대한 필자의 해석이며 내용(content)과 형식(form)에 관해서
는 R. S. Peters. ʻ*Form and Content in Moral Education*ʼ Authority,
Responsibility and Education. George Allen & Unwin, 1979. 참조.

14) Edward O. Wilson. *Sociobiology : The New Synthesis*. harvard
University Press, 1975. 참조.

15) 일본의 에도 시대에 우리 나라 유학의 영향을 받아 교육, 문화, 사상, 도덕 등이
정착되었다는 사실을 일본의 교육사에는 충분히 언급되어 있지는 않으나, 일본
교육사연구에 있어서는 일반적 사실로 취급되고 있다. 특히 임진왜란 7년 후인
1607년(선조40년)에 다시 선린관계를 맺어 1811년(순조11년)까지 204년 사이
에 일본에 문물을 전한 12번의 조선통신사의 영향은 매우 크다. 중앙일보사가 우
리 역사 발굴 기행으로 정리한 『조선통신사』를 보면 한 번 파견에 대략 470~
500명의 인원과 왕복 6~9개월의 기간이 걸렸다고 한다. 신성순, 이근성, 『조선
통신사』, 중앙일보사, 1994. 참조.

16) 상게서 6), 참조.

17) 상게서 2), 참조.

18) 교육부, 「국민학교 교육과정」, 「중학교 교육과정」, 1994. 교육부, 「바른 생활」
(1-2학년), 「도덕」(3-6학년), 1996학년도 1학기. 교육부, 「도덕」(중학교1-3학
년), 1996학년도 1학기.

19) 교육부, 「바른 생활」(1-2학년), 「도덕」(3-6학년), 1996학년도 1학기.

20) 교육부, 「도덕」(중학교1-3학년), 1996학년도 1학기.

21) 문부성, 「소학교지도서 도덕편」, 1993. 문부성, 「중학교지도서 도덕편」, 1993.

22) 상계서 21), 참조.

23) 上寺久雄 編著, 『道德敎育の昏迷からの脫出』, 泰流社, 1975. 참조.

24) 상계서 21), 참조.

25) 상계서 21), 참조.

26) 상계서 21), 참조.

27) 이노우에 지로는 일본 문부성의 도덕교육 심의관을 거쳐 쓰쿠바대학의 도덕교육 담당 교수(1986년 정년퇴임)로 일본전국에 걸친 도덕교육연구회를 운영하고 있으며 「도덕자료로 가르친다」가 아니라 「도덕자료를 가르친다」는 이노우에 이론은 유명하다. 井上治郎, 『新編道德自作資料選集』, 小学校低·中·高 三冊, 1990.

28) 文部省, 「中学校指導書 道德編」, 1993. 참조.

29) 초등학교의 도덕과의 목표는 「일상생활에 필요한 도덕 규범의 의미와 중요성을 이해시키고, 이를 실천하게 하여 자율적인 도덕생활을 영위할 수 있게 한다.

　　가. 일상생활에 필요한 기본적인 예절과 도덕규범의 의미와 중요성을 이해하게 한다. 나. 도덕적인 문제 해결에 필요한 사고력과 가치 판단 능력을 신장시킨다. 다. 바람직하고 합리적인 생활 태도로 자율적인 도덕 생활을 영위할 수 있게 한다」. 중학교 도덕과의 목표는 「한국인으로서 가치 있는 삶을 살아가는 데 필요한 도덕 규범과 예절을 파악하게 하고 일상생활 속에서 부딪히는 도덕적 문제를 바람직하고 합리적으로 해결할 수 있는 판단 능력을 기르게 하며 삶의 이상과 원리를 체계화하여 실천할 수 있는 도덕적 성향을 형성하게 한다. ㉮ 도덕의 필요함과 도덕적 판단력 형성, ㉯ 도덕 규범과 예절, ㉰ 전통도덕과 시민 윤리의 특성, ㉱ 국가 민족 문화를 사랑하며 공동체 의식」등에 관하여 규정하고 있다.

　　이상의 목표를 참조해 보면 초, 중학교의 도덕 교과의 목표는 교과서의 내용보다는 자율적인 도덕 생활과 도덕적 문제를 해결할 수 있는 능력의 형성을 강조하고 있다고 보겠다.

30) Norman J. Bull, *Moral Education*, Routledge & Kegan Paul, 1969.

31) 「일본인에게만」이라는 말은 부락민이나 일본인으로 귀화한 외국인 등에 대한 차별 등 일본인 속의 도덕적 문제를 생각해보면 일본인 전체를 의미하는 데에는 불충분하다고 본다. 그러나 이 말은 타국민과의 상대적 의미에서 사용하였음을 말해 두고자 한다.

32) 구조주의적 도덕교육이 요소주의적 도덕교육 보다 도덕적 효과가 높다는 말이다.

중심 도덕의 형성이 요소로서의 도덕형성보다 빠르다는 의미의 말이다.

33) 상게서 9), 참조.

34) (1)교육부, 제6차 초등학교 교육과정, 1992. 제6차 중학교 교육과정, 1992.

　　(2)교육부, 제7차 바른 생활, 슬기로운 생활, 즐거운 생활, 우리들은 1학년 교육
　　과정, 1997. 제7차 도덕과 교육과정, 1997.

　　(3)제7차 교육과정은 2000년3월부터 초등학교1·2학년, 2001년 3월부터 초등
　　학교 3·4학년과 중학1학년, 2002년 3월부터 초등학교 5·6학년과 중학2학년과
　　고등학교 1학년, 2003년 3월부터 중학 3학년과 고등학교 2학년, 2004년 3월부
　　터 고등학교 3학년에서 시행하는 것으로 되어있다.

35) 교육부, 제6차 초등학교 교육과정, 1992. 37~38면.

36) 교육부, 제6차 중학교 교육과정, 1992. 10~12면.

37) 교육부, 제7차 도덕과 교육과정, 1997, 29면.

38) 「연속성」이란 학교 도덕교육의 시작인 초등학교 1-3학년의 도덕내용이 연속해서
　　실천되도록 위 학년의 도덕내용으로 구성되어있는 것을 말한다. 「연속성」을 주목
　　하고자 하는 이유는, 도덕은 도덕성을 열어 밖으로 나타나게 하는 생활 속에서의
　　열쇠 같은 구실을 하는데 1·2년 정도의 짧은 생활로서는 열쇠로서 충분히 활동
　　할 수 없기 때문이다. 여기에 도덕교육의 어려운 점이 있다고 하겠다.

39) 상게서 35), 참조.

40) 인사는 「예절」이기 전에 상대와 자기 사이의 긴장감을 완화시키는 인간관계의 자
　　연스런 하나의 표현이다. 그래서 인간과 같은 고등동물에서는 거의 인사라는 행
　　동을 보이고 있으며 대부분의 동물 역시 인사와 비슷한 행위를 보이고 있는 것이
　　다. 인간은 이러한 인사를 하나의 「예절」로 규정하고 상당한 형식을 부여하고 있
　　다. 그러다 보니 반가움이나 친함 등을 즉시 표현해야 하는데 복잡한 형식에 갇혀
　　표현을 제대로 못하고 얌전한 모습을 보이게 되는 경우를 말한다.

41) 상게서 35), P.16, 44~45면. 36), 20~21면.

42) 상게서 37), 37~39면, 50~51면.

43) (1)문부성, 소학교학습지도요령, 1998, 94면. (2)문부성, 중학교학습지도요령,
　　1998, 100면.

44) (1)문부성, 소학교학습지도요령, 1988. (2)문부성, 중학교학습지도요령, 1988.

45) 상게서 44), 참조.

46) 상게서 44), 참조.

47) (1)통합적 학습(일본에서는 총합적 학습이라고 함)이란 특별활동을 포함한 전
　　교과시간에 도덕교육의 주제를 가지고 각각의 시간을 시행함을 말한다. 즉, 도덕

교육의 주제가 「친구와 사이좋게」라면 국어, 수학, 특별활동 등 모든 시간에 그룹학습 방법 등으로 친구와 사이좋게 국어, 수학, 특별활동 등을 수업을 하도록 하여 「친구와 사이좋게」라는 주제를 달성하게 하는 것을 말한다.

　　(2)참고로 한국과 일본의 도덕시간을 비교하면 다음과 같다. 한국의 초등학교는 수업 1시간이 40분으로 1학년 60시간, 2학년68시간, 3-6학년 각 34시간, 총 264시간을 도덕수업을 하며, 중학교는 1시간을 45분으로 1-3학년 각 68시간으로 총 204시간을 수업한다. 초등학교에서 중학교까지 전부 468시간(실제 329시간)을 도덕수업을 한다. 일본의 소학교는 수업 1시간이 45분으로 1학년이 34시간 2-6학년이 각 35시간으로 총 209시간 도덕수업을 한다. 중학교는 1시간이 50분으로 1-3학년 각 35시간을 수업하며 총 105시간이 된다. 소학교에서 중학교까지 전부 314시간(실제 244.25시간)을 도덕수업을 한다.

48) 제5차의 도덕교육의 목표는 제4차의 도덕교육목표(2)에 명시한 내용을 첨가하며 그 외는 4차와 같다.

49) 일본 문부성은 '소학교학습지도요령해설 도덕편(1999.5)' '중학교 학습지도요령해설 도덕편(1998.12)'을 발간하고 있으며, 여기에는 도덕시간의 학습을 지도하는 방법을 들고 있다.

　　소학교를 보면 '학습지도의 다양한 전개'라는 이름 하에 '체험활동을 살리는 등 다양한 학습지도의 구상'으로 1)다양한 형식의 읽을 자료를 살린 학습지도 2)체험을 살리는 등의 학습지도 3)각 교과와 관련을 갖게 하는 학습지도 4)복수지간 취급의 학습지도 5)학급경영과 관련시킨 학습지도 6)가정, 지역사회와 제휴를 도모한 학습지도 7)도서관, 박물관 등을 이용한 발전적인 학습지도 등이며 '마음에 영향을 주고 마음을 움직이게 하는 지도법의 연구'에는 1)학습에 흥미의 환기나 동기부여의 연구 2)자료활용 연구 3)발문의 연구 4)표현의 연구 5)협의의 연구 6)체험담 등 설화의 연구 7)도덕노트의 연구 등 모두 14가지의 지침을 제시하고 있다.

　　중학교는 소학교와 내용은 같으나 12가지의 지침으로 되어있다. 소학교의 해설이 중학교보다 최근에 발간되었기에 소학교의 지도방법을 적어둔다. 한국의 지도방법과 비교가 되리라 본다.

50) 원칙은 평가를 하지 않는 것으로 되어있으나 학교 현장에서는 설명 식으로 평가를 하기도 한다.

일본 사회 속의 가정의 도덕교육은 어떠한가

제3장
일본 사회 속의 가정의 도덕교육은 어떠한가

1. 일본의 가정

앞에서도 언급한 것처럼 일본의 크기는 우리 한반도의 약 1.7배이며, 여기에 1억 2천만이 넘는 일본인이 살고 있다. 최근의 통계에 의하면 이러한 일본에는 4천67만 세대의 가정이 있으며 1세대 당 가족수는 2.98인으로 되어있다. 이 가정 중에 독신 가정이 23% 핵가족이 60% 정도라고 한다. 또한 핵가족 중 63% 정도가 자식 있는 가정이라고 한다.

그런데 현재의 일본의 가정을 보면 우리 나라와 비슷한 점도 많이 있으나 다른 점도 많이 있으며 여기서는 다른 점을 중심으로 고찰해 보고자 한다.[1]

1) 집제도(家制度)

일본은 세계 어느 나라보다도 가정을 중시하는 나라라는 것은 일본의 근대를 이룩한 메이지유신을 보면 알 수 있다. 일본은 메이지유신을 계기로 나라를 거대한 하나의 가족국가로 만들었으니 말이다. 얼마나 가정을 중요하게 생각했으면 나라를 하나의 커다란 가정처럼 만들었는가 이다.

일본의 역사를 보면 일본 역시 우리 나라처럼 봉건주의 사회가 길었으며 근세까지만 해도 사무라이라고 하는 무사들이 많았다. 이 무사들은 무사도(武士道)[2]라는 도덕을 중심으로 한 무가(武家)[3]라는 가정을 이루고 살았다. 그러나 1867년 에도 시대(江戸時代)가 끝나면서 메이지천황이 등극하게 되고 서양의 새로운 문화를 받아들이는 메이지유신이 일어난다. 이 때 일본은 집제도(家制度)라는 가정제도를 확립한다.

집제도의 내용을 간단히 들어보면 다음과 같다. 집을 계승하는 것은 큰아들이며 부인은 자식을 낳기 위해 시집가며 시집이란 결국 자식을 낳기 위해 「배를 빌려주는 의식」에 지나지 않았다. 그래서 자식을 못 낳는 부인은 떠나는 것을 당연한 것으로 생각했다. 아버지가 집에서 최고의 권한을 가지고 조상에 대한 제사는 물론 가족의 진퇴를 결정했다. 특히 딸들은 아버지가 정한 곳으로 시집을 가야 했다.

이러한 집제도를 보면 우리 나라 조선 시대의 가문중심의 가정과 매우 유사한 것을 알 수 있다. 그 이유를 생각해 본다면 두 나라 다 유교의 영향이 매우 컸다는 데에 있다고 하겠다.

그러나 1945년 2차 대전의 주역으로 활약한 일본은 미국과의 전쟁에 패함으로서 메이지유신에서 내려온 모든 제도는 막을 내리고 국민이 나라의 주인이 되는 민주주의 국가로 전환하지 않으면 안되었다. 이에 따라 새 헌법이 제정되고 헌법에 맞추어 민법이 개정되면서 가정제도가 강조한 장자상속의 가부장제(家父長制)가 폐지되기에 이른다. 사실상 메이지유신을 계기로 만들어진 집제도가 무너지게 된 것이다.

2) 부모자식 중심의 종적 구성 가정

이렇게 집제도가 무너졌다 하더라도 관습은 그리 쉽게 무너지지 않는다. 일본은 서양처럼 부부중심의 가정이기보다는 자식을 중시하는 부모와 자식중심의 가정이라 하겠다. 자식에 대한 부모의 사랑과 정성은 어느 민족보다도 강한 면을 보인다.

일본의 가정은 관습에 의해 역시 부모를 중심으로 한 종적인 형태를 보이고 있으나 자식에 대한 부모의 의식구조가 대부분 민주화가 되어있어 부모와 자식과의 관계는 매우 횡적인 양상을 띠고 있다.

이러한 속에 일본의 부모들은 자식을 위해 최선을 다한다. 그러다 보니 자식이 성장한 후에도 부모와 동거하는 가정이 많은 편이다. 그러나 경제적으로 선두에 서 있는 나라들처럼 일본에도 60%라는 핵가족화 경향이 강하게 나타나고 있으며 자식이 하나 아니면 없는 가정도 많이 늘어나 인구증가 문제에 하나의 과제를 던져주기도 한다. 그러면 이러한 가정에서 부모는 자식에게 무엇을 가르치고 있으며 자식은 부모로부터 무엇을 배우고 있는가를 도덕교육적 측면에서 살펴보자.

2. 일본의 시쓰케 도덕

1)「시쓰케」(躾)라는 말의 의미

일본의 가정에서 부모가 자식에게 가르치는 도덕적인 생활들을「시쓰케」라는 말로 표현하고 있다.「시쓰케」를 한자로 쓰면 몸이라는 신(身)과 아름답다는 미(美)를 합쳐 미(躾)라는 글자로 표현하고 있다. 이 글자는 일본이 독특하게 만들어 사용하고 있는 것이다.

그러면 왜 미(躾)라는 글자를 만들어 사용하는 것일까? 원래「시쓰케」라는 일본말은「어떤 태도나 행동을 몸에 붙여 습관화시킨다」는 말이다. 이를 미(躾)라는 글자로 나타낸 것을 보면「어떤 태도나 행동을 몸에 붙여 습관화시키면 그런 사람의 몸(身)과 마음을 주위에서 아름답게(美) 본다」는 의미에서 붙인 것 같다. 그러면 도대체 어떠한 태도나 행동을 몸에 붙였기에 아름답게 보인다는 말인가?

몸을 아름답게 보인다고 목욕이나 화장을 한다는 말은 아니다. 여기에서의 몸(身)이란 「몸가짐」을 말하는 것으로 「몸을 아름답게 보인다」는 말은 「몸가짐을 바르게 함으로서 남들이 아름답게 본다」는 말이다. 그렇다면 「몸가짐이 아름답다」는 말은 구체적으로 어떠한 말인가?

「몸가짐이 아름답다」는 것은 물론 일본만이 아니라 세계 어느 나라의 가정에서나 행해지고 있는 가정교육이다. 우리 나라의 가정 역시 나름대로 하고 있다. 전통적으로 내려오는 예의 범절이나 또는 타인에게 쓸데없이 폐를 끼치지 않는 도덕적인 생각이나 자세 및 행동을 보이며 그대로 생활할 때 우리는 몸가짐이 바르다 또는 반듯하다라고 하며 때로는 몸가짐이 예쁘다라는 말을 한다. 이는 일본 역시 마찬가지이다.

그러나 우리 나라의 경우는 일본의 「시쓰케」와 같은 특정한 말이 없다. 굳이 말한다면 예의범절을 줄여 예절 정도의 말이 고작이다. 그런데 일본은 우리와 달리 「시쓰케」라는 말이 있으며 이 「시쓰케」교육을 일본 전국의 가정이 공통적으로 실행하고 있다. 그래서 「시쓰케」는 일본의 가정에서의 도덕교육이라 하겠으며 나아가 도덕문화의 하나라고 하겠다.

그렇다면 일본은 우리 나라에 비해 가정의 도덕교육이 발달했다고 볼 수 있다. 다시 말해 일본은 「시쓰케」라는 가정의 도덕교육이 그 만큼 발달해 있다는 말이 되겠다.[4]

2) 과거의 「시쓰케」는 어떠한가

그러면 일본의 과거의 「시쓰케」는 어떠했는가? 여기에서 말하는 과거란 일본에 있어서 민주주의의 시작인 1945년 이전을 말한다. 일본은 천황중심의 봉건주의라는 획일적인 역사가 오래 계속되다 보니 사회구조의 획일화는 물론 가정사회 역시 마찬가지이다. 그러다 보니 과거의 일본은 지금과는 다르게 공통된「시쓰케」를 갖게 되었다. 그러면 과거의 공통된「시쓰케」가 어떠한 것인가를 일본의 문헌에서 찾아 그 특징을 정리해보자.[5]

(1) 외면적인 형식주의

「시쓰케」라는 말 자체가 몸가짐이라는 형식적인 면을 강조하는 특징을 가지고 있는 것처럼, 부모는 자식의 몸가짐에 나타나는 자세나 태도 및 행동이 다른 아이들의 몸가짐과 다르지 않도록 갖추는 것을 말한다. 다시 말해 사회 일반이 갖추고 있는 행동양식이나 몸가짐과 두드러지게 달라지는 것을 부끄러워하거나 겁내도록 습관화시키는 것이다. 즉 그렇게 하는 것이 자식의 몸이 아름다워지는 것이라고 당시의 어른들은 생각하였으며 가르쳤다.

「아무개를 보려무나」「너를 보고 웃는다」라는 말들이 보통 사용하는「시쓰케」가 된다. 가장 널리 알려진「시쓰케」방법은「많은 사람 앞에서 창피함을 주는 방법」이라 하겠다.

이 때의「시쓰케」에는 형식으로부터 내용을 알게 한다는「시쓰케」철학이 들어있다. 그래서 문화를 연구하는 사람들은 일본의 문화를 창피(恥)의 문화라고도 하는데 이렇게 창피의 문화를 만드는 생활의 하나가「시쓰케」라 하겠다.

(2) 정서주의적이다

부모가 자식에게 일정한 규칙이나 원칙을 명확한 언어로 직접 자식을 향해 표현하고 요구하고 가르치는 경우는 매우 적다. 특히 일본의 어머니들은 자식과 자기가 한 몸이라는 일체감(一体感)이 강하여 자기는 자식의 모든 것을 잘 알고 있으며 자식 역시 어머니의 마음을 잘 알고 있다고 생각하면서 자식을 지도하려고 한다. 또한 지금은 알지 못하더라도 언젠가 반드시 알게 될 때가 온다고 믿으며 자식에게 말로서 일일이 잘못을 뜯어고치려고 하지 않는다.

이러한 밑바탕에는 진실은 언어로 충분히 전해지는 것이 아니라는 언어적 커뮤니케이션에 대한 불신이 있으며 한편으로는 시끄럽게 말하지 않아도 언젠가는 자연히 알게 된다는 성선설적 자식관이 깔려 있다고 볼 수 있다.

뿐만 아니라 이렇게 마음을 헤아리는 「시쓰케」는 첫 번째의 특징인 말이나 규칙을 강조하는 딱딱한 형식주의와는 상반되는 것 같지만 그보다는 딱딱한 형식을 갖추어야 하는 데 필요한 부드러운 정서적인 것이 되어 서로 돕는 관계 속에 「시쓰케」가 이루어진다고 하겠다.

(3) 가정의 안과 밖의 구별을 전제로 한다

일본의 「시쓰케」는 자기 가정을 넘어 다른 가정과 일치하는 보편성을 갖는 것이 적다. 가정 속에서의 개인은 가정과 하나가 되고 가정에 의해 보호되기 때문에 거기에는 어느 정도의 응석도 허락된다.

그러나 다른 가정과의 대항관계가 있게 되면 자기 가정에 충성과 공헌이 강조되어 가정의 명예를 더럽히는 행동은 허락되지 않는다. 이런 의미에서 「시쓰케」는 엄한 것이지만 그러나 자기 가정을 벗어나면 마치 「여행할 때 아는 사람이 없어 마음대로 해도 별로 부끄럽게 생각하지 않는 것」처럼 「시쓰케」를 등한시하게도 된다.

결국 일본인들은 이러한 「시쓰케」를 통하여 자기의 활동영역이 정해지다 보면 자기학교, 자기 회사 등 자기 집단을 넘어서지 못하는 「시쓰케」의 패턴이 되풀이된다.

(4) 어린 때는 부드럽게 청년기 이후는 엄격하게 된다

자식에게 실천되고 있는 「시쓰케」를 보면 자식의 어린 때는 「시쓰케」를 부드럽게 하다가 청년기 이후에는 갑자기 엄격하게 하고 있음을 알 수 있다. 어렸을 때는 성선설적 아동관으로 부드럽고 응석을 받아주는 등 너그럽게 하지만 성장하여 사회에 나갈 때가 가까워오면 어린아이가 아니라고 생각하여 세상에 지켜야 할 의리라든지 인정 및 책임감 등 부끄러움이 없는 행동을 할 것을 강조한다. 이렇게 보면 청년기는 인생에 있어서 「시쓰케」의 불연속적인 시기라 하겠다. 이는 어느 나라이건 비슷하겠지만 일본의 경우는 두드러진다.

그런데 이와 같은 일본의 「시쓰케」는 특히 과거의 전통을 중히 여기는 지역의 경우에는 가정에만 국한하지 않고 온 동네의 관심 속에 이루어진다. 동네 어른들은 자기 자식만이 아니라 남의 자식도 마치 자기 자식모양으로 「시쓰케」를 한다. 어른들은 서로 아버지처럼 생각했던 것이다. 특히 「남의 밥을 먹여본다」는 식으로 자기 자식의 「시쓰케」를 남에게 맡겨보는, 즉 부모 밑에서의 응석을 넘게 하는 일종의 생활의 지혜이기도 한 방법을 사용하기도 했다.

3) 지금의 「시쓰케」는 어떠한가[6)]

그러나 일본은 1945년 8월 15일 이후 민주주의 사회가 되었으며 지금에 이르러 볼 때 과거에 있었던 동네의 배려나 조직에 의해 지도되었던 「시쓰케」는 없어졌다. 대신 「시쓰케」는 각 가정의 개별적 운영이 되고 말았다. 다시 말해 일본의 가정은 대가족에서 소가족과 핵가족으로 바뀌어가고 동네의 간섭으로부터 독립하여 살 수가 있게 되었으며 가정 밖의 세상에 대하여 가정은 하나의 프라이버시가 되었다. 그러다 보니 「시쓰케」는 부모와의 관계로 좁아들어 공적 사회생활에까지 미치는 「시쓰케」는 점점 감소하게 되었다. 이러한 변화와 더불어 지금의 「시쓰케」는 가지각색의 곤란에 부딪히고 그 기능은 현저하게 저하되게 되었다. 그 이유를 들면 다음과 같다.

첫째의 이유는 전쟁의 패전에 의해 전통적 가치체계가 무너지면서 민주주의 가치가 대두되었으며 이와 함께 고도의 공업화 사회의 등장 속에 사회변화의 템포가 매우 빠른 데 있다. 이렇게 되자 「시쓰케」는 방향과 가치기준을 상실하게 되고 「시쓰케」의 주역인 부모는 자신을 잃고 과학적 합리성에 기대어 심리적 측면만 구하게 되었다.

또한 「시쓰케」에 있어서 가장 중요한 것은 아버지의 권위인데 이 아버지의 권위가 민주주의에서 강조되는 자유평등사상과 자식을 먹여 살리기 위해서는 하루종일 직장에 매달려야 하는 생활패턴의 변화에 의해 떨어지게 되었다.

이러한 현상은 전통적인 「시쓰케」도덕을 변용시켰으며, 「시쓰케」는 형식적인 측면만 조금 작용할 뿐, 마음가짐을 중시하는 정서주의는 작용하기 어렵게 되고 말았다. 이러한 경향이 강해지면서 「시쓰케」는 점점 무력하게 되었다.

둘째의 이유는 매스미디어의 발달을 들지 않을 수 없다. 텔레비전 등에서 보여주는 만화, 선정적인 내용, 새로운 것들을 무기로 하는 재미들은 부모나 선생의 영향력을 압도하며 부모는 그것을 저지할 방법을 가지지 못하게 된 것이다.

셋째의 이유는 우습게도 학교교육의 과열화를 들 수 있다. 부모는 「시쓰케」보다는 학교 시험 성적에 관심을 보이며 진학에 신경을 쓰게 되었다. 가정은 「시쓰케」를 가르치는 곳이 아니라 학교의 하청을 받아 학교교육을 하는 곳이 되어버렸다. 이런 속에 기본적 「시쓰케」를 어디에서

할 것인가를 잊어버리게 되었다. 결국 가정과 학교는 「시쓰케」를 서로 밀어내고 있으며 엄한 「시쓰케」는 취직할 때나 해야 하는 정도가 되어가고 있다.

지금 필요한 것은 자식의 「시쓰케」에 대한 부모의 책임과 자각에 의해 가정에서의 「시쓰케」기능의 회복에 아버지의 적극적인 참가가 중요하다.

이와 같이 일본의 「시쓰케」를 도덕의 측면 더 넓게 말해 문화의 측면에서 그 의미를 사회와 관련하여 정리해 보았다. 무엇보다도 우리 나라와 많이 닮은 데에 놀라지 않을 수 없다. 그러면 이러한 「시쓰케」를 가정의 도덕교육에서 볼 때 실제는 어떠한가?

3. 시쓰케 교육

1) 「시쓰케」교육의 문제

일본의 가정에서의 「시쓰케」교육을 앞에서처럼 과거와 현재로 나누어 보고자 한다. 왜냐하면 우리 나라와도 비슷하지만 일본의 경우는 가정의 「시쓰케」교육이 백 팔십 도나 다르게 바꾸어야 하는 큰 사건이 있었기 때문이다. 다름 아닌 1945년 8월 15일이다. 즉, 1945년 8월15일 이전은 일본 국민이 천황의 신하인 신민(臣民)으로 존재한 완전한 봉건 사회 체제였으나 이후는 일본 국민이 주인으로서의 권리를 행사하게 된 민주사회체제가 되었기 때문이다. 그래서 8월 15일 이전을 과거라고 하고 이후를 현재로 하여 「시쓰케」교육을 고찰하고자 한다.

그런데 여기에서 사회가 엄청나게 바뀌었다고 가정도 그렇게 바뀌는가를 생각하지 않을 수 없다. 물론 가정은 혈연으로 맺어진 가장 작은 사회로 매우 보수적이어서 바뀌기가 그리 쉽지 않다고 한다. 더구나 일본

사회가 급격히 바뀐 것은 일본인 스스로의 자율에 의해서가 아니라 미국과의 전쟁에 짐으로서 발생한 타율에 의한 전환이었으므로 사회자체 역시 내용상으로는 그리 쉽게 바뀌지 않은 것도 사실이다.

그러다 보니 일본인의 생활의 규칙들이나 가치관 및 일본사회 규범 등 일본적 도덕이 180°로 변환한 것은 아니다. 어떻게 보면 여러 가지 새로운 방법이 새롭게 등장하게 된 것이라 하겠다. 이는 가정의「시쓰케」교육에 있어서도 마찬가지이다.

그런데 여기서 주목할 것은「시쓰케」교육에 새롭게 등장하는 새로운 방법이었다. 그렇다면「시쓰케」교육의 새로운 방법과 그렇지 않은 과거의 방법은 어떠한가? 이것이 바로 1945년 8월 15일을 계기로 발생한 일본의「시쓰케」교육의 문제라 하겠다.

그러면 과거의「시쓰케」교육은 어떠하였는가? 일본의 과거의 봉건사회는 그 나름대로 매우 안정이 되어있었으며 그래서「시쓰케」교육은 일본 사회가 가지는 공통의 틀을 이루고 있었다.

그러면 공통의 틀이란 무엇인가? 하루의 생활을 가지고 고찰해보자.「시쓰케」는 아침 몇 시에 일어나는 가에서부터 시작한다. 그리고 일어난 후 이부자리, 세수 등은 어떻게 하며, 식사할 때의 예법, 남을 대하는 인간관계, 공공물의 사용에 있어서의 태도, 인사, 말하는 방법, 집에 돌아왔을 때의 예법, 잠들 때의 예법 등을 일본 전국이 거의 같게 어렸을 때부터 부모로부터 또는 이웃으로부터 가르쳐왔던 것이다.

이러한 과거의「시쓰케」교육의 특징을 든다면 무엇보다도 부모가 자식의 장래를 위한다는 부모로서의 본능적인 자식에 대한 사랑의 마음에 편승하여 일본사회가 요구하는 형식을 자식에게 강제로 주입했다는 것이다. 이러한 주입식 방법에는 이유가 없었으며 있다면 앞에서도 언급한 것처럼「자식을 위해서」가 전부였다. 자식 편에서 보면 자식 자신의 기호나 취미, 소질 등을 전혀 고려하지 않은 매우 냉혹한 것이었다. 자식은 부모의 말에 무조건 맹종해야 했고 부모의 요구를 이루어내야 했다.

그러나 이러한 「시쓰케」교육이 1945년 8월 15일 이후부터 강제적인 주입식이 힘을 잃기 시작했다. 민주사회는 자식의 인권을 강조하기에 이르렀으며 부모는 자식으로 하여금 한 인간으로서 자기가 하고 싶은 것을 하며 살아가도록 안내하는 사람이지 앞에서 끌고 가는 사람이 아니라는 것이다. 또한 농경사회에서 공업중심사회로 바뀌면서 경제의 발달을 가져와 부모의 노동시간은 길어졌고 자식의 교육은 학교중심이 되면서 앞의 「시쓰케」도덕에서 설명한 것처럼 부모는 권위를 잃고 따라서 가정의 「시쓰케」교육은 방향을 잃게 되었다.

그러나 그렇다고 지금의 일본의 가정에서는 「시쓰케」교육을 하지 않거나 못하는 것이 아닌가를 생각할 수 있으나 그렇지 않다. 하나의 도덕으로 정착된 「시쓰케」교육이 그렇게 사라질 수는 없다. 현재 시중에 나돌고 있는 「시쓰케」에 관한 문헌들을 보면 일본의 부모들이 어떻게 하면 자식에게 「시쓰케」를 바람직하게 가르칠 수 있을까라는 문제의식을 갖고 연구하고 있음을 알 수 있다.

지금의 일본 가정의 「시쓰케」교육의 공통점을 찾는다면 자식을 정확히 파악하여 자식에게 도움이 되는 「시쓰케」교육을 하자는 데에 있다. 그러면 이를 좀더 구체적으로 도덕교육과 연관시켜 고찰해 보자.

2) 「시쓰케」교육과 도덕교육

「시쓰케」교육을 도덕과 연관시키는 데에는 다음과 같은 세 가지 관점이 있다. 하나는 가르치는 방법의 측면에서 보아 「시쓰케」란 자식에게 부모가 일방적으로 강요한 생활이므로 엄밀히 말해 교육이라고 할 수 없으며 훈련의 하나로 보는 관점이다.

둘은 내용의 측면에서 보아 「시쓰케」는 생활하는 방법에 머물지만 도덕은 자기 인생의 가치까지 생각하는 고차원의 정신작용까지 포함하므로 「시쓰케」와 도덕은 다르다고 보는 관점이다.

세 번째는 한 인간의 일생(life cycle)이라는 측면에서 보아 「시쓰케」는 그 인간의 도덕형성의 일부로 또는 한 단계나 과정으로 보는 관점이다. 여기에서는 세 가지 관점 가운데 세 번째의 관점에서 보고자 한다. 첫 번째 관점은 과거의 「시쓰케」를 학생의 자주성과 자발성을 강조하는 교육의 측면에서 보기 때문이며, 둘째는 도덕을 행동과 충분히 관련지어 생각하지 않았기 때문이다.

먼저 세 번째 관점에서 「시쓰케」교육의 기반이 되는 사상을 생각해 보고자 한다.

과거의 「시쓰케」교육은 강제적이고 주입식인 것이 특징이었다고 앞에서 언급했다. 그런데 이러한 「시쓰케」교육에는 나름대로의 사상이 있다고 하겠다. 일본의 근세의 사상이란 당시의 인생철학인 유교사상이 되겠다. 이미 예의 범절은 정해져 있으며 이 예의범절을 기초로 인간이 어떻게 살아야 한다는 것이 너무도 확실히 정해져 있었으며 변할 수가 없었기 때문에 부모는 자식에게 어떻게든지 사회의 어른들의 마음에 빨리 들도록 형성시키지 않으면 안 되었던 것이다.

그러나 민주화 사회와 더불어 자식에 대한 의견 존중과 맞물려 심리학 이용의 교육적 방법이 강하게 대두하면서 지금의 「시쓰케」교육은 자식의 이해와 자식 스스로가 자발적이고 자주적인 「시쓰케」교육이 되도록 하고 있다. 내용 역시 자유, 평등 등의 횡적 사회에 맞는 개념 속에 자식이 자기 생활을 하도록 하는 민주사상이 자리를 잡아가고 있다. 일본에 민주주의 사상이 들어온 지 25년의 세월이 지난 1970년대에 동경의 두

개 중학교의 어머니들에게 「시쓰케」의 배경이 되는 도덕성을 조사한 것이 있다 이를 소개하면 다음과 같다.

일본이 고도의 경제성장을 이룩하여 가장 번창한 1970년대에 어머니들에게 직접 물어본 것으로 동경학예대학 사회학연구실에서 조사 연구한 것이다.[7]

이 연구는 일본의 교육부인 문부성이 학습지도 요령으로 일본 초·중학교의 도덕수업의 덕목으로 강조한 21개의 덕목을 두 개의 중학교의 어머니들에게 물어 통계를 낸 것을 시작으로 하고 있다.

당시 일본 문부성의 학습지도요령이 21개의 덕목을 기능을 중심으로 행동양식, 심정, 민주적 도덕 등 크게 3가지로 7개씩 나누고 있는 것을 그대로 이용하여 연구 대상의 학교(편의상 A중학교와 B중학교로 함)의 어머니께 물어본다.

A중학교의 경우 : 어머니 396명 가운데 217명의 남학생 어머니와 179명의 여학생 어머니로 나누어 강조한 덕목을 크기 순서대로 보면 다음과 같다.

남학생의 어머니의 경우 (1) 책임감 (2) 사회성 (3) 건강 (4) 효제(孝悌) (5) 근성 (6) 사랑 (7) 공중도덕 (8) 정리정돈·규율 (9) 정의 등이며, 여학생 어머니의 경우는 (1) 책임감 (2) 효제 (3) 사랑 (4) 사회성 (5) 건강 (6) 정리정돈 (7) 공중도덕 (8) 근성 (9) 규율 (10) 정의로 이어진다.

B중학교의 경우 : 어머니 308명 가운데 157명의 남학생의 어머니의 경우, (1) 책임감 (2) 사회성 (3) 효제 (4) 건강 (5) 정의 (6) 근성 (7) 정리정돈 (8) 공중도덕·규율 (9) 회개 등이며, 151명의 여학생 어머니의 경우는 (1) 책임감·효제 (2) 사회성 (3) 사랑 (4) 정리정돈 (5) 근성

(6) 공중도덕 (7) 정의 (8) 예의 (9) 바른말 등으로 이어진다.

이상의 덕목을 일 예로 보면, 현대의 일본 어머니들은 「시쓰케」교육에서 강조하고픈 덕목은 「책임감」을 시작으로 남자의 경우는 「사회성」여자의 경우는 부모와 형제에 대한 사랑의 마음인 「효제」를 먼저 들고 있음을 알 수 있다.

그렇다면 이러한 덕목을 「시쓰케」를 통해 가정에서는 실제 어떻게 지도하는가가 중요하다. 그런데 여기서 생각할 수 있는 것은 일본의 가정에서 이러한 덕목들을 생활 속에서 일일이 강조하고 역설하며 실천하는 교육을 하고 있지는 않다는 것이다. 왜냐하면 가정은 사회이지만 학교나 일반 직장사회처럼 틀에 박힌 형식적인 사회가 아니기 때문이다. 이 말은 가정이라는 곳은 자식이 마음놓고 마음대로 할 수 있는 곳으로 오늘날에 이르러서는 언제나 딱딱한 덕목으로 얽어매는 곳이 아니라는 것이다. 그러면 어떻게 「시쓰케」교육은 행해지고 있는가?

3) 오모이야리(思遣)도덕의 시쓰케 교육

일본의 일반 사회에서 보면 눈에 띠는 「시쓰케」교육이 있다. 일 예를 들면 전차 칸에서 아이가 의자 위에 올라갈 때는 어머니는 반드시 신발을 벗겨 밑에 가지런히 놓으며, 아이가 떠들거나 장난하거나 하면 단호한 목소리로 「안 돼, 다른 사람에게 폐를 끼치는 행동을 하면 안 돼」라고 말하며 제지한다. 아이는 물론 엄마 말을 잘 들으며 그래서 전차나 버스 안에서 먹고 마시고 하는 행위나 제멋대로 뛰어다니거나 옆사람의 눈살을 찌푸리게 하는 아이는 찾아보기 힘들다.

그런데 이러한 아이들에 대한 어머니의 「시쓰케」교육이 이상하게 느껴지지 않는 것은 어른의 생활이 그대로 본을 보여주고 있기 때문이다.

즉 일본의 전철이나 버스 등의 교통기관은 매우 조용하며 옆사람에게 약간만 닿아도 만원인 경우를 제외하고는 반드시 미안하다는 말을 잊지 않으며 노약자 좌석에 젊은이가 버티고 앉아 있거나 하지 않는다. 또한 에스컬레이터의 층계를 오르내리거나 장난하지 않으며 흠을 타꾸는 통로 등에서의 통행 질서가 매우 조용히 잘 되어있다. 간혹 정신병자 같은 차림의 사람이 눈에 뜨이지만 말이다. 이러한 어른 생활의 도덕적 모습은 바로 가정의 「시쓰케」교육에서 비롯되며 또한 영향을 미치고 있다고 생각하지 않을 수 없다.

그런데 이러한 일본 가정이나 사회에서 보여지고 있는 「시쓰케」교육이나 성인들의 도덕적 모습을 보면 하나의 공통된 도덕에서 시작하고 있음을 느낄 수 있다. 즉 「남의 폐를 끼쳐서는 안 된다」는 도덕의식이다. 미국의 도덕심리학자인 콜버그(Lawrence Kohlberg)는 6단계의 도덕성 발달단계 이론을 제창하였는데 3단계를 남을 의식하는 단계로 설명하고 있다. 이러한 콜버그의 관점에서 본다면 일본의 「시쓰케」교육은 일단 3단계의 도덕성에서 시작한다고 하겠다.

그런데 「남의 폐를 끼쳐서는 안 된다」는 도덕의식이 왜 생겼는가를 알기 위해서는 이 도덕의식의 기반이 되는 사상은 무엇인가를 생각해볼 필요가 있다. 콜버그의 도덕성발달 6단계 이론은 문화와 인종을 초월해 세계 여러 나라의 도덕성을 조사하여 알아낸 결과이므로 사상의 측면에서 고찰한 연구는 아니지만, 일본의 경우는 긴 역사와 전통 속에 이루어진 도덕의식이므로 능히 사상적 측면에서 생각할 수 있으리라 본다.

일본이 19세기 중엽 메이지유신이라는 대개혁을 통해 국가가 일신할 때 가장 강력한 도덕의 배경이 된 사상은 유교사상이었다. 여기에서 '남의 폐를 끼쳐서는 안 된다'는 도덕의식의 뿌리를 찾는다면 유교사상의 충(忠)·효(孝)·서(恕)사상 가운데 서(恕)사상을 들겠다. 서(恕)사상이란 논어에서 말하는 표현 그대로 기소불욕 물시어인야(己所不欲勿施於人也)라고 하여 「자기가 원치 않는 것을 남으로 하여금 하게 하지 않는 것」이라는 말이다. 즉 자기가 하기 싫으면 남도 하기 싫어함으로 자기가 하기 싫은 것을 남에게 시키지 말라는 말이다. 이러한 서(恕)사상이 일본의 전통 도덕인 남의 형편을 자기의 형편으로 생각하여 동정하는 의미의 「오모이야리」(思遣)도덕성과 일치하면서 오모이야리 도덕성의 사상적 배경으로 생각할 수 있다.

즉 일본 가정의 「시쓰케」교육은 위의 「시쓰케」의 의미에서 말한 것처럼 남을 의식하고 남과 일치하는 행동 및 태도를 갖게 하는 것이 되었다. 그렇게 함으로서 남의 폐를 끼치지 않게 되며 이것을 사상적 배경에서 보면 바로 서(恕)사상으로부터 인(仁)을 달성하게 하는 것이다. 남과 일치하여 폐를 끼치지 않을 때 좋은 사람, 인자한 사람 오모이야리를 아는 사람이라는 평을 듣게 되는 것이다.

■ 주

1) 千石保, 遠山敦子, 『比較日本人論』, 1980, 참조.
2) 일본인이 즐겨 보는 岩波書店 출판의 『広辞苑』사전에서 적어 보면 무사도란 일본의 무사계층에서 발달한 도덕을 말한다. 가마쿠라 시대(鎌創時代, 1192~1333)부터 발달하여 에도 시대(江戸時代, 1600~1867)에는 유교를 기초로 크게 발달하였다. 무사도는 봉건지배 체제의 이념을 이루었으며 내용은 충성·희생·신의·염치·예의·결백·질소(質素)·검약·상무(尚武)·명예·애정의 덕목을 중시하고 실천하는 것이었다.
3) 中村吉治의 『武家의 歴史』(岩波新書, 647, 1967)라는 책을 보면, 일본의 사무라이인 무사의 집안을 무가(武家)라고 한다. 귀족이 생기면서 귀족을 보호하고 모시는 무사들이 생겨 무가가 만들어졌다. 귀족들은 특히 장원(莊園)이라는 영지

가 생기게 되고, 이를 확장하거나 지키기 위해서는 무력을 갖춘 사람이 필요하게 되었다. 무력을 갖춘 사람들이 귀족을 모시고 시중든다는 시(侍)를 써서 사무라이라고 부르게 되었다. 그런데 사무라이들은 귀족을 보호하고 모시다가 세력이 점점 커져서 귀족과 같이 되기도 하였으나 결국 귀족과는 다른 무사계급을 만들고 무가사회(武家社会)를 이루었으며 나름대로의 도덕을 갖게 되었다. 이를 무사도(武士道)라고 한다.

4) 벼를 주식으로 하는 나라는 벼에 관한 말이 발달해 있으며, 소고기나 돼지고기를 주식으로 하는 나라는 소고기나 돼지고기에 관한 말이 발달해 있다. 이러한 문화의 원리가 보여주듯 일본의 가정도덕에 관한 말이 우리보다 더 발달해 있는 것을 보면 일본의 가정도덕이 우리보다 더 발달되어 있다고 생각할 수 있다는 말이다.

5) (1) 『新教育学大事典 3』, 細谷俊夫 外3人, 第一法規, 1990, 455~456면.
   (2) 『現代のエスプリ しつけ』NO.113, 松原治郎, 佐藤カツコ編集解説, 至文堂, 1976.
   (3) 『子どものしつけ百話』, 近藤薫樹, 好永邦夫 外 2人, 新日本新書 119. 1970/1985.

6) 상게서 5) 참조.

7) 『現代のエスプリ しつけ NO.113』, 松原治郎, 佐藤カツコ編集解説, 1976, 至文堂. 3가지 영역으로 나누어 조사한 통계를 통합하여 해석하고 있음.

일본 사회를 이끌어 가는 도덕사상에는 어떠한 사상이 있는가

제4장
일본 사회를 이끌어 가는 도덕사상에는
어떠한 사상이 있는가

1. 「도덕과학」사상

1926년경 히로이케 지쿠로(広池千九郎, 1866~1938)는 도덕과학(moral-ogy)이라는 새로운 도덕이론을 창안한다. 그는 당시의 어떤 도덕연구자보다 일본을 위한 도덕사상과 이를 기초로 한 도덕교육의 이론과 방법을 만들었으며 이를 전국을 순회하며 가르치고 몸소 실천하여 성인과 같은 생활을 하였다. 지금은 당시에 만든 연구소가 대를 이어 운영되고 있으며 학교 및 실천의 장을 전국적으로 확대 발전시키고 있다.

뿐만 아니라 히로이케가 제창하는 도덕과학사상은 일본의 전통도덕을 과학화한 이론으로 이를 바탕으로 한 도덕교육은 현재의 일본 사회가 보여주고 있는 도덕적 문제에 바람직한 방향을 제시하고 있다. 그래서 여기에서는 도덕과학사상을 지금의 일본사회를 이끌어 가는 도덕사상으로 보고자 한다.

그러면 히로이케 지쿠로의 「도덕과학」사상은 무엇인가? 이를 알기 위해서는 무엇보다도 먼저 「도덕과학」사상을 어떻게 만들어졌는가, 라는 방법론부터 살펴보자.

1) 「도덕과학」사상의 말의 의미

방법론을 고찰하기 위해서는 먼저 히로이케가 만든 「도덕과학」사상을 대신하는 「모럴로지」(moralogy)라는 영어 말에 관하여 알아보자. 왜냐하면 히로이케 지쿠로가 어떤 사람이기에 다른 사람이 상상도 하기 어려운 3천3백 페이지가 넘는 『도덕과학의 논문』[1]이라는 방대한 도덕이론을 완성(1926년)하였으며 나아가 「도덕과학」이라는 말과 함께 「모럴로지」라는 말을 만들어 학술어로 사용하였는가이다. 그러면 먼저 히로이케라는 인물부터 살펴보자.

히로이케 지쿠로(広池千九郎)는 도쿠카와 이에야스(德川家康)에서 시작되는 에도 시대(江戸時代, 1603~1867)의 마지막 해인 1866년 3월 29일 일본 규슈의 오이다현(大分県)에서 태어났다. 그는 메이지천황(明治天皇)을 비롯해 다이쇼천황(大正天皇)을 거쳐 쇼와천황(昭和天皇)의 시대까지 살았으며 1938년 6월 4일 타계하기까지 일본인의 도덕 형성에 지대한 업적을 이룬 일본에서 보기 드문 사상가이며 성인(聖人)처럼 산 인물이다. 그에 관하여 좀더 자세히 정리해 보면 다음과 같다.

히로이케 지쿠로는 나가소이 소학교(永添小学校)를 13살에 졸업하고 머리가 매우 영리하여 중학교과정을 1년 정도에서 마치고 소학교 조교로 근무하게 된다. 그러나 면학에 불탄 소년 히로이케는 당시 유명한 한학자 오가와 간쇼(小川含章)를 만나게 되고 그가 운영하는 레이타쿠관(麗沢館)에 들어가 한문, 고전 등을 공부하게 된다.

그 후 초등사범과 졸업시험에 합격하고 19살에 초등학교 교사가 된다. 초등학교 교사를 하면서 많은 독서를 하게 되며 이때에 초등학교 도덕교과서를 만들기도 한다. 그러나 26세에 초등학교 교사를 그만두고 교토(京都)로 나가 역사학자가 되고자 역사와 고전 공부에 전력을 다한다. 이때 히로이케는 『사학보급잡지』라는 월간학술잡지를 발간한다.

29살 때 일본의 고사(古事)를 모은 일본 최초의 백과사전인 고지루엔(古事類苑) 51권의 편찬에 참여하게 되어 동경으로 오게 된다. 이러한 속에도 그는 끈임 없이 불교 등의 공부를 계속하며 36살에는 와세다대학 강사가 되어 중국의 문헌을 가르치기도 한다. 41살에 고지루엔 백과사전 편찬이 끝나고 중국의 법제사를 연구하고자 중국을 간다. 44살에 「중국고대 친족법의 연구」라는 논문을 당시의 동경제국대학 법과대학에 제출한다. 46세 12월에 동경제국대학(현 동경대학의 전신)으로부터 법학박사학위를 받는다.

그 후 49세에 당시의 혼탁한 사회를 바로잡겠다는 일념에서 도덕과학 연구를 시작하게 된다. 이 때는 일본은 다이쇼 천황의 시대로 서양의 민주주의가 들어와 일본의 전통 도덕에 혼란을 가져온 때이다. 드디어 58세인 1924년 3천3백 페이지에 달하는 모럴로지라는 『도덕과학의 논문』을 집대성한다. 히로이케는 1928년 『도덕과학의 논문』 초판을 출판하고 모럴로지 연구소를 창립한다. 히로이케는 동경과 오사카 등을 중심으로 도덕과학사상 강연을 하며 당시 제2차 세계대전에 임박한 혼란한 세계정세를 맞이하여 수상이나 군 수뇌부에 평화의 원리를 설교 및 진언을 한다.

또한 모럴로지의 실천을 위하여 1935년에는 모럴로지를 연구하는 전공학교를 설립하기에 이른다. 한평생을 공부와 교육 속에 살아온 그는 과로 속에 생긴 신경계통의 병으로 1938년 세상을 떠난다. 그러면 그가 세운 모럴로지 연구소는 어떠한가.

모럴로지 연구소는 1926년 8월 17일 『도덕과학 논문』의 출판을 기해 동경(東京)에 창립되었으며 1931년 12월에 「모럴로지 연구소 기요」제1호가 발행된다. 1932년 3월에는 오사카에서 제1회 모럴로지 강습회를 열었으며 10월에는 동경에서 또한 제1회 강습회를 연다. 1935년에는 연구소 본부를 동경에서 가까운 지바현(千葉県) 가시와시(柏市) 히카리가

오카(光ヶ丘)라는 지금의 장소로 옮긴다.

지금의 모럴로지 연구소는 초대 소장 히로이케 지쿠로를 비롯해 그의 아들인 제2대 히로이케 지쿠나가(広池千永)와 손자인 제3대 히로이케 센타로(広池千太郎) 및 제4대 소장인 증손자 히로이케 모토타카(広池幹堂)에 의해 운영되고있는 세계에 보기 드문 도덕교육연구소이다.

약 15만 평 대지에 연구소를 중심으로 부속 유치원과 고등학교 및 레이타쿠(麗沢)대학과 대학원, 모럴로지 전공숙(專攻塾)이 있으며 수 백 명이 동시에 교육을 받을 수 있는 교육장을 비롯해 체육시설은 물론 골프장까지 갖춘 거대한 히로이케 학원을 이루고 있다.

연구소의 구조[2]는 기초이론 연구실을 비롯해 도덕교육·경제·히로이케박사·비교문화라는 연구실로 구성되어 있으며 약 20여 명의 연구원이 모럴로지에 관한 학제적(学際的, interdisciplinary approach)연구를 하고있다. 이러한 연구는 생애학습본부를 통하여 일본 전국 7개의 사회교육 센터와 3곳의 출장소 및 해외 협회 등에 전해져 모럴로지 실천의 기초가 되고 있다.

모럴로지 실천에는 10만에 달하는 회원과 6천이 넘는 기업들이 참가하고 있으며 연구소에서는 신문 기요 잡지 등 수많은 정기 간행물과 서적이 발간되고 있다. 기숙사 시설은 물론 모럴로지 연수를 위해 몇 가지의 코스를 두어 회원들의 강습에 주력하고 있다. 대외적으로는 도덕교육 국제회의라는 세계적 도덕교육 연구회를 개최하고 있다.

이와 같은 모럴로지 연구소는 모럴로지라는 일본의 도덕과학 사상을 일본 국내는 물론 국제사회까지 발전시켜 나가려고 이미 71년 전부터 부단히 노력해 오고 있는 개인 경영의 세계적 규모의 도덕교육 연구소이다.

다음으로 도덕과학사상인 모럴로지라는 말에 관하여 살펴보자. 히로이케는 「도덕과학」이라는 말을 영어로 번역하면 「모럴 사이언스」(moral science)가 된다고 보았다. 그러나 「도덕과학」을 학술어로 사용하기 위해서는 번역어 대신 하나의 말이 필요했다고 생각했다. 그래서 히로이케는 학술어로 모럴로지(moralogy)라는 말을 만들기에 이른다.

일반 사전에 의하면 로지(logy)나 오로지(ology)는 과학(science)을 의미한다. 그런데 이 두 접미어의 구별은 해석에 의하면 원래의 접미어는 로지(logy)이고 오(o)는 그 앞말의 구성 분자에 따라 사용한다. 즉 앞의 말이 하나의 모음을 요구할 경우 대부분이 오(o)를 쓴다고 한다. 그래서 히로이케는 도덕인 모럴(moral)에 로지(logy)를 붙이게 된다. 이때 모럴로지는 morallogy가 되겠으나 엘(L)이 중복됨으로 하나를 생략하여 moralogy로 한다. 이렇게 해서 「모럴로지」(moralogy)라는 말이 히로이케 지쿠로에 의해 일본에서 탄생된다.[3] 그러면 이러한 「도덕과학」사상은 어떠한 방법에 의해 만들어졌는가?

2) 「도덕과학」사상을 만든 방법론

도덕과학사상이 만들어진 방법론의 고찰은 도덕과학사상의 키워드인 도덕의 개념을 역(易)의 음양도(陰陽道)에서 찾아보는 데서 시작한다. 그의 『도덕과학의 논문』을 참조해 보면 다음과 같다.

천지가 개벽하고 우주가 나타나며 삼라만상이 이 사이에 존재하는 현상은 우연으로 일어날 수 있는 것이 아니고 반드시 그 원리 혹은 법칙이 있어서 이루어지는 것이다. 때문에 우주 속에 태어나 생존하고 있는 우리 인간으로서는 이 우주 자연법칙에 따르지 않으면 안 된다. 그래서 성인(聖人)은 이 우주 자연 법칙을 천지의 공도(公道)라고 말했던 것이다. 즉 이것은 세상에 알려진 도리로서 어떤 사람이라도 반드시 준수하지 않으면 안 되는 것이다. 이를 준수하는 사람은 진화하고 이것에 반대하는 사람은 퇴화한다는 가르침을 받는다. 그러므로 성인들은 자기 자신이 이를 실행하여 우리에게 보여주었던 것이다.

역(易)의 계사(繫辞)에서는 「일음일양」(一陰一陽)을 도(道)라고 한다. 이것을 이어 받는 것이 선(善)이 되며 이것을 성취하는 것이 본성(本性)이 된다. 인간이면 누구나 이와 같은 음양의 도를 반드시 행해야 된다. 일음일양(一陰一陽)에서 일(一)은 무(無)와 같은 것이므로 일음일양이란 음양일체(陰陽一体)를 의미하며 이 음양일체는 천지만물의 조직, 활동, 변화의 원리 및 방법을 만든다.

그래서 「음양일체」는 「천지의 공도」가 되며 그러므로 인간생활의 표준이 되고 그래서 인간은 이 우주 자연법칙에 따라야 한다. 그런데 과학적으로 보면 인간의 천성은 선(善)도 아니고 악(惡)도 아니며 도덕적 본능(『상서』(尚書)의 대우모〈大禹謨〉에 「인심〈人心〉은 위험하고 도심〈道心〉은 희미하다」라고 적혀 있는데 여기에서의 도심에 해당된다)과 이기적 본능(인심에 해당된다)을 함께 가지고 있으므로 이 천지의 공도인 자연의 도는 인간의 천성 속에도 들어있는 것이다. 그러기 때문에 인간이 만약 이 자연의 도를 이어받아 이 자연의 도를 나타내면 선이라는 최고도덕을 행하고 인심 개발을 이루게 된다. 이와 같은 사람의 도덕적 본능은 이기적 본능을 이기고 그 천성을 다하게 되어 진화하기에 이른다.

그런데 천지의 공도란 어떠한 사람도 행하지 않으면 안 되는 도리로 이 우주에 조직된 원리를 뜻하며 이 원리란 만물이 서로 돕는 상호부조에 의해 모든 것이 계급적으로 혹은 평등적으로 조화롭게 이 우주가 조직되어 있는 것을 말한다.[4]

이와 같이 히로이케는 인간을 비롯한 우주 삼라만상의 존재는 음양일체라는 우주 자연의 법칙이라는 필연에 의해 이루어지며 성인(聖人)은 이러한 우주자연의 법칙을 천지의 공도라 하여 성인 자신이 이를 준수했다는 점을 강조한다. 그래서 인간은 누구나 이 법칙을 지키지 않으면 안 되는 당위성을 주장한다. 또한 천지의 공도는 만물이 서로 돕는 상호부조의 원리이며 이를 기반으로 만물은 조화를 이룬다고 한다. 바로 이러한 생각이 그의 자연관이자 인간관이요 철학의 기반을 이룬다.

그렇다면 히로이케는 왜 음양도를 도덕과학사상 형성의 방법으로 하고 있는가? 이에 대한 설명은 모럴로지로부터 찾기 어려우므로 필자는 아라키 미치오(荒木美智雄)의 음양도(陰陽道)연구[5]를 참조로 다음과 같이 생각하고자 한다. 일본에 음양도가 처음으로 전해진 것은 일본의 제26대 게이타이천황(継体天皇)7년인 서기 513년 백제의 오경박사 단양이(段楊爾)가 와서 중국 한(漢)나라의 오경박사 고안무(高安茂)와 교대할 때라고 일본서기라는 역사책에 기록되어 있다. 그러나 실은 백제에서 건너온 사람들에 의해 이전부터 음양도가 전해졌다고 아라키는 말한다. 이렇게 전해진 음양도는 일본의 모든 분야에 속속들이 영향을 미쳤다. 그러면 구체적으로 어떻게 영향을 미쳤는가를 아라키의 연구로부터 좀더 들어보자.

음양도의 주술 종교적인 상징주의와 구제기술은 종교에 있어서는 신도, 불교, 민속종교, 신종교 등 모든 종교에 영향을 주었으며, 문화에 있어서는 국가적 문화나 귀족의 문화 및 민중의 민속문화까지 영향을 강하게 주었다. 뿐만 아니라 우주와 인간세계의 기초를 이루는 도(道)의 개념과 점을 보는 기술과 이를 받쳐주는 상징주의는 일본의 가옥, 정원, 도시공간의 구조는 물론, 국가의 원호(元号), 천황제의 상징주의, 농업에 관한 역법(曆法), 3세대에 걸쳐 길흉을 보는 삼세상(三世相), 관료제와 정치나 법률의 사고방식 및 군사의 병법에도, 나아가 의술, 약술, 양생법, 안마술, 꺾꽂이, 차도, 농악 등의 민속예능 등에도 그 영향이 매우 컸으며 지금도 그대로 남아있다고 한다.

이와 같이 음양도와 일본의 모든 문화와의 관계를 보면, 히로이케가 도덕과학을 생각할 당시의 일본인의 사고 속에는 음양도적 생각이 일상생활의 기반을 이루고 있었음을 알 수 있으며, 그가 음양도를 도덕과학 연구의 원리이자 방법론으로 함은 자연스런 현상이라 하겠다.

더구나 한학에 대한 깊은 조예 속에 중국의 성현처럼 생활한 히로이케에게는 음양도에 대한 참된 의미를 깨닫고 있었음은 물론 이미 공자와 같은 경지에 있었으리라 생각해보면 그가 도덕과학 연구의 방법으로 음양도를 생각함은 당연하다고 생각할 수 있다.

그러면 히로이케가 방대한 도덕과학사상을 구축하는 데 방법을 제공한 음양도는 어떠한 사상인가? 이를 간단히 고찰해 보자.

3) 도덕과학사상의 방법으로서의 음양도의 의미

음양도(陰陽道)를 중심으로 하나의 사상을 이루고 있는 것을 우리는 역(易)이라고 한다. 그래서 여기에서는 역(易)에 관하여 고찰해 보고자 한다.

역(易)은 이미 상당히 오래 전에 중국에서 만들어졌다고 하며 지금의 역은 주나라 때의 역이 전해 내려온 것이라고 하여 특히 주역(周易)이라고 한다.

역(易)은 역경(易経)과 역전(易伝)으로 구성되어 있다. 역경(易経)은 역의 본론인 64괘(卦)로 되어있고 각 괘(卦)는 괘(卦)를 설명하는 말인 괘사(卦辞)와 괘(卦)를 이루는 효(爻)를 설명하는 말인 효사(爻辞)로 구성되어있다. 역전(易伝)은 이러한 역경(易経)을 10편으로 나누어 설명하는 십익전(十翼伝)으로 되어있으며 이 십익전에는 역의 총론이라고 불리는 계사전(繫辞伝) 상하가 포함되어 있다. 이렇게 구성된 역(易)의 내용을 다음과 같이 요약할 수 있다.

역(易)은 유일 절대의 최고 원리로 시작하는데 이를 태극(太極)이라고 하며 태극이 움직(動)여 양(陽)을 낳고 가만히 있어(静) 음(陰)을 낳는다. 이러한 음양(陰陽)이 많아지면서 4가지의 상〔四象 : 태양(太陽), 소음(少陰), 소양(少陽), 태음(太陰)〕을 낳으며 이 사상(四象)은 나아가 8괘〔八卦 : 건(乾), 태(兌), 리(離), 진(震), 손(巽), 감(坎), 간(艮), 곤(昆)〕

를 낳고 8괘는 16괘 32괘로 불어나 64괘를 낳게 된다. 이 64괘로 우주 삼라만상의 변화를 설명하고 있는 것이 바로 역이라 한다. 그런데 이 역(易)의 내용을 보면 음양(陰陽)의 길(道)을 말한 것으로 그래서 음양도(陰陽道)라고 한다.

그러면 음양도(陰陽道)가 도덕과학사상 구축의 방법으로 어떻게 활용되고 있는가는 매우 흥미로운 일이다. 그런데 필자는 여기에서 음양도(陰陽道)에 대한 생각을 좀 더 전개하고자 한다. 왜냐하면 우리 나라에서도 역(易)이라 하면 점(占)을 보는 책으로 가볍게 생각하며 기독교와 같은 종교에 깊은 사람들은 하찮은 미신으로 보는 경향이 강하다. 특히 과학교육을 받은 현대인은 역(易)은 전설이나 옛날이야기와 같은 정도로 보며 점(占)에 대하여 약간 흥미를 가질 정도이니 말이다.

이러한 현상은 현재의 일본도 비슷하리라 생각한다. 아라키의 연구에 의하면 일본은 명치유신 때 음양도가 서구화·근대화 정책에 의해 추진해온 합리주의·계몽주의에 방해되는 유해무익(有害無益)한 사교(邪教) 아니면 미신(迷信)으로 간주하여 내쫓게 되었다는 것이다. 특히 음양도를 기반으로 한 신도(神道)를 국교로 하면서 음양도 폐지령을 내리고 신도 속에 내재된 음양도적인 것을 배제시키기도 했다는 것이다. 이러한 근대를 맞아 발전을 거듭해온 일본이 이제 와서 음양도가 일본문화의 기반을 이루었다고 생각하겠는가? 그렇다면 음양도는 결국 사교나 미신 또는 점을 보는 하찮은 것에 지나지 않는가? 이 점을 고찰하고 본론으로 넘어가고자 한다.

4) 음양도(易사상)의 현대적 의미

역(易)에 대한 연구로서 유명한 두 사람의 연구를 중심으로 음양도의 현대적 의미를 살펴보자.

한 사람은 현재 중국의 과학자인 채항식(蔡恒息)을 들 수 있다. 그는 동물학자로 유명한 채방화(蔡邦華)의 아들이며, 송대(宋代)의 역학자인 채원정(蔡元定)은 그의 선조이다. 그래서 채항식은 아버지와 선조의 영향을 받아 역(易)의 과학적 연구에 몰두하게 된다.

그러면 그의 연구는 어떠한가? 그의 저서 『역(易)의 뉴사이언스-팔괘·태극도와 컴퓨터-』[6]에 의하면 매우 놀라운 사실을 알 수 있다.

역경(易經)이 서양에서 번역된 것은 1923년 독일에서의 번역되었으며 이때 번역된 책의 이름은 「변화의 책」이며, 이 책은 후에 1933년과 1950년에 영어로 번역되어 서양에 널리 알려졌다.

그런데 채항식은 역(易)에는 20세기의 4대 발견인 상대성 이론, 소립자론, 컴퓨터의 원리, DNA이론 등의 기본 원리가 이미 기록되어 있다고 역설한다. 이 얼마나 놀라운 이야기인가? 채항식은 이러한 원리들이 역에 기록되어있다는 말로만 그치는 것이 아니라 하나하나 증명을 시도하고 있다. 일 예로 최근 게놈 프로젝트라고 하여 화제가 되고있는 생명분자 DNA의 분석에 대하여 DNA구조의 ATCG기호 대신 음양의 괘로 역경(易経)에는 설계되어 있다고 설명한다. 컴퓨터의 원리에 대한 설명역시 마찬가지이다.

또한 상대성이론에 대해서는 상대성이론을 발견하여 세계 최고의 과학자가 된 아인슈타인의 말을 직접 인용하고있다. 아인슈타인(1879~1955)은 1953년 미국의 캘리포니아주의 산마테오에 살고있는 지인 스윗첼(J. E. Switzer)에게 보낸 답장에 다음과 같은 글을 적고 있다.

유럽과학의 발전에는 두 개의 위대한 성과가 기초로 되어있다. 즉 그리스의 철학자가 (유클리드 기하학에서 볼 수 있는 것 같은) 형식논리체계를 발명한 것과 (르네상스 시기에) 계통적인 실험을 통해서 인과관계를 탐구할 수 있는 가능성을 발견한 것이다. 내가 본 것에 한해서는 중국의 현철들은 이 두 가지의 길을 밟지 않은 것 같다. 물론 이와 같은 것은 놀랄만한 일이다. 그런데 놀라운 것은 중국에는 그러한 발견이 모두 있었던 것이다.

이와 같은 아인슈타인의 말은 아인슈타인이 독일어로 번역된 역경을 읽었으며 여기에서 자기가 발견한 상대성이론이 이미 들어있음을 감지했다는 사실을 암시하는 것으로 생각할 수 있다.

이와 같은 채항식의 연구는 옳고 그름을 논하기 전에 역(易)이 가지고 있는 원리와 현대 첨단과학이 보여주는 원리가 서로 관계가 있다는 관심을 갖게 한 점이다. 그래서 역(易)에 관한 연구는 매우 흥미를 주는 하나의 과제라 하겠다.

두 번째 사람은 현대물리학자인 독일의 프리초프 카프라(Fritjof Capra)를 들고자 한다. 그는 독일의 빈 대학에서 물리학 박사학의를 받은 후 유럽의 여러 대학에서 교수를 역임하다 지금은 미국의 캘리포니아 대학에 있으면서 로렌스 버클리 연구소에서 소립자연구를 하고 있다.

그는 동양사상과 물리학을 비교하는 연구를 하여 많은 강연과 더불어 저서를 쓰고 있다. 그가 1975년에 쓴『현대물리학과 동양사상』(The Tao of Physics)[7]은 세계 베스트셀러가 되어있다.

이 책은 현대 물리학의 제 개념과 극동의 철학적 종교적 전통 속에 들어있는 기본 이데아들과의 관계를 탐구하고 있음을 소개하면서 계속하여 다음과 같은 내용을 말하고 있다.

20세기 물리학의 두 기반인 양자이론과 상대성이론이 어찌하여 힌두교도나 불교도나 도가들이 보는 것과 같은 방식으로 이 세계를 보게끔 우리에게 강요하느냐, 또한 미시세계의 현상, 즉 모든 물질을 생성하고 있는 원자들의 속성과 상호작용을 기술하기 위하여 두 이론을 결합하려는 최근의 시도를 살펴보면 이 유사성이 얼마나 뚜렷해지고 있는가를 알게 될 것이다. 바로 이 점에서 현대물리학과 동양적 신비주의자의 유사성이 가장 두드러지게 나타나며 이것이 물리학자들과 동양의 신비주의자 가운데 어느 쪽에서 한 말인지 모를 지경에까지 종종 이르게 될 것이다.

이와 같이 언급한 그는 역경(易経)에 대하여도 다음과 같이 고찰하고 있다. 그것도 바로 히로이케가 키워드로 분석한 일음일양위지도(一陰一陽之謂道)를 「지금 어둡게 하는 것이 이제 밝음을 나타내는 것, 이것이 도다」라고 해석하며 음양의 역학적 특성을 상대성으로 보고 있다. 뿐만 아니라 사람들이 역경(易経)에 의탁하는 목적은 단순히 앞날을 알고자 하는 것이 아니라 현 상황의 소인(素因)을 찾아 적절한 행동을 취하려는 것으로 바로 이러한 자세가 역경을 보통의 점술서의 차원을 넘어 지혜의 책이 된 것이라고 설명하고 있다.

이상의 두 학자의 연구를 들어 음양도의 현대적 의미를 살펴보았다. 물론 두 사람만으로는 부족하다고 하겠으나 그러나 음양도가 현대 과학과 관계가 있다는 점은 수긍하지 않을 수 없다. 특히 필자가 더욱 놀라운 것은 히로이케가 이미 지금의 현대과학으로 도덕과학사상을 재구성할 것을 과제로 남겨두었다는 것이다. 히로이케는 음양도의 과학성이 현대과학의 길임을 이미 알고 있었다고 하겠다. 그러면 히로이케는 음양도를 방법으로 하여 도덕과학사상을 어떻게 구축하였는가?

2. 보통도덕

음양일체(陰陽一体)는 천지의 공도(公道)가 되며 그러므로 인간생활의 표준이 되고 그래서 인간은 이 우주의 자연법칙에 따라야 한다. 그런데 과학적으로 보면 인간의 천성은 선(善)도 아니고 악(悪)도 아니며 도덕적 본능 과 이기적 본능을 함께 가지고 있으므로 이 천지의 공도인 자연의 도는 인간의 천성 속에도 들어있게 된다. 그러다 보니 인간이 존재하기 위해서는 세 가지 도덕이 발생하게 된다.

하나는, 이기심이 발동하여 생긴 도덕인데 자기의 이익을 의해 도덕을 부정하는 부도덕(否道德)이 발생한다. 부도덕의 특징은 도덕인데 도덕이 아니라고 부정하는 것이다. 그렇다면 이 부도덕은 비도덕과 같은 것이 아닌가라는 생각이 든다. 그러나 비도덕과는 다르다. 비도덕(非道德)은 부도덕처럼 도덕인데 도덕이 아니라고 하는 의미가 아니라 도덕이냐 아니냐의 시비(是非)를 가릴 때 사용하는 말이다. 그러므로 비도덕으로 판단이 나면 도덕이 아닌 것이 되므로 비도덕은 오히려 도덕이 없다고 하는 무도덕(無道德)처럼 볼 수 있으므로 도덕 이외의 것으로 간주한다.

둘은, 인간은 도덕적 본능을 가지고있으며 민족이나 국민의 차원에서 사회를 이루고 살아간다. 그러다 보니 이 도덕적 본능은 오쾌된 인습을 도덕으로 만들어 지키려고 한다. 이러한 도덕을 인습적 도덕(traditional or conventional morality)이라고 하는데 히로이케는 이를 보통도덕(普通道德common morality)이라고 말한다.

셋은, 천지의 공도인 자연의 도(道) 자체가 인간 생존의 최고원리로 존재한다. 최고 원리는 높은 도덕이 되며 이를 최고도덕(最高道德supreme morality)이라 한다.

그런데 이상의 세 가지 도덕에서 보통도덕과 최고도덕을 명확히 한다면 부도덕은 스스로 해결되므로 도덕과학사상은 최고도덕과 보통도덕으로 이루어진 이론이라 하겠다. 그러면 먼저 보통도덕이 무엇인가를 고찰해보자.

1) 보통도덕

히로이케는 보통도덕을 24가지로 나누어 설명하고 있다. 그리고 보통

도덕은 도덕으로서의 완전성이 결여된 도덕으로 최고도덕에 의해 완성되는 도덕이라고 규정하고 있다. 이제부터 24가지의 보통도덕을 살펴보자.[8]

(1) 정의적 도덕(正義的 道德)

우선 보통도덕에서 첫 번째로 드는 것은 정의적 도덕이다. 히로이케는 정의 자체의 의미에 대해서는 언급하지 않고 있으나 정의적 도덕에 관하여는 정의의 목적을 달성하기 위하여 정의를 방법으로 진행해 가는 도덕이라고 말한다.

그런데 이런 경우 속으로는 부정하거나 불의에 빠져있으면서 겉으로만 정의를 부르짖는 사람이 많다. 덜된 사회일수록 이러한 사람이 난무한다. 히로이케는 이러한 사람은 부도덕자로 취급하여 정의적 도덕에서 예외로 보고 있다.

이와 같이 일단 정의의 도덕에 있어 바람직하지 않은 점을 말한 히로이케는 정의의 지나친 점을 다음과 같이 지적한다.

모든 정의를 실현해야겠다는 목적은 그야말로 도덕의 최상의 덕목인 선(善)이 된다. 그러나 정의를 실현하는 방법에 있어서는 옳지 않은 경우가 많은 것이 사회이다. 그러면 왜 올바른 목적을 가지고 올바르게 실천하지 못한다는 것인가? 이 이유에 대하여 히로이케는 정의를 실현하려는 사람은 항상 한 발 상대방에게 양보를 해야 하는 자세에서 희생적으로 진행해야 하는데 그렇지 않기 때문에 네가 옳으냐 내가 옳으냐는 식으로 다툼이 끊이지 않게 된다는 것이다.

좀더 설명한다면 정의를 실현하려는 사람은 정의라는 것이 최고의 도덕으로 오해를 하여 자기는 언제나 정의를 지키고 남에게 잘못을 안하며 자기가 할 의무는 게으름 없이 잘하고 있다고 생각한다. 그러다 보니 명리를 탐하지 않고 세상과 타협을 안하며 청렴결백을 강조하게 된다.

물론 이러한 깨끗한 정신 자세는 좋으나 대신 남의 입장을 자기의 입장처럼 생각하는 오모이야리(역지사지와 같은 의미)의 마음이 엷으며 동정심이나 친절한 마음이 없는 경우가 많다. 그 결과 마음은 고립되고 쓸쓸하며 맑은 물에 고기가 살 수 없다는 비유처럼 되고 만다. 그러다 보면 이러한 사람들은 자식이 없던지 아니면 자식이 일찍 죽든지 하며 자기 역시 말년에 세상을 등지고 쓸쓸히 살다가 죽고 마는 경우가 허다하다.

그렇다고 이러한 사람이 강하게 나서게 되면 적이 생기든지 아니면 도중에 직장을 잃던지 하여 횡사로 단명하게 되거나 불행에 빠지게 된다. 예로부터 배를 가르는 충신이나 의사(義士) 속에 이러한 사람이 많았다고 말한다. 그렇다면 어떻게 해야 한단 말인가?

이에 대하여 히로이케는 명확한 답을 제시한다. 앞에서도 말한 것처럼 세상에는 속은 부정(不正)하면서 겉으로는 정의를 내세우는 사람이 너무 많다는 것이다. 이러한 속에서 정의를 실현하려는 사람은 정의만을 내세우게 되면 이러한 사람과 충돌하게 되는 것은 당연함으로 그렇게 하지말고 그 사람들이 부정(不正)한 만큼 희생하겠다는 결심을 함양해야한다는 것이다. 그렇지 않으면 싸우게 되고 서로 불평, 분노, 원망, 저주 속에 편안한 날을 갖지 못하며 결국 서로가 좋지 않게 된다는 것이다.

그러면 정의적 도덕의 실천에 있어서 더욱 바람직한 방법은 무엇인가? 이에 관하여 그는 위에서도 언급한 것처럼 정의를 실현하려는 사람은 정의에는 항상 투쟁이 함께 함으로 투쟁을 조절하기 위해서는 겸손 속에 자기의 희생을 같이할 것을 강조하고 있다. 그렇지 않으면 회사나 학교 등 어떤 집단에서 일 예로 중역과 사원 사이에, 또는 교장과 교직원이나 학생 사이에, 고용주와 노동자 사이에 서로가 옳다고 자기의 정의만을 고집해 결국 둘 다 다치던지 무너져버리고 만다는 것이다. 이는 중국의 「두 호랑이가 싸우면 한 마리는 상처가 생기고 한 마리는 죽는다」는 말과 같다고 한다.

 이상과 같은 히로이케의 정의적 도덕을 보면, 그는 인간 각자가 자기가 옳다고 생각하고 행동하는 것을 정의로 보았으며 이러한 정의를 실현하는 데에 정의라는 방법을 그대로 사용한다고 생각했다. 자기의 정의를 실현하고자 자기의 정의만을 주장한다면 그때 서로의 정의가 엇갈리게 되면 다투고 싸우게 되어 큰 불화가 일어난다.

 자기의 정의와 다르다고 불화가 생긴다면 정의는 충분한 도덕의 기능을 했다고 하기 어렵다. 그러기에 정의적 도덕은 불완전한 보통도덕으로 본다. 물론 히로이케는 이렇게 불완전한 정의적 도덕의 실행에 완전성을 갖추게 하기 위하여 희생 심을 함양할 것을 강조한다. 그런데 히로이케의 희생에 관한 자세한 설명은 찾기 어렵다. 이에 필자는 그의 희생을 강조하는 의도에 관하여 두 가지를 생각해보고자 한다.

 하나는 상대의 입장을 자기의 입장처럼 헤아려 이해해주고 들어줌으로서 상대 역시 자기의 정의에 대한 생각을 들어주고 이해하게끔 만드는 노력이라 하겠다. 우리는 이러한 마음가짐을 역지사지(易地思之)라고 하나 일본은 생각을 보낸다는 의미의 사견(思遣)을 써서 「오모이야리」라고 하며 이는 일본의 전통도덕이기도 하다.

 또 하나는 정의적 도덕을 도덕교육이론으로 집대성한 미국 하버드대학 교수였던 콜버그(Lawrence Kohlberg, 1927~1987)의 정의적 도덕을 생각할 수 있다. 콜버그는 정의(justice)라는 도덕은 여러 가지 연구방법 등을 통해보면 문화를 초월해 3수준을 거쳐 6단계로 발달한다고 말한다.[9]

 즉 1단계는 벌이나 복종을 통해 정의를 아는 단계이고, 2단계는 자기에게 필요한 도구로서 또는 네가 나를 잘해주니까 나도 너를 잘해주겠다는 상대주의적 관점에서 정의를 아는 단계이다. 이 두 단계의 정의를 콜버그는 인습 이전의 수준이라고 말한다. 3단계는 대인관계에서 좋은 사람이라는 말을 듣는 조화를 이루는 것이 정의라고 생각하는 단계이며, 4단계는 법과 질서를 지키는 것을 통해 정의를 아는 단계이다. 이 두 단계를 콜버그는 인습적 수준이라 한다. 5단계는 사회계약에 의한 법을 존중하는 것을 정의로 아는 단계이며, 6단계는 사랑과 같이 보편적이고 윤리적 원리가 정의라고 생각하는 단계이다. 이와 같은 두 단계를 인습을 넘어선 후인습적 수준이라고 한다.

그러면 이와 같은 콜버그의 정의적 도덕과 히로이케의 정의적 도덕은 비교해보면 어떠한가? 우선 생각할 수 있는 것은 히로이케의 정의적 도덕은 인습적 도덕으로 콜버그에서 보면 3단계 이상의 정의를 말함을 알 수 있다.

또한 히로이케의 정의적 도덕은 심리학자인 콜버그의 분석적인 것과는 달리 철학적인 방법으로 전체를 살펴보는 통합적인 생각에서 비롯함을 알 수 있다. 그러나 히로이케가 정의의 실현에서 특히 희생을 강조한 것을 보면 콜버그의 5, 6단계의 정의와 같은 방향을 이미 생각하였다고 하겠다. 콜버그가 1985년 모럴로지 연구소에 와서 자기의 도덕이론을 강연하며 히로이케의 도덕이론에 공감한다고 말한 것은 매우 흥미로운 일이라 하겠다. 히로이케는 이미 타계했지만 말이다.

결국 히로이케가 희생을 강조함은 「오모이야리」도덕이나 콜버그의 6단계도덕처럼 최고도덕의 중요성을 의미한다고 하겠다.

(2) 파사적 도덕(破邪的 道德)

두 번째의 보통도덕으로는 파사적 도덕을 든다. 파사란 파사현정(破邪顯正)이라는 불교의 말에서 나온 말로 「사악한 생각을 깨트린다」라는 의미의 말이다. 이것은 타인의 잘못을 직접 말하여 깨닫게 하는 것을 말한다. 이 도덕에 대하여 히로이케는 정의적 도덕을 가지고 다음과 같이 생각하고 있음을 알 수 있다.

스스로가 정의를 지키는 것은 옳은 일이다. 그러나 문제는 상대방이 부정(不正)하다고 생각이 들 때이다. 이 때 상대방에게 직접 말하게 되는 경우, 자기의 마음도 즐겁지 못하여 때로는 건강 등을 해치게 된다. 뿐만 아니라 상대로부터 원한을 사게 되고 싸움의 근원이 되기도 한다.

그러면 어떻게 하면 될까? 히로이케는 그러한 파사적(破邪的) 행동은 상대의 입장을 생각하지 않는 다시 말해 오모이야리가 없는 행동이 되므로 공공연하게 하지 말 것을 언급한다. 오히려 올바름을 나타내는 현정(顯正)만을 하면 된다고 말한다. 자연스럽게 자기의 감화를 남에게 옮겨 가도록 하는 것이 자기나 상대나 행복에 이르는 것이 된다는 말이다. 이를 히로이케는 참된 도덕이라고 한다. 나아가 이러한 참된 도덕을 듣지 않는 사람에 대해서도 역시 현정(顯正)만 할 수밖에 없다고 한다.

다시 말해 도덕의 본래의 목적이 서로의 복지에 있으므로 듣지 않는다고 강제로 하거나 안 듣는다고 싸우거나 하는 본래의 목적에 부합되지 않으며 오히려 부도덕으로 되고 만다. 자기가 존경하는 주인이나 부모 또는 선배가 부정한 경우, 싸우지 말고 고칠 수 있다면 그 이상 좋은 일은 없겠으나 만일 싸우게 된다면 주인이나 부모 및 선배의 마음을 아프게 하여 결국 불충, 불효가 되며 진정한 도덕이라 할 수 없게 된다.

이상과 같은 히로이케의 파사적 도덕은 상대의 부정에 대해 상대와 토론하며 서로 이해하고 고치는 적극적인 방법이 아니라 상대의 마음을 헤아려 화목하고 원만한 관계 속에 올바름을 스스로 알게 하는 오모이야리 방법이라고 하겠다. 마치 논어에서 말하는 화이부동(和而不同)의 자세를 강조한다고 볼 수 있겠다.

(3) 의리적 도덕(義理的 道德)

보통도덕으로 세 번째 드는 것은 의리적 도덕이다. 일본은 옛날부터 도덕이라고 한다면 의리(義理)와 인정(人情)을 들었으며 이 둘을 통합한 중용이라는 도덕을 중요시했다. 그런데 의리는 정의와 도리가 합친 말이며, 인정은 부드러운 감정 속에 남에게 베푸는 마음가짐을 뜻한다. 이렇게 의리와 인정이 이성과 감정을 기초로 하다보니 두 도덕은 실천에 있어 종종 충돌하는 경우가 발생한다. 일본 역사를 보면 이런 두 도덕을 통합하려고 한 노력도 보인다. 일 예로 무사도(武士道)[10]의 경우가 그러하다.

다시 말해 의리와 인정 두 도덕을 잘 통합하면 중용(中庸)의 도를 걷게 되며 나아가 마음의 혼란이나 타락을 예방하게 된다. 그러나 의리만을 강조하는 의리적 도덕을 지키려는 사람 속에는 정의적 도덕처럼 자기의 의리를 너무 강하게 주장하는 완고한 사람들이 많다. 결국 완고한 사람들은 남을 괴롭힐 뿐만 아니라 자기도 괴롭게 하여 이 도덕을 불완전한 보통도덕에 머무르게 한다.

이와 같은 히로이케의 주장을 보면, 옳은 길만을 강조하는 의리적 도덕만으로는 불완전한 도덕이 되므로 이에 화목을 기반으로 한 인정의 도덕이 잘 통합된다면 중용이라는 최고도덕이 이루어짐을 알 수 있다.

그런데 일본의 전통 도덕인 의리와 인정이 한국의 전통 도덕과 같은데 놀라지 않을 수 없으나 엄밀히 보면 절차에 약간의 다름이 있음을 생각할 수 있다. 일본의 경우는 의리를 먼저 내세운 후 인정을 보이고 있다. 다시 말해 규칙이나 공중도덕 및 약속 등을 정확히 지키는 것을 의리로 보며 이것이 잘 이행될 때 인정이 베풀어진다. 그러나 한국의 경우는 의리의 도덕을 내세우나 인정이 너무 강하여 종종 의리의 도덕을 약하게 만드는 경우가 있다. 즉 학연, 지연, 혈연 등의 인연이 작용하는 경우 인정이 의리를 앞서는 경우를 보이기도 한다.

(4) 자존적 도덕(自尊的 道德)

네 번째로는 자존적 도덕을 들고 있다. 이 도덕에 관한 설명은 다음과 같다. 남에게 의지하여 사는 거지근성이나, 부유한 쪽에 이용당하면서 안일한 생활을 하려는 사대주의 근성 등을 부도덕이라고 보고 경멸하며, 「하늘은 스스로 돕는 자를 돕는다」는 자조(自助)의 정신에 의해 자기를 만들어 가는 의지를 도덕으로 보는 것을 자존적 도덕이라 한다. 그렇다면 이 자존적 도덕을 고귀하게 보아야 하는 데 왜 보통도덕으로 보는가 라는 의문이 생긴다.

이에 대하여 히로이케는 고귀한 도덕일수록 최고도덕을 기초로 해야함을 강조한다. 그 이유를 들어보면 다음과 같다.

자기 힘으로 자기를 만들어 가는 자존적 도덕을 강하게 갖는 사람은 대부분 학력이나 지식을 갖추고 있음은 물론 용기도 갖추고 있다. 한편으로는 자기의 힘을 확신하며 다른 한편으로는 자기의 지식으로 세상을 생각하고 자기의 직무나 사업을 위해 노력하며 공공의 복리를 위해서 일한다. 이렇게 보면 이러한 사람은 비교적 도덕적인 사람으로 세상으로부터 칭찬을 듣는다. 그러나 그렇다고 완전한 사람으로 볼 수는 없다. 왜냐하면 결점이 더욱 강하기 때문이다.

자존적 도덕이 강한 사람은 원래부터 자비심이 없고 모든 것을 단지 자기의 체면이라든지 위엄을 유지 증진하려고 행동하는 경우가 많다. 즉 자기의 명예와 이익을 위해 그렇게 하는 것이 좋다고 판단해서 하는 경우가 허다하다는 것이다. 그래서 마음은 언제나 긴장하고 고만(高慢)하고 아만(我慢)하며 정이 적고 딱딱하고 남에게 지지 않으려 하는 고루한 사람으로 남의 말을 들으려 하지 않는다. 뿐만 아니라 무서운 얼굴로 성난

목소리를 내며 억압적으로 또는 자기 멋대로 하는 경우가 많다. 이런 사람은 부하들의 굴복하는 척하는 형식적인 것을 참된 복종으로 알며 점점 자기가 현명하고 좋은 사람이 되고 있다고 자부한다. 그 결과 밖으로는 신망을 잃으며 안으로는 정신적 육체적으로 건강을 잃고 드디어 단명하게 된다. 물론 장수하는 사람이 없는 것은 아니지만 대개는 그렇다는 것이다.

　또한 자존심이 강한 사람은 원래 물욕도 강하기 때문에 남의 말을 듣지 않는다. 일 예로 자선과 같은 일을 권하면 「도와주면 상대방이 버릇이 생겨 오히려 해가 되므로 좋지 않다고 하든지, 아니면 자기도 언젠가 곤란하게 될지도 모른다는 등으로 그만두는 것이 좋다고 한다」.

　이러한 물욕에 입각한 자존적 도덕이 일 예로 국제간의 증재를 해야 하는 기관이나 노동자와 자본가를 중재해야 하는 기관 등에 존재하게 되면, 그러한 중재기관들이 하나의 자아를 가지고 있는 것처럼 행사하여 분쟁이 줄어들지 않고 이전보다 늘어나게 된다. 결국 이러한 기관이 수고 비를 쓰면 쓸 수록 인류사회는 손실을 갖게 된다.

　이와 같은 자존적 도덕에 대한 히로이케의 설명을 보면, 역시 도덕은 자기를 비롯해 모든 사람이 원만한 속에 자기의 자존적 도덕을 가질 것을 강조함을 알 수 있다. 원만한 자기가 되려면 자존적 도덕으로는 되지 않으며 자기의 중심이 되는 최고의 도덕을 갖지 않으면 안 된다는 것을 알 수 있다.

(5) 관습적 도덕(慣習的 道德)

　다섯째는 관습적 도덕을 든다. 인간이 사회를 이루고 살아오는 동안 생활의 지혜에 의해 많은 여러 가지 형식이 생기게 된다. 이 형식들은 오랜 시간 전해 내려오는 사이에 관습이 되며 나아가 관습적 도덕이 된다. 관습적 도덕은 시대의 변화 속에 형식화되기 쉬운 경향을 띠게 된다.

그러므로 관습적 도덕을 실행하는 사람은 이 도덕의 가치를 자각하고 형식에 따르는 내용인 도덕심을 갖추지 않으면 안 된다.

예를 들면 상류 계급인 귀족이나 부호, 혹은 자본가 등은 사회에 대하여 자비심이 있어서가 아니라 국가나 선조가 행해 온 관례에 따라 기부금 등을 내기 때문에 내는 자기 자신 역시 내고 싶어 내는 것이 아니므로 마음이 그리 좋지를 못하다. 받는 상대방 역시 그 은혜에 별로 감격해 하지 않는다. 그렇다고 그러한 상류 계급의 사람들이 기부금을 내지 않으면 큰 부도덕이 되며 사회로부터 공격을 받게 된다.

그런데 이 관습적 도덕을 실제로 보면, 동양의 경우 국민이 충효(忠孝)나 절의(節義)와 같은 도덕을 관습에 따라 그 형식만을 지키고 있으며 대부분의 사람들은 충효나 절의의 정신은 가지고 있지 않다는 것을 알 수 있다.

효(孝)의 경우를 보면 공자는 효는 백행의 본이 되며 부모에게 효도하는 사람은 부도덕할 리가 없다는 가르침을 주고있다. 그렇다면 효행이 존재하는 가정이나 국가는 약해지지 않는다고 볼 수 있다. 그러나 동양 의 여러 나라는 실제로 그렇지 못하다. 그 이유를 보면 부모에 대한 효행이 자기의 도덕심에서 나오지 않고 그저 관례에 따라 말없이 지키는 데에 불과하기 때문이다. 효행에 관계되는 도덕은 있어도 그저 형식적이고 산 효행 도덕이 없으므로 나라가 약해지는 것은 무리가 아님을 그는 역설한다. 뿐만 아니라 지금까지 내려오는 관습적 도덕이 왜 우리를 발전하게 하는가를 깊이 고찰하여 그 속에 내용으로 존재하는 도덕성을 개발하여 우리의 도덕성으로 실천하지 않으면 안 될 것을 강조하고 있다.

콜버그는 관습적 도덕을 도덕성 발달의 한 과정으로 보았으며 관습적 도덕에는 좋은 사람으로 보이겠다는 생각과 법을 지키려는 생각이 중심이 된 도덕이라고 한다. 그러나 히로이케는 관습적 도덕이 형식으로 흐르고 마는 부정적 측면을 지적하고 있다. 역시 역사가 깊은 일본이기에 관습적 도덕을 보는 눈이 다르리라는 생각이 든다.

(6) 예식적 도덕(礼式的 道德)

여섯째는 예식적 도덕을 들고 있다. 예식적 도덕이란 예식을 중히 여기고 교제를 존중하여 타인을 귀하게 대하는 도덕을 말한다. 그래서 예식적 도덕은 교제적(交際的 道德)도덕과 같다고 하겠다.

오늘에 이르러 이 예식적 도덕은 하나의 관례가 되어있으니 잘못하면 아무 효과도 없는 도덕이 되고 만다. 아랫사람이 윗사람에게 아첨하려고 지나치게 예의를 과용한다든지, 윗사람이 예의를 구실로 아랫사람의 인격을 무시하고 오만 방자한 행동을 한다든지 하는 경우를 들 수 있다. 또한 이 도덕은 그저 허례(虛礼)가 된다면 돈과 시간과 헛수고라는 세 가지의 손실이 사람을 괴롭게 만든다.

히로이케는 일 예를 들어 다음과 같이 설명하고 있다. 아랫사람이 주인이나 상급자를 모실 때 주인이나 상급자의 앞에서는 아무리 추워도 방석을 깔고 앉지 않으며 화로도 사용하지 않고 꼼짝없이 서있는 등 괴로움이 많았다고 한다. 그러나 이렇게 아랫사람이 괴로움 속에 잘 한다고 해서 윗사람이 따뜻해지는 것도 아니며 유쾌해지는 것도 아니다. 윗사람 역시 이런 것을 알지만, 자기의 오만에 사로잡혀 아랫사람의 고생을 마음속에 두지 않으며 남보란 듯이 자기는 유쾌하게 생각하고 있는 것이다. 이와 같은 속에서는 결국 아랫사람은 윗사람을 원망하게 되고 그러한 계급을 타파한다는 사회주의 등이 일어날 수 있는 계기가 된다.

당시 봉건주의의 말기를 맞은 일본 사회에 서양의 민주주의를 비롯해 사회주의 사상이 들어오며 이를 맞이한 일본인들의 혼란한 정신세계에 하나의 지표를 제시하고 있음을 생각할 수 있다.

(7) 일시적 도덕(一時的 道德)

일곱째는 일시적 도덕을 들고 있다. 이러한 도덕도 있는가 할 정도로 도덕의 명칭이 흥미롭다 그러면 일시적 도덕이란 어떠한 도덕인가? 인내, 극기, 노력 등의 도덕은 애를 씀으로서 일시적으로 효율을 높이는 도덕이 된다. 이를 히로이케는 일시적 도덕이라고 한다.

그런데 이 도덕의 문제점은 일시적인 것을 영구적인 것처럼 지속하거나 강요하는 데 있다고 한다. 이 도덕의 문제점에 관한 그의 생각은 다음과 같다.

원래 인내나 극기는 영구한 것이라고 할 때 그것은 마음의 힘을 말한다. 이 때 육체의 힘이 반드시 수반되는 것은 아니다. 왜냐하면 인내와 극기를 줄곧 행하게 되면 끊임없는 긴장과 흥분을 갖기 때문에 결국 자기의 몸은 병들게 되고 수명이 짧아지기 때문이다. 만약 이것을 다른 사람에게 강요하면 그 사람 역시 마찬가지이다. 뿐만 아니라 남인 경우는 강요한 사람을 원망하여 능률을 올리기 어렵게 된다고 하겠다.

다이쇼 시대(大正時代, 1912~1926) 서양으로부터 들어온 민주주의 및 사회주의 사상이 일본사회에 도덕적 혼란을 가져와 일본의 전통도덕이 사라질 뻔한 것은 당시의 일본의 지식인들이 인내나 극기의 일시적 도덕을 잊고 무리한 연구결과 긴장과 흥분 속에 민주주의나 사회주의가 훌륭한 도덕인양 잘못 판단한 데 있다고 그는 분석한다. 또한 그러한 당시의 일본이 쇼와천황 시대(昭和天皇時代)로 접어들면서 천황중심의 도덕으로 안정을 찾게 됨을 역시 일시적 도덕의 활동이 제대로 한 것으로 해석하고 있다.

이러한 그의 해석은 도덕에 대한 심리학적 분석이라 하겠다. 아닌게 아니라 히로이케는 그의 방대한 저서『도덕과학의 논문』속에서 제4장을 심리학적방법으로 할애하고 있는 점으로 보아 인간의 정신 속에서 도덕이 하는 역할을 매우 과학적으로 규명하고자 노력했다고 하겠다. 그의 이러한 해석은 도덕교육 연구에 하나의 과제를 제시한다고 하겠다.

(8) 감정적 도덕(感情的 道德)

여덟 번째의 보통도덕은 감정적 도덕이다. 일본에서 인정으로 통하는 동정과 친절이나 연민 혹은 의협심에 근거를 두고 인간이 사랑스럽다고 보는 도덕을 감정적 도덕이라고 한다.

그러나 이 감정적 도덕도 다음과 같은 문제점이 있기에 보통도덕에 지나지 않는다. 즉 감정에 지배당한 나머지 이성을 등한시하며 약자를 편애하고 강자를 나쁘게 보며 그 기세를 꺾는 것과 같은 경우가 문제라고 한다.

이런 경우는 일시적인 격정에 의해 나타나는 현상이며 자기의 편협한 생각 속에 제멋대로 생각함으로써 일어나는 것으로 참도덕이 되지 않는다고 한다. 이 도덕에 대한 그의 지적은 다음과 같다.

동정심이나 의협심이 없는 부도덕한 사람은 빠르게 또는 늦게 실패하거나 망하거나 한다. 그런데 동정심이나 의협심이 강한 사람도 또한 결국엔 실패하거나 망하고 만다는 것이다. 이유는 한 쪽은 사랑하고 다른 한 쪽은 미워하기에 자기 마음이 평화롭지 못하다는 것이다. 그러기에 이런 사람은 육체의 건강과 오래 살기는 어렵다. 또한 적이 생기므로 점점 인간다운 생활을 하기가 어려워지며 평화로운 날이 적어지고 결국 자기도 남도 해롭게 하는 사람이 되고 만다.

이러한 경우, 극단적인 실 예를 든다면 옛날의 무사나 협객을 들 수 있다. 또한 서양의 사회주의자도 약한 자를 돕는다고 강한 자를 꺾어버리는 경우이므로 이에 해당된다고 하겠다. 물론 이렇게 예를 들었지만 무사나 협객들이 악한 사람에 대해서 부득이 강하게 대할 수밖에 없을 경우는 해당이 안 된다고 하겠다.

또한 히로이케는 그래비스(Graves)가 쓴 『중국생활 40년』이라는 책을 참조로 감정적 도덕에 대해 결론을 짓고 있다. 그래비스는 유럽인은 정의를 표준으로 하고 중국인은 사람됨됨이를 표준으로 하는데, 이 경우 유럽인은 올바른가, 중국인은 친절한가를 묻는다. 이에 대해 히로이케는 이런 표준을 보면 서양인이 동양인 보다 지적으로 탁월하다고 볼 수 있다. 그 이유는 정의의 사람에게는 악한 사람이 없지만 동정, 친절, 연민, 의협심이 있는 사람에게는 우둔한 사람도 있고 악한 사람도 있다. 또한 동정, 친절, 연민, 의협심 등의 감정적 도덕은 사람을 사랑스럽게 보는 진정한 감정적 도덕을 제외하고는 도덕으로서는 고대적인 것이며 지금은 가치가 없는 도덕이다라고 답한다.

감정적 도덕에 대한 히로이케의 이와 같은 생각은 역시 이성이나 지적인 면과 감정적 도덕의 통합을 중요하게 생각하고 있음을 알 수 있다. 특히 사람을 사랑스럽게 보는 감정적 도덕의 핵심을 파악함으로써 이성이나 지적인 면에서 등한시할 수 있는 감정적인 면을 강조하는 도덕의 일 면을 언급하고 있다.

(9) 반동적 도덕(反動的 道德)

아홉 번째로 반동적 도덕을 들고 있다. 반동적 도덕이란 반대의 행동으로 나오는 도덕을 말한다. 그런데 반동적 도덕에는 두 가지의 경우가 있다. 하나는 자기의 이해관계를 생각해서 나오는 지적인 도덕의 경우이며 또 하나는 감정적으로 나오는 도덕의 경우이다.

그러나 이 두 가지의 반동적 도덕의 경우 모두다 남을 진심으로 생각해서 일어나는 것이 아니라 처음부터 자기를 반동으로 행동하게 한 상대방을 자기의 적으로 보고 그를 물리치기 위해 일어난다고 한다. 그러므로 어떻게 보면 이 도덕을 부도덕으로 보아도 괜찮다고 말할 수 있다. 히로이케는 다음과 같은 두 가지의 경우를 들어 설명하고 있다. 하나는,

에도 초기의 병(兵)학자인 유이 쇼세쓰(由井正雪, 1605~1651)가 병학(兵學)을 듣는 문인 5천 명과 함께 도쿠카와 막부를 넘어뜨리려고 하다 발각되어 자살한 경안(慶安)의 난이라는 사건과 에도 후기의 양명학자인 오시오 헤이하치로(大塩平八郎, 1794~1837)가 1836년 천보(天保)의 기근(饑饉) 때 가난한 사람을 구제할 것을 관에 청했으나 듣지 않자 자기의 장서를 팔아 가난한 사람을 구했으며 그 다음해 오사카에서 군대를 일으켜 싸웠으나 패하여 분신한 사건 및 근대에 들어와 과격한 사회주의자의 운동이나 무모한 노동자의 운동 등을 보면 반동적 도덕을 행하는 사람들은 자기 자신은 도덕적이라 하더라도 결과적으로 자기나 남에게 많은 불행을 주므로 바람직한 도덕이라고 하기는 어렵다는 것이다.

또 하나는 국가 정부가 행하는 반동적 도덕의 경우이다. 즉 간악한 상인을 없애기 위해 물가를 내리는 법률을 만든다면 이는 처음부터 적을 상대로 하는 것이므로 성공할 리가 없으며 국가는 국민은 물론 간악한 상인까지도 사랑하는 마음가짐 속에 법을 만들지 않으면 안 된다는 것이다.

이와 같은 히로이케의 반동적 도덕을 보면 참된 도덕이란 자기만이 아니라 남에게까지도 피해를 주지 않는 즉 자타(自他)가 안심하는 생활을 할 수 있도록 서로 돕는 데 있음을 생각할 수 있다.

(10) 무지적 도덕(無知的 道德)

열 번째는 무지적 도덕을 들고 있다. 히로이케는 외형과 내용을 갖추어야 한다는 공자의 문질빈빈(文質彬彬)[11]이라는 말을 인용하여 다음과 같이 무지의 도덕을 설명한다.

동양에서는 옛날부터 문화를 존중하면서 동시에 소박한 자연 그대로의 질박(質樸)을 중요시했다. 그런데 이 때에 문화와 질박을 어떻게 양적으로 배합하는가는 도덕적으로 매우 중요하다. 그런데 교통이 불편하여 문화적으로 떨어진 곳의 사람들 중에는 정직한 사람이 많은 것을 보면 역시 도덕은 질박한 것이라 생각하여 일본에서는 도덕적으로 질박한 것을 칭찬해 왔다. 그러나 지금은 도덕에 있어서의 질박은 도덕적으로 가치가 적은 것으로 드러났다. 그 이유는 다음과 같다.

첫째는, 지식이 없는 사람은 보는 눈이 좁아 도덕을 실행할 기회를 잘못 잡을 수가 있으며 또한 사물을 분별없이 믿기 쉽고 옳고 그름을 혼동하기 쉽다. 그러나 지식이 적은 사람은 보는 눈이 좁아 스스로 하나를 선택하여 정신을 집중, 열심히 하기 때문에 지식이 많은 사람보다 도덕의 실행을 쉽게 하는 경우도 있다.

둘째는, 질박(質樸)이라는 것은 원래 지식의 부족에 기인한다. 그래서 이러한 질박에 지식이 더해지면 선해지던가 악해지던가 할 가능성이 있다. 즉 질박 그 자체는 죄악이 아니지만 질박에 지식이 주어진다고 반드시 좋아진다고 할 수 없으므로 질박을 참된 도덕이라고 할 수 없다는 것이다. 여기에서 예를 세 가지 들어 설명하고 있다.

하나는, 미개인 등이 문명인과 접촉한 후 멸망하는 경우이다. 원인은 여러 가지가 있겠으나 그들이 신지식을 얻은 후 이것을 악용함으로써 급격한 생활의 변화를 초래했기 때문이다. 특히 이점을 히로이케는 『도덕과학의 논문』 제4장 제2항 9절에서 여러 문헌을 통해 자세히 고찰하고 있다. 9절의 주제를 '미개인종의 지식·도덕 및 그 운명'으로 하여 미개인들의 질박한 정신적 및 물질적 생활이 새로이 얻은 지식 때문에 파괴되고 멸종에 이른다는 사실이다.

둘은, 일본의 벽지에 사는 사람들은 과거에는 질박했기 때문에 도덕적이었지만 최근에 와서는 새로운 지식 때문에 도덕에 있어서는 도시의 사람보다 떨어지는 것처럼 되어가고 있다. 그래서 질박한 그 사람들에게 도덕교육을 해야 하는데 일반지식만 강조하는 교육만 하게 되니 매우 도덕적으로 위험하게 되었다는 것이다. 이 점은 일본의 벽지만이 아니라 전 세계적인 문제라고 한다.

셋은, 질박한 사람들을 충동하여 불합리한 신앙이나 집단으로 몰고 가는 종교단체나 선동가이다.

이상과 같은 히로이케의 설명을 보면, 질박한 무지적 도덕은 가치도 없으며 동시에 위험도 없으며 그러기에 도덕교육을 반드시 해야한다는 것을 알 수 있다.

(11) 지적 도덕(知的 道德)

열 한 번째로 지적 도덕을 들고 있다. 원래 도덕이란 여러 사람을 위하는 공덕(公德)에서 비롯한 자비심에서 나오는 것인데, 지적 도덕은 지식에서 나오는 것으로 지식을 기초로 행동하는 도덕을 말한다. 물론 지식인들은 이성에 의한 지적 도덕이 자비심에서 나오는 것이 아니라는 것을 알고 있으며 또한 자비심에서 나오는 도덕을 존중해야하는 것도 알고 있다.

그러나 지식을 기초로 한 지적 도덕이 중류 이상 사람들의 도덕의 대부분을 이루다 보니 자연히 충돌이 생기게 된다. 즉 지식에 의한 이해를 기초로 한 도덕이다 보니 이해의 관계에서 또는 감정의 충돌에서 도덕적 정신이나 행위가 금방 부도덕적으로 바뀔 수도 있게 된다. 그래서 바로 지적도덕은 불완전한 도덕이며 보통도덕이 된다.

그런데 이런 지적도덕은 현대에 이르러 인류사회 도덕의 대부분을 이루고 있으며 특히 지금의 정치상의 정당의 활동이나 노동문제에 대한 노사 쌍방의 정략이나 국제관계의 외교정책 등에 나타남으로서 인류의 평화나 행복이 오기 어려운 이유가 되기도 한다. 왜냐하면 도덕의 본연의 자세가 자비심에 있는데 이성과 지성을 기초로 한 지적도덕의 중시는 결국 자비심을 불러일으키지 못하기 때문이다.

이러한 히로이케의 지적도덕 입장에서 우리 나라의 지적도덕을 생각해보자. 현대의 모든 생활은 지식을 바탕으로 이루어져 있다. 그래서 현대를 지식사회라고 한다. 그래서 그런지 모든 지식을 실험이나 실습을 통해 배우기보다는 단순한 암기를 통해 배우는 경향이 우리 나라의 경우 뚜렷하다. 심지어 도덕까지도 암기하여 시험을 보고 있다. 도덕을 지식으로 암기해야 실천할 수 있다고 생각하는 모양이다.

그러나 우리 나라의 이러한 생각은 히로이케의 지적 도덕으로부터 생각해 본다면 매우 잘못 되었음을 알 수 있다. 도덕을 단순히 외우고 이해했다고 자비심이 형성되는 것은 아니다. 왜냐하면 도덕은 지식임과 동시에 생활이기 때문에 지식을 포함한 생활을 통해 배울 때 우리의 도덕본능 속에 설계된 자비심이 나타나기 때문이다. 다시 말해 설계된 자비심이 자물쇠라면 지식을 포함한 생활은 열쇠처럼 작용한다는 것이다. 암기된 지식만으로는 충분한 열쇠가 되기 어렵다는 것이다.

(12) 정략적 도덕(政略的 道德)

열 두 번째로 정략적 도덕을 들고 있다. 정략적 도덕이란 높은 자리에 있는 사람들이나 부유한 자본가들이 공적으로 또는 자선사업으로 내놓는 기부금이나 또는 자기들이 고용한 사람들에게 보너스를 주는 등 남에게 베푸는 도덕을 말한다.

그러나 이러한 도덕은 높은 자리에 있는 사람들이나 자본가들이 자기의 명예나 이익을 옹호하기 위해 기부하거나 일시적으로 상대방을 위로하는 데 목적이 있는 것으로 자선을 진심으로 생각했다든지 고용인들의 인격을 중히 여겨 실행한 도덕이 아닌 경우가 허다하다. 바로 정략적으로 베푸는 도덕이 되고 있다.

특히 지금의 정치가는 모든 만사를 정략적인 것에 의존하며 도덕에 관해서는 추호도 알지 않으려고 하니 어찌 국민을 지도할 것이며, 심지어 도덕 전문지도자인 교육자나 종교인 같은 사람도 신(神)을 인정하지 않고 성인의 가르침이 무엇인가를 알려고 하지도 않으며 보통도덕까지도 깊이 생각하지 않으니 정략적 도덕은 형식적으로 실행될 뿐이다. 그래서 같은 교육자끼리 서로 싸우지를 않는가 하면 같은 종파끼리 자기의 비밀을 폭로하는 등 조잡한 행동을 보인다. 심지어는 정략적인 것에 속인인 정치가를 내세워 중재를 구하는 것 같은 행동을 보이기도 한다.

이와 같이 정략적 도덕의 잘 못을 지적한 히로이케는 정략적 도덕의 올바른 방향을 다음과 같이 제시한다. 상류층의 사람들은 자비심이라는 최고도덕을 마음속에 두고 물질적인 베풂을 실행해야 하며 또한 자기의 마음을 최고도덕이라는 좋은 방향으로의 개발 및 구제해야 한다. 그렇게 함으로써 자기가 사용하는 고용인들까지도 자비심이라는 최고의 도덕에 이르게 되며 바로 여기에 정략적 도덕의 본래의 모습이 존재하게 된다는 것이다.

(13) 주의적 도덕(主義的 道德)

열 세 번째는 주의적 도덕을 들고 있다. 주의적 도덕이란 개인주의, 민주주의, 사회주의 등 모든 주의(主義, ism)를 도덕으로 보는 것을 말한다.

이와 같은 주의적 도덕에 관하여 히로이케는 다음과 같이 설명한다. 주의(主義)란 무엇인가 하면 하나의 의미를 나타내는 것으로 사물의 전체를 나타내는 것이 아니라고 한다. 그러므로 주의(主義)라는 것은 개인의 의견이나 주장과 같은 것으로 도덕이 되지는 못한다. 이와 같은 주의를 지킨다는 것은 반드시 도덕에 맞는다고 말할 수는 없다. 따라서 주의(主義)에 의해 당파를 만들어 싸우는 것이 도덕적인 것은 아니지만 총이나 칼을 들고 싸우는 전쟁보다는 도덕적이므로 놓아두고 볼 수는 있다.

그런데 주의(主義)를 선전하기 위하여 다른 것을 배척하게 되고 그래서 서로 싸우게 되면 이것은 큰 부도덕이 된다. 세상을 해롭게 하는 주의를 피하여 비교적 도덕에 가까운 주의를 받아드리는 경우는 도덕에 가까운 사람으로 볼 수도 있겠다. 그러나 주의를 고집한다면 편협한 정신작용에 지배당하여 자기 정신의 평화는 깨지고 다른 사람과 싸우게 된다. 그러므로 주의(主義)로서 사회를 다스리려면 어떠한 좋은 주의(主義)라도 반드시 기뻐하는 사람이 반 수 있다면 나머지 반수는 좋아하지 않는 사람이 된다.

그러므로 모든 사물을 주의(主義)로서 철저하게 하는 것은 실제로는 할 수 없는 일이며 만약 철저하게 한다면 다치는 사람이 많이 나와 사회는 불행하게 된다. 다시 말해 어떤 주의(主義)에 의해 인위적으로 사물을 처리하는 것은 사실상 커다란 위험이 따르는 것이다.

이와 같이 주의(主義)라는 것은 어느 것이나 전부 도덕이 아닌데 자기만이 도덕이라고 오해하며 자랑하면서 다른 것을 배척하는 것이므로 주의(主義)라는 것 자체가 사회의 분쟁의 씨가 되고 만다. 그래서 참된 도덕은 자기나 상대나 남이나 전부 평화로운 마음이 되어 행복하게 사는 것을 말하며, 이것은 결국 최고의 도덕만이 가능한 것이다.

히로이케는 이와 같이 주의(主義)적 도덕으로 사회를 바라보면 분석하고 있다. 주의(主義)에 대한 도덕적 위상을 명확히 하고 있다고 하겠다.

(14) 타협적 도덕(妥協的 道德)

열 네 번째는 타협적 도덕(妥協的 道德)을 든다. 주의(主義)를 달리하는 사람들이 서로 다툴 때 서로가 조금씩 양보하여 평화를 구할 경우가 있다. 이것을 타협이라고 하며 하나의 도덕으로 보는 경우이다. 주의를 고집하는 사람으로부터 보면 이 타협이라는 것은 완만한 방법으로 부도덕으로 생각할지 모른다.

주의(主義)를 고집하는 사람은 자기의 주의가 모든 사람의 주의가 되도록 다른 주의와 싸우게 된다. 상대에게 이기든지 지든지 아니면 자기와 상대 중 어느 쪽이 넘어질 때까지 싸우려고 한다. 그러나 이러한 생각은 우직하며 난폭한 생각에 불과하다. 모든 것을 전투나 전쟁으로 해결하는 것보다는 타협으로 하는 것이 도덕에 가깝다.

그런데 이 때 주의를 바꾸어 다른 주의가 되면 변절이라고 하여 부도덕 자로 볼 수 있으나 그러나 잘못된 주의로부터 좋은 주의로 바꾸는 것은 올바른 일이라 생각할 수 있다. 일 예로 이교도에서 기독교로 개종하는 경우 사용하는 말인 컨버션(conversion)과 같은 의미이다. 이기주의를 바탕으로 한 주의의 변화를 말하는 것은 아니다.

히로이케는 이와 같이 타협적 도덕을 앞에서 말한 주의적 도덕의 연속으로 설명하고 있다. 당시 서양에서 밀물처럼 들어오는 민주주의를 비롯해 사회주의 및 무정부주의 등이 일본 도덕에 미치는 영향은 매우 컸으리라 생각한다.

(15) 단체적 도덕(団体的 道徳)

열 다섯 번째로 드는 것은 단체적 도덕이다. 어떠한 단체든 규칙을 비롯한 도덕을 가지고 있으며 단체의 구성원이 이 도덕을 지킴으로써 단체가 유지되고 발달하게 된다. 바로 이러한 도덕을 단체적 도덕이라고 한다. 그러면 히로이케가 말하는 단체적 도덕은 어떠한가?

인류사회의 조직을 보면 개인을 포함한 작은 단체에서 시작하여 가정, 조합, 시(市), 도(道) 등으로 커지면서 결국 국가(国家)라는 큰 집단으로 발전한다. 이러한 집단에 있어서 일 예로 가정이란 집단을 보면 가족들이 도덕을 잘 지켜 잘 될 때 모든 식구들이 재미있게 살며 행복을 누리게 된다. 이와 같은 가정에 있어서의 행복의 원리는 가정보다 큰 조합이나 시(市), 도(道), 국가 등도 마찬가지이다. 이와 같은 조직의 원리를 히로이케는 집단적 도덕의 원리라고 한다. 즉 집단이 크면 클수록 많은 사람의 행복을 누리므로 클수록 좋은 집단이라는 것이다. 그래서 국가라는 단체가 가장 큰 단체이며 가장 좋은 단체가 되며 이 국가에 반항하거나 국가의 도덕을 지키지 않는 것은 악이라 한다.

그러면 이렇게 국가를 가장 좋은 단체로 보고 있다면 국가라는 단체의 도덕은 완전한가라는 의문을 갖게 된다. 그러나 국가단체의 역사를 보면 일부 계층이 권력과 금력을 독단하며 다른 계층의 인격이나 이익을 무시한 봉건적 국가라는 단체가 오랜 기간 존재했다는 것을 알 수 있다. 이를 바로 잡으려고 19세기에 나타난 것이 민주주의이며 사회주의이다. 그러나 민주주의나 사회주의의 기반이 되어있는 단체적 도덕에 대하여도 역시 반항하는 사람이 나오는 것을 보면 단체적 도덕이야말로 완전하다고 할 수는 없는 것 같다.

특히 단체적 도덕에서 문제가 되는 것은 단체가 얼마나 바람직한 좋은 단체인가 아니면 나쁜 단체인가이다. 좋은 단체와 나쁜 단체의 도덕적 큰 차이는 다음과 같다.

나쁜 단체의 경우, 도덕을 잘 지키는 사람에 대하여 다른 자들이 존경하면서 사회로부터 큰 벌을 받도록 내버려두지 않는 것이 특징이라 하겠다. 이에 비해 좋은 단체의 경우, 도덕을 잘 지키는 사람에 대하여는 모든 사람이 존경을 하며 사회적 칭찬을 받게 된다.

그런데 나쁜 단체는 사회가 인정을 하지 않게 되어 점점 도태하게 되지만 문제는 좋은 단체에 있다. 좋은 단체에서의 문제점을 다음과 같이 들고 있다.

단체의 도덕을 잘 지킴으로서 사회적 칭찬을 받는 것은 좋지만 이러한 칭찬을 이용하여 자기의 욕심을 차리는 경우가 문제이다. 예를 들어 국제간의 갈등이 일어났을 때 충군 애국을 빌미로 자기의 이름이나 실리를 획득하려고 하는 사람이 나온다. 이러한 사람들의 심중을 보면 국가의 도덕을 지키기 위해서가 아니라 자기의 영달과 행복을 위한 것이며 결국 국가도 자기도 쇠망의 길로 들어서는 것이 지금까지의 역사라고 한다.

그러면 이러한 문제점이 발생하지 않게 하려면 어떻게 해야하는가? 물론 지금의 국가사회는 좋은 단체의 성장과 더불어 많은 발전을 해 왔으며 그 결과 지금의 단체적 도덕 역시 인도적인 방향으로 나아가고 있다. 그러므로 이러한 단체도덕에 최고도덕의 정신이 들어간다면 위와 같은 문제는 고쳐지리라 생각한다. 즉 최고도덕에 문제의 해결이 있음을 강조한다.

(16) 이용적 도덕(利用的 道德)

열 여섯 번째로 이용적 도덕을 들고 있다. 우리는 살아가는데 도덕적으로 유익한 좋은 말들을 주고받으며 살아간다. 이 때 사람은 누구나 자기에게 유익한 말을 듣게 되면 이용하여 한층 높은 인생을 살게 된다. 이렇게 남으로부터 들어온 유익한 말을 어떻게 이용하는가에 따라 도덕 문제가 있게 된다. 이와 같은 도덕을 이용적 도덕이라고 한다.

그런데 이러한 이용적 도덕에 문제가 있다면 특히 남을 지도하는 상류 계급의 사람들에게 있다고 한다. 즉 자기는 이용하지 않고 남을 시키는 경우이다. 자기가 남으로부터 좋은 말을 듣고 자기의 삶에 이용적 도덕으로 실행하여 모범적 생활을 보이면 세상은 점점 좋아진다고 하겠다. 그러나 자기는 남의 좋은 말을 듣지 않으면서 남만이 잘 듣고 잘 하기를 시키는 경우가 많다. 이렇게 한다면 결국 자기나 남이나 전체적으로 잘 되지 않으며 결국 갈등이 많은 사회가 되고 만다.

히로이케가 말하는 이러한 이용적 도덕은 특히 남을 지도하는 사람들에게는 절대로 필요한 도덕이라 하겠다.

(17) 아동적 도덕(児童的 道德)

열 일곱 번째로 아동적 도덕을 들고 있다. 아동적 도덕이란 마치 초등학교에서 아동들에게 공중도덕을 가르쳐 아동들이 공중도덕을 실천하는 것처럼 휴지를 줍거나 화장실을 청소하거나 남의 신발을 가지런히 정리하거나 아침 일찍 일어나거나 물건을 아끼거나 등의 도덕을 실행함을 말한다.

특히 젊은이들이 이러한 도덕을 실행하는 것을 보면 참 좋은 사람으로 생각하게 되는 도덕이다. 그래서 유치원의 보모를 비롯해 초, 중등학교의 선생 및 젊은 어머니들은 이러한 도덕을 잘 실천해야 어린이나 자식들이 잘 따라서 하게 된다.

그러나 이러한 도덕은 자질구레한 도덕이라고 하여 잘 실행하지 않는 경우가 많다. 자질구레한 도덕을 잘 실천한다고 해서 자기의 정신이 구원을 받는 것도 아니며 실행하는 사람이나 보고 배우는 사람이나 불교에서 말하는 하찮은 일에도 마음이 흔들리지 않고 마음의 평화를 얻는다는 안심입명(安心立命)에 달하는 것도 아니므로 잘 실천하지 않는다.

다시 말해 아동적 도덕을 실천한다고 해서 좋은 일을 하여 대대손손으로 덕을 쌓는 것도 아니며 세계의 평화가 오는 것도 아니라고 하여 등한시하며 실행하지 않게 된다. 또한 사람에 따라서는 고작 그런 도덕이나 하느냐는 식으로 불평을 하거나 원성을 사는 수가 있다.

결국 아동적 도덕은 완고한 노인이나 인기를 얻으려는 영리한 사람이나 정직하고 욕심이 적은 교육자나 종교인 등이 실천하며 타인에게 권하는 정도가 되고 있다.

그러나 아동적 도덕은 이상의 몇 사람이 실천하는 정도의 도덕이 아니라 세상 사람 모두가 해야 하는 도덕이며 언제 어디서나 실천해야 하는 도덕이다. 나아가 이 위에 최고도덕을 실천한다면 모든 사회문제나 인생문제의 근본이 해결될 것이다.

이와 같은 히로이케의 아동적 도덕에서는 도덕을 구조적으로 보고 있음을 느낄 수가 있다. 도덕이란 길에 버려진 휴지를 줍는 등의 아주 작은 도덕에서 국민에게 커다란 이익을 가져오는 큰 도덕에 이르기까지 그 나라 국민이면 누구나 실행해야 할 하나의 생활이다. 수많은 작고 큰 도덕들이 일사불란하게 이루어질 때 소위 선진사회라는 말을 듣게 된다.

한 여름철 강릉 경포대 해수욕장의 백사장에 버려진 휴지를 줍는데 이백여 명의 사람이 동원되며 몇 톤의 쓰레기를 치우는데 드는 비용이 몇억이 들어 강릉시의 재정에 큰 타격을 입힌다고 한다. 이는 작은 도덕의 중요성을 강조하는 실 예라 하겠다.

(18) 평민적 도덕(平民的 道德)

열 여덟 번째는 평민적 도덕을 든다. 히로이케는 이 도덕에 관하여 다음과 같이 언급한다.

유명한 사람이나 비교적 상류의 사람이 자기의 지덕(知德)을 드러내지 않고 세속과 어울린다는 노자의 화광동진(和光同塵)의 경지까지는 가지 않더라도 아랫사람을 정중히 대하거나 스스로 겸손하고 소박하여 내려다보지 않는 경우, 이를 평민적 도덕이라고 한다.

그러나 그렇지 않은 경우도 많다. 유명한 명사들이 자기의 이름을 날리고자 자전거를 타고 다닌다거나 자동차를 직접 운전해 보인다거나 또는 보통 사람들과 운동을 같이 하거나 예의를 나누는 것 등이다. 물론 이러한 행위를 거짓으로 하지만 위엄을 부리고 잘난 체하는 것보다는 낫다. 그런데 세속과 어울리는 등 보통 사람들과 접촉이 많아지는 경우, 도덕심이 엷은 민중은 처음에는 고맙게 생각하지만 점점 고맙게 생각하지 않게 되며 어떤 때는 친구처럼 생각하기도 하여 훈시 등을 별로 듣지 않고 흘려버리기도 한다.

서양에서는 이러한 경향이 프랑스혁명 이래 점점 심화되어 지금에 이르러는 고치기 어렵게 되어버렸다. 동양의 경우는 귀족이나 상류 인들이 나쁜 것을 알면서도 너무나 위엄과 잘난 체를 하였다. 그러나 점점 서양화되면서 혼란을 가져와 어떤 때는 사회가 더욱 어려운 상태가 되기도 했다. 여하튼 이렇게 해서 세계의 사람들의 마음은 평민적이 되어 갔다. 이제는 형식적으로나 정책적으로 민중을 기쁘게만 할 수 없게 되었다. 만약 그렇게 한다면 그들은 스스로가 위험을 만드는 것이 된다. 결국 유명한 사람들이나 상류층의 사람들은 최고도덕에 의한 진정한 자비심을 갖추어야하며 민중 역시 자비심을 갖도록 하는 방법을 강구하지 않으면 안 된다.

(19) 은혜적 도덕(恩惠的 道德)

열 아홉 번째로는 은혜적 도덕을 들고 있다. 은혜적 도덕이란 부호, 자본가, 사업가, 공장주, 가게주인, 관가의 장관이나 회사의 중역 등이 고용자나 아랫사람들의 도움을 감사히 생각하여 그 은혜로 봉급을 충분히 주며 상여금을 늘리고 충분히 쉬게 하며 때로는 향응을 베푸는 것을 말한다.

그러나 이 은혜적 도덕의 부정적 측면을 보면, 따뜻한 온정을 갖고 은혜를 베푸는 상급자는 드물며 결국 은혜적 도덕은 오히려 정략적 도덕에 가깝게 되고 만다.

여하튼 은혜적 도덕은 상급자들이 진정한 온정의 마음을 갖고 실행하지 않으면 도덕으로서의 가치가 매우 적다. 그렇다면 이러한 온정의 마음을 갖게 하려면 어떻게 해야 하는가? 역시 최고도덕으로 마음을 개발하지 않으면 안 된다. 그렇지 않으면 모든 것은 순간적인 미봉책으로 하게 되고 결국은 불행을 가져오게 된다.

(20) 수양적 도덕(修養的 道德)

스무 번째는 수양적 도덕을 들고 있다. 사람들은 흔히 도덕이나 종교를 연구하거나 독서, 청강, 사색, 좌선, 목욕재개, 참배 등 여러 가지의 수행을 하며 살아간다. 이러한 행위를 합쳐 수양적 도덕이라고 한다.

그런데 이러한 수양적 도덕을 많은 지식인들이 도덕이라고 생각하는데, 이것은 잘못된 오해라고 한다. 왜냐하면 이러한 행위는 도덕이나 종교가 무엇인가를 알려고 하는 또는 자기를 안정시키기 위한 지적 행위에 불과하기 때문이다. 그래서 바로 이러한 수양적 도덕을 도덕자체르 생각하는 것이 문제라고 한다. 많은 사이비 종교와 같은 단체들이 이러한 행위를 이용하여 자기들의 목적을 달성하는 것을 문제의 한 예로 들 수 있다.

또 하나의 수양적 도덕의 문제점은 수양을 행하는 행위자의 심리에 있다. 사람들이 수양적 도덕을 행하는 동기를 보면 자기의 이기적 마음에서 비롯하고 있다. 왜냐하면 누구와 같이 행하는 것이 아니라 자기만을 위해 자기 혼자만이 행하기 때문이다.

이러한 수양적 도덕을 실행하다 보면 몸이 건강해진다든지 정신상 약간의 어떤 효과가 있겠지만 진정한 의미의 정신적 효과는 올릴 수 없으며 결국은 행복을 얻을 수가 없다. 그러면 수양적 도덕의 참된 의미는 어디에 있는가? 그것은 수양적 도덕이 진정한 신앙이나 최고도덕으로 나아가는 과정의 하나의 방법이 되는 경우라고 하겠다.

(21) 미신적 도덕(迷信的 道德)

스물 한 번째는 미신적 도덕을 들고 있다. 미신적 도덕이란 말 그대로 미신을 자기의 모든 가치판단의 중심으로 즉 도덕으로 하는 것을 말한다. 이러한 미신적 도덕에 관하여 히로이케는 다음과 같은 피해를 말하고 있다.

첫째는 일본의 경우 신불(神仏)[12]에 대한 신앙이 상하(上下)의 구별이 있다보니 하(下)는 미신 또는 신앙을 이용하여 다른 사람을 해롭게 하는 경우가 있다. 이러한 경우는 서양보다 종교가 통일되어 있지 않은 동양의 경우 다신교적 색채가 강하다 보니 그 폐해가 크다.

둘째는 이기적 신앙을 내세우는 데 있다. 즉 자기는 신불의 정신을 체득했기 때문에 기도나 주문암송이나 참배 및 헌금만으로 행복을 빌면 된다고 하는 신앙을 만든다.

일본에서는 매월 1일과 15일에 술을 가정의 신(神)에게 바치며 여러 가지 기도를 하고 그 술을 마시는데 이것을 가지고 도덕이나 신앙이라고 생각하는 사람이 많다. 또는 가족이나 아는 사람끼리 오락적으로 신사(神社)나 절(寺)을 다니며 절하는 것이 최상의 신앙과 마음을 얻는 것과 같다고 생각하는 사람도 많다. 이러한 신앙을 일본에서는 절할 때만 믿는 마음을 갖는다고 하여 '절하는 신심' 또는 기도할 때만 믿는 마음을 갖는다고 하여 '기도하는 심신'이라고 한다. 이런 사람들은 약간의 돈을 헌금하며 자기의 명리와 향락을 신불에게 요구하는 것으로 아는 사람들은 이를 '무리한 신심'이라고도 평한다.

동양에서는 일반적으로 돌아가신 부모, 조상, 친척, 은인을 위해 스님을 모시고 경을 읽어 죽은 사람을 위로하며 이렇게 함으로서 죽은 사람이 천국으로 올라간다고 믿는다. 또한 이렇게 하는 것이 도덕이나 신앙이라고 생각하고 있지만 근래에 들어서는 신념이 약해지면서 이와 같은 일은 단지 하나의 예식적인 것에 불과하다고 보게 되어 참된 신앙의 의미는 작아져가고 있다. 그러나 이와 같은 불필요한 신앙이라도 도덕에서 보면 안 하는 것보다는 낫다고 하겠다.

세 번째로는 종교인 가운데는 신불 또는 위인을 받들기 위해 무리한 돈을 거두어 거대한 전당을 세우고 여러 가지 사업을 하며 이것을 하나의 신앙이라고 잘못 믿고 있는 사람이 많다. 이러한 것은 종교인 자신의 자만심을 만족시킬 뿐 신불이나 위인과 관련된 것은 아니다. 이러한 행위는 하나의 종교가 되지 못한다. 군주나 부모나 은인의 기념비를 세우는 것 등을 무리하게 하면 오히려 군주나 부모 및 은인의 덕을 다치게 하는 것이다. 자기는 돈에 손을 대지 않았으며 깨끗했다 하드라도 무리해서 신불이나 군주의 궁전이나 조상 신령의 안치소 등을 세웠다면 자기의 자만심을 만족시키려고 한 것이다. 또한 다른 사람들을 괴롭혔다면 그 죄는 자기가 짊어지지 않을 수 없다. 물론 이러한 행위가 전부 자기의 이름을 날리기 위하여 한다면 큰 부도덕이 되겠지만 그렇지 않기 때문에 미신적 도덕이 된다.

이와 같은 히로이케의 미신적 도덕은 종교와 미신 및 도덕의 경계를 명확히 하고자 한 도덕교육의 기초 작업이라 하겠다.

(22) 아첨적 도덕(阿諂的 道德)

스물 두 번째는 아첨적 도덕이 된다. 윗사람에게 모든 것을 고해바치고 무조건 복종하는 것을 도덕처럼 생각하며 자기의 출세만 생각하는 경우이다. '좋은 말이나 좋은 얼굴을 꾸미는 사람은 어진 마음이 적다(巧言슈色 鮮矣仁)'는 논어의 말이 이에 해당한다.

이와 같이 처세술에 뛰어난 사람은 그 마음이 교활해서 진정한 자비심이 조금도 없기 때문에 일시적으로는 번영을 누릴지 모르겠으나 말로에는 또는 자손에게는 불행해진다고 한다.

(23) 오락적 도덕(娛樂的 道德)

스물 세 번째는 오락적 도덕을 든다. 일 예를 들어 간호사나 의사, 종교인 등이 일시적으로 양로원이나 고아원 등에 단체로 위문 가는 경우를 말한다. 필요할 때는 별로 가지 않으며 제 멋대로 우르르 몰려다니는 것은 매우 오락적인 것에 불과하다. 이러한 위문을 물론 나쁘다고는 할 수 없으나 크게 부족한 마음이 있다고 하겠다.

이러한 오락적 도덕이 참된 의미를 가지려면 밑바탕에 최고도덕의 정신이 있고 그 위에서 이러한 행동을 해야 한다는 것이다.

남을 대할 때는 진실 된 마음이어야지 자기의 기분을 즐기기 위한 오락적인 마음으로 해서는 안 된다는 것이다.

(24) 무가치적 도덕(無価値的 道德)

스물 네 번째 마지막으로 든 것은 무가치적 도덕을 든다. 무가치적 도덕이란 도덕이나 도덕심이 매우 부족한 사람이 행하는 도덕을 말한다.

오늘날의 사람들은 이기심이 넘치고 자존심이 매우 강하여 자비의 마음은 티끌만큼도 보기 어렵다. 예를 들어 어떤 집회의 석상에서나 다른 집을 방문했을 때 또는 손님이 왔을 때 방석을 하나 내놓았을 때 나이 많은 분이 방석이 없으면 자비심에 의해 방석을 양보하는 행동을 거의 볼 수가 없다는 것이다. 양보 안 하는 이유는 바보처럼 보이기 싫어서, 나쁘게 생각하지 않도록 하기 위해서 라고 한다. 이것은 단지 자기의 명예나 이익에만 마음을 쓰고 있다는 의미가 된다.

자기를 위한 이야기가 있어도 듣지 않으며, 쓸데없는 발림 말과 쓸데

없는 겸손을 떨며 쓸데없는 시간을 보내어 옆사람에게 폐를 끼친다. 더구나 폐를 끼치는 것을 알지 못하며 단지 자기의 일에만 눈을 크게 뜨고 행동하는 경우가 허다하다.

이러한 히로이케의 무가치적 도덕은 칠십여 년이 지난 지금의 도덕에 너무나 들어맞는 도덕이 되고 있다. 그러면 이러한 도덕을 고치려면 어떻게 해야 하는가? 이에 관하여는 설명이 없으나 역시 최고도덕을 통해 이룰 수 있음을 말하고 있다고 하겠다.

2) 보통도덕의 실행 결과

이상과 같이 24가지의 보통도덕을 고찰해 보았다. 그러면 이러한 보통도덕을 실천하면 어떤 결과가 오는가? 이에 관한 대답을 히로이케로부터 직접 들어보자.

보통도덕들은 오늘날의 문명을 이끌어 가는 데는 크게 관여하는 힘을 가지고 있지만 그러나 원래 보통도덕은 이미 설명한 것처럼 인간의 이기심의 발현이며 생존경쟁의 도구로서 쓰여지는 것이기 때문에 감정이나 이해관계의 충돌이 불가피하며 그로 인해 도덕심이나 도덕행위가 파괴되기도 한다.

그러다 보면 개인의 마음속은 언제나 긴장과 흥분에 쌓이며 참된 평화를 유지하기가 어렵게 된다. 결국 마음을 괴롭게 하여 사람들은 병을 얻게되며 또한 사람들로부터 인망을 사지 못하게 된다. 그러므로 이와 같은 보통도덕은 이제부터 세계문화를 대성하고 인류의 평화나 행복을 더욱 크게 하고 더욱 안전하고 단단하게 하는 근거가 되기는 어렵다.

이와 같이 말하는 히로이케의 보통도덕은 과학문명이 고도로 발달해 가는 지금에 이르러보면 매우 앞을 예견한 도덕관이 내재되어 있다고 하

겠다. 특히 현재의 우리 나라의 도덕부·재라는 현실에서 보면 매우 참조
가 될만한 도덕적 설명이라고 하겠다.

 그러나 히로이케는 보통도덕이 인류문화를 이끌어갈 수 있는 도덕이 될
수는 없다고 하였다. 다시 말해 보통도덕은 역시 더 깊고 큰 도덕인 「최
고도덕」이 밑바탕이 되어야 제 구실을 할 수 있다고 한다. 바로 여기에
히로이케 지쿠로의 도덕관이 있다. 그러면 최고도덕은 어떠한가?

3. 최고도덕(最高道德, Supreme Morality)

 앞에서 히로이케는 역(易)의 음양도(陰陽道)인 천지(天地)의 공도(公道)
를 지켜야만 참된 인간으로 진화한다고 했다. 또한 이 천지의 공도는 성
인(聖人)들이 그대로 실행한 도덕으로 특히 히로이케는 이를 최고도덕이
라고 한다. 그러면 최고도덕이란 결국 음양도를 말하는 것인가? 최고도
덕의 의미를 더욱 이해하기 위하여 최고도덕을 형식과 내용으로 나누어
정리해 보고자 한다.[13]

1) 최고도덕의 형식

 먼저 「최고도덕」인 「천지의 공도」는 고대 중국의 성인(聖人)들에 의해
발견되었으며 또한 성인들 자신의 도덕이었음을 역(易)의 계사전(繫辞伝)
을 통해 쉽게 알 수 있다. 그렇다면 최고도덕의 고찰은 성인(聖人)의 도
덕에 대한 고찰이 되며, 매우 중요한 도덕이 된다.

 그런데 히로이케 지쿠로는 고대 중국의 성인에 관하여 중국 고대의 역
사가인 사마천의 성인설보다는 공자의 성인설을 참고로 하고 있다.[14] 그
이유는 고대 중국의 성인에 대한 기록은 성인인 공자가 집대성한 것으로

보기 때문이다.[15] 이에 히로이케는 공자의 성인설을 근거로 성인으로서 갖추어야 할 구비조건 열 가지를 열거하고 있다. 우선 이 구비조건 열 가지를 정리하면 다음과 같다.[16]

1) 성인(聖人)은 반드시 우주 근본인 유일신을 믿으며 신의 의사(意思)에 복종하며, 일체 자기의 의견, 주의, 희망, 또는 욕망을 주장하는 것과 같은 것은 없다고 하겠다. 그러면 신의 의사란 무엇인가? 신의 의사란 인류의 생존, 발달, 안심 및 행복을 누리는 원리에 적합한 우주자연의 법칙인 것이다. 그러기에 정말로 성인이라고 불리는 경우는 반드시 이러한 인류발달의 원리를 고집하며 지키는 것이다.

　　소크라테스 및 그리스도는 이 것을 위해 생명을 희생으로 바친 말하자면 몸을 죽여 인(仁)을 이루었던 것이다. 또한 석가는 정통이 아닌 종교가들로부터 고통을 당했으며 공자는 진이나 채나라의 들에서 굶었으며 아마테라스오미카미는 스사노오노미코토의 반항을 받았던 것이다. 세계의 모든 성인은 인간으로서는 자비(慈悲), 관대(寬大), 온(溫), 량(良), 공(恭), 검(儉), 양(讓)의 덕을 갖추었으며, 베풀며 사람의 마음을 개발하거나 구제를 하는 데에 조금도 자신의 이해(利害)를 생각지 않고 그 운명을 자연에 맡기는 한편 노력한다. 그렇다고 반대로 자기의 이해를 생각하거나 자기에게 접근해 오는 자의 이해만을 생각하는 보통사람은 구원이 없다고 생각하지 않으며 신의 구원을 받을 수 있다고 생각한다.

2) 성인들은 종종 하늘의 계시를 받는다.

3) 성인들은 전통을 중히 여기며 옛 성인들의 가르침을 지키고 설명하며 자기의 의견을 붙여 창작하지 않는다.

4) 성인은 어짐(仁)과 같은 자비(慈悲)로운 마음을 가지고 어떠한 경우

에도 스스로 반성하며 남을 책하지 않는다.

5) 성인은 신(神)의 마음을 체득하여 자신의 품성을 만드는 것을 주로 하며 일체 이기적 사업을 하지 않는다.

6) 그러기에 성인은 인위적인 주권을 갖는 단체를 만들지 않으며 그 결과로서 본산, 본부, 사원 또는 교회 등과 같은 것을 만들지 않는다. 단지 이 정신을 이해하는 사람들의 희사에 의한 깨끗한 재산으로 인간 마음의 개발 또는 구제에 필요한 경우, 일반인의 행복 증진에 필요한 경우에 최소한의 건물이나 그 밖의 시설 정도는 허락한다.

7) 그래서 성인은 일체의 허식을 부리지 않으며 단지 필요한 예의와 예절을 중히 여겼다고 하겠다.

8) 성인은 모두 중용(中庸)의 덕을 존중하고 있지만 성인의 중용은 보통 중용이 말하는 의미 이외에 특별한 의미를 가지고 있었던 것 같다. 예를 든다면 단지 고락(苦楽)의 중간을 행하는 것에만 머물지 않고 고락을 초월하여 최고도덕의 정신을 실현하는 것을 중용이라고 말한다. 석가의 중도(中道)와 같은 것은 바로 앞에서 말한 것 같이 깊은 뜻을 가졌다고 말해지고 있다.

9) 성인은 자기의 정신활동 및 행위의 기초를 모두 신(神)의 정신에 두고, 이와 같은 자기의 정신 및 행위의 정수를 타인의 마음에 이식하여 사람의 마음을 구제한다.

10) 성인은 세계의 평화와 인류의 행복을 목적으로 일종(一宗)일파(一派) 또는 한 단체의 보존 및 발달만을 도모하지 않고 모든 행동 및 시설 모든 인류에 대해 보편적 성질을 가지고 있는 것이다.

히로이케는 이와 같은 성인의 구비조건을 기초로 현재 세계가 성인이라고 말하는 공자, 석가, 예수, 소크라테스를 검토하며 나아가 일본황실의 조상인 일본 건국신 아마테라스오미카미(天照大神)를 검토한다. 그 결과 우선 '다섯 계통'의 '최고도덕'을 다음과 같이 규정한다.[17]

첫째는 그리스의 소크라테스를 시조로 하는 도덕계통,

둘째는 유대의 예수 그리스도를 시조로 하는 도덕계통,

셋째는 인도의 석가를 시조로 하는 도덕계통,

넷째는 중국의 공자를 시조로 하는 도덕계통,

다섯째는 일본황실의 조상 아마테라스오미카미 및 일본 역대의 천황의 성덕을 중심으로 하는 도덕계통이다.

위의 순서는 유럽에서 아시아로 일본으로의 순서이며 상하의 구별은 아니다. 이 외에 이슬람교의 개조 마호메트에 대해서는 세계 정신계의 일부 세력을 점하고 있으나 그 마음은 여하튼 그 행동이 20세기 이후의 최고도덕의 모범이 되지 않는 것 같다고 그는 생각한다. 그러나 지금까지 일본에서 마호메트의 사적을 연구하는 것은 충분하지 못했기 때문에 히로이케의 연구실에서 후일에 계속 연구가 되었을 때 상세히 발표하겠다고 한다.[18]

이상과 같이 볼 때 「최고도덕」은 상기의 「다섯 도덕계통」을 말하는 것이 된다. 그렇다면 이 「다섯 도덕계통」이야말로 「최고도덕의 형식」이라 하겠다. 그러나 마호메트를 연구과제로 두는 것으로 보아 최고도덕의 형식은 다섯으로만 제한되는 것이 아니며 성인의 구비조건에 적합한 도덕이라면 최고도덕이 될 수 있는 열려있는 형식이라 할 수 있다.

2) 최고도덕의 내용

최고도덕의 형식을 보면 히로이케는 소크라테스, 예수, 석가, 공자, 일본의 건국신에서 천황에 이르는 다섯 도덕계통을 최고도덕의 형식으로 보고있음을 알 수 있다. 그러면 이러한 형식을 이루고 있는 최고도덕의 내용은 무엇인가? 최고도덕의 내용을 고찰해 봄으로써 우리는 이상의 다섯 도덕계통이 왜 최고도덕이라고 하는가를 더욱 알 수 있으며 나아가 히로이케가 왜 최고도덕을 강조하고 있는가를 알 수 있다.

그런데 최고도덕의 내용은 모럴로지의 기반인 음양도(陰陽道)에서 보면 결국 천지의 공도(公道)로 생각할 수 있으나 이를 어떻게 설명할 것인가라는 의문이 남는다. 히로이케 역시 이를 찾기 위해 최고도덕의 형식인 소크라테스, 예수, 석가, 공자, 일본의 건국신에서 천황에 이르는 다섯 도덕계통을 문헌 연구를 통해 엄밀히 고찰하고 있다. 여기에서는 그가 이미 제시한 열 가지의 성인의 자격을 참조로 그의 고찰을 정리해 보고자 한다.

(1) 소크라테스(Socrates)

히로이케는 소크라테스를 고찰함에 있어서 지금도 명저로 불리는 프랭크 틸리의 서양 철학사를 비롯하여 철학 역사 등의 많은 문헌을 고찰하며 중요한 부분을 서로 보완하여 정리하는 형태를 보여주고 있다. 여기에서는 프랭크 틸리의 서양 철학사[19]에서 정리한 소크라테스에서 히로이케가 제시한 성인조건에 해당된다고 생각되는 부분을 살펴보고자 한다.

소크라테스는 기원전 469년 가난한 가정의 아들로 태어났다. 아버지는 조각가이고 어머니는 조산사였다. 그가 어떻게 교육을 받았는가는 알 수 없지만 소크라테스의 지식을 사랑하는 마음은 문명화한 아테네의 지적 성장을 위한 기회를 만들어낸 것은 틀림없다.

그는 아버지의 직업을 이어받았지만 얼마 안되어 '타인에게 질문함으로써 자기 자신을 살피게 된다'는 신성한 생각을 하게 되었다. 그는 언제나 어떤 사람이거나 길가, 시장, 스포츠센터 어디서나 여러 가지 문제에 관해 이야기하는 것이 보통이었다. 문제로는 전쟁, 정치, 결혼, 우정, 연애, 가정, 예술, 상업, 시가, 종교, 과학 및 특히 도덕적 일이었다. 인간에 관계된 일은 그의 관심이 되지 않는 것이 없었다.

인생에 있어서 이해관계가 그의 탐구의 주제였으며 세계의 굴리적 측면은 돌아보지 않았다. 즉 그는 나무나 돌로부터는 배울 것이 아무 것도 없다고 공언했다. 그는 총명하여 의논에 잠겨있는 오류를 재빨리 발견하였으며 이야기를 문제의 핵심으로 몰고 가는 재능을 가지고 있었다. 천성이 친절하고 온화하며 넘쳐흐르는 기분 좋은 유머가 풍부했으며 당시의 사람들의 무지와 기만을 적발하여 그의 일류의 기지로 껍질을 벗기는 것을 즐겼다.

소크라테스는 스스로 가르친 덕을 행위로서 나타냈다. 그는 놀랄 정도로 극기심(克己心)이 많았으며 고결(高潔)하고 고상(高尚)했으며 근검절약하고 강한 인내력을 가지고 있었다. 욕망은 거의 없다고 말해도 좋은 정도였다. 그는 전쟁이나 정치적 의무를 수행함에 있어서 칠십 년의 생애를 육체적 용기와 도덕적 용기를 나타내는 많은 행위를 보여주었다. 재판 때의 그의 태도는 도덕적 위엄, 확고 부동성, 수미일관성을 훌륭하게 보여주었다. 그는 스스로 옳다고 생각한 것을 두려움 없이 편애하지 않고 수행했으며 모든 사람에게 자애로웠으며 어떤 사람에게도 악의를 갖지 않고 그 생애를 보냈으며 죽을 때도 똑같이 아름다웠다. 그는 무신론으로 청년들을 타락시켰다는 국민들의 잘못된 고발에 의해 벌로서 독을 마시게 되어 최후를 맞았다(BC. 399).

소크라테스는 법을 스스로 지켰으며 다른 사람들도 법을 지키도록 주장함으로써 법의 권위에 대해 존경심과 국가에 대한 충성심을 증명했다. 죄를 받은 후 친구들이 탈주계획을 세웠을 때 소크라테스는 일평생을 국법의 은혜를 입었는데 늙어서 그 은혜를 베푼 자에 대해 불충을 보인다는 것은 도저히 할 수 없는 일이므로 친구들의 계획을 거절했다. (중략)

소크라테스가 주로 문제시했던 것은 지식을 뒤엎으면서 도덕과 국가의 기반을 위협하는 궤변술의 도전에 응하는 것이다. 그는 철학적 사색이야말로 가장 시기에 맞는 실용적인 것으로 보았다. 왜냐하면 만약 회의론이 시대에 필요한 궁극적인 것이라면 인생에 관하여 당시 유행하고 있던 견해의 허무적인 결론을 면할 수가 없기 때문이다. 그는 당시 유행하고 있던 윤리적 및 정치적 오류는 진리의 의미에 관해 완전히 틀린 개념으로부터 나온 것으로 이와 같은 문제의 핵심은 지식에 관한 문제라는 것을 명확히 이해하고 있었다.

소크라테스는 이와 같은 확신과 당시의 실제적인 곤란을 처리하기 위하여 인간의 이성의 힘에 대한 낙천적 힘을 가지고 수행하기에 이르렀다. 그가 스스로 세운 목표는 철학의 체계를 구축하는 것이 아니고 인간의 마음속에 있는 진리와 덕에 대한 사랑을 불러일으키는 것이었으며, 또한 올바른 생활이 되도록 사람들에게 올바르게 생각하게 하는 것이었다. 그의 목적은 사변적이기보다는 오히려 실천적이었다. 그가 흥미를 느끼고 있는 것은 지식을 획득하는 올바른 방법이었으며 방법에 관한 학설인 방법론이 아니었다. 하나의 방법을 실행하고 그것을 살려 스스로 예를 보여서 다른 사람들이 그것을 따르도록 했다.

소크라테스에 의하면 진리에 도달하려면 마음에 떠오르는 모든 우연의 억측을 믿어서는 안 된다는 것이다. 혼란한 애매하고 공허한 사상이 우리들의 마음을 채우고 있다. 즉 우리들은 아직도 전부터 음미하지도 않은 많은 소화도 안된 억측이나 그 의미를 이해도 하지 않고 신앙에 의해 받아들이고 있는 많은 편견을 가지고 있다. (중략)

우리들의 과제는 사용하는 관념을 밝히고 언어의 참된 의미를 이해하고 개념을 바르게 정의하고 우리가 이야기하는 내용을 정확히 아는 것이다. 따라서 또한 우리는 자기의 견해의 근거를 가지고 있지 않으면 안 된다. 즉 우리의 단정을 증명하고 추측하는 것이 아니라 사고를 하고 우리들의 학설을 실증하고 사실에 의해서 검증하고 사실에 따라 이것을 수정하고 정정하지 않으면 안 된다.

소피스트들은 진리는 존재하지 않으며, 우리들은 진리를 알 수가 없다라고 말한다. 사람들은 다르며 어떤 의견에 대해 반대의견이 세워지는 것은 두 의견 모두 선(善)이기 때문이라고 한다. 소크라테스는 이것은 잘못되었다고 한다. 여러 가지 생각이 있는 것은 사실이지만 의견이 대립할 경우는 의견일치가 존재하는지 어떤지, 즉 모든 사람이 기대서는 공통의 기반, 모든 사람이 찬성하는 무언가의 원리가 존재하는지 안 하는지를 발견하는 것이 우리의 의무이다. 이렇게 보편적 판단을 전개하는 것이 소크라테스식 방법의 목적이며 그가 의논할 때 사용한 문답법의 교묘한 형식이다.

그는 의논하고 있는 주제에 관하여 다른 사람들보다 더욱 많이 알고 있는 것 같은 얼굴을 하지 않았다. 실제로 그는 종종 그들보다도 조금만 이해하고 있지 않은 것 같은 행동을 했다(소크라테스의 아이러니). 그러나 사람들은 금방 소크라테스야말로 주인공이며 그가 자기들을 자기모순 속에 떨어트리고 끈임 없이 자신들의 사상을 그 자신 쪽으로 교묘히 끌고 가는 것을 느꼈다. 그러기 때문에 듣는 사람 중에 어떤 사람은 '당신은 문제가 어떻게 된 것인지를 그야말로 잘 아는데 그 문제를 우리에게 묻는 것이 보통이'라고 불만을 말한다. 사람들이 보고 있는 앞에서 논쟁자의 잔뜩 잘못된 혼란한 개념이 점점 명료해지고 드디어 아름다운 조각상처럼 만들어진다. 소크라테스는 모든 것을 만드는 조각술을 습득하고 있었다. (중략)

소크라테스는 지식은 최고의 선이라고 답했으며, 올바른 행위에 있어서 올바른 사고는 불가결한 것이라고 했다.

그런데 히로이케는 소크라테스의 제자인 플라톤과 아리스토텔레스까지 고찰하고 있으며 특히 신(神)에 대한 소크라테스의 생각에 관해 다음과 같이 말하고 있다. 소크라테스가 사용한 데몬(demon, daemon)이라는 말에 관해서 일부 학자들은 소크라테스가 쉽게 설명하기 어려운 직관이나 실천적 판단을 표현할 때 쓴말이라고 해석하고 있다. 이에 대해 히로이케는 그런 정도의 해석은 충분하지 못하다고 말하며, 이 말은 소크라테스가 신의 알림을 깨달았을 때 사용한 말로 초자연적인 신(神)적인 것을 간주했기에 데몬 이라는 말을 쓰고 있다고 해석한다.

위와 같은 소크라테스의 소개에서 우리는 히로이케가 제시한 열 가지의 성인들이 갖는 공통성이 내재되어 있음을 충분히 느낄 수가 있다. 다음은 예수에 관한 고찰을 살펴보자.

(2) 예수 그리스도(Jesus Christ)

예수에 대한 히로이케의 고찰은 편의상 대부분을 전문가의 연구를 인용하는 선에서 끝내겠다고 말하고 있다. 이유는 그리스도교에 관한 논문이 아니며 자세한 것은 모럴로지 연구실에서 전문적으로 성인들의 사적을 연구하기 때문이라고 한다. 그는 예수의 매우 중요한 부분만 고찰하고 있다. 우선 먼저 고찰한 것이 예수가 남자와 관계없는 동정녀의 몸에서 태어났는가이다. 이에 대하여 히로이케는 1909년 헤스팅스가 편찬한 『그리스도와 복음의 사전』[20]의 내용을 소개하고 있으며 주 요점은 다음과 같다.

예수의 탄생에 관하여 세밀히 적고 있는 복음서는 마태복음과 누가복음이다. 이 두 복음서는 각각 독립되었음에도 불구하고 예수가 동정녀 마리아에게서 났으며 요셉의 아들로 되어있어 대빗의 후예가 된다고 적고 있다. 그러나 예수의 이러한 출생의 비밀이 최초에는 일반에게 알려지지 않았다. 그 이유를 마태복음과 누가복음에서 보면, 마태복음에는 이렇게 기록된 가장 큰 동기가 예수의 출생에 대한 유태인들이 험담을 막으려는 데 있다고 되어있으나 누가복음에는 동기가 전혀 언급되어 있지 않다. 그러나 마태복음보다는 누가복음이 오래된 자료를 사용하고 있으므로 오래된 자료를 생각하면 누가복음서의 말대로 예수가 동정녀에게서 잉태한 것을 사실로 생각할 수밖에 없다.

이와 같이 복음서를 고찰한 헤스팅스는 예수의 완전한 도덕적·정신적 순결을 전하려고 한 데서 기인했다는 연구를 제시하여 두 복음서와 달리하고 있다.

그러면 인간으로서의 예수의 인격은 어떠한가? 이에 관하여 히로이케는 일본인 하타노 세이이치(波多野精一)가 쓴 『기독교의 기원』이라는 문헌을 중심으로 고찰하고 있다. 이를 정리해 보면 다음과 같다.

예수의 인격에 있어서 아주 불가사의하게 생각하는 것은 초인적 자각(自覺)과 신에 대한 깊은 겸손(謙遜)이 결합해 있다. 이 겸손이 있기 때문에 자각이 거짓이 아닌 깊은 의미를 갖게 된다. 그러기에 예수는 묵묵히 신의 부름을 받아 겸손과 신뢰를 가지고 신의(神意)의 실현을 천직으로 믿게 되었다. 또한 예수 자신에 대한 숭배를 물리치면서 신의를 관철했으며, 신을 믿는 경우는 믿는 자에게 천국에 간다는 특별한 자격을 주장하면서 신의 권위를 가지고 사람들에 임했다. (중략)

그런데 그의 설교는 지옥을 벗어나기 위한 수단을 가르친 것이 아니다. 그가 제자들에게 베푼 교훈은 일시적인 수단의 성질을 아주 벗어난 것이었다. 그는 단지 사람들이 죄악에 빠지지 않고 영원한 세계로 가도록 안내하는 일을 제자들 각자가 스스로 영원한 책임을 갖도록 자각시키는 데 있었다. 자각을 이룬 사람에게는 세상이 언제 어떻게 끝나는가라는 문제는 가치 없는 문제가 된다. 그래서 이 세상의 마지막에 올 세상에 관하여 세밀히 설명하지 않았다. 그는 세상의 종말이 가까이 왔음을 말해 책임에 대한 생각을 강하게 했으며 종말이 갑자기 온다는 것을 말하며 언제 오던지 지장이 없도록 할 것을 재촉했다.

이와 같은 소개에서 우리는 예수의 마음가짐과 이 세상에서 한 일에 관하여 어느 정도 알 수 있다. 그는 신의 부름 속에 신을 대신하여 우리에게 천국을 알려준 구세주라 하겠다.

히로이케는 예수가 믿는 신이나 삼위일체, 회개, 속죄, 사도 바오로 등에 관하여도 고찰하였으나 특히 예수의 사상인 의(義)와 사랑(愛)을 고찰하고 있다. 여기에서는 예수의 의와 사랑을 다른 성인들과의 다른 점도 되기에 살펴보고자 한다.

히로이케는 예수의 의와 사랑에 대한 고찰을 1910년에 출판된 헨리 킹(Henry King)의 「예수의 윤리」(The Ethics of Jesus) 등 여러 문헌을 통해 고찰하고 있으나 여기서는 헨리 킹의 문헌에 대한 고찰을 살펴보고자 한다.

마가복음에 의하면 예수가 말한 위대한 계명이 있다. 제1계명은 '이스라엘은 들어라, 주인인 우리의 신은 하나의 신이다. 마음을 다하여, 신명을 다하여, 생각을 다하여, 온힘을 다하여 주인인 당신의 신을 사랑하시오'이며, 제2는 '자기를 사랑하는 것처럼 자기의 이웃 사람을 사랑하시오'이다.

이 두 계명에 예수는 모든 것을 포괄한 덕(德), 즉 종교적이건, 윤리적이건, 인생의 진정한 본질인 사랑에 관하여 적극적으로 말하고 있다. 신과 이웃을 위해 자기를 희생하는 것이 의이며 사랑이라는 것이다. 이와 같은 의와 사랑의 원리는 아버지로서의 신에 대한 예수의 종교적 확신과 분리할 수 없는 결합을 명백히 하고 있다. 신에 관한 이와 같은 개념을 올바르게 갖는 것은 사랑이라는 도덕적 생활을 완전하게 한 사람이 아니면 안 된다는 것이다.

우리는 히로이케의 예수에 관한 고찰 가운데 극히 일 부분인 이상의 기록만 보아도 예수의 마음과 어떻게 살았다는 것을 짐작할 수 있다. 예수는 서른 살부터 서른세 살 십자가에 매달려 운명할 때까지 삼 년 간을 바로 완전한 사랑의 생활을 보여주었다고 하겠다.

(3) 석가모니(Sakyamuni)

불교는 일본의 경우 우리 나라 백제로부터 538년 경 전해졌지만 지금까지 일본은 마치 불교의 나라인 것처럼 발전해 왔다. 특히 히로이케는 고지루이엔(古事類苑)이라는 일본 최초의 백과사전 편찬에 참가했을 때 종교부 전체를 혼자서 편찬했다. 그 때 삼 년 반에 걸쳐 한문으로 번역된 대장경과 관계된 서적을 넓게 섭렵했다고 한다. 그래서 히로이케는 석가에 대한 고찰을 매우 세밀히 방대하게 하고 있다.

그러나 여기서는 석가모니가 성인으로서 어떠한가를 살펴보는 것이므로 석가모니의 일생을 통한 성자다운 면을 정리해 보고자 한다. 히로이

케는 웰스(H.G. Wells)의 세계사 대계(The Outline of History)에 소개
된 석가를 참조 고찰하고 있다. 이를 살펴보면 다음과 같다.

  불교의 창시자가 인도에 태어난 것은 기원전 7백년부터 5백년 사이의 일
이라고 한다. 석가는 벵갈의 북방 히말라야산 밑에 조그만 부족국가, 지금
의 네팔 변경에 있는 숲으로 뒤덮인 곳에서 태어났다. 이 작은 부족국가는
석가씨족에 의해 지배되고 있었으며 석가는 씨족의 이름이고 고타마는 가족
의 이름이며 싯다르타는 개인의 이름이다. (중략)
  석가는 아름다운 용모를 지녔으며 행운에 휩싸인 유능한 청년이었다. 29살
이 되기까지는 당시의 보통 귀족적인 생활을 보내고 있었다. 그러나 그러한
생활은 그에게 있어서 지적으로는 만족할 만한 생활이라 할 수 없었다. 당
시 지식이라면 베에다[21]에 관한 구두전승 이외에 다른 문헌은 전혀 없었으
며, 전승도 바라문[22]에 의해 독점되어 있었다. (중략) 병과 죽음에 대한 깨
달음, 행복의 덧없음과 만족할 수 없었던 것, 이것이 석가의 마음을 엄습했
다. 석가는 진실을 깨달으려는 많은 방랑적 고행자들을 보았으며 결국 그는
고행자의 생활을 열망했다. 첫 자식을 낳았을 때 그는 고행의 길을 떠난다.
(중략)
  당시 인도는 힘과 지식은 극단적인 어려운 고행과 단식, 철야의 고행, 자
기를 괴롭혀서 얻을 수 있는 것으로 믿는 경향이 있었다. 석가도 이것을 실
제로 실천했다.
  어느 날 고행 중 그는 돌연히 눈앞이 어두워지면서 머리가 빙빙 돌아 의
식을 잃고 쓰러졌다. 그러나 생기를 찾은 후 이러한 일종의 주술적 방법에
의해 밝은 지혜를 추구하는 것은 도리에 맞지 않는다는 것을 깨닫게 되었
다. 그는 다섯 명의 제자에게 식사를 청하여 같이 먹고 어려운 고행을 그만
두게 되었다. 그의 이러한 행위는 다섯 명의 제자에게 혐오감을 주어 그의
곁을 떠나고 말았다. 그러나 석가는 인간이 얻을 수 있는 진리도 건전한 육
체와 두뇌에 의해서 얻을 수 있음을 스스로 깨달았다.
  인도에서는 보오(the Bo tree, 보리수나무)라는 옛날부터 중하게 여기
는 나무가 있다. 무화과에 속하는 나무로 이 나무 밑에서 석가는 큰 깨우침

을 얻었다. 석가는 다섯 명의 제자를 다시 찾고 주저하는 그들을 감화시키며 5일간 그들과 토론하며 그 결과 그들은 석가가 큰 깨달음을 얻었다는 것을 알고 석가를 부처로서 존경하게 된다.

석가와 다섯 명의 제자는 베나레스의 녹야원(鹿野園)이라는 곳에 아카데미라는 작은 집을 만든다. 60인 이상의 제자를 모으고 장마기에는 작은 집에서 토론을 한다. 그리고 건기에는 전국을 다니며 새로운 깨달음을 가르쳤다. 그들의 가르침은 전부 구두로 행해졌다.

그러면 석가는 무엇을 깨달았다는 것인가? 히로이케는 사사키게 쓰쇼(佐佐木月樵)가 쓴 『진종불교의 연구』(眞宗仏教の研究)의 내용에서 석가의 큰 깨달음을 소개하고 있다.

석가가 크게 깨닫고 처음으로 한 말은 자기 혼자 만이 뛰어났다는 의미의 유아독존(唯我独尊)과 선생 없이 혼자서 깨우쳤다는 의미의 무사독오(無師独悟)라는 말이다. 이 말에 관하여는 후세의 대승(大乗)불교나 소승(小乗)불교나 의견을 같이하고 있다. (중략)

아(我)나 자기(自己)라는 말은 우리의 일상 생활에서 불화와 싸움의 근원이 되고 있다. 그 이유는 이러한 아(我)나 자기(自己)는 자기긍정의 의미로 이해되든지 다른 모든 것에 대한 아(我)의 우월을 의미하기 때문이다.

일반적으로 자기(自己)는 타자(他者)에 대립하고 있다. 자기(自己)가 인정 될 때는 타자(他者)는 그 의미를 잃게 된다고 생각할 수 있다. 불(仏)이 되었을 때 석가의 내적 의식에 대한 많은 오해는 '나'인 아(我)와 '너'인 여(汝)를 상대적으로 생각하기 때문이다. 이것은 우리의 평상시의 경험이 상대적이오 서로 규정하고 있기 때문이다. (중략)

자기(自己)는 실은 일체를 포괄하는 존재였다. 혼자(独)라는 말이 암시하는 것처럼 석가의 '깨달음을 얻은 자기(the enlightened self)'는 일체의 상대성을 초월하고 있다라는 말이다. 이 점을 용수(竜樹)[23]는 『중관론』(中観論)에서 처음으로 자세히 논하고 있다.

용수에 의하면 불교의 무아설(無我説)은 '본래 사는 사람'도 없으며 '행위자'도 없으며 '행위를 받는 편'도 없다는 것을 의미하고 있다고 말한다. 진실로 존재하는 사람은 주격에서 소유격에 또는 목적격으로 끈임 없이 변화해 가는 자기(自己)이다. (중략) 불자의 자아는 자기성(自己性)의 여러 가지 모양을 취하지만, 무언가 자기성의 고정적인 형적을 남기지 않고 하나의 상태에서 다른 상태로 계속 변화해가며 그 자신을 확립한다.

이와 같이 석가의 깨달음을 소개하고 있으나 보리수(菩提樹) 밑에서 석가가 대오(大悟)한 것을 더욱 명확히 하기 위하여 히로이케가 소개한 이노우에 데쓰지로(井上哲次郎)의 『석가모니전』(釈迦牟尼伝)을 정리해 보고자 한다.

석가가 처음부터 알려고 했던 의문이란 어떻게 하면 생노병사(生老病死)에서오는 고통의 근본을 없앨 수가 있는가이다. 그는 드디어 이를 알게 되었다. 생노병사에 의해 일어나는 근본을 발견하여 이것을 제거한다면 그 결과 생노병사의 괴로움(苦)은 스스로 없어지고 만다는 것을 새벽에 깨달았다는 것이다.

무릇 세상의 고통은 인과관계(因果関係)에서 일어나는데, 실은 무지(無智), 번뇌(煩悩), 불각(不覚) 등의 무명(無明)이 처음을 이룬다. 이러한 무명으로부터 육안으로 볼 수 있는 형태인 색상(色相)이 일어나고, 색상으로부터 의식(意識)이 일어난다. 의식이 있어서 여기에 즐기고 좋아하는 기욕(耆欲)이 일어나고, 기욕에 의해 번뇌, 망상, 외계에 의해 속박되어 자유를 상실한 상태인 계박(繫縛)이 일어나며, 계박은 많은 변화인 전화(転化)를 가져오고, 전화는 생(生)을 가져온다. 생(生)이 있으면 노(老)가 있으며, 사(死)가 있으며, 우수(憂愁)가 있고, 통탄(痛歎)이 있고, 절망(絶望)이 있으며, 모든 고통은 여기에서 일어난다.

만약 최초의 원인을 뿌리부터 제거한다면 이로부터 일어나는 모든 결과를 끊어 없앨 수가 있다. 즉 고통(苦痛)의 근원인 무명(無明)까지 제거한다면 일체의 세상의 고통은 일어나려고 해도 이유가 없으며, 그리하여 해탈(解脱)을 얻어 열반(涅槃)에 도달한다는 것이다. 석가가 대오한 것은 의외로 단순한 것이라 하겠다.

이러한 석가가 죽음이 가까웠을 때 주위의 제자들에게 다음과 같은 말을 남겼다. 「잘 있거라 제자들이여, 원하는 것은 내가 깨달아 너희에게 전한 지혜를 바르게 배우고 따르며 실행하여 이것을 크게 발전시켜 더욱 많은 사람들에게 축복과 환희를 베풀어라. 세계에 자비(慈悲)[24]를 나타내고 인간계와 천상계를 구제하며 축복하고 기쁨을 주기 위해서는 이 정법(正法)의 지속과 영원함을 생각하라. 너희 제자들이요, 그렇다면 이와 같이 할 지혜는 무엇인가? 즉 사념처(四念処), 사정근(四正勤), 사신족(四神足), 오근(五根), 오력(五力), 칠각지(七覚支) 및 팔정도(八正道)이다.」[25]

그 후 석가는 쿠시나라에 가서 입멸하면서 최후로 다음의 말을 남겼다. 「잘 있거라 제자들이여, 너희에게 이르노라, 제행(諸行)은 무상(無常)하다.[26] 게으르지 말고 노력해라.

이와 같은 석가의 고찰에서 우리는 석가가 인류를 위해 일생을 바친 인류의 성자로서 일생을 보냈음을 알 수 있다.

(4) 공자(孔子)

한학에 대가인 히로이케는 공자에 관하여는 더욱 세밀하게 고찰하고 있다. 먼저 공자가 나타나기 이전의 최고도덕인 성인들을 고찰하며 이에 관하여 다음과 같은 결론을 내린다.

공자 이전의 제 성인의 성덕은 원래 위대한 것임에는 틀림이 없다. 그러나 큰 성인인 공자가 나타나지 않았다면 보통 사람들은 공자 이전의 제 성인의 진상을 명확히 알지 못했을 것이다. 공자가 나타나 제 성인의 사적을 소개하고 설명함으로써 비로소 중국의 최고도덕의 정신 및 그 성질이 밝혀진 것이다. 말하자면 공자가 집대성한 것이다. 이런 점을 보면 『중용』에 공자를 하늘의 해와 달에 비유한 것은 우연이 아니라 하겠다.

그러면 여기에서는 히로이케의 공자에 대한 고찰 가운데 성인으로서 의미를 부여하는 내용을 정리해 보고자 한다.

사상에 있어서 가장 규명하기 어려우면서도 반드시 규명해야 할 것이 있다. 그것은 다름 아닌 신(神)에 관한 것이다. 히로이케는 예기, 역경, 논어, 서경집주, 상서, 등을 들어 다음과 같이 고찰하고 있다. 중국에는 오래 전부터 신(神)에 대한 관념이 있었으며 신(神)이라는 말 대신 하늘이라는 천(天) 또는 천제(天帝) 또는 상제(上帝)라는 말을 사용했다. 또한 신(神)의 작용을 천도(天道), 신도(神道), 천명(天命), 천리(天理) 등의 말을 사용했으며 이 말들은 신의 법칙이자 자연의 법칙이라는 의미를 가지고 있었다. 그러기 때문에 이 말들은 어떤 경우에는 사회의 법칙이나 인간의 도덕 및 국가의 법칙, 인간 육체상의 생리적 법칙 등 여러 가지의 법칙이라는 의미로도 사용되었다. 중국 성인들의 정해진 최고도덕은 이러한 신의 법칙이자 자연의 법칙인 우주의 근본원리로부터 비롯된 것이다.

그러면 공자는 신(神)에 대하여 어떻게 생각하는가? 이에 관하여는 그의 말을 직접 들어보자.

> 공자는 신(神)을 깊이 믿었으며 완전히 자기를 버리고 모두 신의(神意)에 일치할 것을 강조했다. 이러한 관점에서 옛 성인이 실행했던 최고도덕을 우리의 마음과 행위의 표준으로 하였다. 그러나 공자는 보통종고처럼 미신을 허락하지 않았으며 합리적 신앙의 기초에 서서 안심·입명(立命 : 천명에 쫓아 마음을 편안히 하는 것)을 이루었으며 그 결과 후세의 지식인들이 존경하게 되었다.

또한 히로이케는 공자의 중심사상인 중용(中庸), 정의(正義), 성(誠), 효(孝), 인(仁)에 관하여 『논어』, 『중용』, 『맹자』 등을 들어 고찰하고 있다. 여기서는 그 가운데 하나씩을 일 예로 소개해 보고자 한다.

중용(中庸)에 관하여는 논어의 옹야편을 들어「중용은 덕이며 그 값은 지극하고 극치하다. 사람들이 이를 소홀히 한 지 너무 오래다」라는 말을 인용하고 있으며, 정의(正義)에 관하여는 논어 양화편을 들어「군자는 용맹함을 높게 여깁니까?'라고 자로가 물으니, 공자가 대답하기를 '군자는 정의를 제일 으뜸으로 여긴다. 군자로서 용맹하기만 하고 정의감이 없으면 난을 일으키게 되고, 소인으로서 용맹하기만 하고 정의감이 없으면 도둑질을 하게 된다」를 인용하고 있다.

성(誠)의 경우는 중용 제20장을 들어「성실은 하늘의 법칙이요 성실하려고 하는 것은 사람의 도덕이다. 성실한 사람은 의지적 노력을 하지 않고도 저절로 규범에 맞으며 사색하지 않고도 체득하여 모습 그대로 예도에 맞는다. 이런 사람은 성인이다.」이며, 효(孝)에 관하여는 위정편을 들어「근자에는 효를 공양하는 것이라고만 생각하나 개와 말도 키움을 받을 수 있다. 부모를 존경하지 않으면 무엇이 다르겠는가?」라고 말하고 있다. 인(仁)에 관하여는 논어 안연 편에서「번지가 인을 묻자, 공자가 '사람을 사랑하는 것이다'라도 대답하였음」을 들고 있다.

위와 같은 공자의 사상을 통해서도 공자가 성자로서 얼마나 깊은 생각을 하였는가를 생각할 수 있다. 물론 히로이케는 공자만이 아니라 그 계보와 맹자까지도 고찰하고 있다.

(5) 일본의 건국신 아마테라스오미카미(天照大神)를 비롯한 황실계통

세계의 도덕계보를 성인중심으로 나눌 때 4대 성인에서 비롯한 4대 계보를 내세움은 충분히 이해가 간다. 그러나 5대 계보로 하여 일본의 건국신인 아마테라스오미카미(天照大神)를 시작으로 현재의 천황까지의 황실을 하나의 도덕계보로 하여 성인의 도덕으로 해석하는 것은 일본인 자신은 괜찮을지 모르겠으나 주위의 나라에서 볼 때는 아전인수격적인 생각으로 보기 쉽다.

그러나 이러한 일본의 도덕에 대하여 아전인수격으로만 생각하기보다는 일본의 석학들이 일본의 도덕을 성인 수준에서 해석하고자 노력하고 있으며 이를 뒷받침 해주듯 실제의 일본의 도덕이 상당한 수준에 있음을 생각하지 않을 수 없다. 뿐만 아니라 도덕교육에 있어서 하나의 중요한 과제인 자기의 신화를 어떻게 가르칠 것인가에 대하여 하나의 방법론을 제시하고 있다고 하겠다. 이러한 각도에서 히로이케가 말하는 방대한 5대 성인으로서의 일본의 도덕계보를 고찰해 보고자 한다.

가) 일본황실만이 만세일계(萬世一系)를 이루고 있는 이유

히로이케는 일본황실의 도덕을 성인의 도덕으로 보는 이유는 첫째로 일본의 황실이 한 번도 끊이지 않고 이어내려 오고 있는 만세일계라는 것을 들고 있다. 그러면 만세일계가 왜 성인의 도덕이 되는가? 이를 알려면은 만세일계가 된 이유를 알아야 할 것이다. 이에 관하여 히로이케는 다음과 같이 말한다.

전세계에 존재하고 있는 많은 나라와 민족의 역사를 살펴보면, 무릇 국가의 형식을 이루는 한 단체의 주권자는 물론 각국 봉건시대의 저 후까지도 세습 50대 이상 년수 1천 년 이상 세력 그대로 이어져 내려오는 경우는 아직도 없다. 그런데 오직 일본의 황실만은 세습이 120여 대, 이것을 아마테라스오미카미(天照大神)부터 세어본다면 거의 130대에 달하며, 년수가 조금 틀리게 계산될지 모르겠으나 2천 년 이상 계속 일본제국으로 군림하고 있다. 20세기인 오늘에 있어서도 국민 누구나 모두 충심으로 받들고 있으며 천황폐하를 현신(現神, 아키쓰미카미)으로 부른다. (하략)

이렇게 일본황실의 모습을 말한 후 히로이케는 일본 역사 속의 고전과 고전에 기록된 기사나 신화에 관하여 고찰한다.

고전으로는 서기 712년 오노야스마로(太安万侶)가 편찬한 『고사기』(古事記) 3권을 비롯해 720년 도내리친왕(舍人親王)이 편찬한 『일본서기』(日本書紀) 30권, 713년 천황의 조칙에 의해 쓰여진 『제국풍토기』(諸国風土記) 잔본(残本)들, 620년 우마야도노오지(厩戸皇子)와 소가노우마코(蘇我馬子)가 스이코(推古)천황의 조칙에 의해 쓴 『구사기』(旧事記) 잔본들, 그러나 이것들은 우마코의 자손이 멸망할 때 원고가 불타 없어져 지금 남은 것은 위서라고 한다. 807년 인베노히로나리(斉部広成)가 편찬하여 천황께 바친 『고어십유』(古語拾遺) 1권, 815년 만다친왕(万多親王)이 편찬한 『군서류종』(群書類従)에 들어있는 『신찬성씨록』(新撰姓氏録)초본으로 하였으며, 1922년 공작인 이치조사네테루(一条実輝)가 지은 『남연서』(南淵書) 등을 들고 있다.

이러한 고전에 나타난 우주 창조설과 일본민족의 신앙 및 도덕의 모습, 질병이나 재화를 당했을 때 신에게 굿할 때 하는 것과 같은 말로 인간의 잘못을 뉘우치고 사죄하는 오하라에노코토바(大祓詞 : 우리말로는 주문) 및 여기에 나타난 일본 민족 고유의 신념, 아마테라스오미카미(天照大神), 이세신궁(伊勢神宮) 등을 중심으로 면밀히 고찰한 후 다음과 같이 언급한다.

먼저 만세일계(万世一系)의 의미를 세 가지로 요약하여 정리한다. 첫째는 인간의 혈통이 계속 이어질 것, 둘째는 혈통이 끊어져도 그 집의 가문은 영원히 계속할 것, 셋째는 혈통과 가문이 함께 영원히 계속할 것인데, 만세일계의 참된 의미는 셋째를 말한다.

이와 같은 만세일계의 의미에서 일본의 황실을 보면 공자의 자손들처럼 계속 이어져 내려오고 있는 것을 알 수 있다. 그런데 중요한 것은 이렇게 계속 이어져 내려오는 이유는 도덕적이기 때문이라는 것이다. 그저

학문을 잘 하여 지식을 얻고 검약한 생활을 하며 근면을 거듭하는 것은 이기적 행동만으로는 할 수 없는 것이다. 만세일계란 고귀하고 영원하며 갈수록 커진다는 의미를 포함하고 있으므로 만세일계라고 할 때는 어떠한 민족도, 개인도 이 최고도덕의 실행에 의해서 점차 발전하지 않으면 안 된다.

특히 히로이케는 일본황실의 만세일계의 원인을 역사를 기초로 실증하려고 한다. 세계에는 힘으로 황실을 구축한 나라가 많지만 힘이 쇠함에 따라 황실도 무너졌다. 중국, 러시아, 독일, 오스트리아 등의 강한 황실이 무너진 것이 그 예이다. 황실이나 왕실이 남아있다면 아주 작은 나라만 이다. 큰 나라라면 일본을 비롯해 영국과 이탈리아뿐이다. 이렇게 말한 후 무엇보다도 영국의 왕실을 자세히 고찰한다.

영국 왕실의 계보를 비롯해 영국의 헌법에서 말하는 정의의 뿌리가 왕실에 있다는 것을 고찰한 후, 그러기에 유럽에 사상의 혼란이 지금까지 계속됨에도 불구하고 영국은 한 점의 먹구름도 없이 태연하게 군림하고 있는 것이라고 그는 말한다.

이러한 영국과 비교해 볼 때 일본의 황실이 만세일계 하는 것도 역시 최고도덕을 실행하기 때문이라 한다. 이에 덧붙여 히로이케는 미국의 의학박사인 웃즈(Frederick Adams Woods)의 연구를 참조하여 이론을 전개한다.

웃즈는 『왕족의 정신적·도덕적 유전』(Mental and Moral Heredity in Royalt, 1906)이라는 저서에서 유럽의 왕족 8백여 명의 정신적 및 도덕적 유전을 조사한 결과를 적고 있다. 8백여 명의 왕족 전체를 보면 그 능력이 보통 유럽인보다 아주 우수하다는 것에 의심할 여지가 없으며, 왕족을 하나의 단위로 보아도 귀족이나 평민의 어떠한 단위보다도 우수하다는 것을 언급하고 있다. 특히 8백여 명 가운데 25인(일시적으로 성공한 나폴레옹 1세 등은 제외됨)은 탁월한 인물로 열거하고 있다. 다른 어떤 족 8백여 명 가운데 뛰어난 25인을 뽑아 왕족과 비교해 보면 너무나 떨어짐을 알 수 있다고 기술하고 있다. 원래 유럽의 왕실이나 황실은 옛날부터 힘에 의한 왕으로서 또는 황제로서 군림해 왔으므로 응당 보통사람보다는 지식이나 도덕의 능력이 뛰어났으리라 짐작하지만 웃즈는 이를 실제로 증명하고 있다.

또한 중국의 맹자의 연구를 들기도 한다. 그 가운데 의미 있는 말을 들어보면 『맹자』의 진심장(尽心章)의 「인자하지 않고서 제후국을 얻은 자는 있었지마는, 인자하지 않고서 천하를 얻은 일은 여지 것 있어 본 일이 없다.」를 들 수 있다.

히로이케는 이와 같이 만세일계의 이유를 들어 일본황실의 도덕계보를 세계 4대 성인의 속에 포함시켜 5대 성인으로 이론화하고 있다. 그런데 이렇게 만세일계를 주장하여 신성성(神聖性)을 강조하는 방법은 히로이케만이 아니다. 천주교에서도 비슷한 주장을 하고 있다. 즉 예수를 믿는 종교로서 가장 중심이 되는 것은 카톨릭인 천주교라 한다. 이유는 천주교만이 2천 년을 만세일계 했기 때문이라 한다.

그러면 이와 같은 일본황실의 도덕계보에 있어서 도덕의 내용은 어떠한가? 소크라테스의 도덕의 내용이 정확한 지식에 있다면, 석가는 자비, 예수는 사랑, 공자는 인의 정신이라 하겠다. 그렇다면 일본황실의 경우는 어떠한가? 이를 고찰해 보고자 한다.

나) 일본황실의 최고도덕의 내용

히로이케는 먼저 최고도덕이 성인에게는 어떠한 것인가를 다음과 같이 말하고 있다.

인간(人間)의 자비심(慈悲心)은 신(神)의 마음을 체득한 성인(聖人)의 정신 속에 나타나 모든 성인을 성인답게 하는 유일한 정신작용이며 한편 도덕과학(모럴로지)에서 말하는 최고도덕의 가장 중요한 원리로 최고도덕의 실질의 핵심을 이룬다. 그러기 때문에 이 정신작용의 유무와 낮고 깊음이 그 개인의 품성을 정하는 표준이 된다. 그리고 최고도덕은 최고의 학문, 최고의 신앙을 기초로 하고 있기 때문에 이 자비심의 표현 및 작용은 인간의 최고의 이성과 최고의 감정의 표현 및 작용이 된다.[27]

이상의 말에서 히로이케는 인간의 '자비심'을 최고도덕의 내용으로 하고있음을 알 수 있다. 그런데 여기에서의 의문은 히로이케가 왜 자비심을 최고도덕으로 하는가이며, 또한 '자비심'의 의미는 석가가 말하는 '자비'와는 어떻게 다른가이다. 이를 좀 더 살펴보고자 한다.

자비(慈悲)는 원래 불교의 술어로서 중국어로는 자(慈)와 비(悲)를 '측은하게 생각하다'의 의미로 사용한다. 이 말은 일본에서는 널리 보통으로 사용되어 전혀 종교적 색채를 띠지 않고 있다. 그러기에 본서에서는 최고도덕의 실질의 핵심을 표현하는 말로서 이 말을 사용하는 것이다.

그런데 불교에서 말하는 자비(慈悲)의 원어는 범어(梵語, 산스크리트어)의 '마이트레-야 카루나-(maitreya-karuna)'이다. 이 말은 '마이트레야-'와 '카루나-'의 합성어로 전자는 영어 베네보렌스(benevolence)와 같은 의미로 선의(善意)·자민(慈憫) 등으로 쓰며, 후자는 컴패션(compassion)과 같은 말로 동정(同情)·연민(憐憫)과 같다. 그러나 이 말이 불교에서 쓰일 때에는 특히 구제의 의미가 강하고 깊게 함축되어 있다. 그래서 옛날부터 중국 및 일본에서는 불교의 자비(慈悲)를 '괴로움을 벗기고 즐거움을 베푼다'는 의미인 '발고흥락(拔苦興楽)'이라는 말로 풀이했다.

그런데 히로이케는 자비(慈悲)와 인(仁) 및 애(愛)에 실제로 일관하는 원리를 추상해서 일본어로서의 '자비(慈悲)'로 하며 불교에서의 자비(慈

悲)를 쓰는 것이 아니다, 라고 말하고 있다.[28]

이 말에서 최고도덕의 실질의 핵심인 내용은 '불교에서 사용하는 자비'가 아니라 '일본에서 보통 사용하고 있는 자비심'이라는 것을 알 수 있다. 그리고 이 자비심은 자비(慈悲)와 인(仁)과 애(愛)를 통합한 것으로 설명하고 있다. 다시 말해 석가와 공자 및 예수의 도덕을 통합한 것이라 할 수 있다. 그렇다면 좀 더 구체적으로 말해 어떤 것인가?

'자비심'의 의미를 설명하기 위해서는 일본에서 가장 널리 쓰이고 있는 '오모이야리'라는 말을 먼저 설명해야한다. 이 말은 논어의 '서(恕)'도덕에 뿌리를 둔 말로 '남의 입장을 자기의 입장으로 생각하여 남을 이해하는 마음가짐(己所不欲勿施於人)'을 뜻한다. 또한 남에게 생각을 보낸다는 행위가 되므로 오모이야리를 한자로 '사견(思遣)'이라고 쓴다. 굳이 영어로 표현한다면 동정(同情)이라는 의미의 컴패션(compassion)에 가깝다고 하겠다.

그런데 '오모이야리'는 '자비심'의 첫 단계라고 하겠다. 이 이유를 히로이케의 말에서 다음과 같이 찾아볼 수 있다.

> '오모이야리'라는 것은 '모든 전통 및 준 전통[29]의 사람들이 노인, 장애인, 가난한 사람 등 약한 사람의 고통을 자기의 고통처럼 생각하여 그 약한 사람의 고통을 동정하고 도우려고 애쓰는 마음에 대해 보통 사람들이 자기의 마음처럼 느끼는 것'을 의미한다. 그러므로 이러한 마음이 일어나지 않으면 자비도 이루어지지 않으며 참된 사람으로서의 마음의 개발이나 구제도 되지 않는다. 만일 이 오모이야리의 마음이 없는 사람이 착한 일을 했다 하드라도 그것은 단지 이기적인 일에 지나지 않는다. 그러므로 인간에게 '오모이야리'가 없으면 그 사람에게는 참된 덕이 이루어질 수가 없다.[30]

이상에서 말하는 히로이케의 오모이야리를 다음과 같이 생각할 수 있다. 즉 그가 말하는 '오모이야리'는 '약한 이들에 대한 고통을 자기가 존경하는 전통이나 준 전통의 사람들이 마치 자기의 고통처럼 생각하는 것을 보고 자기의 고통처럼 생각하는 간접적인 오모이야리가 되겠다. 물론 이러한 간접적이고 소극적인 오모이야리는 전통이나 준전통 없이도 약한 사람들을 동정하는 '적극적인 오모이야리'의 앞 단계가 된다고 하겠다.

또한 이러한 오모이야리는 자비심을 가지게 하며 실천하게 하는 시작이기에 한자로 '사견(思遣)'을 쓰며, 일본 전국은 자비라는 말보다 더 많이 쓰는 일반 도덕 용어가 되어있다.

일본에서 널리 이용되는 이와나미(岩波)출판사에서 발행한 고지엔(広辞苑)이라는 사전에서도 '오모이야리'의 의미는 '자기의 입장으로 생각해서 남을 생각하는 것'으로 되어 있어 히로이케의 설명과 같다고 하겠다.

즉 우리가 잘 쓰는 '입장을 바꾸어서 생각해 봐'라는 말과 같은 말이 된다. 이 말을 우리는 역지사지(易地思之)라는 한 마디의 용어로 표현하고 있으나 별로 사용하고 있지 않는데 비해, 일본에서는 '오모이야리'라는 한 마디로 널리 사용하고 있는 것이다. 이렇게 볼 때에 일본의 최고도덕의 내용은 '오모이야리'에서 비롯되는 '자비심'이라고 하겠다.

이 '오모이야리에 의한 자비심'이야 말로 앞에서 언급한 것처럼 자비와 인 및 사랑의 통합이라 하겠다.

3) 최고도덕의 실천 방법론

최고도덕의 실천이란 결국 보통도덕을 완성시키기 위한 실천이라 하겠다. 그런데 최고도덕의 형식이 다섯 계통의 도덕이므로 실천방법 역시 다섯 계통에서 여러 가지 보통도덕을 완성하기 위한 여러 가지 방법이 나올 수 있다고 생각할 수 있다.

일본의 경우, 히로이케는 일본의 최고도덕인 '오모이야리'에서 비롯된 '자비심'을 실천하는 방법을 생각하고 있다. 이를 살펴보자.

(1) 종래의 도덕교육방법의 문제점

그런데 최고도덕의 실천방법에서 무엇보다도 중요하게 생각한 것은 실천 효과에 대한 것이다. 최고도덕을 실천하여 그 효과가 없다면 실천할 필요가 없는 것은 당연하다. 그러면 효과가 있는 실천방법이란 어떤 것인가?

히로이케가 제일 먼저 생각한 것은 인간의 정신작용과 행위에는 인과율(因果律)이 존재한다는 것이다. 즉 그는 선(善)한 정신작용과 행위는 반드시 선(善)한 결과를 가져온다는 자연의 인과율(因果律)을 실천효과의 원리로서 깨달았다. 그 이유를 다음의 말에서 찾을 수 있다.

현대의 학자 중에는 제멋대로 고대인의 행동을 보고 이것을 미신적 망동으로 판단하는 큰 잘못을 보이고 있다. 고대인의 정신작용 및 그 행동으로부터 인습되어 온 관례나 관습은 여러 성인의 가르침과 보통 사람들의 경험의 결과와의 조화로부터 만들어진 것이기 때문에 그러한 관례나 관습의 원시적 형식을 전하는 오래된 전설은 일종의 움직여지지 않는 진리 즉 사실인 것으로 그 가운데 학문상의 확고한 원리를 포함하고 있는 것이다. 그렇다면 현대의 지식인이 단지 얕은 학문이나 짐작으로 명확한 고전의 기록에 대해 경망한 판단을 가볍게 하는 것은 책임이 큰 학자가 할 일은 아닌 것이다.

나는 젊어서부터 일본과 중국의 고전에 깊이 심취했으며 한편 인도의 대장경, 기독교의 성서, 유럽의 역사와 철학을 섭렵했다. 나아가 최근 발달하고 있는 자연과학의 제 원리를 이들과 통합하여 참조해 보았다. 그 결과 인간의 정신작용 및 행위의 인과율은 옛날의 성인이나 철인의 가설적 교훈에 있는 것이 아니라 아주 이 인간사회에 존재하는 진리인 것을 확신하게 되었다.

이상의 히로이케의 말을 보면 인과율은 그가 일생의 연구를 통해 발견한 하나의 사실이라 하겠다. 그렇다면 그가 주장하는 인과율은 어떠한 것인가? 가정도덕을 일 예로 다음과 같이 설명할 수 있겠다.

부모가 앞에서 말한 다섯 계통의 최고도덕 가운데 한 가지를 잘 실천하면 우선 가정이 화목하고 편안하며 자식들이 안정을 갖게 된다. 이러한 가정은 발전하고 번영하게 된다. 이러한 부모의 최고도덕을 자식이 물려받아 계속 실천하면 역시 그 가문은 번영하는 소위 좋은 평을 듣는 가문이 된다. 이렇게 해서 가문은 번영으로 계속 이어가게 된다. 이때 가장 중요한 원인은 부모의 최고도덕의 실천이 된다.

이와 같이 생각해 보면 한 세대의 번영은 먼저 세대의 최고도덕의 실행의 결과이며 먼저 세대의 번영은 그 먼저 세대의 최고도덕의 실행이 원인이 된다고 하겠다. 즉 최고도덕의 인과율이라 하겠다. 이렇게 본다면 과거는 어떻든 현재의 우리는 후대의 자손들을 사랑한다면 후대 자손들의 번영의 원인이 되는 우리의 최고도덕을 잘 실행해야할 것이다.

히로이케는 이와 같은 생각 속에 종래의 도덕교육 방법론을 비판한다. 즉, 서양이 중심이 된 종래의 도덕교육 방법에는 개인의 도덕을 중시한 결과 인과율의 논의가 거의 없으며 그 결과 선악에 대한 판단의 기준이 애매하게 되어있다고 한다. 이는 매우 중요한 부분이므로 직접 들어보기로 하자.

옛날부터 윤리학 및 도덕철학에서 선(善) 또는 도덕, 악(惡) 또는 부도덕을 구별하는 표준은 무엇인가라는 문제를 토론해 왔다. 그러나 히로이케는 여기에서 이 문제에 대해 다음과 같은 결론을 내린다. 선(善) 또는 도덕이라는 것은 인류의 생존·발달·안심·행복향수의 원리에 일치하는 인간의 정신작용 및 행위이며, 악(惡) 또는 부도덕은 그 반대의 정신작용 및 행위라고 한다. 그러므로 진정한 선(善) 또는 도덕은 세계 성인들의 가르침과 실행을 봄으로서 얻게 되는 것이다. 그래서 도덕과학에서는 이러한 성인의 가르침과 실행을 최고도덕이라 하여 그 실행을 강조하는 것이다.

그런데 현대의 도덕교육에서는 관계된 선악(善惡)의 표준을 명확히 해야 하는데 하지 않음으로써 일반 민중은 물론 한나라의 지식인이라고 말할 수 있는 사람들까지도 자기 아니면 자기 소속단체의 이익을 표준으로 행동하는 경우가 많다. 그 속에서는 비교적 공평한 사람일지라도 어떤 사건에 직면하게 되면 이것을 어떻게 처리하면 진정한 도덕에 일치할 것인가를 걱정하게 되고 결국은 불완전한 자기의 짐작에 의한 판단에 따르고 만다. 그러기에 현대 각국의 각 계급의 지도자는 대체적으로 일반인에 대하여 진정으로 사는 방법, 발달하는 방법, 안심하는 방법, 또는 행복하게 되는 방법을 가르치지 못하고 그 반대의 방법을 계속 가르치고 있는 것이다. 즉 의무를 행할 것을 가르치기보다는 단지 권리의 주장을 가르치고, 복종을 가르치기보다는 불평을 가르치고, 적응의 방법을 가르치기보다는 반항의 방법을 가르친다고 한다.

　이와 같이 그 지도계급의 사람들은 정치가든지, 교육자든지, 사업가든지, 그 밖의 어떠한 계급의 어디에 속하는 사람이든지 각자의 이기적 입장에서 의식적이건 무의식적이건 자기 밑의 단원을 지도하기에 그 단체에 속한 직공, 노동자, 일반 샐러리맨 등 그 밖의 어떠한 사람들은 전통이나 준전통 혹은 주인에게 불평을 갖고 반항함으로서 자기를 보호하고 자기의 소속 계급을 보호하며, 일반 사회의 문화를 진보시키는 하나의 도덕적 행위라고 오해하기에 이르렀다.[31]

　이상과 같은 히로이케의 주장은 지금의 도덕교육의 잘못된 방향을 근본적으로 고찰하여 지적한 것이라 하겠다.

　뿐만 아니라 현대도덕교육이 동기(動機)를 강조하여 동기가 선(善)하면 결과야 어떻든 다 괜찮은 것으로 생각하는 것이라든지, 반대로 결과가 좋으면 원인이야 어떻든 괜찮다는 식이 잘못이라고 지적한다. 다시 말해 동기와 결과가 선(善)해야 한다는 인과율(因果律)을 부분적 사실로 보아서는 안됨을 강조하고 있다.

　또한 인과율(因果律)에 관한 고찰을 기독교와 불교 및 유교와 칸트, 에머슨, 일본의 도덕학자인 스기우라 주고(杉浦重剛), 대역사가 랭크(L. Ranke)의 인과설까지 고찰하며, 나아가 과학자 헉슬리(T.H. Huxley),

사회학자 짐멜(Georg Simmel), 카버(Thomas N. Carver)의 정의론 등을 통해 근세 과학적 연구를 기초로 한 도덕실행의 결과를 고찰함으로써 인과율을 하나의 원리로 생각하기에 이른다.

(2) 히로이케의 최고도덕 실천방법론

다시 말한다면 히로이케는 최고도덕이란 세계 성인들이 실행한 도덕에 있어서 일관된 최고원리로 성인들의 가르침에 의하면 최고도덕의 본바탕은 우주근본 유일의 신(神)의 의사이며 인류 발달 및 행복에 관한 근본원리라고 말한다.

그래서 그는 자기 자신이 오랜 기간 세계 성인들의 가르침과 실행상의 본바탕이나 내용을 조사함은 물론 19년 간을 직접 실천해 봄으로써 진정으로 안심과 행복이라는 새 생애를 열어 다시 생을 누리는 은혜를 알게 되어 새로운 과학에 의한 도덕과학의 논문 즉 모럴로지라는 도덕교육 이론을 완성하게 되었다는 것이다. 그래서 그는 자기 스스로가 실행한 방법을 가장 효과 있는 실천방법론으로 제창하며, 세계 성인들의 가르침을 실행함에 있어서 일관된 도덕의 최고원리인 137개의 항목을 구조화한다.[32] 그러면 이들을 어떻게 실천하는가를 살펴보자.

(가) 최고도덕의 실천의 근본원리인 천지의 공도(公道)에 순종하는 마음을 갖게 하는 것이 최고도덕의 실천방법의 시작이 된다.

무엇보다도 최고도덕의 실천에 있어서 제일 먼저 천지공도에 순종하는 마음가짐을 갖게 하는 것이 중요함으로 그는 3가지의 격언을 제시한다.
① '깊이 천도(天道)를 믿으며 안심하고 천명을 맡긴다'
② '현상(現象)의 리(理)를 깨달아 무아(無我)가 된다'
③ '스스로 운명을 개조할 책임에 감사한다'이다.

이 3가지 격언을 깨닫고 마음으로 실천하면 천지의 공도에 순종하는 마음에 다다르게 된다고 한다.[33]

(나) 천지의 공도에 순종하는 마음은 무형(無形)으로 이를 최고도덕의 실천 원리인 '오모이야리'에서 비롯된 자비를 갖춘 유형(有形)의 마음으로 만들어야만 한다. 그러기 위해서 히로이케는 제1원리인 자비에 관한 하나의 격언과 제2원리인 '오모이야리'에 관한 다섯 가지 격언을 제시한다.

제1원리의 격언은 ① 자비를 통해 관대한 마음을 갖는 한편 자기를 반성한다 이며, 제2원리의 격언은 ① 부모의 마음으로 인류를 사랑한다. ② 우리가 모든 것을 행함에 있어서 이는 우리의 힘이 아니고 자연의 힘, 즉 신(神)의 힘이며 그래서 오직 복종할 따름이다. ③ 남을 구하는 데에 있는 것이 아니고 자기를 만드는 데에 있다는 것을 깨닫는다. ④ 의(意)가 없고 필(必)이 없고 고(固)가 없고 아(我)가 없다. ⑤ 대법(大法)은 심(心)에 있고 소법(小法)은 형(形)에 있다 등이다.

이상의 6가지의 격언을 마음으로 실천함으로써 결국 자비를 갖춘 마음이 된다고 한다.[34]

(다) 자비를 갖춘 유형의 마음을 행위로 표현할 때 주요 사항과 주요 방법을 알아야 하기에 히로이케는 다음과 같이 합쳐 11가지의 격언을 제시한다.

주요사항으로 ① 천작(天爵)을 닦으면 인작(人爵)이 이에 따라온다.[35] ② 두터운 큰 은혜를 생각해서 큰 효를 베푼다. ③ 인심을 개발해서 품성을 완성한다. ④ 조상은 우리를 낳았고 토지는 우리를 기른다. ⑤ 인심을 넓게 개발하고 깊이 구제한다.

주요방법은 ① 순응하고 동화하고 절대 복종한다. ② 충성하고 노력하며 요구하지 않는다. ③ 희생을 먼저하며 기원이나 의뢰는 하지 않는다. ④ 스스로 고생하며 결과는 남과 함께 한다. ⑤ 말없이 진리를 깨우치고 행한다. ⑥ 지위와 도덕 양자 함께 나아간다 등이다.

이상의 주요사항과 주요방법을 합친 11가지의 격언을 알고 실천함으로써 자비를 행위로 표현할 수 있게 된다는 것이다.

(라) 최고도덕의 실천목적이 마음에만 있는 것이 아니라 '인격과 육체 둘 다 함께 존중한다'는 데에 있음을 알아야 함을 강조한다. 또한 '오모이야리'에서 비롯한 자비의 마음을 행위로 실행할 때 더욱 정확히 나타내기 위한 '주의(注意)조건'을 아주 세분화하여 109가지의 격언으로 다음과 같이 제시한다.[36]

(1) 먼저 정신을, 그 다음 형식을 만든다

(2) 나쁜 것을 비판 말고 성의를 옮겨 고친다

(3) 남의 착함을 인정하고 고무하여 착함을 달성시킬 것

(4) 질서를 지키고 자유를 존중할 것

(5) 어느 나라나 어느 민족이나 그들의 신이나 숭고한 정신을 존중하고 숭배할 것

(6) 윗사람을 존경하고 복종할 것

(7) 설교보다는 실행을 주로 할 것

(8) 자비와 법도를 들을 때 지적 정적으로만 해석하지 않도록 할 것

(9) 물욕을 아주 버리며 나아가 자만을 하지 말 것

(10) 진리와 인격을 조화하여 존중할 것

(11) 정신을 개조함을 주로 하고 개조된 정신을 적당한 재료로 하여 적당한 곳에 사용한다.

(12) 말하는 것은 쉬우며, 행하는 것도 쉬우나 마음쓰는 것은 어렵다

(13) 역사를 존중하며 세상의 변화를 생각한다

(14) 인도주의를 넓혀 평화를 조장한다

(15) 덕을 숭상하는 것이 지식·돈·권세보다 크다

(16) 동기와 목적과 방법과 성실을 다한다

(17) 크고 작은 일의 변화 전부를 경계한다

(18) 끊임없이 위를 향하여 몸을 다해 노력한다

(19) 신, 국가 사회를 위해서는 자기를 버리고 그들이 지향하는 정신에
완전히 영합한다

(20) 윗사람은 마음을 구하는 데 주력하며 아래 사람은 물질을 보답하
는 것을 주로 한다

(21) 하나의 생각이나 하나의 행동이나 오모이야리(仁恕)에 의한다

(22) 중은(中恩)은 영원히 갚으며 소은(小恩)은 잊지 않는다

(23) 여러 사람의 마음과 합친다면 즉, 형식을 만들지 않는다

(24) 사람을 괴롭히면서 견실하게 아름답게 완전하게 하지 말 것

(25) 주의를 초월하여 선과 악 모두를 구한다

(26) 끊임없이 작은 선을 쌓으면 잘못 되지 않는다

(27) 큰 선을 행하여 일약 성스러운 자리에 오른다

(28) 돈을 내는 것을 거절하지 말며 그저 덕을 쌓을지어다

(29) 특히 성인의 말을 존중하고 크든 작든 반드시 보답한다

(30) 현(賢)·선(善)·부(富)·귀(貴)의 멸망을 구한다

(31) 정신을 온화하게 하며 언행도 신중히 친절히 한다

(32) 기쁜 얼굴에 위엄은 있지만 친하기 쉬운 기분이 넘친다

(33) 봄날의 따스함처럼 선인은 존경받으며 사랑 받는다

(34) 심기 왕성하여 세상을 구하는 것을 즐거워한다

(35) 말과 침묵, 고집과 부드러움, 느림과 빠름을 조화 있게 한다

(36) 정책을 쓰지 않으며 진리에 복종한다

(37) 공평을 존중하지만 그러나 원만을 잃지 않는다

(38) 조화를 주로 하며 타협을 사양 않는다

(39) 침착히 자중하며 행동은 깊은 생각 속에 단행한다

(40) 원인을 추구하지 않으며 후에 잘 할 것을 도모한다

(41) 남의 비밀을 캐지 않고 가만히 있으며 성의를 다한다

(42) 인간을 존중하면서 물질을 가볍게 보지 않는다

(43) 개성을 존중하면서 단체를 가볍게 보지 않는다

(44) 타인을 사랑하면서 동시에 자기의 살길을 도모한다

(45) 깊이 가까이 친하는 것을 사랑하여 사회를 위해 힘을 다한다

(46) 자기의 욕망을 누르고 똑똑하거나 착한 사람을 추천한다

(47) 재주 있는 사람의 재질을 충분히 발휘하도록 한다

(48) 파는 사람이나 사는 사람이나 싸우지 말고 존중한다

(49) 자기의 기호를 타인에게 강요하지 않는다

(50) 생물을 죽이지 않으며 풀과 나무에도 사랑으로 대한다

(51) 고민하더라도 자포자기는 안 한다

(52) 큰 일에는 잘 견디며 작은 일에는 성을 내지 않는다

(53) 장점에 과신하지 않고 마음을 비우고 단점을 보완한다

(54) 자연과 인공을 조화해서 사용한다

(55) 명예를 존중하나 그러나 실리를 잃지 않는다

(56) 습관을 따르며 다른 모습이나 허례허식은 하지 않는다

(57) 영원히 전체의 행복을 도모한다

(58) 능률을 반드시 올려 자타가 행복하도록 한다

(59) 생산도 소비도 노동도 자본도 조화를 이룬다

(60) 노동이나 자본을 신에게 드려 은혜를 받으려고 해서는 안 된다

(61) 일부일처의 결혼은 이치에 따른다

(62) 태교는 덕을 쌓는 데 있으며 선을 가르치는 데 있지 않다

(63) 대승과 소승, 권교(權敎, 일시적인 가설적 가르침)와 실교(実敎, 영구
    적인 진실의 가르침), 자력과 타력을 같이 행한다

(64) 위인과 민중을 함께 존경하며 사랑한다

(65) 창업할 때도 성공했을 때도 수고한 사람을 사랑한다

(66) 행동(身), 말(口), 마음(意)을 일치하며 책임을 다한다

(67) 도중에 곤란이 있어도 반드시 성공한다

(68) 성실을 다해 머리는 뱀이지만 꼬리가 용이 되게 한다.

(69) 나쁜 인형을 만들지 말고 음덕의 마음을 갖는다

(70) 사업에 있어 성실을 다해 세상을 구하는 마음을 갖는다

(71) 성할 때는 교만하지 말며 쇠할 때는 슬퍼하지 않는다

(72) 말이나 행동이나 방자하지 않고 덕을 쌓아간다

(73) 모든 행동은 세상을 구하는 구제를 완수하는 것으로 귀착한다

(74) 모양은 괴롭지만 마음은 기쁘며 나중에는 빛을 발한다

(75) 반생은 덕을 쌓으며 반생은 덕을 배양한다

(76) 쓸데없는 힘을 아끼며 받아들이지 않는다

(77) 성의를 다하며 간섭을 하지 않는다

(78) 소인을 가르칠 때는 처음에 해야 한다

(79) 물질은 끝이 있으나 큰 도는 끝이 없다

(80) 작은 기도는 도움을 부르짖지만 큰 기도는 사람을 개발한다

(81) 모여든 군중들 속에 섞이지 않으며 혼란 속에 끼지 않는다

(82) 장단을 비교하여 장점이 많다면 선이 된다

(83) 과거의 모든 생명체는 오늘을 위한 희생이 되므로 부정하지 말자

(84) 스스로 실행함으로서 비로소 성인을 생각하게 된다

(85) 자기와 타인과의 관계를 논하지 말고 아주 욕심을 벗어야 한다

(86) 재능이 많은 사람은 오히려 소인의 농에 놀아난다

(87) 언제나 잘 아는 사람에게 들으며 또한 큰 사람에게 듣는다

(88) 도덕은 희생이 되는 것이며 이해관계인 상호적이 아니다

(89) 침착한 길을 물으며 작은 일을 돌아보지 않는다

(90) 큰 사람은 아첨하지 않으며 작은 사람은 많이 감춘다

(91) 깊은 신앙은 과학과 합친다

(92) 타인에게 충고를 할 때는 반드시 책임을 질 각오를 가져야 한다

(93) 마음이 넓은 것은 존중하나 쓸모 없는 사람은 쓰지 않는다

(94) 쓸모 없는 사람이라도 버리지 말고 그릇에 맞게 이끈다

(95) 질을 존중하고 양을 다음으로 하며 노력을 쌓아 대성한다

(96) 아랫사람에게 질문은 하되 말싸움은 하지 않는다

(97) 타인의 결점은 내가 보완한다

(98) 자기를 낮추어 보통 사람과 같게 하지만 진리대로 살아간다

(99) 무아의 마음일 때 비로소 좋은 결과를 낳는다

(100) 망하려는 나라, 시끄러운 나라, 오이 밭에 들어가지 않는다

(101) 자기의 몸을 망치며 인(仁)을 이루는 것은 바른 길이 아니다

(102) 천명을 따르면서 구석구석 인간의 능력을 다 한다

(103) 가족 같은 혈족이나 단체 같은 남이나 인연에 의해 모인다

(104) 노인, 유아, 병자는 책임을 가볍게 한다

(105) 향연은 삼가 자기가 애를 써서 남을 즐겁게 하는 대접으로 칭한다

(106) 생을 지키고 병을 고치는 것은 반드시 자연 및 인위의 법에 의한다

(107) 하늘의 때와 땅의 장소와 사람의 마음이 일관한다

(108) 신속, 확실, 모범이 되는 우아함, 안전

(109) 비(非)는 리(道理)에 이길 수 없고, 리는 법(法律)에 이길 수 없고,

법은 권력(權力)에 이길 수 없고, 권은 천(天=神)에 이길 수 없다.
천이 곧 진리가 된다

그런데 이상과 같이 최고도덕을 실천하면 인과율에 의거 반드시 6가지의 효과가 있음을 히로이케는 강조한다.

① 진정한 개발은 구제와 같다.
② 인심 구제는 정말 적선(積善)이 된다.
③ 적선(積善)한 집에는 반드시 경사가 있다.
④ 건강, 장수, 개운(開運)이 함께 온다.
⑤ 전재(天災)를 면하며 인화(人禍)를 면한다.
⑥ 만세 불후의 행복을 얻는다 등이다.

이상과 같은 최고도덕의 실천방법은 최고도덕 다섯 계통 어디에서나 자비를 실천할 수 있는 방법으로 ① 천지의 공도를 인식하는 격언에서 시작하여 ② 자비를 마음에 갖추게 하는 격언 ③ 마음에 갖춘 자비를 표현하는 격언 ④ 동시에 실천목적을 의식하는 격언 ⑤ 자비를 정확히 실천하기 위한 격언 ⑥ 실천효과를 알게 하는 격언으로 구조화되어 있다고 하겠다.

특히 이상의 실천방법을 알고 실천함에 있어서 모럴로지 연구소와 각 지부를 통해 연구를 하며 실천하도록 하는 '사회적 환경'을 만들어야함을 주장하고 있다.

4) 결론

이상과 같이 고찰해본 모럴로지를 요약하면 다음과 같다.

히로이케는 역(易)의 음양도인 천지의 공도는 인간이라면 누구나 지켜야 되는 '최고도덕'이라고 말한다. 또한 이 최고도덕은 현재 소크라테스, 예수, 석가, 공자, 일본신화 등 다섯 계통의 형식으로 나타나고 있으며 이 다섯 계통의 공통 내용은 '남의 입장을 자기의 입장으로 생각함으로서 남을 생각하는 마음가짐'을 뜻하는 '오모이야리(思遣)'에서 비롯된 '자비(慈悲)'가 됨을 역설한다.

나아가 이 최고도덕을 137개의 격언을 통해 알고 실천함으로써 자비를 갖춘 품성이 되며 이 품성에 의해 24가지의 보통도덕을 도덕적으로 완전하게 실천하게 되어 결국 도덕적인 사회를 구축한다고 한다. 특히 이렇게 최고도덕을 실천하는 사람에게는 인과율에 의한 좋은 결과가 대를 이어 반드시 나타난다고 한다. 바로 이와 같은 이론이 모럴로지이다.

그런데 결론에서 일본의 전통사상인 국체사상(国体思想)과 모럴로지를 비교하여 생각해 보고자 한다. 우선 국체사상이 만들어진 당시의 메이지 헌법을 중심으로 보면 다음과 같다.

메이지(明治)헌법에 명시되어 있는 것처럼 천황은 일본의 신(神)이며 일반 국민은 이 신(神)의 신하인 신민(臣民)으로 되어 있어 이 국체사상(国体思想)은 황국신민사상(皇国臣民思想)이라고 말해진다. 또한 황실을 부모라고 하고 국민은 자식들로 보는 가족국가사상(家族国家思想)이라고도 한다.

이와 같은 국체사상과 모럴로지 사상을 비교해 보면 모럴로지는 국체사상의 천황중심 도덕을 소크라테스, 공자, 석가, 예수 등의 최고도덕과 같은 구조로 만들어 국제화한 발전시킨 사상이라 하겠다.

그러나 쇼와(昭和)천황에 이르러 미일전쟁의 패전(1945. 8. 15)과 함께 1946년 1월에 '천황은 신(神)이 아니고 인간(人間)이다'라는 인간 선언을 하기에 이르며 메이지(明治)헌법도 쇼와(昭和)헌법으로 개정된다.

쇼와(昭和)헌법에 의하면 '천황'은 '국민의 구심점'의 '상징'으로 그 위상을 굳힌다. 이러한 국체사상의 변화에 모럴로지를 비추어 보면 모럴로지는 메이지의 국체사상을 하드웨어로 한 도덕사상으로 쇼와(昭和)의 국체사상을 수용한 상태라고 할 수는 없겠다.

어느 나라이건 그 나라의 전통을 지키려는 강한 흐름이 있다. 일본 역시 메이지기(明治期)의 국체사상을 지키려고 한 경향이 강했다. 모럴로지는 이러한 경향의 중심을 이룬다고 할 수 있다.

그러나 모럴로지의 특징은 그 나라의 신화를 중심으로 한 그 나라의 정신구조를 형성한다는 하나의 방법론을 시사하고 있다. 뿐만 아니라 모럴로지의 기반인 역학(易學)은 단순한 점서(占書)가 아니라 하겠다.

중국의 채항식(蔡恒息)의 연구, 현대 물리학자 프리초프카프라의 연구를 보면 히로이케 지쿠로가 역학(易學)을 과학철학의 기초로 하여 이를 기반으로 도덕과학사상(모럴로지)을 구조화한 것은 매우 의미 있는 일이라 하겠다.

■주

1) 広池千九郎 저술인 『道德科学の論文』은 1928년 12월 25일 초판이 발간되었으나 1986년 「道德科学の論文教科書版編輯委員会」를 설치하고 개정의 준비를 하였다. 개정된 신판인 第二版의 서문에 의하면 인권의 존중과 옹호라는 현대적 시점에서 검토하여 내용과 표현에 부적절하다고 생각되는 곳을 삭제하거나 고쳤다. 즉 부락이라는 천민의 차별문제를 비롯해 인종, 성, 신체적 장애, 직업 등에 있어 차별을 조장하는 표현이나 인격멸시가 될 듯한 말은 고치도록 했다. 이렇게 하여 広池学園出版部에서 신판으로 다시 인쇄하였다. 신판인 제2판은 별권을 제한 본문만 전부 9책으로 되어있다. 1책 251페이지를 시작으로 2책 370, 3책 280, 4책 331, 5책 354, 6책 434, 7책 425, 8책 436, 9책 424페이지가 되며 총

3,305페이지에 달한다. 출판 년도가 조금씩 달라 1986년에 1, 2, 4, 9책, 1987년에 3, 5책, 1988년에 6, 7책, 1985년에 8책이 출판되었다. 필자가 참고한 것은 신판이다.

2) 연구소의 구조는 본인이 연구했던 1990년경을 중심으로 설명한 것이다.

3) 広池千九郎, 『道徳科学の論文 1』, 広池学院出版部, 1986, 5면.

4) 상게서의 「第二版の自緒文」, 1~3면. 역(易)의 인용문을 설명하는 과정에 서경(書経)인 상서(尚書)를 인용하고 있다. 상서는 역과 함께 삼경(三経)의 하나로 역을 이해하는 데에 참조가 되는 고전이다.

5) 荒木美智雄, 「陰陽道」(岩波講座, 『東洋思想』第16巻, 『日本思想 2』), 岩波書店, 1989. 참조.

6) 蔡恒息(中村璋入, 武田時昌 訳), 「易のニューサイエンス」, 東方書店, 1989. 참조.

7) Fritjof Capra의 *The Tao of Physics*. Murray Pollinger, 1975/1983은 이성범, 김용정 번역, 『현대물리학과 동양사상』, 범양사출판부, 1979/1993.으로 출판되어 있음을 참조바람.

8) 広池千九郎, 『道徳科学の論文 4』, 広池学院出版部, 1987, 194~240면.

9) 콜버그는 미국을 비롯하여 대만, 멕시코, 터키 등 세계 여러 나라에 10살부터 16살까지의 아이들 75명을 정해놓고 3년 간격으로 12년 간 즉 10살 아이가 22살 될 때까지 9개의 갈등이야기를 면접하여 아이들의 정의에 관한 도덕적 판단을 관찰하였다. 이런 연구방법에는 비교문화론적 방법, 학제적 방법, 종적 방법, 횡적 방법을 전부 사용하였다고 한다. 1955년부터 연구는 시작되었으며 이 판단을 종합하여 검토한 결과 문화를 초월해 인간에게는 정의적 도덕이 6단계로 발달하고 있음을 발견하게 되었다. 이렇게 하여 만들어진 이론이 '정의적 도덕 3수준 6단계론'이다. 그의 저서로는 많은 논문을 철학, 심리학, 교육학의 세 분야로 나누어 정리한 것이 있으며 이 문헌이 그의 대표적 저서가 되겠다. (1) Essays in moral development. Vol. Ⅰ : The philosophy of moral development. (2) Essays in moral development. Vol. Ⅱ : The psychology of moral development. (3) Essays in moral development. Vol. Ⅲ : The education of moral development. 전부 New York : Harper & Row출판사에서 1981년부터 출판되었다.

10) 무사도(武士道)란 일본 무사계층이 가지고 있는 도덕을 말한다. 일본인에게 영향이 가장 컸던 에도 시대(江戸時代, 1600~1867)의 무사계층의 도덕은 유교사상을 기반으로 한 충성, 희생, 신의, 염치, 예의, 결백, 질소(質素), 검약, 상무, 명예, 인정 등의 덕목을 중요시했다.

11) 이 말은 논어의 제6편인 옹야(雍也)에 나오는 말로 전문을·들면 다음과 같다. 질
    승문측야, 문승질측사, 문질, 빈빈연후, 군자(質勝文則野, 文勝質則史, 文質, 彬
    彬然後, 君子)이며 그 뜻은 '바탕이 외식보다 두드러지면 야하고, 외식이 바탕을
    누르면 간사하다. 바탕과 외식이 잘 어울려야 비로소 군자이다'라는 말이다. 여기
    에 쓰여진 文質彬彬은 쉽게 말해 겉과 속이 잘 어울린다는 말이 되겠다.

12) 신불(神仏)이란 신도(神道)와 불교(仏敎)를 합친 말이다. 신도는 일본을 만든
    아마테라스오미카미(天照大神)라는 일본을 창조한 일본신화의 신(神)을 숭상하
    는 데서 비롯한 일본 고유의 민속신앙을 말한다.

13) 이 말은, R.S. Peters, "Form and Content in Moral Education",
    Authority, Responsibility, and Education, George Allen & Unwin,
    1978.의 Form과 Content의 의미를 참조한 것으로, 형식(form)이란 나타난
    모양이나 형태·방식·방법 등을 말하며 내용(content)이란 들어있는 의미로 원
    리·원칙·법칙·규칙 등을 말한다.

14) 広池千九郎,「道徳科学の論文 5」, 広池学園出版部, 1986, 3~6면.

15) 상게서, 5~6면.

16) 상게서, 6~11면.

17) 상게서, 3~5면.

18) 상게서와 같음.

19) 미국 프린스턴대학의 철학교수인 프랭크 틸리(Frank Thilly)가 쓴 철학사(A
    History of Philosophy)는 1914년 뉴욕의 Holt, Rinehart and Winston
    출판사에서 출판되었다. 그러나 1951년 프린스턴대학 철학과 교수인 레저우드
    (Ledger Wood)교수에 의해 대대적인 수정판으로 출판되었고 1956년에 개정증
    보로 3판에 이르고 있다. 우리 나라에서도 제3판이 김기찬의 번역으로 1998년
    현대지성사에서 출판하고 있다.

20) A Dictionary of Christ and Gospels. ed. by J. Hastings, vol. II,
    1909.

21) 베에다(Veda)에 관하여는 우리 나라 학원사 출판의 철학사전에 의하면 다음과
    같이 요약할 수 있다. 베에다는 고대인도의 바라문교 근본성전(聖典)의 총칭이라
    한다. 즉, 베에다는 지식을 뜻하는 말로 종교 제식(祭式)에 관한 지식을 지칭하
    던 것이 마침내 신성한 지식의 보고인 바라문의 기본이 되는 문헌의 존칭이 되었
    다고 한다. 베에다에는 리그, 삼마, 야쥬르, 아다르바베에다 등 4개의 베에다가
    있으며 BC.2000~BC.500년에 형성된 것으로 보고 있다. 일본 나카무라 하지
    메(中村元)의 『힌두교사』에 의하면, 리그 베에다는 신들에 대한 찬가를 집성한

것이며, 삼마 베에다는 노래를 집성한 것이며, 야쥬르 베에다는 제사의 말을 집성한 것이며, 아다르바 베에다는 주문에 관한 방법을 어구(語句)로 집성한 것이다. 이들은 산스크리트어로 되어있으며 내용은 우주론에서 시작하여 다신교적 신화교리에서 범아일여(梵我一如)의 힌두교 사상이라 한다.

22) 인도인은 4계급으로 이루어져 있다고 한다. 바라문, 크샤트리아, 바이샤, 슈드라 가운데 제일 높은 계급을 말한다.

23) 용수(Nagarjuna, 150~250)는, 학원사 출판의 철학대사전에 의하면, 인도초기의 대승불교의 터를 닦은 사람. 용맹, 용승으로 번역이 되기도 한다. 그는 남인도의 바라문 집안에서 태어났으며 공부에 대하여는 확실치 않다. 인도의 여러 곳을 다니고 외학, 소승, 대승에 정통하고 만년에 중 인도에서 남인도로가 길상사(吉祥寺)라는 절에서 긴 일생을 마쳤다고 한다. 대승불교의 초석을 이룬 사람으로 중관파의 시조라고 한다. 대승불교인 우리 나라와 일본의 불교에도 큰 영향을 미쳤다고 한다. 『중관론(中観論)』은 그의 대표작이며 철저한 중도(中道)로 실상을 정관할 것을 중시한 이론이다.

24) 慈悲란 사람들에게 이익을 가져다 줄 것을 바라는 慈와 사람들로부터 불이익과 고통이 제거되기를 바라는 悲의 의미가 합친 말이다.

25) 사념처(四念処) : 몸을 깨끗하게 보지 않는 身念処, 괴로움과 즐거움의 감수를 모두 고통으로 보는 受念処, 마음을 무상으로 보는 心念処, 법을 무아로 보는 法念処를 말한다.
사정근(四正勤) : 四正断이라고도 하며, 律儀断, 断断, 修断, 随護断을 말한다.
사신족(四神足) : 사여의족(四如意足) 또는 사여의분(四如意分)이라고도 하는데, 여의라는 것은 뜻대로 자유자재한 신통력을 말하고, 족이란 신통이 일어나는 각 족(脚足)이라는 뜻에서 여의족이라 한다. 이 선정을 얻는 수단에는 욕(欲), 정진(精進), 심(心) 및 사유(思惟)의 넷으로 그 일어나는 원인에 의하여 나눈 것으로서 이를테면 욕여의족, 정진여의족, 심여의족 및 사유여의족 등으로 일컫는다.
오근(五根) : 불도수행에 근본이 되는 信, 勤, 念, 定, 慧를 말한다.
오력(五力) : 五根이 五障(번뇌, 업, 생, 법, 소지에 있어서의 장애)을 고치는 힘을 말한다.
칠각지(七覚支) : 수도상의 7가지 요건으로 지혜를 가지고 법의 진위를 선택하는 択法覚, 용맹심으로 진법을 행하는 精進覚, 마음에 善法을 얻어 환희를 느끼는 喜覚, 허위와 번뇌를 끊거나 없애고 몸을 가볍게 느끼는 除覚이나 軽安覚, 집착을 멀리하는 捨覚, 禅定에 들어가 망상이 일어나지 않도록 하는 定覚, 잘 생각하여 定慧를 명기하는 念覚을 합쳐 말한다.

　　팔정도(八正道) : 수행에 기본이 되는 실천 덕목으로 正見, 正思惟, 正語, 正業,
　　正命, 正精進, 正念, 正定을 말한다.

26) 제행무상(諸行無常)이란 우주 만물은 항상 돌고 변하여 한 모양으로 있지 않는다
　　는 의미의 말이다.

27) 広池千九郎, 「道徳科学の論文 7」, 広池学園出版部, 1986, 86면.

28) 상게서, 78~85면.

29) 히로이케는 (1)조상과 부모를 육체전통, 건국신과 황실을 국가전통, 건국신과 세
　　계성인들을 정신 전통이라고 하여 전통(伝統)을 셋으로 나누며, 맹자 등과 같이
　　전통이외의 사람이 최고도덕을 실천하는 경우 전통에 준해야 한다는 의미로 준
　　전통(準伝統)이라는 말을 쓰고 있다.

30) 広池千九郎, 「道徳科学の論文 9」, 広池学園出版部, 1986, 340~341면.

31) 상게서, 4~12면.

32) 상게서, 280~421면.

33) 天道란 천지의 공도를 말하며 現象이란 인간이 우주의 한 현상으로 지구상에 나
　　타난 것을 뜻한다.

34) (1)意는 자기의 주관으로만 판단하는 것이며 必은 자기의 생각을 무리하게 주입
　　하는 것이며 固는 하나의 판단에 고집하는 것이며 我는 자기의 입장이나 형편만
　　을 생각하는 것을 의미한다. 논어에서 가져온 말이다. (2)大法이란 천지의 공도
　　를 말하며 小法이란 대법 이외의 법칙을 말한다.

36) 상게서, 325~419면.

제5장

지금의 일본 사회를 이끌어 가는 데 도움을 주는 도덕사상에는 어떠한 사상이 있는가

제5장
지금의 일본 사회를 이끌어 가는 데 도움을 주는 도덕사상에는 어떠한 사상이 있는가

1. 와쓰지 데쓰로(和辻哲郎)의 윤리사상

인간은 물론 모든 생명은 자연에 적응하며 살아가도록 만들어져있다. 특히 인간은 다른 생명체와 함께 자연 속에 살아가면서 인간문화를 만들며 바람직한 인간으로 발전한다. 이러한 관점이 생명설계도인 DNA를 연구하는 생명과학에서 주장되고 있다.[1]

이러한 관점에서 일본인을 고찰해보면 일본인이 가지고 있는 본성은 일본이라는 자연에 적응하도록 일본인에게 만들어졌다고 하겠다. 또한 이런 일본인의 본성은 일본인의 생활 양식인 일본문화를 만들어 왔다고 하겠다. 그런데 이러한 관점과 매우 유사한 관점에서 일본과 일본의 도덕을 연구한 일본의 윤리학자 와쓰지 데쓰로(和辻哲郎)가 있다.

와쓰지 데쓰로는 1889년 일본의 효고켄(兵庫県)에서 출생하였으며, 1960년 세상을 뜨기까지 일본인의 도덕문제를 연구하여 일본인에게 새로운 도덕을 제시한 일본의 석학이라 하겠다. 그런데 와쓰지의 연구활동 시기가 바로 일본이 우리 나라를 지배하고 있을 때였으므로 우리 나라의 그에 대한 평가는 매우 좋지 않다.

와쓰지의 도덕사상[2]의 내용에 들어가기 전에 그의 대표적인 저서를 보면 그의 대표적 저서는 1935년 이와나미서점(岩波書店)이라는 일본 제일의 출판사에서 출판된 『풍토』(風土)라는 책을 들 수 있다.[3] 일본은 이 책을 영어로 번역하여 세계 여러 나라에 보낼 정도로 크게 평가를 하였으며 지금도 일본의 육십대 이상의 세대는 이 책이 역설하고 있는 풍토론적 사고에 큰 영향을 받았다고 하겠다.[4] 와쓰지는 이 풍토철학에 의해 도덕사상을 정립하고 있다. 그러기에 일본의 도덕연구에 있어서 와쓰지의 도덕사상은 반드시 고찰되어야 한다.

1) 현상학적 풍토론적 방법론

(1) 현상학

무엇보다도 먼저 와쓰지의 도덕사상 연구의 방법론을 살펴보자. 그의 대표작인 『풍토』(風土)의 「서언」을 보면 와쓰지는 1927년 독일의 베를린에 갔으며 그 해에 바로 독일의 철학자 하이데거(Martin Heidegger, 1889~1976)가 서양 철학계에 불멸의 명저로 평가되는 『존재와 시간』(Sein und Zeit)[5]이라는 저서를 출판하였다고 한다. 와쓰지는 바로 베를린에서 이 책을 읽게 되고 이것이 현상학적 풍토론적 방법론을 생각하게 된 계기가 되었다고 한다.[6]

그러면 하이데거의 『존재와 시간』을 읽고 와쓰지는 어떤 영향을 받았는가? 그런데 하이데거의 영향을 고찰하기 전에 하이데거가 현상학의 창시자인 훗서얼의 제자로서 바로 현상학을 연구한 사람임을 우리는 알고 있다. 이 점을 생각할 때 와쓰지의 현상학적 풍토론적 방법론을 알기 위해서는 훗서얼의 현상학부터 살펴보지 않으면 안 된다. 그래서 훗서얼의 현상학을 잠깐 살펴보고자 한다.

훗서얼(Edmund Husserl, 1859~1938)의 현상학(Phänomenologie)의 특징을 그의 대표작인 『엄밀한 학으로서의 철학』 등을 참고로 다음과 같이 설명할 수 있다.[7]

훗서얼은 이제까지의 철학자들이 「철학의 비 학문성을 말해 왔을 뿐」이라고 전제한 뒤 이런 비학문적이고 비과학적인 철학을 엄밀한 학으로서 즉 과학으로 「방향전환」을 할 것을 적극 강조했다.[8] 그러던 「방향전환」이란 어떠한 것인가.

우선 현상학의 키워드인 「현상학적 환원」이란 말에서부터 생각해 보자. 우리가 일상생활에서 전개되는 여러 가지 생각이나 판단에 있어서 종래에 듣거나 보아서 알고있는 것들이 선입관이 되어 이를 바탕으로 판단하고 있다. 훗서얼은 이러한 판단은 「중지」(epokhe)해야 한다고 역설한다. 다시 말해 종래의 선입관을 기반으로 판단하는 태도를 훗서얼은 자연적 태도라고 하며, 이러한 자연적 태도는 「괄호 속에 넣어」버리듯 생략해야 한다는 것이다.[9]

그러면 이와 같이 종래에 알고 있는 모든 것을 선입관이라 하여 판단의 기반으로 하지 않는다면 판단할 때 무엇을 기반으로 한다는 말인가? 훗서얼은 선입관을 괄호 속에 넣어버렸을 때 남는 것은 순수의식(선험적 의식이라고도 함)만이 남는다고 한다. 훗서얼은 바로 이 「순수의식」이야말로 인간에게 「근원적·절대적으로 주어진 의식」이며 이 의식이 판단의 기반이 되어야 한다고 역설한다.[10]

일 예로 세계 어디서나 볼 수 있는 어떤 「붉은 물건」을 보았을 때 겉으로만 보이는 「붉은 물건」의 의미를 기존에 알고 있는 어떤 선입관에 의해 판단하는 것을 중지하였을 때 「붉은 물건」을 느낀 지각만이 남는 의식상태가 된다. 그런데 이 의식상태는 「붉은 물건」을 무엇인지 알려고 하는 지향성을 갖는다. 즉 「붉은 물건」이 무엇인가를 여러 가지로 알려고 하는 노에시스(noesis)라는 의식과, 이 의식에 의해 「~이다」라고 객관적으로 판단하게 되는 노에마(noema)라는 의식이 발생한다. 이와 같은 노에시스와 노에마라는 의식을 순수의식 이라고 하며 이렇게 순수의

식만이 남는 것을 「현상학적 환원」(現象学的還元)이라고 한다.[11]

그런데 이때의 「붉은 물건」을 느낀 순수의식은 직접 본 경험이라는 사실에 의한 「붉은 물건」이지 보편적인 「붉은 물건」이라고는 할 수 없다. 여기에서 「붉은 물건」을 구체적인 것으로 자유스러운 상상에 의하여 「꽃」「불꽃」「피」 등으로 의식을 바꾸어 본다. 이렇게 자유변경을 시켜도 변하지 않는 「붉은 물건」이 직관된다. 이러한 직관을 현상학에서는 본바탕을 알아내는 선천적으로 타고 난 본질직관(Ideation)이라고 한다. 또한 이것은 아리스토텔레스 이래의 그리스철학에서 말하는 형상(形相)을 뜻하므로 훗서얼은 이렇게 본질직관으로 의식을 환원하는 것을 「형상적 환원」(形相的還元)이라고 한다.

즉, 「붉은 물건」을 본 「경험」이라는 「사실」과 이때의 노에시스와 노에마인 「순수 의식」과 형상을 파악하는 「직관」은 하나가 된다. 그래서 그 시간 그 장소에서 판단된 「붉은 그 무엇」은 참된 사실인 진리가 된다. 그런데 훗서얼에 의하면 현상학적 환원과 형상적 환원은 환원되는 순서가 일정하지 않으며 서로가 보완하면서 작용한다고 한다.[12]

이와 같이 고찰해 볼 때 현상학이란 현상학적 환원과 형상적 환원에 의한 순수한 의식으로 순수한 현상으로서의 세계의 존재의미를 의식하게 된다. 세계의 존재의미를 의식하는 것이 곧 진리를 파악한다는 말이며, 이러한 일련의 작업을 「방향전환」이라고 한다.

그러면 훗서얼의 제자인 하이데거의 생각은 어떠한가. 우선 하이데거는 훗서얼의 순수의식의 지향성만으로는 세계존재 의미를 파악하는 데 부족하다고 생각하고 존재론(存在論)적 관점에서 현상학적 방법을 재구성한다. 즉 그는 일상생활이 갖는 일상성(日常性)인 자연적 태도를 동기 없이 무조건 판단중지 하는 것이 가능한가에 대해 의문을 갖는다.

다시 말해 만약 절대적인 학적 근거에 의한 이념에서 나오는 신념 등이 자연적 태도가 되는 경우 이것을 「판단중지」하거나 「괄호 속에 넣을 수」있는가 이다. 만약 「판단중지」한다면 이 때의 동기란 충분한 반성도 없는 소박한 생각이 되는 것이 아닌가라는 것이다. 이런 의문은 훗서얼 자신도 만년에는 가진 것으로 나타나고 있다.[13]

하이데거는 여기에서 「순수의식」을 피하여 세계가 이미 「거기에 있다」라는 의미의 다자인(Dasein)이라는 말을 사용하여 존재론적 관점을 구성하고 있다. 즉 다자인이란 「거기」(場)라는 다(Da)와 「존재」라는 자인(sein)의 의미가 결합된 용어로 「존재」의 의미가 스스로 나타나도록 하는 「거기」(場)의 의미이다.[14]

하이데거는 이러한 의미의 다자인을 훗서얼의 「의식의 지향성」으로 보지 않고 「인간존재」로 규정짓고 있다. 그 이유는 인간만이 「존재」라는 것이 무엇인가를 이해하고 있는 「존재자」이기 때문이다. 다시 말해 인간만이 자기 이외의 존재자들과 보편적 규정 속에서 관계할 수 있을 뿐만 아니라 스스로 자기의 존재를 존재하지 않으면 안 되는 존재로 관계를 지으면서 동시에 존재란 무엇인가를 의문시하는 특권적인 존재자이기 때문이다. 그래서 하이데거는 다자인을 인간존재로 보며 인간 이외의 존재를 자인(sein)이라고 하여 구분하고 있다.[15]

훗서얼이 두 가지 환원에 의하여 「세계의 정립」[16]을 시도한 대신 하이데거는 다자인과 자인에 의한 「세계내 존재」를 정립하고 있다. 즉 인간은 세계 안에 던져져 있는 수동적 계기임과 동시에 세계 안의 존재를 자기의 존재로 만들려고 하는 능동적 계기로서 존재한다. 그런데 이 두 계기는 훗서얼이 말한 의식의 단순한 「지향성」보다는 「관심」[17]에 의하여 타(他)와 관계를 갖게 되고 결국 「공동존재」에 이르게 된다. 그런데 다자인에 있어서 존재가 더욱 가능하게 되는 것은 「시간성」에 있다고 한다.[18]

즉 한 인간의 존재를 볼 때 그 인간이 시간이 지나면 지날수록 다시

말해서 나이가 들면 들수록 자기의 존재를 더욱 의미 있게 전개시켜 나
간다. 그러므로 존재와 시간은 불가분의 관계를 가지고 있다는 것이다.

　이와 같이 훗서얼과 하이데거의 현상학을 간단히 비교 고찰해 보았다.
그런데 우리가 흔히 훗서얼의 연구는 현상학이며 하이데거의 연구는 실
존철학이라고 말한다. 물론 하이데거의 다자인 철학을 실존철학으로 볼
수도 있다. 그러나 하이데거 자신은 자기의 철학을 실존철학으로 생각하
지 않고 있다.[19] 그러면 와쓰지 데쓰로우가 하이데거의 현상학에서 받은
영향은 무엇인가의 질문으로 돌아가자.

(2) 풍토론적 방법론

　와쓰지의 저서 『풍토』에 의하면 그는 하이데거가 인간존재를 시간성
속에서만 파악하고 있는 점에 강한 의문을 제기하면서 공간성 문제까지
포함하여 인간존재를 파악해야 함을 느끼게 된다. 공간성이야말로 그가
하이데거의 현상학으로부터 받은 영향이다.

　그는 하이데거가 인간존재(Dasein)를 시간성에 국한시켜 파악한 것은
인간존재에서 말하는 인간을 개인의 차원에서 파악했기 때문이라고 말한
다. 그는 인간을 정확히 보기 위해서는 인간존재를 개인적·사회적 이중
구조로 보아야 함을 언급한다. 개인적이 시간성을 기반으로 한다면 사회
적은 공간성을 기반으로 하고 있음을 의미한다. 그래서 하이데거의 인간
존재는 추상적인 일 면에 지나지 않는다고 그는 비판한다. 다시 말해 인
간존재에 있어서 개인은 사회 속의 개인이어야 함으로 시간성은 공간성
에 의한 시간성이 아니면 진정한 의미를 갖지 못하기에 시간성만의 관점
에서 인간존재를 논하는 것은 추상성을 면치 못한다는 것이다.[20]

　그러면 와쓰지의 인간존재에 관한 생각은 어떠한가? 우선 인간존재는
개인적 존재와 사회적 존재라는 이중구조로 되어 있으며, 이런 관점에서

보면 인간존재에는 시간성과 공간성이 서로 영향을 주고 있음을 알 수 있다고 한다. 그러면 여기에서 시간성과 공간성의 의미는 무엇인가?

한 마디로 말해 와쓰지는 인간존재의 시간성을 역사성으로 공간성을 풍토성으로 생각한다. 시간의 연속성을 시간성이라 한다면 시간성은 역사성으로 바꾸어 말할 수 있다. 공간은 바로 자연을 말하며 인간에게 영향을 주는 자연은 인간이 생각하는 자연 즉 풍토가 된다. 그렇다면 공간성이란 풍토성을 말하게 된다. 그러면 역사성과 풍토성의 관계는 어떠한가?

이에 대해 와쓰지는 훗서얼의 「의식의 지향성」과 하이데거의 「관심」을 받아들여 다음과 같은 답을 말하고있다. 일 예를 들어 자연현상의 하나인 「추위」의 경우 인간은 「추위」를 느껴 「겨울은 춥다」라는 풍토가 형성된다. 이때 「겨울은 춥다」라는 풍토의 「추위」를 보면 「추위」라는 어떤 것이 있어 인간으로 하여금 추위를 느끼게 하는 것이 아니고 「추위」로 향하는 「의식의 지향성」에서 「추위」에 대한 「관심」에서 「추위」를 느끼게 된다는 것이다. 그러기에 인간은 공간 또는 시간에 따라 「추위」를 느끼는 정도가 다르게 된다. 즉 같은 영하 5도의 추위라도 공간과 시간에 따라 다르게 느낀다. 이렇게 해서 느낀 「추위」를 와쓰지는 「지향적 체험」이라고 한다.[21]

그런데 「지향적 체험」에서 느껴진 「추위」는 주관적인 것이 아니고 객관적인 것이 된다. 왜냐하면 자기가 느낀 「추위」를 남들도 다 그렇게 느끼는 바깥의 「추위」라고 생각하기 때문이다. 이렇게 보면 「추위」라는 직관에 자신이 던져져 존재하고 있는 것이 된다. 즉 「추위라는 직관에 던져져 있는 존재」가 된다.

이와 같이 인간의식 속의 「지향적 체험」으로 존재하는 자연을, 「관심」으로 존재하는 자연을 와쓰지는 「풍토」라고 한다. 다시 말해 인간의 「의식 속에 내던져진 자연」을 풍토라 하겠다.

그런데 와쓰지에 의하면 인간은 이러한 「풍토」에 의하여 존재구조나 양식이 형성된다고 한다. 다시 말해서 자기를 둘러싼 자연현상을 어떻게 받아 들이냐에 따라 인간존재가 즉 인간사회가 다양하게 형성된다는 것이다. 또한 이런 존재구조가 「시간성」으로 전개된 것이 바로 「역사」이므로 시간성인 역사성은 인간존재라는 점에서 공간성인 풍토성과 바로 동일한 의미가 된다. 그래서 역사성은 풍토성을 풍토성은 역사성을 통하여 명확히 파악할 수 있게 된다. 그러면 와쓰지는 이를 구체적으로 어떻게 분석하고 있는가?

와쓰지는 인간을 둘러싸고 있는 공간은 「몬순」「목장」「사막」이라는 세 자연으로 되어있는데 이 자연들은 그 속에 사는 인간들에게 각각 풍토현상으로 나타난다고 한다.[22] 그런데 이 세 가지 자연의 분류는 와쓰지의 윤리사상의 형성에 있어서 매우 중요한 하드웨어임으로 이에 대한 비판들을 살펴본 후 고찰을 진행해 보자.

지금의 지리학에는 지리와 인간의 삶과를 연구하는 인문지리학이 상당한 발전을 보이고 있다. 그런데 이 인문지리학에서는 와쓰지가 분류를 보고 어떻게 지구의 자연을 풍토라는 이름으로 셋으로 딱 잘라 나눌 수가 있는가이다. 이는 그야말로 감각적이요, 직관적으로 과학적이 아니라는 것이다. 그래서 타당한 이론으로 보기는 어렵다는 평가를 한다. 나아가 인문지리학 분야에서는 지구의 기후에 따른 인간 생활의 여러 현상을 연구하여 발표하기도 한다.[23]

그런데 이러한 평가에 대해 와쓰지는 저서『윤리학』하권의 「제4장 인간존재의 역사적 풍토적 구조」속에서 인문지리학의 평에 관하여 충분히 답을 하고 있다. 이를 요약해 보면 와쓰지가『풍토』를 저술할 당시는 중국과 인도의 동양적 국토와 이슬람적 국토 및 유럽적 국토만을 생각했기 때문에 풍토의 유형을 셋으로 나누었다고 한다. 물론 역사 문화를 세계적으로 보면 이 세 가지 외에 스텝지역과 미국지역을 넣어 다섯으로 할 수 있으며 나아가 아프리카나 서남태평양제도까지도 풍토에 넣을 수 있음을 언급하고있다.[24] 이와 같은 와쓰지의 대답에서 우리는 풍토란 크게는 국토 단위로 나눌 수 있음과 동시에 작게는 한 개인이 갖는 풍토를 생각할 수 있음을 알 수 있다. 그러면 그가 생각한 세 가지의 풍토는 어떠한가? 그의 저서『풍토』를 중심으로 정리해 보자.

먼저「몬순」[25]이라는 풍토를 보자. 우리가 몬순이라는 풍토를 고찰한다는 말은 몬순지역에 존재하는 인간들이 느끼는 몬순은 그 지역의 인간에게 어떠한 영향을 주어 어떠한 존재구조를 형성하는가를 고찰한다는 말이다.

몬순 지역의 특징은「더위와 습기의 결합」이 강하며 강한「습기」는 인간에게 베푸는「혜택」이 되어 이 지역의 인간을 포함한 모든 생명체는 풍성한 생을 누리게 된다. 그러다 보니 인간들은 자연의 혜택을 받기만 하면 되는「수용적 성격」(受容的性格)을 갖게 된다.

그런데「더위와 습기의 결합」은 때로는 태풍이나 폭우로 변하여 인간에게 죽음을 느끼게 하는「자연의 폭위」가 되기도 한다. 그런데 인간들은 이러한 순간적인「자연의 폭위」를 참고 기다리면 곧「자연의 혜택」이 돌아온다는 것을 알고「자연의 폭위」를 참고 견디는「인종적 성격」(忍從的性格)을 또한 갖게 된다.

이렇게 하여「몬순」풍토는 그 지역 인간에게「수용적·인종적 성격」(受容的·忍從的性格)을 갖게 하는 특징을 가지고 있으며 이러한 성격에 의한 존재구조를 형성하게 된다.

그런데 몬순 풍토는 이 지역에 속한 모든 인간들에게 일률적으로 똑같은「수용적·인종적 성격」을 갖게 하는 것은 아니다. 왜냐하면 몬순지역이라도 더 구체적으로 보면「더위와 습기의 결합」이 지역마다 조금씩 다르며 그 지역 사람들 역시 다르게 느끼기 때문이다. 이러한 현상은 몬순 지역의 인간들이 갖는 문화 즉 존재구조가 다른 것을 보면 알 수 있다.

다음은 「사막」의 경우이다. 「사막」은 그 지역의 인간에게 「목마름」을 나타내는 「건조」라는 특징을 강하게 나타내고 있다. 그런데 「건조」는 「건조」에만 멈추지 않고 「자연의 죽음」을 통하여 「인간의 죽음」을 상기시키는 위협을 가한다. 그렇다면 이 지역의 인간은 이러한 죽음에 도전하여 죽음을 극복하지 않으면 안 된다.

그래서 「사막」이라는 풍토는 인간에게 두 가지의 인간존재구조로 나타난다. 첫째는 「자연의 죽음」을 봄으로써 생(生)을 자각하게 하여 「생산」을 인간이 전부 하지 않으면 안 된다는 의식을 인간으로 하여금 강하게 갖게 한다. 그래서 「자연의 죽음」에서 비롯되는 「인간의 죽음」을 극복하려고 부단한 노력을 하게 된다. 결국 「사막」의 인간들은 「생산」을 하기 위해 「대항적이고 전투적인 성격」을 갖게 된다.

둘째는 자연과 대항하기 위하여 인간들은 「단결」하지 않으면 안 된다. 즉 「사막」에서는 혼자는 존재하지 못하며 「단결」된 공동체로서 존재하게 된다. 다시 말해서 인간들은 「단결」을 최우선으로 하는 성격을 갖게 된다. 이와 같이 「사막」이라는 풍토는 인간에게 「대항적이고 전투적인 성격」과 「단결을 최우선으로 하는 성격」으로 나타나며 이에 의한 존재구조를 갖게 한다. 특히 이 지역이 구심점이 강한 완전한 신(神)을 내세워 단결을 강조하는 역사적 사실을 보면 「사막」이라는 풍토를 생각지 않을 수 없다.

마지막으로 「목장」이라는 지역은 유럽이 중심이 된다. 그런데 이 지역은 「습기와 건조의 통합」으로 「초원」을 이루고 있다. 이 「초원」은 짐승을 기르기에 적합한 환경이 되어 이 지역의 사람들은 초원을 이루는 이 지역을 「목장」으로 생각하게 되고 그래서 「목장」이라는 풍토를 갖게 된다.

그러면 「목장」이라는 풍토는 이 지역의 인간에게 어떤 영향을 주는 가? 유럽의 「습기와 건조의 통합」은 사계절을 통하여 매우 짜임새 있게 이루어지고 있다. 다시 말해 습기가 적당한 봄이 온 후에는 습기가 많은 여름이 오고 또 적당한 가을이 오고 그 다음은 습기가 적은 건조한 겨울 이 오며 이렇게 사계절 속의 습기와 건조의 정확한 되풀이는 마치 수학 공식을 푸는 것과 같은 규칙성을 가지고 있다. 그러다 보니 규칙성은 이 지역의 인간들의 이성을 발달시켜 「합리적인 성격」으로 나타나게 된다.

유럽사회가 일찍이 이성을 기초로 한 학문의 발상지가 되었고 지금은 고도의 과학을 만들어 내고 있으며 그 힘으로 세계문화의 선두에 선 존 재구조를 이루고 있는 것을 보면 역시 이러한 「목장」풍토의 구현이라 하 겠다.

이와 같이 와쓰지는 자연현상을 풍토현상으로 파악하여 역사와 문화를 설명하면서 인간의 존재를 설명하고 있다. 특히 그는 이러한 인간존재를 윤리적 측면에서 설명함으로서 세계 인류의 도덕문제를 하나로 집대성한 이론을 전개하고 있다.[26] 그러면 이러한 풍토론적 관점에서 그는 일본의 도덕을 어떻게 구상하고 있는가? 먼저 일본의 풍토가 무엇인가부터 정 리해 보자.

(3) 일본의 풍토 : 순종적 · 인종적 · 태풍적인 이중성격

앞에서 말한 와쓰지의 풍토론적 관점에서 일본을 보면, 일본은 「몬 슨」지역에 속한다. 그런데 이 「몬슨」은 앞에서도 언급한 바와 같이 「더 위와 습기의 결합」을 강하게 나타내는 특징이 있다고 한다.

그래서 일본 역시 몬슨의 풍토 그대로 일본의 자연을 「풍부한 식량」을 제공하는 「자연의 은혜」라는 풍토로 받아들이며 자연의 위협을 일시적 인 생의 위협으로 생각하여 「수용적 · 인종적인」태도를 갖는다.

그러나 일본의 자연은 「태풍과 화산 지진」[27]이 많으며 여름에는 덥고 비가 많으며 겨울에는 춥고 눈이 많은 「대우(大雨)와 대설(大雪)」이라는 「열대적·한대적」특성을 강하게 나타내고 있다.

이러한 일본의 자연은 넓은 의미에서는 몬슨 풍토를 보이나 일본 나름대로의 특징을 나타낸다. 와쓰지는 일본의 자연 가운데서도 태풍 같은 강렬한 자연현상은 태풍적 성격(台風的性格)이라는 풍토로 나타나며 열대적·한대적인 자연현상은 일본인 성격의 이중성(二重性)이라는 풍토로 나타난다고 한다. 결국 일본의 풍토는 순종적·인종적 성격 속에 태풍적 성격과 이중적 성격을 나타내고 있는 것이라 하겠다. 그러면 이러한 일본의 풍토를 좀 더 자세히 살펴보자.

먼저 「수용적인 성격」을 보면 일본의 경우는 다음과 같은 특수한 성향을 갖는다.

첫째로 열대성 풍토에서 고찰되는 단조로운 감정의 열정이나 한대성 풍토에서 보여주고 있는 단조로운 감정의 지구성(持久性)도 아니다. 「빠르게 흐르면서도 조용히 기다리는 감정」을 갖는다. 다시 말해 일본의 기후에 있어서 사철의 변화가 빠르고 뚜렷한 것처럼 일본인의 수용성은 빠른 템포의 변화를 요구하면서도 활발하고 민감하여 대륙적인 지구성을 갖지 못한다. 그러기에 일본인들은 닥쳐오는 피로를 자극 있는 휴양을 통하여 풀며 특히 새로운 자극과 기분전환 등의 감정의 변화에 의하여 풀게 된다. 일본인들이 국내나 국외로 특히 집단으로 여행을 하려고 하는 자세 역시 하나의 예가 되겠다.

그런데 이러한 감정의 변화를 더욱 더 고찰해 보면 감정이 자극에 의하여 전혀 다른 감정으로 변하여 피로를 푸는 것이 아니고 지구성을 갖기 위하여 감정이 변하는 것이라고 한다. 다시 말해 순간적으로 변하는 감정이 피로를 풀게 하지만 변하지 않는 전체성이 존재한다.

둘째로는 그러나 이러한 감정의 변화는 앞의 감정의 규정을 받으면서 순간순간 돌발적으로 변화는 감정이 된다고 한다. 즉 꾸준히 이어지는 하나의 감정을 돌발적으로 다양하게 변화시키면서 꾸준히 이어가는 감정을 갖는다. 일 예로 일본인들이 「벚꽃」을 좋아하며 나라의 꽃으로 하고 있는데 이 「벚꽃」이 한 번에 만발하였다가 한 번에 지면서 새잎이 돋는 그러한 분위기의 감정을 들 수 있다. 벚꽃이 피고 지며 잎이 돋고 열매가 열리고 잎이 지는 일연의 변화가 급템포로 전개되어도 벚꽃나무 자체는 그대로 존재하고 있는 것과 같은 모습에 비유되는 감정이 되겠다.

다음의 「인종적 성격」에 있어서도 일본인의 경우는 특수한 감정을 갖는다.

첫째로 일본인은 인도인들이 보여주는 열대적 풍토성인 비전투적인 인종적 성격을 갖거나 한대지역의 풍토성인 오랜 동안 끈질기게 기다리는 인종적 성격을 가지고 있는 것이 아니다. 일본의 자연이 「열대적·한대적」이기에 폭풍이나 호우(豪雨) 같은 자연의 위력이 발생하여 일본인으로 하여금 참고 견디게 하는 인종적 성격을 풍토로 갖게 하지만, 태풍이나 지진 같은 돌발적인 자연현상이 동시에 발생하여 일본인은 돌발적이고 반항적이며 전투적인 기분을 갖게 한다. 이를 와쓰지는 앞에서 말한 것처럼 태풍적 성격이라고 한다.

그러나 앞에서 말한 빠른 템포의 변화를 가지려는 감정으로 태풍적 성격을 극복하면서 어려운 것은 거의 체념하는 인종이 된다. 일본인들이 자포자기나 체념 등을 쉽게 행하는 경향을 일 예로 들 수 있다.

둘째로 일본인의 인종은 「되풀이되는 인종의 각 순간에 돌발적인 인종을 갖게 된다」고 한다. 인종 속에서 가끔 일어나는 반항이 돌발적으로 일어나지만 일어난 후에 찾아오는 조용한 체념이 앞에서 언급한 돌발적인 수용과 서로 통하게 되어 「깨끗이 체념」하게 된다. 그래서 결국 일본

인들은 자연을 정복하거나 적대하려고도 하지 않으며 동시에 지구적(持
久的)인 성격도 안되면서 체념에 도달해 버리는 성격이 된다. 이 결과 태
풍적 성격인 맹렬한 반항이나 대립은 체념을 위한 하나의 과정으로 작용하
게 된다. 일본인이 지금도 태풍적 성격에서 기인된 전쟁 등의 일들을 「깨
끗이 잊어버리는 것」을 미덕으로 함은 이러한 인종의 예라 하겠다.

2) 일본 풍토와 일본인의 존재방식

와쓰지의 인간개념을 보면 인간은 단순한 사람(人)의 의미를 떠나 「세
상」또는 「사람의 세계」를 의미한다고 말한다.[28] 그는 인간의 존재란 공
동체적 존재인 것을 특히 강조한다. 즉, 인간은 개인임과 동시에 사회로
서 서로의 「관계」속의 사람이라는 것이다. 그러므로 일본인의 존재를 고
찰할 때는 일본인들이 관계를 갖고 있는 공동체를 고찰해야한다. 또한
일본인의 존재방식은 공동체를 만드는 방식에 나타나 있으므로 공동체를
어떻게 만드는가를 고찰해야 한다.

와쓰지는 이러한 관점에서 일본인의 풍토의 특징인 「수용적·인종적·
태풍적 이중성격」을 살펴보고 있다. 다시 말해 와쓰지는 일본인의 풍토
가 일본인의 공동체를 만드는 방식에 어떠한 영향을 주는가를 고찰하고
있다. 이를 도덕의 측면에서 본다면 공동체를 만드는 방식 속에 도덕의
문제를 폭 넓게 생각하며 고찰하고 있다고 하겠다.

그러면 와쓰지는 공동체를 만드는 방식을 어떻게 생각하고 있는가? 그
는 먼저 공동체의 시작으로 가족을 들지만 가족의 시작인 부부가 되는
과정의 하나로 「남녀의 관계」를 고찰하고 있다. 부부를 전제로 한 「남녀
의 관계」를 그는 넓은 의미로 「연애」로 보며 일본인의 연애를 일본의 풍
토인 「수용적·인종적·태풍적 이중성격」으로 고찰한다. 또한 다음은 부

부가 되어 만들어진 「가족」이라는 공동체와 나아가 「국가」라는 민족단위의 공동체를 고찰한다. 그러면 먼저 연애에 대한 그의 고찰을 살펴보자.

(1) 일본인의 연애관

일본인의 「연애」란 결혼 즉 부부의 연을 전제로 한 것이 일반적이다. 그런데 연애의 감정은 세계의 어느 나라 어느 지역의 사람들에게나 존재하는 것으로 그래서 공간과 시간을 초월하는 감정이라 하겠다. 쉽게 말해 인간이면 누구나 가지고 있는 본능이라 하겠다. 그런데 와쓰지에 의하면 일본인의 연애감정에는 일본의 풍토처럼 다른 특징이 있다고 한다.[29]

일본의 가장 오래된 역사서인 고지키(古事記)나 일본서기(日本書紀)의 기록에 나타난 일본인의 「연애」를 보면 구약성서나 그리스신화 등에 나타난 연애감정과는 다르다. 일본의 경우에는 「미련 없는 조용한 사랑」이 기록되어 있으며 반면 인도나 중국에서 볼 수 없는 「태풍적이고 전투적인 격정성」을 보이고 있다. 즉 「격정(激情)을 속에 간직한 조용한 애정으로 전투적임과 동시에 미련 없는 체념을 보이는 연애」라고 할 수 있다.

극단적인 예가 될지 모르겠으나 와쓰지는 「정사」(情死)의 감정을 들고 있다. 일본인의 「정사」란 「미련 없는 조용한 체념을 아주 구체화한 것」이라고 한다. 다시 말해서 「정사」란 영원한 연애를 소원하는 마음의 순간적인 절정에서 생명의 부정단계를 결정하는 것을 말한다. 일본인은 이러한 「정사」가 인륜에 어긋난다고 해도 행하고 마는 연애감정을 소유하고 있다. 특히 와쓰지는 일본인의 이러한 연애감정이 네 가지의 유형으로 나타나고 있음을 지적하고 있다.

첫째는 연애를 생명보다 위에 놓고 있다는 것이다. 연애가 욕망의 수단이 아니고 오히려 욕망이 연애의 수단이 된다. 그래서 개인적 욕망에 거리를 두지 않는 즉 남녀 사이에 거리가 전혀 없는 결합이 시도된다. 「깊고 조용한 애정」으로 표현할 수 있는 인격적으로 결합하는 연애이다.

두 번째의 연애는 항상 육체적인 것으로 그저 혼(魂)만의 결합이 아니다. 이 때의 연애는 수단으로써 육욕(肉慾)을 뺄낼 수가 없다. 그래서 깊고 조용하고 인격적인 애정이 되는 동시에 격정적인 애정이 된다. 전혀거리 없는 결합은 떨어지고 싶어하는 육체를 통해서 시험이 되지 않을 수가 없다. 그래서 혼의 영원한 욕망이 육체에서 순간에 폭발하는 연애이다.

세 번째는 육체적 생명을 아까워하지 않는 연애의 용감성을 말한다.

네 번째는 세 번째의 용감성을 겉으로 가지면서도 속으로는 갑자기 체념을 한다. 즉 전혀 거리 없는 결합이 육체에서 불가능을 느껴 체념하는연애이다. 그래서 육체적인 연애가 담담하게 육체를 부정한다. 이것은정사(情死)까지 확대하지 않아도 알 수 있듯이 여하튼 연애를 늘 육체적으로 파악하는 일본인이 육체적으로 더욱 담담하다는 데에서 비롯한다.

이와 같은 일본의 네 가지 연애 유형은, 연애를 혼(魂)의 사건으로 파악하면서도 집요한 육욕(肉慾)에 젖어있는 다른 연애보다는 「육체적인연애가 미련 없이 육체를 부정」함으로써 「연애」를 영혼의 사건으로 전개시켜 결국은 품위 있는 연애를 유지하게 한다. 즉 일본의 연애는 「미련 없이 육체를 떠나 영혼의 거리 없는 결합을 지향하는 조용한 사랑」이라는 것이다.

일본의 풍토인 「순종적·인종적·태풍적 이중성격」인 감정이 남녀의관계인 연애에 있어서도 태풍적이고 격정적인 사랑과 미련 없이 순종하며 체념하는 사랑의 이중구조 속에 조용한 애정으로 표현된 「연애」로 나타나고 있음을 와쓰지는 설명하고 있다.

(2) 일본인의 가족관

와쓰지는 목장적·사막적 풍토에서는 「가족」보다는 「부족」을 우선적으로 지향하지만 몬순지역인 일본의 경우에는 「가족」이 무엇보다도 우선된다고 말한다. 일본은 가족이 모든 인간 공동체의 기초이며 중심으로 생각한다.[30]

와쓰지는 「가족」을 구조적으로 파악하여 「가족」의 전체성을 「집안」의 의미를 갖는 「집」(家)으로 보고 있으며 「집안」의 특징을 통해 일본인의 공동체의 특징을 말하고 있다. 즉 「집안」의 의미는 「가장」(家長)에 있고 가장을 가장답게 하는 「가문」(家門)이 있음을 역설한다.[31]

또한 와쓰지는 가족의 결합을 다음과 같이 언급하고 있다. 소박한 옛 일본인의 소박한 질투 등에 의한 거리 없는 가정의 애정이 일본의 가장 오래된 만요슈(万葉集)[32]라는 노래 집에 「은이나 황금 및 옥으로도 보배 같은 자식에겐 비교할 수 있겠는가」라고 적혀있으며, 이러한 가족간의 사랑은 가마쿠라 시대(鎌倉時代, 1192~1333)의 무사들에게, 아시카가 시대(足利時代, 1392~1573)의 노래(謠曲)나 도쿠가와 시대(德川時代, 1600~1867)의 문예에 면면이 흐르고 있으며, 바로 이것은 일본인의 가족 결합이 무엇보다도 「거리 없는 결합을 목적으로 한 욕심 없는 애정의 존재」에서 비롯함을 뜻한다고 말한다.

그런데 이러한 가족에 있어서 「거리 없는 결합」을 행하는 힘의 표면은 조용하지만 힘의 저변은 아주 열렬하여 이기심이나 자기의 편리함을 넘어서며 어떤 장애에 부딪쳤을 때도 정열적인 애정으로 극복하며 더 나아가 사사로운 자기를 넘어설 정도의 강한 힘을 갖는다고 역설한다. 특히 부모나 형제 및 가문을 위해서는 생명을 아까워하지 않는 용감하고 전투적인 태도가 나타남을 언급한다.[33]

그런데 유럽의 근대자본주의는 인간을 개인으로 보고 있으며 가족도 경제적 이해에 의한 개인의 결합으로 이해하고 있다. 이와 같은 자본주의를 취한 일본은 집을 개인으로 보지 않고 개인의 집합으로서 보고 있는지 의문을 갖지 않을 수 없다. 이에 관하여 지금의 일상적인 현상을 보면서 다음과 같이 설명해보자.[34]

일본인은 집(家)을 「안」이라는 의미의 「우치」(内)라는 의미로 파악한다. 그리고 집의 바깥을 「바깥」이라는 의미로 「소토」(外)라는 말을 쓰고 있다.

이렇게 구별하여 쓰면서 일본인들은 「안」에서는 개인의 구별은 없어지며 부인은 남편을 「안」「안사람」「집」(宅)이라고 부르며, 남편은 부인을 「집안」(家内)이라고 부른다. 가족 역시 「안의 사람」이라고 부르며 가족이 아닌 「바깥 사람」과의 구별을 뚜렷하게 하면서 가족끼리의 구별은 무시하고 있다.

이러한 「안」(内)과 「바깥」(外)에 대한 생각은 영어권에는 없는 일본 특유의 것으로 (1) 개인의 마음의 안과 바깥 (2) 집 건물의 안과 바깥 (3) 나라 또는 동네의 안과 바깥 등 중요하게 쓰인다. 즉 비교적 큰 공동체의 안과 밖으로 쓰이며 가족 사이에서는 쓰지 않는다.

이러한 생각은 집 건물 안에서도 볼 수 있다. 집안의 방들은 자물쇠나 잠그는 장치가 없어 거리 없는 결합을 나타낸다. 열 수 없는 벽을 두지 않고 언제나 열릴 수 있는 칸막이식 장지문의 벽을 둔 것은 거리 없는 결합을 하겠다는 격정성(激情性)의 나타남이다.

그러나 바깥과 구별하는 문에는 자물쇠나 문고리를 반드시 한다. 일본인이 외형적으로는 유럽의 생활을 배웠는지는 모르겠으나 속은 전혀 유럽식으로 되어있지 않다. 왜냐하면 유럽의 집은 개인주의적이고 사교적인 공공생활을 하는 장이지만 일본의 집은 그렇지 않다는 것이다. 구두를 신은 채 다다미를 간 방바닥 위를 올라가지 않으며, 동네를 집의 바깥으로 집의 안과 구별하는 등 집의 사용 방식이 다르니 말이다. 이와 같이 볼 때 「안」(内)과 「바깥」(外)을 구별하는 일본인의 생각은 일본인의 존재방식을 직접 이해할 수 있는 표현이라 하겠다.

일본인의 가족을 보면 역시 풍토성에서 형성된「수용적・인종적・태풍적」성격이 가장(家長)을 중심으로「거리 없는 결합」을 목적으로 한「욕심 없는 애정」속에「안」(內)과「바깥」(外)이라는 이중성을 나타냄을 알 수 있다. 지금도 일본인들은 자기의 가족만이 모일 때 또는 거리감 없는 사람들만이 모일 때 즐겨 쓰는「미즈 이라즈」라는 말이 있다. 이 말은「물이 들어가지 않는다」는 말로 즉 물이 들어갈 틈도 없는 사이라는 의미가 되겠다.

(3) 일본인의 국가관

일본인의 존재 방식은 현저하게 집안(家)에서 비롯함을 앞의 고찰에서 알게 되었다. 이와 같은 일본인의 집안(家)은 점점 확대되어 민족단위의 국가가 되었을 때 집안(家)을 중심으로 한「안」(內)과「바깥」(外)에 대한 생각 역시 확대되었다.

가족의 전체성인 집안(家)은 가족의 대표인 가장(家長)이 있으며 가장(家長)을 가장(家長)답게 만드는 가문(家門)이 있으며 가문(家門)은 집안이 가지고 있는 역사 속에서 형성되기 때문에 가문(家門)에는 집안(家)에 전래되는 역사성이 존재한다. 그러기 때문에 가장(家長)은 집안(家)을 자기 마음대로 할 수 없다. 또한 가문(家門)의 전체성으로 조상신(祖上神)이 존재하게된다. 또한 가문(家門)에 속한 사람들은 부모자식이지만 이들은 조상의 후예이며 동시에 후예의 조상이므로 조상신의 중요성이 더욱 강조된다.

그런데 이러한 가문(家門)의 조상신이 통합되어 씨신(氏神)이 되며 씨신은 일본신화에 근거를 둔 일본건국신인 아마테라스오미카미(天照大神)를 중심으로 계층화된다. 일본인들이 즐겨 참배하는 이세신궁(伊勢神宮)[35]이 바로 이를 뜻한다. 또한 아마테라스오미카미가 현재의 신(神)으로 나타난 것이 천황(天皇)이라고 한다. 그러므로 일본은 언제나 천황신을 중심으로 씨신이 합쳐서 된 신국(神国)이며 동시에 천황은 어버이이며 국민들은 자식들이 되는 가족국가를 이룬다. 그래서 와쓰지는 국가를 「집안의 집안」이라고 말하며 천황에 대하여는 충효(忠孝)의 존황심을 갖는 하나의 유기체론적 가족국가가 탄생됨을 역설한다.[36]

바로 역사적으로 끊어지지 않고 하나로 이어져 내려오는 만세일계(万世一系)의 천황가(天皇家)를 종가(宗家)로 하는 천황의 일본, 천황의 국민이 되는 이러한 국가를 국체(国体)[37]라고 하며 이 국체론은 메이지천황 이후 일본인의 국가관으로 정착한다.

이상과 같이 일본인의 연애관 가족관 국가관을 고찰하였다. 일본이라는 풍토에서 살면 이러한 연애관이나 가족관 및 국가관을 갖게 된다. 그런데 특히 가족이 중심이 되는 존재방식을 갖게 되는 것이 일본 풍토의 특징이라 하겠다. 그러나 풍토결정론이 아니므로 반드시 일본 풍토는 이러한 연애관 및 가족관이나 국가관을 갖게 되는 것은 아니지만 일본의 풍토에는 일본인밖에 살아보지 않았기 때문에 마치 풍토결정론처럼 해석됨은 어쩔 수 없다. 그런데 이러한 풍토론에 의한 인간존재 양식을 보면 와쓰지의 도덕사상은 가족을 중심으로 전개됨을 생각할 수 있다. 이를 좀더 고찰해보자.

3) 일본인의 도덕사상

(1) 교육칙어의 오류

와쓰지는 윤리가 관련된 인륜조직을 고찰할 때 일상생활 속의 두 사람의 관계에서부터 시작한다. 그런데 인간 자체가 집단 속에 존재하므로 인간의 최초의 집단인 가족집단에서 두 사람 관계를 윤리로 설명한다.

즉 결혼을 전제로 한 연인 두 사람의 관계에서 시작하여 결혼 후의 부부 관계, 부모와 자식관계, 친족관계, 이웃 동네 관계 등으로 발전하여 국가라는 인륜조직에 이른다. 이와 같은 인륜조직 가운데 일상생활 속에 사소한 도덕까지 실현하는 공동체는 가족공동체이며 그래서 가족공동체부터 도덕을 고찰한다.

가족이라는 인륜조직에서 가장 중요한 도덕이라고 하면 바로 효(孝)도덕이 되며 효(孝)도덕을 가장 중요시한 나라는 고대 중국이 된다. 중국은 일찍이 공자가 증자에게 말한 효(孝)도덕을 한데 모아 경서로 효경(孝経)을 완성시켰으니 말이다.

그러나 와쓰지는 중국의 효(孝)도덕과 일본의 효(孝)도덕은 다르다고 말한다. 즉 중국은 가족공동체가 사회의 기반이었지만 일본은 가족공동체보다는 오히려 논농사를 한 관계로 동네 공동체가 중심이었으며 일본을 중국처럼 가족중심으로 보는 것은 중국식으로 보는 경향이 컸기 때문이다. 그러나 일본의 경우 동네 공동체가 가족공동체와 아주 밀접하게 공존하다 보니 중국의 효(孝)사상이 아무 저항 없이 받아들여지게 되었다.

그런데 이러한 효(孝)도덕을 보면 중국은 가장(家長)의 권리를 중히 여겨 자식이 아버지에게 봉사적 의무를 다하는 것을 효(孝)로 보고 있으나 일본의 경우는 부모와 자식이 서로 아끼는 사랑의 마음을 중히 여기는 것으로 되어있다. 왜냐하면 일본의 전쟁을 기록한 글들을 보면 부모가 자식에 대해 효양(孝養)한다는 표현이 두드러지게 나타나 있다.[38] 효양이란 자식이 부모에게 효를 다하는 것을 말하는데 반대로 부모가 자식에게 다하니 부모가 자식을 얼마나 사랑하면 그랬을까 하는 생각을 할 수 있으며 이러한 부모의 사랑을 받은 자식 역시 부모를 사랑하여 효양(孝養)했음을 생각할 수 있기 때문이다.

그런데 일본은 애도 시대(江戸時代)에 들어와 나카에 도주(中江藤樹,

1608~1648) 등에 의해 봉건사회 도덕의 기반을 유교로 하려는 운동이 일어나고 결국 중국식의 효(孝)사상을 정착시키려 한다.[39] 이와 같은 에도 시대의 효(孝)사상은 결국 명치유신 때 천황이 교육의 지침으로 직접 칙령으로 언급한 교육칙어(教育勅語)에까지 영향을 미친다. 그러면 교육칙어에 어떻게 영향을 미쳤는가를 살펴보자.

1890년 내려진 교육칙어를 보면 전문이 315자로 구성되어 있다. 교육칙어의 원문과 일본의 문부성(文部省) 도서국(図書局)이 현대문으로 번역하여 정리한 「교육에 관한 칙어의 전문 통석」을 보면서 와쓰지의 생각을 음미하도록 하자.[40]

朕惟フ二我カ皇祖皇宗国ヲ肇ムルコト宏遠二徳ヲ樹ツルコト深厚ナリ我カ臣民克ク忠二克ク孝二億兆心ヲ一ニシテ世々厥ノ美ヲ済セルハ此レ我カ国体ノ精華ニシテ教育ノ淵源亦実二此二存ス爾臣民父母二孝二兄弟二友二夫婦相和シ朋友相信シ恭倹己レヲ持シ博愛衆二及ホシ学ヲ修メ業ヲ習ヒ以テ智能ヲ啓発シ徳器ヲ成就シ進テ公益ヲ広メ世務ヲ開キ常二国憲ヲ重シ国法二遵ヒ一旦緩急アレハ義勇公二奉シ以テ天壌無窮ノ皇運ヲ扶翼スベシ是ノ如キハ独リ朕カ忠良ノ臣民タルノミラス又以テ爾祖先ノ遺風ヲ顕彰スルニ足ラン

斯ノ道ハ実二我カ皇祖皇宗ノ遺訓ニシテ謬ラス之ヲ中外二施シテ悖ラス朕爾臣民ト倶二拳々服膺シテ咸其徳ヲ一ニセンコトヲ庶幾フ

明治二十三年十月三十日

御名御璽

짐이 생각하느니 나의 선조께서 나라를 여신 것은 대단히 원대한 것이며 덕(德)을 세우신 것은 대단히 깊고 두터운 것이다. 또한 나의 신민(臣民)은 충(忠)에 매우 열렬했으며 효(孝)를 다 하였고 나라 안의 모든 사람이 전부 마음을 하나로 해서 대대로 미풍을 만들어 왔다. 이것은 나의 나라 정신(원문에는 '국체')의 정수(원문에는 '정화')이어서 교육의 기반이 되는 것

이다. 너희들 신민은 부모에게 효를 다하고 형제자매 사이좋게 지내며 부부
는 서로이해하고 사랑하며 친구는 서로 신의로서 사귀어라. 또한 자기를 낮
추고 기분대로 하지 말며 사람들에게 자애를 베풀도록 하고 학문을 닦고 가
르침을 배워서 지식과 재능을 기르며 선량하고 쓸모 있는 인물이 되어라.
나아가 공공의 이익을 넓히고 세상을 위하는 일을 하도록 하며 언제나 황실
의 규범과 함께 헌법을 비롯해 제 법령을 존중하고 지키며 만일 위급한 큰
일이 일어났을 때에는 대의에 의한 용기로 한 몸을 바쳐 황실국가를 위해
다 하도록 하라. 이렇게 해서 신(神)의 말씀대로 천지와 함께 끝없는 황위
의 영광을 다하여 받들어라. 이와 같이 하는 것은 단지 짐에 대한 충의를
다하는 선량한 신민인 것만이 아니라 그것이 곧 너희들의 선조가 남긴 미풍
을 확실히 나타내는 것이 된다. 여기에 제시한 길은 진정 나의 선조가 남기
신 가르침이어서 황실조상대대의 자손 및 신민은 다같이 복종하고 지켜야한
다. 이 길은 고금을 통해 영원히 잘못이 없으며 우리 나라는 물론 외국에
있어서도 올바른 길인 것이다. 짐은 너 신민과 함께 이 길을 귀중하게 지키
고 전부가 이 길을 체득하고 실천할 것을 간절히 바란다.

이상의 교육칙어에 대하여 와쓰지는 다음과 같이 말한다. 우선 충효가
나라 정신의 정수라는 의미의 「충효(忠孝)를 들어 국체(国体)의 정화(精
華)」라고 말한 것을 보면 미도학풍(水戸学風)⁴¹⁾에서 말하는 국체(国体)에
대한 생각의 영향이라고 한다. 즉 유교를 통치 책으로 사용한 에도 시대
의 봉건사상이 영향을 미친 것이라는 말이다. 또한 뒷부분에 적혀있는
선조가 남긴 미풍을 의미한 「선조가 남긴 유풍」역시 마찬가지이다.

그런데 와쓰지는 교육칙어는 봉건적인 충군사상(忠君思想)이 들어있다
는 견해에 대하여 반대 의견을 말한다. 교육칙어의 본론 속에는 봉건적
인 충군사상이 들어있지 않다는 것이다. 대의에 의한 용기로 한 몸을 바
친다는 「의용봉공」(義勇奉公)이란 말이 들어있는 것은 공화국의 인민으
로서의 의무이지 반드시 충군사상은 아니라는 것이다. 그런데도 불구하

고「충효를 국체의 정화」로 한다는 사상을 들고있는 것은 미도학의 잔존 세력의 영향을 받아서 그렇다고 한다. 만약 교육칙어를 기초(起草)한 사람이 가벼운 생각으로 썼는지는 모르겠으나 이러한 봉건적 충효사상 대신 인륜적 국가의 이상인 정의의 실현을 국체의 정화로 썼다면 교육칙어는 봉건적 충군(忠君)사상을 보존하는 것이 되지 않았다고 말한다.

그러면 교육칙어를 이러한 봉건적인 충군사상을 제하고 본다면 어떠한가? 와쓰지는 다음과 같이 말하고 있다.「부모에게 효를 다하고 형제자매 사이좋게 지내며 부부는 서로 이해하고 사랑하며」라는 말은 가족관계에서 어떻게 행동할 것인가를 규정한 것이며,「자기를 낮추고 기분대로 하지 말며 사람들에게 자애를 베풀도록 하고」라는 말은 정의사회(情誼社會)에서 어떻게 행동할 것인가를 규정한 것이다. 또한「공공의 이익을 넓히고 세상을 위하는 일을 하도록 하며」라는 말은 경제관계 등 넓은 범위에서 어떻게 행동할 것인가를 가르친 것이며,「친구는 서로 신의로서 사귀어라」는 말은 친구와의 공동체나 정신공동체에서 기초적인 행동을 어떻게 할 것인가를 지시한 것이다.「학문을 닦고 가르침을 배워서 지식과 재능을 기르며 선량하고 쓸모 있는 인물이 되어라」라는 말은 정신공동체의 성원으로서 어떻게 행동할 것인가를 가르친 것이며,「언제나 황실의 규범과 함께 헌법을 비롯해 제 법령을 존중하고 지키며 만일 위급한 큰일이 일어났을 때에는 대의에 의한 용기로 한 몸을 바쳐」라는 말은 국가의 성원으로서 어떻게 행동할 것인가를 규정한 말이다.[42]

와쓰지는 교육칙어를 이와 같이 고찰한 후 교육칙어가 준법의 측면에만 주의를 기울지 말고 정의를 실현한다고 하는 국가의 이념을 적극적으로 취급했어야 한다고 말한다. 물론 간단한 조목 속에 한 구절로 잘 표현할 수는 없지만 이러한 정의가 갖춰져 있었다면 국민국가에 대응한 도덕 요령이 갖추어졌다고 한다.

그렇지만 이러한 교육칙어의 본론 부분의 내용은 거의 무시되고 충효를 표방하는 미도학풍의 국체사상만이 교육칙어의 중핵처럼 해석되었다는 것이다. 그러나 이러한 해석은 굉장한 시대착오이며 미도학에서 말하는 충군(忠君)사상은 봉건적 군주에 대한 개인관계이지, 근대의 국민국가에서의 원수와 인민과의 관계라든지, 국민 전체성에 대한 국민각자의 관계로 보기에는 어렵다는 말이다. 그 결과 교육칙어에 대한 반항이 우치무라 간조(內村鑑三, 1861~1930)를 비롯한 기독교신자들로부터 나오기 시작했다고 와쓰지는 말한다.

그러나 천황에 대한 충군사상은 점점 고조되고 국민도덕 일본주의(日本主義)가 나오게 되고 독일에서 철학을 전공한 동경대학교수인 이노우에 데쓰지로(井上哲次郎, 1855~1944)에 의해 『국민도덕개론』이 나오기에 이른다. 이러한 국민도덕은 메이지 말기에 관헌에 의해 교육자에게 강요하기에 이른다. 그런데 국민도덕(国民道徳)이란 말은 부르짖기 시작할 때부터 개념이 애매했다. 왜냐하면 그저 서양윤리학에 대해 대항하려는 의식에서 나온 것이었기 때문이다.[43]

그런데 와쓰지는 교육칙어를 봉건적 충효사상으로 확대 해석하는 것에 대하여 반대하며 충효사상의 확대에서 나온 국민도덕을 내세운 일본주의 사상에 대해서도 반대한다. 반대 이유는 봉건적 충효사상이 시대착오의 도덕이라는 데에 있으나 그의 풍토철학을 근거로 생각해보면 봉건적 충효사상은 일본 풍토에서 일어난 사상이 아니라는 것이다. 다시 말해 가족중심의 도덕이 풍토에서 비롯한 사상이라는 것이다. 그러면 그가 앞에서도 잠깐씩 언급한 국민국가에 부합된 정의를 내세운 도덕은 어떤 것인가? 이를 일본인의 도덕사상으로서 고찰해 보자.

(2) 해석학적 방법

와쓰지는 일본 풍토에 의해 일본인에게는 존재방식이 형성되어 있으며 따라서 가족을 중심으로 한 도덕도 존재하고 있음을 고찰하고 있다. 그러나 메이지 시대의 일본은 이러한 일본 풍토에서 비롯한 도덕보다는 이외로 천황 중심의 봉건적 충군사상을 강조하게 되었고 그 결과 세계 제 이차 대전의 주역이 되었으며 또한 패전하여 미국에 나라를 맡기는 수모를 겪는다.

이에 와쓰지는 일본 풍토에서 비롯되는 도덕을 기반으로 국민국가에 부합되는 도덕사상을 제안한다.

그런데 그는 도덕사상을 구성한 방법론으로 해석학(hermeneutics)적 방법을 말하고 있다. 그러면 그가 왜 해석학적 방법을 언급하고 있는가? 그 이유는 다음과 같이 생각할 수 있다.

와쓰지는 앞에서도 말했지만 일본에는 이미 풍토를 기초로 한 도덕이 일본인의 존재방식 속에 내재하고 있다고 하였다. 그렇다면 이 도덕을 국민국가에 부합되는 도덕으로 재구성하면 되며 그러기 위해서는 일본을 정확히 해석해야 함을 강조한다.[44] 그래서 해석학적 방법이 무엇보다도 필요하다는 것이다. 그러면 와쓰지가 생각하는 해석학적 방법을 고찰하기 전에 해석학의 일반론이 어떠한 것인가를 살펴보자.

해석학적 방법이 나오기 전에는 대개 규범적 방법으로 우리의 행동을 보고 있었다. 즉 인간은 하루하루 끊임없이 행동을 하며 살아간다. 이때 행동은 무작정 나오는 것이 아니며 어떠한 규범에 의해 나온다고 본다. 다시 말해 제일 처음 관습처럼 만들어진 규범은 한 사람 한 사람 속에 교육 등을 통하여 들어가 그 사람 생각의 기반이 되어 그 사람의 욕구성향을 결정하게 된다. 이와 같은 사람들이 모여 이 규범을 사회 속의 하나의 제도로 만들게 되며 다음 사람들은 이러한 규범에 의해 행동을 하게 된다.

그런데 19세기에 들어와 벡크(August Böckh, 1785~1867)나 딜타이
(Wilhelm. Dilthey, 1833~1911)에 의해 규범적 방법에서의 규범을 의심
하게 되며 해석학적 방법이라는 새로운 방법을 제시한다.

즉, 인간의 행동은 어떤 공유된 규범에 의해 행해지는 것이 아니라 행
위자 서로가 서로의 행동을 의미 있는 것으로 해석하고 이해함으로써 서
로 행동하게 되고 결국 두 사람 관계가 존재하게 된다는 것이다. 이러한
두 사람의 사이를 보면 이러한 행동은 서로가 서로의 행동을 해석하는
하나의 과정이라고 본다. 두 사람은 서로의 행위에서 표면에 나타난 표
현을 자료로 하여 그 맥락과 상황과의 관계에 나타난 의미를 해석하며
상호행위를 유지시켜 나간다. 물론 이때에 규칙이 발견되면 정의를 다시
하여 변경하기도 한다.

이러한 해석적 방법을 보면 규범적 방법이 규칙이라는 원칙부터 시작하
는 연역적 태도를 취하는데 비하여 해석적 방법은 구체적인 행동의 표현을
자료로 하는 귀납적 태도를 취한다 하겠다. 그런데 해석적 방법은 해석을
해야 함으로 해석적으로 기술하는 해석적 기술(interpretive description)
이 필요하다.

다시 말해 해석적 방법은 일상생활 속의 행위에 대한 해석적 기술을
통해 특정한 의미를 해석하며 이해하는 것이 된다. 이 말은 일상생활의
상식적 해석에 의해 일차적 개념이 형성되며 이를 이해하는 논리의 일관
성과 주관적 의미의 해석이 이차적 개념을 만들어 내는 것을 의미한다.[45]
해석적 기술이란 일차적 개념과 이차적 개념을 설명하는 것을 의미한다
고 하겠다.

그러면 와쓰지는 해석학적 방법을 어떻게 말하고 있는가? 와쓰지 역시
그의 저서 『인간학으로서의 윤리학』[46]에서 고찰하고 있다. 그는 벡크와 딜

타이의 해석학과 현상학의 개념과 자기의 생각을 비교하여 정리하고 있다.

먼저 해석학이 표현의 해석을 중시하는 문학(文学)에서 출발하였음을 언급하며 문학(文学)을 문예(文芸)라는 의미에서의 문학이 아니라 문헌학이나 언어학의 의미를 갖는 필로로지(philology)의 의미에서 생각함을 밝힌다.

또한 그는 해석학의 의미를 일상생활에 있어서 두 사람 사이를 존립시키는 「관계」입장에서 시작함을 강조한다. 이 점이 벡크나 딜타이와 다른 점이 되겠다. 그는 해석학에서의 중요한 「표현」의 개념과 현상학에서의 현상과 비교하여 현상학적 현상은 스스로 암묵의 확신 속에 떠오르는 노에마(noema)로서의 의식이 객관성 있는 현상이라고 하여 중요시하지만 해석학의 「표현」은 그러한 현상이 아니라 이렇게 저렇게 지향성을 갖는 방향을 바꾸는 의식인 노에시스(noesis)를 말한다고 한다.

이와 같이 와쓰지는 해석학적 방법을 언급하고 있으나 여기에서 생각할 수 있는 것은 그가 이미 일본풍토에 의해 일본인의 존재방식이 정해져 있으나 이를 정확히 해석하여 이해하는 데 일본인의 지금의 존재방식이 있음을 역설함이 그의 해석학적 방법의 목적이자 특징이라 하겠다. 또한 그는 정확히 해석함이 곧 풍토에 의해 규정된 존재방식을 초월하는 것이라고 역설하고 있다.[47] 그러면 그의 해석학적 방법의 구체적 고찰은 어떠한가?

(3) 윤리학의 키워드인
「윤리」 「인간」 「세상」 「존재」라는 말에 대한 해석적 기술

와쓰지는 해석학적 방법을 말할 때 해석학의 출발이 언어학에 있음을 주장하고 있다. 그래서 그는 도덕사상의 키워드가 되는 「언어」를 해석하고 있다. 제일 먼저 「윤리」라는 말을 시작으로 「인간」 「세상」 「존재」라는 네 가지 말을 해석한다.

① 「윤리」

와쓰지는 「윤리」(倫理)라는 말의 해석을 「윤리학」(倫理学)이란 말에서부터 시작한다. 이유는 그가 윤리학을 연구하기 때문이다. 그는 「윤리학」이 무엇이냐고 물었을 때 「윤리 또는 도덕에 관한 학」이라고 대답한다면 이 대답은 충분한 대답으로 생각되나 표현에서 보면 아무 것도 대답 안한 것이 된다고 말한다. 「윤리 또는 도덕에 관한 학」이라는 대답 속에는 윤리학의 의미가 전부 들어 있으나 구체적으로 표현되어 있지 않기 때문에 결국 대답 안한 것과 같다는 말이다. 그렇다면 윤리 또는 도덕에 관한 구체적인 표현이 윤리학이 아닌가 생각할 수 있다. 와쓰지 역시 「윤리라는 것이 무엇인가를 묻고 이에 대한 대답을 윤리학 자신이 명확히 하는 것」을 윤리학이라고 한다.

그런데 「윤리라는 것이 무엇인가」를 묻는 것은 윤리학에 있어서는 시대나 지역을 초월해 공통적인 물음이 되며 윤리학을 구상하기 위한 유일한 출발점이 된다. 또한 이 물음은 「윤리」라는 말에 의해 표현된 것의 의미를 묻는 것으로 우리가 만들어낸 말이 거나 윤리학의 필요에 의해 만든 말이 아니라 일반적인 말처럼 역사적으로나 사회적으로나 삶의 표현으로서 이미 객관적으로 존재하고 있는 말이다. 그러기에 우리는 「윤리」라는 말의 해석을 실마리로 윤리학을 생각할 수 있다.

와쓰지는 중국인이 「윤리」(倫理)라는 말을 만들어 우리에게 전해 주었지만 언어가 주는 활력은 일본인에게 살아 남아있다고 본다. 그래서 그는 「윤리」라는 말을 다음과 같이 해석한다. 「윤리」(倫理)의 「윤」(倫)이라는 말의 해석을 중국에서 찾아보면, 정신력이 「친구들」(倫) 속에서 뛰어난다는 「정력절윤」(精力絶倫)의 말이나 예기(礼記)에 사람을 모방할 때는 반드시 친구들(倫)한테서라는 말이 있는 것을 보면 「윤」(倫)은 「친구들, 또는 패거리」의 의미가 된다. 인륜(人倫)이라는 말이 「사람패거리」이거나 「인류」(人類)라는 말로 쓰이는 것도 이와 같다.

그런데 「친구들 또는 패거리」라는 말을 일본에서는 「나카마」라고 하며 한자로는 「중간」(仲間)이라는 글자를 쓴다. 이때 중(仲)은 「사람들 속」이라는 말이며 간(間)은 사람들 사이라는 말이다. 즉 일본말로서의 「윤」(倫)인 「나카마」는 「사람들의 관계이자 관계에 의해 규정된 사람들」을 말한다. 다시 말해 인간공동체와 공동체 속에 도리를 다하는 인간들을 말한다고 와쓰지는 해석한다.

그렇다면 「윤리」(倫理)의 「리」(理)는 어떻게 해석하고 있는가? 와쓰지는 「리」(理)는 「도리」(道理)의 「리」(理)이며 「사리에 맞는」의 의미라고 말한다. 또한 인간생활에서 보면 「리」(理)는 한 마디로 「도의」(道義)의 의미를 갖는다고 말한다.

그러면 이 두 말을 합친 「윤리」(倫理)라는 숙어는 어떠한가? 와쓰지는 두 말이 합쳤다고 하여 다른 의미의 말이 되는 것이 아니라 「윤」(倫)에 들어있는 「도」(道)의 의미를 「리」(理)가 더욱 강조할 뿐이라고 한다. 그래서 「윤리」(倫理)란 인간공동체를 존재하게 하는 「사람으로서 당연히 해야할 올바른 길」의 의미인 도의를 말한다.

② 「인간」

와쓰지의 「인간」(人間)에 대한 해석 가운데 일본어를 중심으로 한 해석을 알기 쉽기에 정리해 보자. 「인간」(人間)이라는 말 가운데 「인」(人)을 보면 「사람」이라는 의미와 타인을 의미하는 「남」의 의미를 표현하고 있음을 알 수 있다. 일 예를 들면 일본말에 「남의 물건에 손을 대다」라는 말을 「사람(人)의 물건에 손을 대다」로 표현하기도 한다. 아는 사람에게 「사람(人)의 물건에 손을 대나」로 말하면 「남(他人)의 물건에 손을 대나」의 의미가 되며 모르는 사람에게 「사람(人)의 물건에 손을 대나」로 말하면 「나의 물건에 손을 대나」가 된다. 이러한 예를 보면 사람인 「인」(人)에는 자기(自己)와 타인(他人)의 의미가 다 포함되어 있음을 알 수 있다.

그런데 이러한 「인」(人)에 사이를 뜻하는 「간」(間)이 붙어 「인간」(人間)이란 말이 되는데 이 말은 사람의 사이라는 의미가 되지만 자기와 타인 및 세상 사람들(世人)의 사이(間)를 말하는 것이라고 해석한다.

이렇게 보면 「인간」(人間)은 「사람」(人) 전체를 의미하면서 개개의 「사람」(人)을 의미하는 것이 된다. 「군인」의 경우 하나의 조직된 집단이지만 우리는 「군인」한 사람도 「군인」이라고 부르는 것처럼 「인간」(人間) 역시 마찬가지이다. 이는 일본어의 복수형이 발달하지 않았음을 의미하기도 한다. 이렇게 보면 「인간」(人間)이라는 말에는 「세상 속의 사람들」을 의미하면서 또한 「세상」자체를 의미하는 말이 된다.

③ 「세상」

일본에서는 우리가 사용하는 「세상」이라는 말 대신 「세」(世) 「세간」(世間) 「세의 중」(世の中)이라는 말을 쓴다. 일본발음으로는 「세」(世)는 「요」(世), 「세간」(世間)은 「세켄」(世間), 「세의 중」(世の中)은 「요노나카」(世の中)이다. 이제부터 우리말 「세상」과 일본어 「세간」(世間) 「세의 중」(世の中) 「세」(世)를 섞어서 사용하며 와쓰지의 「세상」 「세간」(世間)이라는 말에 대한 해석을 정리해 보고자 한다.

「세상」을 의미하는 일본의 「세간」(世間)이라는 말은 불교에서 말하는 세상은 무상하다는 「세간무상」(世間無常)이란 말에서 나온 것이라 한다. 일본인은 천 수 백년 전부터 「세간은 허무하고 거짓이나 오직 부처만이 참이다」라는 「세간허가유불시진」(世間虚仮惟仏是真)이라는 말을 써왔으며 여기에서 「세간」(世間)이란 말의 개념을 받아드렸다고 한다.

그런데 「세간무상」(世間無常)을 「세상」이 괴롭다는 「고」(苦)로 생각하는 불교의 말을 좀 더 생각해보면 「세상」이 괴롭다는 것은 아니다. 「세상」속에 살고 있는 인간을 포함한 모든 생명체는 시간이 지남에 따라 늙고 병들어 죽는다. 이런 자연현상은 인간으로서는 어쩔 수 없는 자연현상이므로 괴로워 할 일이 아니라는 것이다. 괴로운 「고」(苦)는 바로 「인간관계」속에 있다는 것이다. 그것도 헤어지고 싶지 않은데 헤어져야 하며 만나고 싶지 않은데 만나야 하는 괴로움을 생각해보면 「인간관계」의 「시간성」에 있다는 것이다. 「세상」의 개념이 사람이 살아가는 사회와 자연환경 등 공간적 의미를 가지고 있음에도 불구하고 이렇게 생각함으로써 「세상」은 시간적 의미로 파악되고 있었다.

그런데 이와 같은 「세상」이란 말이 일상생활의 용어가 되자 「무상」(無常)은 「세상」이란 말의 의미가 되었다. 그리고 「세상」이라는 말은 자기가 사는 이 사회를 의미하는 장소적 의미로 사용하게 되었다.

그런데 「세간」(世間)이란 말에 있어서 「세」(世)와 「간」(間)을 나누어 보면 「세」(世)는 세상을 포기한다는 기세(棄世)나 세상을 피한다는 둔세(遁世) 및 세상의 형편을 말하는 세정(世情), 세태(世態)라는 말에서의 「세」(世)처럼 「세상」 즉 「인간사회」를 의미하는 말이 된다.[48] 우리말에 「세상을 버린다」는 말이 있듯이 일본어에도 이 말이 있는데 일본어로는 「세(世)를 버린다」라고 표현하고 있다.

「간」(間)의 경우 역시 인간과 인간의 사이를 말하는 것으로 인간관계를 의미하며 결국 「세」(世)처럼 세상을 말하는 의미가 된다.

그런데 「세」(世)가 시간성(時間性)을 나타낸다고 한다면 「간」(間)은 공간성(空間性)을 나타낸다. 「세간」(世間)과 같은 「세의 중」(世の中)이라는 말의 「중」(中) 역시 사람들 속이라는 말로 「간」(間)처럼 인간관계를 의미하며 공간성을 띠고 있다.

이와 같이 볼 때 우리말의 「세상」을 말하는 「세간」(世間)이나 「세의 중」(世の中)라는 말은 인간사회의 시간적 공간적인 의미를 가진 말임을 알 수 있다. 그렇다면 인간존재의 공간성과 시간성을 풍토성과 역사성으로 설명하고 있는 와쓰지의 주장은 바로 인간세상을 말한다고도 볼 수 있다.

④「존재」

「존재」(存在)라는 말 가운데 「존」(存)이라는 말을 보면 일본에서 일상적으로 사용하고 있는 「알고 있습니다」의 말인 「존(存)지테오리마스」가 있다. 이 말에서 「존」(存)은 「마음속에 무언가를 보존한다」는 말이다. 「마음속에 무언가를 보존한다는 것」을 「안다」라는 의미의 말이다.

중국의 고전인 『맹자』의 「이루」(離婁)편에 「인지소이이어금수자기희, 서민거지, 군자존지」(人之所以異於禽獸者幾希, 庶民去之, 君子存之)라는 문장이 있는데 이를 주자(朱子)는 「사람이 짐승과는 달리 사람이라고 하는 이유는 서민은 이것을 알지 못하여 버리나 군자는 이것을 알아 보존한다」라고 해석한다. 와쓰지는 이때의 「존」(存)은 그저 「보존하다」가 아니라 「자각적(自覺的)인 보존」을 의미한다고 말한다. 다시 말해 「자기가 깨달아 안 것」을 말한다.

이와 같이 볼 때 「존」(存)이란 자기가 깨달아 안 것이므로 자기의 생존(生存)을 의미하는 것이 된다. 그러므로 「존」(存)은 주체로서의 「존」(存)이지 객체로서의 「존」(存)이 아니다. 존명(存命), 생존(生存) 등의 말을 보면 「존」(存)은 「─을 존(存)한다」는 말이지 「─가 존(存)이다」라는 말이 아니다.

「재」(在)라는 말은 「─에 있다」라는 말로 「존」(存)이 시간적 의미를 갖고 있다고 한다면 「재」(在)는 장소를 나타내는 공간적 의미를 갖는다.

이상과 같이 고찰한 와쓰지는 「존재」(存在)라는 것은 「자기가 깨달으며 세상에 있는 것」을 의미한다고 말한다. 「자기가 깨달으며 세상에 있는 것」이란 생활 속에 자기가 중심이 되어 다른 인간들과 인간관계를 하며 산다는 말이 된다. 즉 「존재」(存在)는 「인간존재」를 의미한다. 「인간존재」가 아니고 「물건의 존재」를 말한다면 이는 의인화에 불과한 표현이다. 일 예로 「책상이 존재한다」고 하는 경우 그저 「책상이 있다」는 말이지 어디에 언제 있다는 말은 아니다.

(4) 인간학으로서의 윤리학 구상

와쓰지는 이상과 같이 윤리학의 키워드인 「윤리」「인간」「세상」「존재」라는 네 가지 말의 근본개념을 해석하였다.

「윤리」는 인간공동체 존재의 밑바탕을 이룬다고 규정했으며 윤리학은 윤리의 학이며 그러기에 인간존재의 학이 되지 않으면 안 된다고 해석한다.

「인간」이란 개인성과 사회성을 가지고 있으므로 개인이자 동시에 사회인 「세상」의 의미를 가진다고 해석한다. 그러기에 「인간」이 「존재」한다는 것은 바로 개인이자 세상이 존재하는 것이 된다. 그런데 「존재」한다는 것은 두 가지 모습을 보인다. 하나는 물질이 존재하듯 그저 존재하는 것이다. 독일어로 말한다면 자인(Sein)의 의미가 되겠다. 또 하나는 「인간」이 스스로 자각하여 「존재」하는 것이다. 여기에는 자각함으로 자기가 주체가 되어 행동하므로 「하지 않으면 안 되는 당위성(当為性)」이 존재한다. 즉 졸렌(Sollen)의 의미가 되겠다.

그런데 「인간」이 스스로 자각하여 「존재」한다는 말에는 절대부정(絶対的否定)이 있다고 와쓰지는 말한다. 절대부정이란 쉽게 말하면 볍씨가 싹이 틀 때 볍씨가 없어지면서 싹이 튼다. 볍씨가 반드시 없어져야지 다시 말해 볍씨의 존재를 절대로 부정해야지 싹이 튼다는 것이다. 이렇게 다음 단계로 변화하기 위해 없어지는 것을 절대부정이라 한다.

이러한 자연의 원리는 인간존재에도 작용한다. 제일 먼저 개인성인 자기를 부정(否定)함으로써 사회성인 세상이 된다. 다시 말해 자기를 부정함으로서 전체 속의 개(個)가 되며 개(個)를 부정함으로써 전체(全体)로 돌아가는 운동을 인간의 주체적 존재라고 한다. 이 운동이 바로 인간공동체를 가능하게 하는 것이라고 말한다.

이렇게 보면 「인간공동체」안에 이미 「윤리」가 있을 뿐 아니라 이미 실현되고 있다고 와쓰지는 말한다. 그런데 이러한 「윤리」를 파악하는 것이 윤리학이 된다. 다시 말해 인간존재에서 주체적으로 실현되고 있는 윤리를 일정한 방법으로 학문적 의식에 되돌리는 것이 윤리학이 된다는 것이다.

그렇다면 「윤리」의 학은 「인간존재」의 학이 되지 않으면 안 된다. 이것을 「인간학으로서의 윤리학」이라 한다. 그러면 와쓰지가 구상한 「인간학으로서의 윤리학」은 어떠한 것인가? 와쓰지는 「인간학으로서의 윤리학」의 원리로서 「부정적 구조」를 들며 『윤리학』이라는 저서로 정리하고 있다.[49]

① 부정적 구조의 원리

와쓰지는 인간존재의 근본이 되는 법칙으로서 부정적 구조(否定的構造)를 들고 있으며 이 인간존재의 근본법칙이야말로 그가 말하는 「인간학으로서의 윤리학」의 근본원리라고 한다. 그러면 근본원리가 되는 부정적 구조란 어떤 것인가?

와쓰지는 부정적 구조를 인간존재의 근본 법칙으로 하고 있는가에 대한 이유를 인간의 존재양식을 가지고 설명하고 있기에 여기서는 좀 더 이해하기 쉽게 설명해 보고자 한다.

자연환경 속에 생명체가 살아가는 모습을 보면 부정적 구조의 원리가 존재하고 있음을 생각할 수 있다. 일 예로 벼가 쌀이 되기까지의 벼의 일생을 살펴보자. 물과 온도가 적절한 모판에 볍씨를 뿌리면 일정한 시간이 지나 벼 싹이 돋아난다. 이 때 볍씨는 어디간지 없어지고 모양과 색이 전혀 다른 녹색 잎이 달린 싹이 나온다. 이 때 새싹은 씨가 없어지면서 생기게 된 것이기에 다시 말해 씨의 존재를 긍정할 수 없기에 부정이란 말을 할 수 있게 된다. 그런데 이 때의 부정은 단지 씨만이 없어지기에 앞에서도 말한 것처럼 절대적 부정이라 할 수 있다. 그런데 이 벼 싹은 점점 자람에 따라 성장한 한 포기의 벼로 변한다. 이렇게 자라는 과정 역시 부정의 연속이라 할 수 있다. 다 자란 벼 싹은 벼이삭을 맺으며 처음으로 돌아간다. 이러한 라이프 사이클(life cycle)을 부정의 연속으로 본다는 말이다.

즉 한 생명체가 일정한 시간적 공간적 제한 속에 존재해 가는 모습을 움직이는 원리를 부정적 구조의 원리라고 한다. 그런데 존재해 가는 모습을 보면 앞의 모습이 없어지면서 새 모습이 나타난다. 즉 없어지면서 나타나기를 반복한다. 그래서 없어지는 것을 부정으로 표현한다면 이는 절대적 부정의 연속으로 본다는 것이다.

이와 같은 부정적 구조의 원리를 구조주의에서는 변환(変換)이라고 한다. 그런데 구조는 이렇게 변환을 통하여 존재해 가지만 변환이 안 되는 전체성이 있다고 하며 이것이 그 구조의 고유성이자 특징이 된다고 한다. 이와 같은 구조의 원리에 대하여 위에서 말한 벼의 경우에서 보면 벼로 태어나 벼로 돌아가는 특징이 구조의 고유성이자 전체성이 되겠다.

이러한 자연의 법칙인 부정적 구조의 원리를 와쓰지는 인간에게도 다음과 같이 적용한다.

인간은 일정한 시간성과 공간성 속에 하나의 공동체로서 존재한다. 그런데 한 인간이 공동체의 한 사람으로서 존재하는 모양을 좀더 자세히 보면 한 인간이 개인으로 존재하는 것이 아니다. 아니 개인으로 개성을 내세운다면 전체라는 공동체가 존재할 수 없게 된다. 공동체가 존재하려면 자기라는 개성을 없애지 않으면 안 된다. 다시 말해 자기를 부정함으로서 공동체의 일원이 되는 것이다. 존재로 말하면 자기라는 개인의 존재를 부정함으로서 공동체라는 전체가 존재하게 되는 것이다.

그런데 자기의 존재를 부정한다고 하여 자기가 없어지는 것이 아니라 공동체의 일원이 되는 것이므로 자기를 부정한다는 말은 공동체와 분리된 자기를 부정한다는 말이지 자기의 전부를 부정한다는 말이 아니다. 그러므로 구조에서 말하는 자기의 전체성은 공동체 속에 존재하게 되는 것이다. 또한 작은 공동체는 자기를 부정함으로서 더 큰 공동체가 존재하게 되며 이렇게 하여 국가라는 공동체가 존재하게 된다.

이와 같이 볼 때 자기를 어떻게 부정하는가? 또는 작은 공동체를 어떻게 부정하는가? 라는 부정의 방법이 문제가 된다. 이 문제를 와쓰지는 시간성과 공간성이라는 자기존재를 제한하는 요인으로 해결하고자 한다. 즉 그가 풍토철학에서 주장한 시간성인 역사성과 공간성인 풍토성은 이미 인간존재 양식은 만들어 왔으며 그래서 부정은 바로 이 양식을 받아들이는 것이라 한다.

그러기 때문에 와쓰지는 각 민족이나 개인들은 부정의 방법이 다르며 그래서 개인으로부터 국가까지 존재양식이 다르게 된다. 다시 말해 부정적 구조에 따라 인간존재가 달라진다는 것이다. 그러므로 부정적 구조야말로 인간관계 및 인간존재의 근본 법칙이 되며 동시에 윤리학의 근본원리라고 말한다.

② 신뢰와 진실이라는 중심 도덕

와쓰지는 인간존재를 엄밀히 보면 부정적 구조에 의해 인간이 존재하고 있다고 말한다. 그런데 이 부정적 구조를 움직이는 도덕이 있으니 이를 「신뢰」라고 하며 신뢰의 중심은 「진실」이라고 한다.

먼저 「신뢰」(信賴)에 관한 그의 주장을 보면 다음과 같다. 우리가 일상생활에서 아는 사이나 이웃 간은 물론 전혀 모르는 사람과도 서로가 도움을 청하며 도우면서 살고 있다. 이러한 일상생활을 보면 인간행위는 일반적으로 서로의 「신뢰」에 의해 일어난다. 가정을 보면 부부간 부모와 자식간에 사랑과 보호에 의한 「신뢰」가 있어야 가정이 존재하게 된다. 사회 역시 마찬가지로 회사원, 공무원, 선생, 학생, 운전기사, 농부, 상인, 직공 등 여러 구성원들 사이에 신뢰가 있어야 사회적 행위가 나타나며 사회가 존재하게 된다. 인간들의 「신뢰」에 대한 사회적 표현이야말로 그 인간들이 구성한 사회적 특징이 된다.

그러면 이러한 「신뢰」의 근거는 무엇인가? 와쓰지는 당시의 「신뢰」의 이론을 고찰하지만 결국 신뢰의 근거는 인간존재의 공간적 시간적 구조에 있다고 말한다. 이 말을 이해하기 쉽게 설명해 보면 먼저 인간존재의 공간적 시간적 구조란 말을 설명해야 한다. 물론 이 말은 풍토론에서 이미 설명한 말이지만 간단히 말해 보면 인간은 공동체로 존재할 때에 자기 주위의 공간적 요인인 풍토에 의해 존재양식이 형성되며 이것이 그때그때의 역사로 나타난다. 즉 인간존재양식은 풍토에 의해 내용이 형성되고 이것이 형식으로 나타난 것이 역사가 된다는 말이다.

그렇다면 이러한 인간존재 구조를 근거로 하는 신뢰 역시 풍토에 의해 내용이 만들어져 그 형식이 역사 속에 나타난다. 그래서 일본의 신뢰는 다른 나라의 신뢰와 다르다는 말이 된다. 그런데 이렇게 신뢰가 인간존재의 풍토와 역사의 구조 속에 근거를 두고 인간관계를 성립시키고 있다면 인간관계 역시 풍토와 역사의 구조에 근거를 두고 있음을 알 수 있다.

그런데 와쓰지는 이렇게 「신뢰」에 의해 인간관계가 존재한다고 하지만, 그렇다고 「배반」과 같은 「신뢰」가 없는 인간관계가 없다는 말이 아니라고 한다. 「신뢰」의 결핍이 「배반」과 같은 인간관계를 가져온다고 한다. 그러면 왜 「신뢰」의 결핍이 일어나는가? 이를 생각하기 위해서는 「신뢰」의 중심이라 할 수 있는 「진실」을 고찰해야 함을 역설한다.

인간의 「진실」(真実)이라고 하면 다른 말로 인간의 참된 이치(真理) 또는 인간 존재의 참된 모습(真相)이라고 와쓰지는 말한다. 그러면 「진실」은 일상생활에서는 어떠한 상태를 말하는가? 와쓰지는 크게 둘로 나누어 생각하고 있다.

하나는 말과 사실과의 일치 아니면 불일치를 말한다고 한다. 물론 불일치는 허위가 된다. 말과 사실과의 일치를 참된 말로 「참」(真)이라고 하며 일본어로는 「마코토」라 한다. 일본말에 「참을 말해 진실을 이야기한다」는 말이 있으며 이 말은 「주어진 사실에 말을 합치시키는 것」을 의미한다. 물론 이 때 합치하지 않으면 거짓이든지 허위가 된다.

그런데 당사자가 인식부족으로 허위를 말한 것이 오히려 사실과 합치하는 경우가 있다. 이 때 그가 사실을 말한 것인지 아니면 거짓을 말한 것인지는 당사자의 마음에 달려있다. 당사자의 마음이란 상대를 속이려고 했는지 아닌지에 따라 진실인가 허위인가를 정하는 것을 말한다.

이렇게 보면 이런 문제는 사실의 진상을 밝히는 것이 아닌 것이 된다. 따라서 진실과 허위의 문제는 대인관계에서 정해지는 것이지 사실과 말과의 관계에서 나오는 것은 아니다. 이 점을 잘 안다면 거짓의 문제는 곧 해결된다고 말한다.

두 번째는 말과 행위가 일치인가 불일치인가이다. 주어진 말에 행동을 일치시킨 것을 진실 또는 충실이라고 하며 불일치는 허위 또는 불충실이라고 한다. 이 때 주어진 말이란 흔히 약속을 말한다. 그런데 약속은 단지 말이 아니라 인간관계의 표현이며 약속 자체가 신뢰에 의한 행위가 된다. 그러므로 약속에 충실한 것은 신뢰를 실현하여 인간존재의 참모습을 보여주는 것이며 약속을 어기는 것은 이 신뢰를 끊는 것이 된다. 그래서 진실은 인간관계에 의해 정해지는 것이라고 재차 말할 수 있다.

이와 같이 「진실」을 생각해 볼 때 「진실」이 일어나지 않게 하는 것이 근본적으로 악(惡)이 되며 인간존재에서 「진실」이 일어나고 행동이 「진실」할 때 선(善)이라고 한다. 그런데 선악(善惡)의 기준은 때와 장소에 따라 다르다고 보는 생각이 있다. 그러나 이 생각은 잘못된 것이라 한다. 왜냐하면 때와 장소에 따라 다른 것은 신뢰관계의 범위나 표현 방법이지 선악의 기준이 아니기 때문이다. 신뢰에 답하는 것이 선이며 신뢰를 끊는 것이 악이라는 원리는 원시사회부터 지금에 이르기까지 불변이라고 한다. 이렇게 선악의 의미를 신뢰를 기준으로 생각한다면 인간이 갖는 죄책(罪責)이나 양심(良心)이라는 말을 생각지 않을 수 없다.

죄책(罪責)이란 말은 원래 유럽으로부터 들어온 말로 일본말로는 적당치 않으며 번역으로 쓰인 죄책(罪責)이라는 말 자체가 애매하다고 한다. 원어는 독일어 슐트(Schuld)라는 말로 의미는 「남에게 빚을 진다」라는 말이다. 이 말을 기독교 문화권에서 보면 신의 명령을 등진 경우의 말이 된다. 그래서 남에게 빚을 진자는 「신뢰」를 배반한 것이 나쁘다는 것을 깨달았을 때 갖는 「미안」한 느낌이 죄책(罪責)감을 형성하게 된다. 이 미안한 느낌은 「양심의 소리」와도 통한다.

「양심」이란 말은 일찍이 맹자가 사용한 말로 「인의의 마음」(仁義之心)이라고 했다. 맹자는 양심을 배우지 않아도 알며 익히지 않아도 능한 「양지양능」(良知良能)으로 말하기도 한다. 즉 양심은 「도덕적 의식」 또는 「도덕적 인식」을 의미한다. 그러나 유럽에서 말하는 컨시언스(conscience)나 게비센(Gewissen)은 어원으로 보면 공동으로 알고 있는 공동지(共同知)나 지식을 의미한다. 죄책이나 양심을 이와 같이 고찰한 와쓰지는 이 두 말의 의미가 인간존재의 공간적 시간적 구조를 이루는 「진실」한 「신뢰」에 근원이 있음을 강조한다.

③ 인륜적 조직의 시작 – 가족

인간은 개인적 존재이나 자기를 부정하는 부정적 구조의 원리에 의해 사회적 존재로서 존재하게 되며 이 때 신뢰라는 윤리가 부정적 구조의 원리를 작동시킨다. 이렇게 인간존재구조 속에 윤리가 작용함을 명확히 해석하는데 와쓰지의 윤리학의 특징이 있다. 그런데 그는 인간존재구조를 다른 말로 인륜적 조직으로 표현하며 그 시작을 가족이라는 사회를 든다. 그러면 이제부터 그가 말하는 가족사회의 윤리를 살펴보자.

그는 가족사회의 시작을 「두 사람 공동체」로부터 설명한다. 전혀 모르는 두 사람이 성적인 애정을 계기로 「친밀」해진다. 「친밀」이 깊어질수록 서로가 참견을 하게 된다. 이 때 참견을 어느 한 쪽에서 거부하게 되면 두 사람의 「친밀」은 끝나고 만다. 이러한 두 사람은 아이들처럼 다투면서 더욱 더 「친밀」해진다. 이러한 「친밀」에 의해 두 사람 사이에는 자기 것만이라는 사(私)가 없어지며 제3자의 참여를 허락하지 않게 된다.

그런데 두 사람이 「친밀」해지는 계기가 되는 성적인 애정을 보면 처음에는 대개 얼굴을 보고 일어나는 경우가 많다. 얼굴에서 믿음직스러움을 갖춘 아름다움을 느꼈을 때 일어난다고 한다. 물론 이러한 성적 애정은 자연적 충동이지만 단순한 본능은 아니다. 왜냐하면 단순히 자기의 쾌락만을 가지려는 충동이 아니고 상대의 개성, 인격, 가치 등 모든 것을 가지려 하기 때문이다.

결국 이러한 두 사람은 결혼을 통해 부부라는 하나의 공동체를 만들게 된다. 이 때 세상의 공인(公認)이라는 하나의 규정이 더해진다. 공인이란 두 사람이 자기와 타인 둘로 나눌 수 없는 자타불이적(自他不二的)인 공동존재가 될 때 일어나는 여러 가지에 대해 제삼자들이 모르는 척하는「삼가는 태도」를 말한다.

이러한 부부(夫婦)는 화합(和合)의 길(道)을 걷게 된다. 남편(夫)은 밖에서 일함으로써 생활에 필요한 물건을 획득하며 부인을 지키고 부인이 하는 일을 넓혀주며 부인(婦人)은 집안에서 남편을 위하고 부드럽게 대함으로서 남편의 활동력과 투쟁력을 높여주는 것을 말한다.

이러한 가운데 남편의 도덕인 부도(夫道)와 부인의 도덕인 부도(婦道)가 확실해진다. 먼저 부도(夫道)를 말한다면 말할 수 없는 것은 아니나 부도(婦道)를 잘 하게 하는 것이 부도(夫道)가 된다.

그러면 부도(婦道)는 어떠한 것인가? 한 마디로「부드러움」이라고 한다.「부드러움」이란 남편의 신변의 모든 일에「신경을 쓰는 것」이라 한다. 그 외에도「조심스럽다」「아늑하다」「정숙하다」등이 있음을 든다. 이러한 부부사이에 자식이 생겨「세 사람공동체」가 형성된다.

「세 사람공동체」의 윤리를 말하기 전에 우선 특징을 말하면 부모와 자식간의 혈연(血緣)관계인 친자관계(親子関係)가 된다. 즉 부부 둘만의 세계에 자식이라는 제삼자의 간섭이 일어나 폐쇄적인 존재가 깨어지게 된다. 나아가 부모자(父母子)라는 삼인관계(三人関係)가 하나의 공동체로 발전한다. 그런데「세 사람공동체」의 특징은 한 사람이 두 사람 사이를 결합(結合)을 시키기도 하고 이간(離間)을 시키기도 하는 이중성을 가지고 있다는 것이다.

이와 같은「세 사람공동체」의 도덕은 부모와 자식간의 관계가「양육의 관계」라는 속에 존재하게 된다. 부모는 자식을 존중하고 자식은 부모를 존경하는 사이가 되게 하기 위해서는 자식이 성장함에 따라 부모는 권위가 아니라 이해로서 동지나 친구처럼 대하여야 하며 자애(慈愛)로써 자식이 신선한 활력을 갖도록 해야 한다. 이를 와쓰지는「효(孝)도덕」이라고 해석하고 있다. 다시 말해「효(孝)도덕」이란 부모와 자식간의「신뢰」와「진실」의 관계가 나타난 것이라 한다.

이와 같은「세 사람공동체」에 관한 고찰은 부모의 위치에서 본 것이며 자식들의 위치에서 보면「형제자매공동체」가 된다. 이「형제자매공동체」에 있어서의 도덕을 다음과 같이 고찰한다.

「형제자매공동체」의 형제자매 관계는 혈연에 의한 개인적 존재의 집단이다. 그러나 개인적 존재를 부정함으로써 넓은 인간애를 얻을 수 있는 인륜적 의의를 갖는 공동존재이다. 그러면 이러한 공동존재가 되려면 어떠한 도덕이 작용하는가?

「형제자매공동체」는 서로가 비밀을 존중해 주고 봐주며 편들어 주는 등 서로를 위한다. 이것을「관용」(寬容)으로 보며 이를 제일의 특징으로 본다. 다음은 부모와 자식 사이처럼 강한 요구가 형제자매 간에는 없어 명랑한 성격을 보인다. 그래서「명랑성」이 두 번째 특징이 된다. 그런데「형제자매공동체」는「부부공동체」나「부모자식공동체」와는 달리 여유가 있으며「개방적」인 것이 세 번째 특징이 된다고 한다. 이러한 세 가지 특징을 가진「형제자매공동체」의 길(道)을 좋은 사이라는 의미의「우애」(友愛)라고 한다. 이「우애」(友愛)가 바로「형제자매공동체」의 도덕이 된다.

④ 가족에서 친족공동체

일본의 친족법에 의하면「친족이란 자기 및 배우자를 규준(規準)으로 한 부모들의 혈연자 및 배우자를 말한다」로 되어있다. 이 친족법에서 나의 가족과 처의 가족 사이에 두 가족을 넘어선「친족공동체」가 존재함을 알 수 있다.

그런데 이「친족공동체」는 관혼상제(冠婚喪祭)를 통해 희비(喜悲)를 같이하며 일체감을 갖는다. 또한 일체감은 조상에게 제(祭)를 올릴 때 나타나기도 하며 가난한 가족이 있으면 상부상조하며 우애를 돈독히 한다.

이 「친족공동체」는 작은 씨족사회를 이루며 점점 커지면서 문중 통치 조직이 형성되고 문중의 제일 어른이 문중회의를 주재하기도 한다. 일본의 경우는 문중의 시조를 씨신(氏神)이라고 하며 원시적 종교적 공동체가 되기도 한다. 이와 같은 「친족공동체」는 혈연을 지반으로 하며 가족이 폐쇄적인데 비해 「형제자매공동체」처럼 우애(友愛)를 도덕으로 개방적이 된다.

⑤ 지연공동체

「친족공동체」가 혈연을 지반으로 한다면 「지연공동체」(地緣共同体)는 토지(土地)를 기반으로 한다. 그런데 토지를 공동으로 한다는 것은 지방에서는 문화를 공동으로 한다는 말이며 나아가 정신을 공동으로 한다는 말이 된다.

인간은 집밖에서 노동을 하며 생산도구를 얻는 속에 같은 토지 위에 사는 동네사람들과 밀접해진다. 일본의 경우, 「지연공동체」의 전형으로 「오인조」(五人組)를 든다.

이는 우리 나라 조선시대의 성종왕 때 한명회의 제안으로 시작한 오가작통(五家作統)과 유사한 것이다. 오가작통은 범죄자 색출, 세금징수, 부역동원 등을 효과 있게 시행하기 위하여 국가가 시행한 제도이다.

그런데 일본의 「오인조」(五人組)는 에도 시대(1600~1867)에 일본을 통치한 막부가 동네의 백성과 면이나 읍의 지주들에게 명하여 만든 이웃을 보호하기 위한 조직으로 다섯 집을 일 개조로 하여 화재, 도둑, 부랑자들로부터 서로 보호해 주며, 혼인, 상속, 출원, 대여 등의 입회나 보증을 서로 하게 하며, 예수교 신자 색출, 납세나 범죄에 대한 연대 책임 등을 위해 만든 제도이다. 「오인조」(五人組)를 배로 하여 「십인조」(十人組)

가 생기기도 했다. 이와 같은「지연공동체」에서 도덕을 찾아본다면「겸손」(謙遜)「삼가는 마음가짐」「신중」(愼重)「어려워함」「사양」을 든다고 말한다.

⑥ 경제적 조직

일본에서 경제(経済)라는 말은 경세제민(経世済民)에서 나온 말이라고 한다. 경세제민의 의미는 민중의 의식주가 평안하고 태평하게 되도록 세상을 다스리는 것을 말한다. 이렇게 와쓰지가 경제란 말의 근원을 해석하는 이유는 흔히 경제라 하면 돈과 직결시켜 생각하는데 과연 그런가를 명확히 해석해 보기 위해서라 하겠다.

인간은 세상을 살다보면 무엇보다도 의식주가 필요한 이상 이를 생산하거나 팔기 위해 많은 집단이 형성된다. 인간이 세상에 존재한다는 것은 바로 경제적 집단으로 존재한다는 것이다. 와쓰지는 이를「경제적 조직」으로 보고 있다. 그렇다면 인간의 존재는 물질을 위해 존재하는 것처럼 보인다. 그러나 실은 그렇지 않다. 와쓰지가 이를 설명하기 위해 든 예를 들어보자.

　　한 사람의 노동자가 공장에서 노동하고 그 대가로 임금을 받는다. 그는 받은 임금을 가지고 의식주에 필요한 필수품을 구입함으로 욕망을 충족하고 있다. 그렇다면 노동자는 이러한 욕망을 충족하기 위해 노동을 하는 것이 아닌가 라고 생각할 수 있다. 그러나 노동자의 생활을 자세히 보면 그런 것은 아니다. 그가 열심히 일하는 것은 부인과 자식을 먹여 살려야 하기 때문이다. 그것은 부인이나 자식의 욕망을 충족시킴으로써 달성된다. 그러나 노동자가 목적으로 하는 것은 부인과 자식이 걱정 없이 사는 가정생활의 평안에 있다. 의식주의 욕망만을 달성하기 위한 것은 아니다. 그는 가끔 부인이나 자식이 좋아하는 먹을 것을 사 가지고 간다. 물론 이것은 부인과 자식의

식욕을 충족하는 것이 아니냐고 할 것이다. 물론 부인과 자식의 식욕을 충족시키는 것이 된다. 그러나 노동자가 바라는 것은 충족을 넘어 부인과 자식이 기뻐하는 가족의 기쁨이다. 그런데 만약 충족을 통해 기쁨이 왔다고 하면 충족은 수단이지 목적이 아니다. 설사 노동자가 자기는 욕망충족을 위해 일했다고 생각하더라도 참된 의미는 욕망충족이 아니라는 것이다.[50]

이와 같은 일 예를 통해 생각할 수 있는 것은 「경제적 조직」이라 하여 이기적이고 물질적인 폐쇄적 인간존재가 아니라 일상생활용품의 생산 소비 분배 등의 활동 속에 마음을 다하여 상호 봉사하며 나아가 평안, 기쁨, 행복을 갖는 인간존재구조라는 것이다. 그러기에 경제적 조직은 인류조직이라고 말한다. 또한 이 「경제적 조직」 속의 지역성을 넘기 위해서는 초 지역적인 「문화적 공동체」를 강조한다.

⑦ 문화적 공동체

와쓰지는 「지연공동체」의 기반이 되는 것에 토지(土地)와 문화(文化)를 들고 있다. 토지(土地)는 인간존재의 공간적 요인이 된다. 그러면 문화는 어떠한가? 문화를 분야별로 구분한다면 예술·종교·학문·도덕 등을 들 수 있다. 종교의 경우를 보면 절대자와 관계하는 활동과 그 성과로서 만들어진 의식(儀式), 신조(信条), 교단조직 등을 말한다. 종교처럼 예술, 학문 도덕 등도 마찬가지이다.

이와 같은 문화는, 많은 시간에 걸쳐 문화를 만드는 활동과 만들어진 문화재로 크게 나눌 수 있다. 그런데 문화를 만드는 활동에 참여한 많은 사람들은 서로 협동 봉사하는 사이이므로 「친구」라고 한다. 그렇다면 「문화적 공동체」란 문화재를 만드는 친구들의 공동체를 말한다.

다시 말해 문화를 만들어내는 친구들의 활동은 협동 봉사라는 윤리가 존재하는 인간의 활동이라는 것이며 이 속에는 각자 나름대로의 인간관계구조가 내재되어 있다. 이를 와쓰지는 점토로 병을 만드는 과정을 일 예로 설명하고 있다.

점토로 병을 만들 때 점토와 병의 모양과의 관계만을 알아서는 안 된다. 만드는 사람과 만드는 활동을 알아야 하며 나아가 병은 사회적으로 일정한 의미가 정해져 있으며 그 모양 역시 이미 사회적으로 거의 결정되어있음을 알아야 한다. 문화란 한편으로는 개인적 창작활동이지만 다른 한편으로는 공동성의 표현이 된다. 이것을 알고 있을 때 만들어진 병은 병으로서의 역할을 충분히 하게 된다.[51]

이상의 예에서 문화를 만드는 친구들은 지역성을 초월한 문화재를 만들게 되며 이러한 가운데 「문화적 공동체」는 열린 인류조직이 된다. 이상의 설명을 통해 와쓰지의 인간학으로서의 윤리학에 대한 구상의 주요한 점을 고찰해 보았다.

4) 와쓰지의 도덕사상에 대한 결론

와쓰지의 풍토론에 따르면 일본적인 몬순풍토는 어느 민족이 와서 살아도 「수용적·인종적·태풍적 성격」을 형성하게 되며 그것도 「전투적이고 돌발적인 변화」를 내포한 태풍적 성격이 된다. 이러한 풍토성을 기반으로 한 긴 역사라는 시간성에 의해 형성된 인간존재구조를 보면 일본인들이 보여준 남녀간의 연애감정에서부터 가족형태 및 국가형태까지의 제반형태의 형성은 어쩔 수 없는 일본적인 문화라 하겠다.

그는 여기에서 윤리사상의 키워드인 윤리, 인간, 세상, 존재라는 말에 대한 해석적 기술을 기초로 인간학으로서의 윤리학을 제안한다.

그가 제안한 윤리학이란 진실한 신뢰에 의해 일어나는 부정적 구조를 원리로 가족공동체, 형제자매공동체, 친척공동체, 지역공동체, 경제적 조직, 문화공동체를 인류조직으로 해석한다. 이러한 그의 해석을 충분히 파악하고 실천하는 것이 그가 구상하고 제안하는 윤리학이라 하겠다.

이러한 풍토론적 관점에서 비롯한 그의 윤리학 구상은 일본인의 사상으로 일본인형성에 큰 영향을 주었으며 주고 있다고 하겠다.

2. 나카무라 하지메(中村元)의 일본인론

현재의 세계는 지구촌이라는 말이 의미하는 것처럼 세계 199개를 넘는 나라가 하나의 공동사회로 통합되어가고 있다. 그런데 이 통합에는 두 가지 의미가 있다. 하나는 세계 각국이 진화론적으로 통합하는 자연적 통합이며 또 하나는 세계 각국이 서로 존중 협동 속에 통합하는 도덕적 통합이다. 물론 지구라는 위치에서 보면 어떻게 통합이 되던 번영이 이루어지면 그만 이라고 하겠으나 인간존중이라는 차원에서 보면 후자인 도덕적 통합에 더 큰 의미가 있다고 하겠다. 그런데 이러한 통합을 일상생활의 양식인 문화의 차원에서 좀더 생각해 보고자 한다.

세계의 각 나라는 각각 특징을 갖춘 문화 속에 살고 있다. 그런데 문화는 물의 흐름 같아서 자연스럽게 교류되며 이때에 좀더 편리하고 재미있는 문화는 별 저항 없이 받아들이게 된다. 이러한 문화의 흐름을 위의 통합과 관련시켜 보면 바로 문화의 자연적 통합이라고 하겠다.

그런데 문화의 자연적 통합은 인류가 하나가 된다라는 차원에서는 그리 문제가 되지 않는다고 하겠으나 자기 문화의 측면에서 본다면 문화의 통합을 자연적인 것만으로 내버려 둘 수는 없다. 다시 말해 자연스럽게 들어오는 문화를 수용 안 할 수는 없으나 자기의 문화를 진보 발전시키기 위한 입장에서 수용하지 않으면 안 된다. 즉 위의 통합과 관련시켜 문화의 도덕적 통합을 지향하지 않을 수 없다는 것이다.

그러면 문화의 도덕적 통합을 위해서는 어떻게 해야 하는가. 우선 무엇보다도 먼저 남의 문화를 수용하기 위해서는 자기의 문화를 알지 않으면 안 된다. 그런데 문화란 생활양식이라는 형식에만 멈추지 않고 바로 그 문화를 만들고 실천하는 인간의 됨됨이와 직결되므로 자기 문화를 안다는 것은 곧 자기를 안다는 말이 되겠다.

위와 같은 측면에서 나카무라는 동양인의 사유방법이라는 동양인을 연구하는 속에 일본인을 연구하고 있다. 아니 일본인을 연구하는 일환으로 동양인을 연구하고 있다고 하겠다.

나카무라는 1912년 일본의 시마내현(島根県)의 마쓰에시(松江市)에서 태어났으며 동경대학 철학과 교수를 역임한 일본이 자랑하는 석학이다. 특히 그의 저서 『동양인의 사유방법』은 와쓰지 데쓰로의 『풍토-인간학적고찰』과 함께 영어로 번역하여 세계에 내놓은 일본의 명저라고 한다.

그런데 그의 동양인의 사유방법에 대한 연구는 매우 방대한 스케일을 이루고있다. 즉 인도에서 비롯되어 티베트, 중국, 한국, 일본 등으로 전해진 불교사상을 각 나라가 어떻게 수용하고 있는 가를 고찰함으로서 각 나라에 나타난 불교문화의 특징을 알게 되고 이를 통해 그 나라 사람들의 사유방법을 알고자 하는, 즉 그 나라 사람 자체를 알고자 하는 연구방법을 취하고 있다.

그런데 나카무라는 각 나라의 불교문화를 파악하는 도구로써 각 나라가 사용하고 있는 언어를 비교 검토하는 언어학적 방법을 동시에 병행하여 연구의 정밀성을 더하고 있다. 즉 일본을 비롯한 주변 나라들의 불교사상과 언어 두 문화를 각각 비교 고찰하는 연구방법이라고 하겠다. 이에 본 연구는 그의 연구방법을 크게 비교문화론적 방법론으로 보며 이를 비교사상론적 및 언어학적 방법론으로 나누어 보고자 한다.

1) 비교문화론적 방법론 : 비교사상론적 및 언어학적 방법론

(1) 비교사상론적 방법론

나카무라는 인류의 역사를 보면 인간이 민족이라는 한계를 넘어 인류라는 차원을 가지게 된 계기가 있다고 한다. 그에 의하면 BC. 5~6세기경부터 유라시아의 동과 서에는 알렉산더 대왕 이후의 헬레니즘 국가, 로마제국, 인도의 난다 왕조로부터 마우리아 왕조, 중국의 진, 한 등의 통일 제국이 형성되고 이 때에 나타난 여러 사상들은 인간으로 하여금 민족이라는 한계를 넘게 하는 계기를 주게 되었다고 한다.[52]

나카무라는 이러한 사상을 「보편사상」이라고 규정하고 고대, 중세, 근대에 이르기까지 이 사상이 어떻게 내려왔는가를 비교 고찰한 후 보편사상은 각각 그대로 전해 내려온 것이 아니고 서로 경쟁, 구축, 배제, 절멸, 섭취, 융합 속에 내려왔으며 근대에 이르러 서양에는 기독교사상, 남아시아 문화권에는 불교 및 힌두교사상, 동아시아 문화권에는 유교사상이라는 보편사상이 우위를 차지하게 되었다고 역설한다.[53]

그리고 그는 이러한 보편사상의 연구에 있어서 하나의 보편사상의 연구는 곧 다른 사상과의 관계를 연구하는 비교사상론적 방법이 된다고 말하며 두 가지의 비교사상론적 방법론을 언급한다. 이를 정리해 보면 다음과 같다.[54]

하나는, 보편사상을 「한정된 보편사상」과 「우위를 획득한 보편사상」으로 나누고 이 두 보편사상을 비교 연구하는 것을 말한다. 다시 말해 나카무라는 쾌락론이나 유물론 등과 같이 어느 나라 어느 민족에게나 공통으로 나타난 보편사상이 있으나 그러나 이 사상은 중세 등 시대에 따라 이단시되기도 하였으므로 이러한 사상을 「한정된 보편사상」이라고 규정한다. 그러나 이에 비해 기독교, 불교, 유교 등의 사상은 시대를 초월하여 나타났으므로 한정보다는 우위를 획득하였다고 보아 「우위를 획득한 보편사상」으로 본다. 바로 이 두 보편사상이 어떻게 발전되어 왔는가를 역사적, 윤리적, 사회적, 종교적 측면에서 면밀히 고찰하는 것을 비교사상론적 방법론이라고 한다.

다음은 「우위를 획득한 보편사상」이 초기부터 어떻게 발전하였는가를 서로 비교하여 연구하는 경우이다. 즉 불교라는 보편사상의 초기 단계를 보면 종교성보다는 오히려 뛰어난 철인의 생활과 같은 면이 강하게 나타났으며 이를 소승불교라고 한다. 그러나 그 후 자비와 신앙을 더욱 강조하는 경향이 나타났으며 이를 대승불교라고 하며 민중적인 불교사상을 이루게 된다. 기독교라는 보편사상 역시 초기에는 스토아철학처럼 지식에 머무르는 경향이 강하였으나 점점 사랑과 신앙을 더욱 강조하여 민중적인 기독사상이 되어 많은 감화를 주게 된다. 보편사상을 이와 같이 비교 고찰해 봄으로써 각 지역과 각 시대의 특징은 물론 그 지역과 그 시대의 인간을 알 수 있게 된다. 이러한 연구방법을 또한 비교사상론적 방법론이라고 한다.

그런데 이상의 두 가지 비교사상론적 방법에 있어서 나카무라는 불교사상에 관한 후자의 비교사상론적 방법론을 통하여 일본인을 비롯한 동양인에 대한 연구를 시도한다.

(2) 언어학적 방법론

인간의 정신 현상인 사유방법을 명확히 하는 데에는 여러 가지 방법이 있겠으나 나카무라의 경우는 「한민족의 사유형식 내지 사유방법을 문제로 할 경우 우선 최초의 실마리를 주는 것은 언어이다」[55]라고 역설하며 언어를 통한 연구를 강조하고 있다. 그는 우선 「사우방법」이라는 말을 4가지로 분석한다.[56]

첫째는 사유방법의 준거가 되는 보편적 필연적 근본원칙인 동일률, 모순율, 배종률, 충족이유의 원칙을 그는 「사유법칙」이라고 하며 이 법칙은 민족이나 개인을 초월해서 모든 사람에게 타당하게 적용되는 인간논리라고 한다.[57]

두 번째는 이 사유법칙이 집단에 따라 다르게 제한을 주는 범주로서 하나의 규범으로 나타난다고 한다. 즉 어떤 집단은 동일률을 준거로 하는 사유방법을 나타낸다면 어떤 집단은 모순율을 준거로 하는 사유방법을 나타낸다는 것이다. 이 때에 동일률이나 모순율이라는 사유법칙은 각각의 집단에게는 범주로서의 규범이 되어 그 집단에 속한 개인의 사유방법에 영향을 주며 그 집단만이 갖는 특징을 이루게 된다. 이를 그는 「사유형식」이라고 한다.

세 번째는 이상의 사유형식에 의해 개인이 사유(思惟)를 하게 되고 그 결과 개인의 사유방식이 형성되는데 이를 나카무라는 「사유방법」이라고 하는 것이다.

네 번째는 이러한 「사유방법」이 서로 얽혀 일연의 전통을 갖게 되고 일정한 사회나 민족의 「사유방법」을 이루게 되며 특히 이러한 「사유방법」을 그는 「사유경향」이라고 한다. 즉 「사유형식」과 「사유방법」에 의해 「사유경향」이 나타나고 그 결과 민족에게는 그 민족 나름의 「사유경향」을 갖게 된다. 다시 말해 그가 말하는 '사유의 실질적, 내용적 소산'이 발생하며 이를 그는 다른 말로 「사유형태」라고 한다.

위와 같은 그의 분석을 보면 개인의 「사유방법」은 민족이나 사회의 사유법칙인 「사유형식」에 의하여 형성되며 이렇게 형성된 개인의 「사유방법」은 민족이나 사회의 「사유형식」으로 재구성 되어가며 이렇게 재구성된 사유형식을 「사유경향」또는 「사유형태」라고 함을 알 수 있다. 이를 내용(content)과 형식(form)으로 나누어 보면[58] 인간의 사유에는 변하지 않는 법칙인 「사유법칙」이 내용으로 존재하며 이것이 민족이나 개인에 따라 「사유형식」 「사유방법」 「사유경향」 「사유형태」 등의 형식으로 나타난다고 하겠다.

그런데 이러한 언어학적 연구방법에 있어서 하나의 근본 문제를 생각지 않을 수 없다. 즉 「사유방법」과 「언어」와의 관계를 어떻게 보기에 불교사상의 비교연구에 언어를 관련짓고 있는가이다. 이에 대하여 나카무라는 철학, 언어학, 심리학 등을 기초로 이 관계를 충분히 검토한 후에 다음과 같이 역설한다.

언어와 사유와의 사이에는 사유내용을 발표하고 전달하기 위해 언어가 반드시 있어야 하며 또한 언어는 사유 없이는 존재할 수 없다는 사유와 언어의 상응관계나 평형관계가 존재하지만 이 관계는 그리 충분한 관계는 아니라고 한다. 왜냐하면 언어가 없다고 하여 사유가 존재하지 못하는 것이 아니기 때문이다. 이 말은 매우 중요하므로 나카무라의 말을 좀 더 들어 보자.

> 어떠한 것을 말이나 글로 표현할 때 반드시 어떠한 심리적 동기가 존재한다. 이 동기를 더욱 분석해 보면 우선 의식 속의 사유작용과 이에 따른 감정이 나타나고 이것을 타인에게 전달하고픈 의욕이 일어난다. 여기에 언어 자료로 기억된 어구를 가지고 일정한 문법형식을 따라 표현하려고 하는 사유 및 감정에 맞추어 본다. 이렇게 해서 말하고 싶은 어구나 표현할 수 있는 문장이 성립한다.[59]

이와 같은 그의 말을 보면 사유와 언어와의 관계에 있어서 언어는 사유를 나타내는 하나의 형식에 지나지 않음을 알 수 있다. 즉 언어 이전에 우리의 의식 속에는 사유작용과 그에 따른 감정이 존재함을 알 수 있다.

그런데 나카무라의 연구방법에서 참고된 이론들은 1960년 이전의 것이 대부분이다. 그러므로 본 연구에서는 기호학(semiology) 등 그 후의 언어학을 참조로[60] 나카무라의 관점을 대략 검토해 보고자 한다.

기호학의 연구는 언어학과 철학 두 영역에서 비롯하고 있으며 먼저 언어학에서의 연구를 보면 소쉬르(F. Saussure)를 시작으로 하여 뷔이성스(Eric Buyssens), 프리에토(Luis Prieto), 무냉(G. Mounin), 바루도(R. Barthes), 데리다(J. Derrida) 등 주로 프랑스를 중심으로 전개되고 있음을 알 수 있다. 또한 철학에서의 연구를 보면 영국의 죤록(J. Locke)을 비롯하여 가씨라(E. Csssirer), 랑가(S. Langer), 퍼어스(C.S. Peirce), 모리스(C. Morris) 등을 들 수 있다. 물론 칸트나 데카르트 및 훗서얼의 현상학 등에서도 넓은 의미의 기호론적 측면이 있기도 하다. 본 연구에서는 이 가운데 소쉬르와 퍼어스를 중심으로 검토해 보고자 한다.

소쉬르는 인간에게는 명료한 관념에 상응하는 기호체계를 구성하는 능력이 생득적으로 존재함을 역설하며[61] 이러한 능력인 언어능력을 언어활동(langage)이라고 하고 민족 등 한 집단사회의 공통언어를 랑그(langue '언어'를 말함)라 한다. 또한 그는 공통 언어가 구체화된 개인의 언어를 빠롤(parole '활언'을 말함)이라고 규정하며 랑그와 빠롤의 관계를 명확히 함으로서 사유와 언어의 관계를 밝히려고 한다. 특히 그는 기호(signe)를 표현 형식으로 보는 기호표현(signifiant)과 표현내용으로 보는 기호내용(signifie)으로 분리하여 언어와 함께 생각하고 있다. 즉 자기의 사유를 언어인 기호표현의 제한 하에 자기의 활언으로 바꾸고 이것을 음성을 통해 전하며 듣는 자는 기호표현의 제한 하에 기호내용을 이해한다고 한다. 이와 같이 언어라는 기호와 사유가 밀착 되어있는 것으로 설명한 소쉬르는 언어가 활언을 구성함으로써 사유가 명확해진다고 주장한다. 즉 사유는 언어의 구조 속에서 명확해진다는 구조적 측면에서 생각하고 있다고 볼 수 있다. 이와 같은 그의 생각을 보면 사유와 언어는 어느 쪽이 먼저 존재한다고 생각하기보다는 동시적 존재로 보고 있다고 생각할 수 있다.

한편 철학의 영역에서 연구하고있는 퍼어스의 주장을 보면 퍼어스는 사유와 언어의 관계에 있어서 「기호에 속박 안된 사유의 존재를 인정하는 직관주의를 부정한 후 사유의 과정을 보면 우선 먼저 무엇인가를 가리키는 기호가 나타나고 이 기호에 의해 다른 것을 가리키는 변환하는 과정이 전개된다. 바로 이 과정이 사유이며 사유란 다음 사유를 이끌어 내는 기호이다」[62]라고 역설한다. 즉 퍼어스의 경우는 사유와 언어와의 관계보다는 사유와 기호와의 관계로 사유와 기호와의 일치를 주장한다.

소쉬르나 퍼어스의 이론은 최근의 첨단 과학인 생명과학이나 동물행동학(ethology) 등에서 사유와 언어는 그 기능이 생명청사진인 DNA에 설계되어 있는 기호에서 비롯된다는 주장[63]에 비추어 보면 매우 의미있는 주장이라 하겠다.

이상과 같이 볼 때 사유와 언어에 있어서 사유가 먼저라는 나카무라의 주장과 소쉬루나 퍼어스의 사유와 언어 또는 기호는 동시적이라고 보는 주장으로 나눌 수 있다. 그러나 두 주장은 결국 별로 다르지 않다고 하겠다. 왜냐하면 나카무라의 경우는 사유를 언어 먼저 존재하는 것으로 말하고 있으나 결국 사유의 모습은 언어나 어떤 기호로 나타나기 때문이다. 이렇게 보면 언어를 통해 불교사상에 관한 사유방법을 고찰하고자 하는 나카무라의 언어학적 방법론은 의미 있는 방법론이라 하겠다.

2) 일본인론

이와 같은 비교사상론적 방법론과 언어학적 방법론으로 나카무라는 일본인을 비롯하여 인도인 중국인 티베트 인을 연구하였으며 1984년경 한국인에 대한 연구도 발표하고 있다.

그런데 일본의 경우 불교사상이 한자를 통해 일본에 전래되었으므로 일본인이 불교사상을 파악할 때에 어떻게 파악했는가를 글로서의 한문과 말로서의 일본어와의 관계 속에서 생각지 않을 수 없다. 이 문제에 관하여 나카무라는 두 가지의 경우를 제시한다.[64] 독해 능력의 부족으로 한문의 원문을 충실히 이해할 수 없는 경우와 독해는 할 수 있다 하더라도 어떠한 동기로 곡해하여 받아드린 경우이다. 나카무라의 연구는 후자의 경우를 주목하고 여기에서 일본인의 특징을 파악하고 있다. 그러면 어떻게 파악하고 있는가.

(1) 현세주의적 경향

나카무라는 일본인의 특징으로 무엇보다도 먼저 주어진 현실을 받아들이는 현세주의적 경향이 강함을 들고 있다. 물론 이러한 현세주의적 경향은 인간을 포함한 모든 생명체에는 생존이라는 현세주의적 설계가 각자의 유전인자인 DNA에 본능적으로 설계되어 있다고 보는 생명과학에 의하면[65] 그리 큰 특징이라고 할 수는 없겠다.

그러나 나카무라가 일본인의 현세주의적 경향을 역설함은 그저 역설함이 아니라 일본인의 DNA에 너무 강하게 설계되어 있다는 것이라 할 수 있다. 그렇다면 일본인에게는 현세주의적 경향이 얼마나 강하게 설계되어 있다는 것인가.[66]

일본인의 현세주의적 경향을 나카무라의 방법대로 일본의 불교사상과 이를 표현한 일상언어에서 찾아보면 일본인의 현세주의적 경향은 극에 달하여 절대자의 존재까지도 현상계에 국한하는 경향을 띠고 있다는 것이다.

불교가 발생한 인도의 불교인들은 생명체는 무한히 윤회하는 과정을 되풀이하기에 현세의 인간 생애란 이 과정의 극히 순간적인 한 찰나에 지나지 않는다고 본다. 불교의 창시자 석가모니라고 해도 과거의 무수한 생애 속에 수많은 선행을 쌓았기 때문에 그 결과의 보답으로 이 세상에서 수행을 하게 되고 부처가 될 수 있었던 것이라고 한다. 즉 한 생애만의 선행으로는 이룩할 수 없다는 것이다. 물론 인도의 불교인들이 다 그렇게 생각한다고는 할 수 없으나 일반적으로 그렇다는 것이다. 이러한 불교가 현세 중심적인 중국인에 의하여 변용되었고 일본에 전해지면서는 현저하게 현세 중심적으로 되었다고 한다.

나카무라는 이러한 사실을 구체적으로 다음과 같이 설명한다. 일본 천태종의 창시자이며 전교대사인 사이초(最澄, 767~822)의 불교사상을 들어 설명하고있다. 사이초는「소승불교는 셀 수 없을 정도로 긴 시기의 많은 생애에 걸쳐 수행을 해야 한다고 말하고 있기 때문에 우회하는 가르침이 되며 어떤 대승불교도 역겁(歷劫)이라는 긴 생애에 걸친 수행을 강조하고 있으므로 지금의 일본인에게는 별로 도움이 안된다」라고 본 후 그러나 법화경의 대직도(大直道)라는 말처럼 보통 사람도 곧 부처가 될 수 있는 길이 있음을 강조하며 즉시 부처가 된다는 즉신성불(即身成仏)론을 전개한다. 중국의 천태종이 실제적으로는 현세성불을 인정하지 않은 것에 비해 일본의 천태종은 백 년도 지나지 않아 현세성불을 인정함은 물론 일생만의 수행에 의해 성불할 수 있음을 허락하고 있는 것이다. 이렇게 사이초는 불교의 사상을 현세주의로 재구성하고 있는 것이다.

또한 이러한 현세주의는 천태종뿐만 아니라 일본의 진언종의 개조인 구카이(空海, 774~835)의 말에도 선명히 나타나고 있음을 언급한다. 세계도 중생도 모두 지수화풍공식(地水火風空識)이라는 여섯 개의 구성요소로 되어있으며 이것은 절대의 진리인 법계(法界)를 본성으로 하고 있어서 서로 장애 없이 교섭하는 관계에 있으며 그래서 중생과 부처는 평등하며 본성에 있어서 동일한 것이라고 한다. 이러한 도리를 깊이 느껴 두 손을 합장하고 진언을 암송하며 마음을 통일하면 중생의 신구의(身口意)의 삼업(三業)이 그대로 절대 불(弗)의 삼업과 합일하게 된다고 한다.「부모가 난 몸 그대로 큰 깨달음을 얻는다」라는 교설을 구카이는 주장한다.

이러한 즉신성불(即身成仏)의 사상은 천태종과 진언종만이 아니라 일본의 선종에서도 현저하게 나타나고 있음을 나카무라는 또한 말한다. 도우겐(道元, 1200~1253 선종의 하나인 일본의 조동종의 개조)은「깨닫는다는 것은 마음이 깨닫는 것이 아니고 몸이 깨닫는 것이다」라고 말하며 현세에 존재하는 몸이 깨닫는다는 것을 강조한다.

이와 같이 일본 불교의 현세주의적 경향은 현상계인 현실에서 절대자를 포착하려는 생각을 하게 된다는 것이다. 또한 인간에게 주어진 현실적 자연을 인정하게 되어 자연히 솟아나는 성(性)에 대한 정(情)을 용인하며 존중하게 된다. 이 존중은 결국 인간에 대한 애정을 강조하며 관용유화의 정신을 현저하게 한다.

중국의 유교가 결혼한 부부사이를 서로 다르다는「부부유별」(夫婦有別)이라는 계위적(階位的) 도덕으로 구별하데 비하여 일본의 유학자인 나카에 도주(中江藤樹, 1608~1648)는「부부유별은 남편은 의(義)로 부인은 순(順)으로 부부가 잘 화합하는 것」이라고 해석하여 중국인과는 다른 일본인의 관용유화로 설명하고 있다.

그러나 나카무라는 일본인들이 관용유화라는 애정을 강조한 결과 외래문화에 대한 대결 비판의 정신이 적어져 외래문화를 별로 마찰 없이 수용하는 문화의 중층성(重層性)을 보이고 있으며 그 결과 일본어에는 많은 외래어가 존재하게 되었다고 말한다.

이와 같은 나카무라의 고찰은 일본의 문화가 동양의 다른 문화권보다 성적(性的)으로 많이 개방되었다고 느끼는 또한 일본이 서양의 문화를 비판 없이 받아드린다고 느끼는 사람들에게 그 이유를 설명하고 있다고 하겠다.

(2) 인간관계의 중시 경향

나카무라는 일본인의 두 번째의 특징으로 인간관계의 중시에서 비롯한 인륜 중시적 경향을 들고 있다. 즉 인간관계를 중시하다 보니 인간과 인간의 사이에 형성된 인륜을 중시하는 경향이 강하게 나타났다고 한다. 이를 고찰해 보면 다음과 같다.[67]

그는 우선 인간관계의 중시를 일본어의 특징인 경어의 발달에서 고찰하고 있다. 남과의 관계를 중시하면 할수록 경어가 발달하며 일본어의 경우 이는 남과의 관계의 첫 말인 인사말에서 알 수 있다고 한다. 인사말이 일본은 서양과는 다르게 경어로서 매우 정중하며 이는 남에게만이 아니라 부모형제 간에도 지켜지고 있다. 일 예로 일본의 고전 소설인 겐지모노가타리(源氏物語)의 경우 경어를 빼면 양이 반으로 줄 정도라고 한다.

불교의 수용형태에도 이러한 점이 나타나 선종 가운데 일본적 경향이 강한 도겐(道元)은 모든 행위에 걸쳐 인간관계의 도덕을 엄수하는 엄숙주의를 강조하여 교단생활에 있어서 세수, 식사, 배변 등의 사소한 데까지 규정을 만들어 지키게 하였다. 이는 그의 스승인 중국 송나라의 천동여정(天童如浄) 선사와는 매우 다른 점이기도 했다.

이러한 인간관계 중시 경향은 인간 개개인을 중시하는 정도를 넘어서게 되었다. 이 점은 인간관계를 나타내는 복수어의 발달에서 찾아 볼 수 있다. 즉 무생물에는 사용하지 않는 복수어가 인간의 경우는 상대가 자기와 동격이거나 아래인 경우는 '다치' '도모'라는 말을 어미에 붙여 한국어의 '들'과 같은 의미로 사용하였으며 상대가 윗사람의 경우는 '카타' '하라'라는 말을 붙여 사용하였다. 또한 불교의 경우에도 개인과 개인과의 대립 문제를 깊이 생각하지 않고 자기와 남과 하나가 되자는 자타일여(自他一如)를 강조함으로써 개인 중시보다는 타인과의 관계를 중시하는 경향을 보이고 있다.

이러한 인간관계 중시는 특히 도덕으로 조직된 인륜적 조직(人倫的組織)을 절대시하는 경향을 가져왔다. 나카무라는 이 경향을 일본의 고대로부

터 사용해온 「좋다」라는 의미의 「요시」(善し) 「나쁘다」라는 의미의 「아시」(惡し)라는 말의 의미를 들어 설명하고 있다. 즉 「요시」와 「아시」는 자기에게 오는 길흉화복인 이해관계의 의미에서 사용하는 말이 아니라 남의 또는 전체의 안전과 복리에 관계하여 좋고 나쁠 때 쓰여졌다는 것이다.

불교의 수용에도 인간관계 중시의 경향이 나타나 일 예를 들면 불교가 전래되어 얼마 안된 서기 칠백 년대인 나라 시대까지는 출가수행자들은 보수적 계율인 소승계를 엄수했는데 전교대사인 사이초(最澄)에 의해 인간관계 중시의 대승계로 바뀌었으며 사이초는 '완전히 자유로운 속에서 수행자가 지킬 계율'이라는 의미의 엔돈카이(圓頓戒)라는 계율을 강조하며 실행하였다. 그런데 이는 불교사상 유례없는 사건이며 이를 계기로 일본 불교계는 계율을 무시하고 출가한 사람이나 신자나 인륜적 조직에 대해 충실함을 보인 불교도가 되었다고 한다.

이와 같은 인륜적 조직의 중시 경향은 특히 가족의 도덕을 존중하게 된다. 나카무라는 가족의 도덕을 중시하는 경향의 일 예로 일본의 고대 종교인 신도(神道)를 보면 가족의 제사를 중심으로 조상숭배가 강했던 점을 든다. 자기 성씨(姓氏)의 제일 조상을 씨신(氏神, 일본어로 우지카미)이라고 하여 숭배하였으며 이러한 씨신(氏神)들을 가족처럼 보았을 뿐만 아니라 혈연관계의 연속으로 생각하였다.

그래서 혈연적 관계의 씨신들을 통합한 통일신(統一神)을 천황의 황조신(皇祖神)으로 보게 되며 이 황조신을 중심으로 제사의 통일이 이루어지게 된다. 결국 이러다 보니 집(家)은 혈통 중시의 가족도덕보다는 폐쇄적인 인륜적 조직으로 더욱 중시하게 되었다. 그러기에 성이 다른 남이라도 집의 대를 잇기 위하여 양자로 받아들이는 것이 일반적인 관습으로 되기도 하였다. 불교 역시 이렇게 가족 도덕을 중시하는 영향을 받아 중국이 만든 효를 설법한 경전을 일본은 주해 강독하여 「부모은중경」(父

母恩重経)과 같이 널리 읽히기도 하였다. 또한 집을 출가한 불교 수행자들은 교단을 집처럼 생각하기도 하였다.

이러한 가족 도덕의 중시는 종적관계인 가족의 위계적 신분관계를 중시하게 되고 나아가 사회에 있어서도 위계적 신분을 중시하게 되고 이는 결국 국가지상주의로 이어지게 된다. 이를 일본의 불교에서 보면 불교는 스이코덴노(推古天皇, 592~628) 시대에 매우 번성했는데 이때에 불교를 믿는 목적은 주로 군주와 부모의 은혜에 보답하기 위해서였다고 한다. 이러한 불교는 전교대사 사이초(最澄)의 일본어로 「울트라 닛봉」이라고 하는 대일본(大日本)이라는 말처럼, 가마쿠라 시대(鎌倉時代, 1185~1333)의 선승 게이안(慧安)의 「이 세상 다할 때까지 일본은 모든 것이 다 있는 뛰어난 나라」라는 말처럼, 또한 1253년 니치렌슈(日蓮宗)를 일으킨 니치렌(日蓮)의 「일본국은 신국(神国)이 된다」라는 말처럼 국가를 중하게 생각하는 사상들이 나타난다.

결국 이러한 불교의 경향은 메이지유신을 계기로 일어나는 국가지상주의에 이어지게 되며, 뿐만 아니라 니치렌이나 정토진종(浄土真宗)의 개조(開祖)인 신란(親鸞, 1173~1262)처럼 시조들을 절대자로서 모시게 하는 현상이 나타난다. 말세에 법화경을 널리 알리도록 사명을 받은 상행보살이 바로 니치렌이라고 하여 니치렌을 상행보살로 모시는 현상이나 신란이 자기의 설교의 정당성을 주장할 때에 스승의 권위의 절대성을 전제로 하여 자기를 잘 모시도록 하는 현상이 바로 일 예라 하겠다.

이러한 경향은 나아가 제왕숭배의 경향을 나타내게 되었으며 인륜에 의한 활동을 강조하거나 도덕적 반성이 예민해지는 등의 면을 보이는 한편 종파적 파벌적 폐쇄성과 힘에 의한 인륜 조직의 옹호 및 종교의 존귀함에 대한 무자각(無自覚)을 가져왔다고 나카무라는 지적한다.

(3) 비합리주의적 경향

나카무라는 일본인의 마지막 특징으로 비합리주의적 경향을 들면서 우선 비논리적 경향을 강조하고 있다. 그러면 비논리적 경향은 어떠한가.[68]

그는 먼저 일본어 자체에서 비논리적 경향을 고찰하고 있다. 일 예로 조사(助詞)인 '테·니·오·하[て·に·を·は, 우리말로 '에서·에·을(를)·는(은)]를 보면 이들은 타국어의 격 어미나 전치사에 해당되는 말로 지적·논리적인 관계의 표현에 머물러야 하는데 일본어에서는 그렇지를 못하다는 것이다. 어떤 종류의 말이나 문장의 중간에 끼어 의미의 강조나 주의의 환기는 물론 섬세한 정의상(情意上)의 구별을 나타내고 있다고 한다.

이러한 경향에 대하여 특히 고전의 문헌을 중심으로 일본어 전반을 보면 감정적인 정신작용을 나타내는 어휘는 풍부하지만 이지적·추리적이고 능동적 사유의 작용을 나타내는 어휘는 매우 등한시하고 있다는 것이다. 일본어는 구체적이고 직관적인 단어는 흔하지마는 추상명사의 형성이 충분치 못해 추상적 개념을 일본어로 전부 표현하기는 매우 어렵다고 한다.

그래서 불교가 일반 민중에게 널리 알려졌는데도 한문으로 된 불교 경전을 일본어로 쉽게 번역을 못하였으며 번역만이 아니라 일본어로 불교에 관한 저작에도 힘들어 1200년대인 가마쿠라 시대에 이르러 겨우 나올 정도였다. 물론 한자로 쓴 불교 저서가 일본어로 쓴 저서보다 압도적이었다.

이는 불교만이 아니라 유교도 마찬가지로 일본어로 유교에 관한 저서가 나온 것은 도쿠가와 시대(德川時代, 1600~1860 / 江戸時代＝에도 시대라고도 함)에 이르러서였다. 지금도 서양의 철학을 받아들임에 있어 어휘의 대부분을 한자로 메우고 있는 것이 이러한 실정에서라고 한다.

서양의 중세를 보면 카톨릭 승려들이 라틴어로 철학적 사색을 하였지만 독일의 경우 근세에 접어들어 곧 독일어로 철학체계를 이루었다. 이런 것에 비하면 일본이 순수한 일본어로 사상체계를 이루지 못함은 바로 일본어에 문제가 있는 것이다.

결국 일본어는 논리적인 개념을 표현하기에는 부적당하다는 것이다. 다시 말해 불교나 유교 및 지금의 서양 학문의 고도로 발달한 개념적 지식을 받아드릴 때 일본어로 표현하려고 하지 않고 한자 술어를 그대로 사용하여 왔던 것은 바로 일본어의 논리적 불충분을 암시함은 물론 나아가 일본인의 사유의 비논리성을 초래했다고 하겠다. 결국 비논리적 경향은 논리적 정합성을 갖춘 사유능력의 결여를 가져왔으며 나아가 논리학이 발달하지 못하게 되었다.

그러나 반면 직관적이며 정서적인 경향은 강하게 나타나 있다고 한다. 이 점을 나카무라는 다음과 같이 언급하고 있다.

> 불교가 종교·예술·철학 등을 총괄한 것으로서 일본에 전해졌을 때 그것을 수용하는 일본인의 태도가 특히 직관적·감정적이었던 것은 명백한 사실이다. 당시의 일본인은 바로 그들의 심정에 적합한 측면에서 불교를 수용했다. 특히 일본인의 마음을 빼앗은 것은 불상이 준 미술적 인상이었다. 일본인들은 무엇보다도 불상의 장엄한 모습에 취했던 것이다. 따라서 일본인에게 있어서 초기의 불교 수용의 노력은 주로 조형미술의 창작에 경주되었다. 뒤를 이어 나라시대 및 그 이후에는 불교의 통합적인 예술적 인상에 사람들은 법열을 느낀 것 같다. 음악·무용·문예 등 모든 종류의 예술이 불교의 법회에서 통합적으로 생생하게 활동하고 있었다. 여기에 일본인은 이 세상에 있으면서 정토에 있는 것 같은 생각에 젖어있었던 것이다.[69]

이와 같은 그의 언급은 일본인의 직관적·감정적 특징을 말하고 있을 뿐만 아니라 그의 지적처럼 복잡한 표상을 구성하는 능력의 결여를 가져온 반면 단순한 상징적 표상을 애호하게 되고 객관적 질서에 관한 지식의 결여를 가져왔다고 하겠다.

특히 일본인의 문화에 대한 비판 대결 정신의 박약은 여러 번의 역사 및 사회 변혁기를 맞이해도 고대로부터 내려온 샤머니즘에 대해 비판을 철저히 행하지 못해 농촌 산촌의 구석에는 샤머니즘이 그대로 남아있게 되었으며 이는 일본의 불교에도 흔적을 남기게 되었다. 즉 불교의 전통적이며 보수적인 소승불교의 형태를 보존한 율종(律宗)은 샤머니즘과 타협을 하지 않았기 때문에 별로 전교되지 않았으며 반면 타협한 대승불교는 널리 전교되었음을 들 수 있다. 또한 대승불교가 펼쳐질 당시 현저한 것은 샤머니즘의 무녀가 여승으로 많이 되었다는 점이며 그 당시의 여승은 마치 무녀처럼 중요시되었다는 것이다.[70]

3) 결론

나카무라는 불교사상의 수용방법을 사상과 언어를 중심으로 고찰하는 비교문화론적 방법에 의해 일본인을 현세주의 측면과 인간관계의 중시 측면 및 비합리주의 측면에서 파악하고 있다.

이러한 그의 연구는 일본인에 대해 외국인이 갖는 여러 가지의 의문을 풀어주는 하나의 설명이 되리라 생각한다. 특히 우리 나라와의 관계에서 보여주는 일본인의 태도 등에 얽힌 여러 문제에도 하나의 해답을 주리라 생각한다.

특히 그의 연구방법은 유교나 기독교 등의 수용 과정을 통해 일본인이나 동양인을 연구할 수 있는 또 하나의 방법론을 제시함은 물론 나아가 금후의 과제가 된다고 하겠다. 뿐만 아니라 우리에게 있어서는 우리 민족에 대한 연구의 필요성과 방법론을 크게 시사하고 있다고 하겠다.

3. 마루야마 마사오(丸山真男)의 일본사상론

1) 서론

　인간은 살아가기 위해 많은 생각을 한다. 그런데 그 많은 생각에는 아주 중요한 상황 속에 자기가 어떻게 해야 된다는 결정을 내려야만 하는 가장 기본이 되고 중심이 되는 생각이 있다. 물론 이 생각은 일정한 논리성을 갖게 된다. 이러한 생각을 우리는 사상이라 한다. 그런데 이러한 사상을 국민이나 민족을 단위로 생각해보면 국민이나 민족이 살기 위해 공동으로 갖는 사상이 있다. 본 연구가 연구대상으로 하고 있는 일본을 보면, 일본 역시 이러한 사상이 있음을 알 수 있다. 그런데 좀 더 자세히 보면 일본은 다른 민족과는 다르게 민족이 공동으로 강조하고 있는 국체사상(国体思想)이란 것이 있다.

　국체사상은 메이지유신을 계기로 정립되었으며 천황을 중심으로 일본국민을 하나의 가족처럼 통합한 사상이다. 그래서 이 사상은 일본국민으로 하여금 거대한 응집력을 갖게 하였으며 명치천황에서 시작된 이 응집력은 대정천황을 거쳐 소화천황에 이르러서는 일본을 독일 이탈리아 등과 함께 세계를 상대로 하는 제2차 세계대전의 주역이 되게 하는 힘으로 나타난다. 그러나 일본은 1945년 8월 15일 미국과의 전쟁에 지게 됨을 계기로 망하게 되며 미국의 통치를 받게 된다.

　다음해인 1946년 소화천황은 인간선언을 하게 되고 이를 기초로 일본은 민주주의를 기반으로 한 국가로 다시 태어난다. 이러한 일본의 큰 전환기인 1945년부터 지금의 헤이세이천황(平成天皇)까지를 현대로 본다면 이 현대에 있어서 국체사상이 어떻게 되었는가를 고찰함은 일본사상 연구에 있어서 반드시 해야하는 기초연구가 된다.

　그런데 일본에는 국체사상을 직접 연구한 마루야마 마사오(丸山真男)라는 일본사상학자[71]가 있다. 그래서 일본의 현대사상을 연구하는 필자는 일본의 사상학자는 자기나라의 국체사상을 어떻게 보고 있는가를 고찰함을 본 연구의 하나의 동기로 생각하게 되었다. 또한 일본사상에 대한 마루야마의 많은 저서가 있음에도 불구하고 그가 국체사상을 어떻게 연구했는가를 '알기 쉽게' 정리한 연구가 한국에서는 거의 찾아보기 어렵다. 이 점 또한 본 연구의 동기라 하겠다.

2) 연구방법론 : 소거법(消去法)

마루야마 마사오는 1914년 일본의 오사카(大阪)에서 태어났으며 동경대학 법학부를 졸업하고 도쿄대학에서 일본사상사를 가르친 교수였으며 1996년 8월 타계하였다. 1952년 출판된 『일본정치사상사 연구』와 1961년의 『일본의 사상』, 1964년의 『현대정치의 사상과 행동』, 1949년부터 1977년까지 집필한 것을 1998년 지쿠마서방에서 지쿠마학예문고로 출판한 『충성과 반역』 등의 저서는 일본사상연구에 반드시 참고가 되는 저서이다.[72]

제일 먼저 마루야마는 일본인의 사상연구에 대한 빈약함을 지적하면서 일본인이 가지고 있는 사상의 원형이 무엇인가를 생각하는 데서 연구를 시작한다. 즉 일본인이 옛날부터 살아오는 데에 많은 영향을 준 사상들 속에 일본사상의 뿌리가 어떻게 들어있는가를 알고 이를 시대에 맞게 재구성해야하는 데에 문제의식을 가지고 있다.

그래서 마루야마는 제일 먼저 일본사상의 뿌리를 찾기 위하여 밖에서 들어온 외래사상을 하나하나 지워보는 「소거법」(消去法)이라는 방법을 생각해낸다. 그리고 이 방법을 통해 일본사상의 원형을 발견하며 이 원형을 통하여 메이지유신 때에 완성된 소위 일본사상이라는 국체사상을 고찰하는 연구에 들어간다.

마루야마의 일본사상에 관한 연구방법을 잘 설명한 문헌으로는 1984년 이와나미서점(岩波書店)에서 출판한 『일본문화에 숨어있는 모양』(日本文化のかくれた形)이라는 문헌 속에 수록된 「원형(原型)·고층(古層)·집요 저음(執拗低音) - 일본사상사 방법론에 관한 나의 발자취」[73]라는 글을 들 수 있다.

이 글에 의하면 마루야마는 현재의 일본인들에게 영향을 즈어온 사상 들을 락교[74] 껍질처럼 생각하고 껍질을 하나씩 벗겨 마지막까지 남은 것을 일본사상의 원형으로 생각한다. 이러한 방법을 그는 소거법(消去法)이 라고 말하고 있다.

(1) 원형(原型, prototype)

마루야마의 말에 의하면 제2차 세계대전 이후(일본에서는 '전후'라고 함) 의 일본 도쿄대학[75] 법학부에는 3개(A코스는 사법고시 준비 B코스는 행정공 무원 및 회사 지원 C코스는 정치지망)의 코스가 있었는데 일본정치사상사를 전공한 마루야마는 C코스에서 동양정치사상사를 가르쳤다고 한다. 그런 데 전후의 일본에는 정치학자가 원래 적은 데다 전쟁 중에 많이 추방당 하기도 하여 아주 부족한 상태였다. 이에 그는 정치학자를 길러내야 한 다는 사명감이 생겨 일본정치사상사를 연구하는 학자로 일생을 보내게 되었다. 그리고 그는 일본정치사상사의 기반이 되는 일본사상에 관한 연 구를 하게 되었다.

그 「원형」이란 말을 사용한 사람 가운데는 스위스의 심리학자이며 정 신분석학자인 칼 구스타브 융(Carl Gustav Jung, 1875~1961)이라는 학 자가 있다. 융은 마음의 심층에는 변하지 않고 전달되는 원형(元型)이 있 으며 이를 알키타입(Archetype)이란 말로 표현하고 있다. 그런데 이러한 융의 「알키타입 이론」이 1959년경 출판되었으며 마루야마는 1963년 강의하는 가운데 원형이란 말을 사용한 것을 보면 융이 조금 앞선 것을 알 수 있다.

이에 대하여 마루야마는 그 당시 융의 서적을 읽지 않은 관계로 융의 알키타입이란 말을 알지도 못했다고 한다. 또한 원형(原型)이란 말을 외국어로 프로트타입(prototype)이라고 하는 것을 보면 마루야마의 원형론은 독자적인 것이 된다고 볼 수 있겠다. 그렇다면 마루야마는 어떻게 해서 '원형'을 생각하게 되었는가? 이를 마루야마로부터 직접 들어보자.

그는 일본의 사상사를 강의하는 가운데 '개국(開国)' '문화의 접촉'이라는 말과 함께 일본문화와 일본사회의 변용성과 지속성 및 역설적인 결합 등을 다루면서 점점 문제를 좁혀 들어가는 가운데 '원형(原型)'을 생각하게 되었다고 한다.

특히 그는 일본사상의 원형을 끄집어 내는 방법으로 하나씩 소거하는 소거법 밖에 없으며 소거법은 자연적인 방법이라는 것을 알았다고 주장한다. 뿐만 아니라 「원형」의 의미를 「고층」이나 「집요저음」이라는 말을 통해 더욱 명확히 하고 있다.

(2) 소거법 : 원형·고층·집요저음

마루야마는 지층 가운데 가장 오래된 지층을 「고층」(古層)이라고 하며, 일본사상사를 이 지층에 비유한다면 일본사상의 원형은 바로 제일 오래되고 제일 아래에 있는 '고층'에 해당된다고 한다. 그래서 그는 「원형」대신 「고층」이란 말을 1972년부터 사용하기 시작했다.

뿐만 아니라 연구가 깊어갈수록 「원형」이나 「고층」이란 말보다는 일본사상사를 음악적으로 생각하여 교향악의 여러 음(音) 가운데 아주 낮은 음으로 집요하게 되풀이되는 밧소·오스티나토(basso ostinato)라는 저음을 「집요저음」(執拗低音)으로 번역하여 이를 원형이나 고층 대신 1975년부터 사용하기도 했다. 이렇게 「원형」을 두 가지로 비유함은 소거법이라는 방법론의 이해를 좀 더 명확히 하기 위해서이다.

다시 말해 마루야마의 소거법이라는 방법론은 일본사상사라는 지층에서 원형이 되는 제일 밑의 '고층'을 찾기 위해 위에서부터 하나하나 들어내거나, 일본사상사라는 교향악에서 제일 기본이 되는 「집요저음」이라는 원형을 찾기 위해 이런 음 저런 음을 가려내는 방법을 말한다고 하겠다. 그러면 마루야마가 말하는 일본사상의 원형은 무엇인가?

(3) 일본사상의 원형

마루야마가 말하는 일본사상의 원형을 그가 소거법에 의해 추적해 가는 과정을 보자.

그의 소거법은 제일 먼저 일본사상을 지배해 온 유교·불교·기독교·민주주의 등을 일본 밖에서 들어온 교의(教義)나 세계관이라고 보는 데서 시작한다. 그래서 일본사상의 원형을 알려면 이들을 하나하나 지워가면서 생각하지 않으면 안 된다. 이는 마치 현상학에서 현상을 정확히 보기 위해 선입관을 괄호 속에 넣어 생략하는 것과 비슷한 생각이라고 하겠다.

그러면 이렇게 소거법에 의해 일본사상의 원형으로 남은 것은 무엇인가? 마루야마는 일본사상의 원형으로 남은 것은 신도(神道)[76]와 신도의 기반이 되는 기기(記紀)[77]에서 말하는 일본신화(日本神話)[78]라고 한다. 그러면 신도나 신화가 원형으로 남기까지 어떻게 소거했는가? 신도(神道)의 경우, 신도는 제일 먼저 불교와 습합(習合)[79]하여 료부신도(両部神道)[80]가 되기도 하고 유교와 습합하여 요시다신도(吉田神道)[81]나 요시카와신도(吉川神道)[82] 등이 되기도 한다. 이러한 신도를 소거해 보면 「신도는 다른 세계관의 도움을 받지 않으면 하나의 교의로서 체계를 갖지 못한다」는 것을 알게 된다. 이러한 현상을 마루야마는 「신도의 사상사적 숙명」이라고 했다. 그러면 신도에서 알 수 있는 일본사상의 원형은 무엇인가?

여기에서 그는 신도의 재료가 되는 「일본신화」에서 원형을 찾지 않으면 안 된다고 한다. 비록 「어느 시대이건 지배하는 사상은 당시의 지배계급의 사상이다」라는 칼 막스(Karl Marx, 1818~1883) 말대로 일본의 기기신화(記紀神話) 역시 당시의 지배계급의 이데올로기로 보는 경향이 있지만 그러나 마루야마는 일본신화에는 일본사상사의 「개체성」을 찾을 수 있는 귀중한 소재가 있다고 한다.

일본신화가 모양을 갖춘 6, 7세기 경에는 대륙으로부터 여러 가지 문화가 침투하여 중국적인 관념 즉 유교 도교 제자백가 등을 기초로 한 사고방식이나 카테고리가 형성되었으며 중국을 거친 대승불교의 관념이 형성되었다. 이러한 것들을 전부 소거하면 전부 없어지는 것이 아니라 「어떤 것」이 나타나며 이는 단편을 나타내는 것으로 이를 「원형」이라고 한다.

특히 이 원형은 자기 자신이 교의(敎義)가 되지 못하며 교의로서 체계화하려면 밖으로부터 온 세계관의 도움을 받지 않으면 안 된다. 그러나 그 원형은 집요한 지속력을 가지고 있으며 밖에서 들어오는 외래사상을 변용 시켜 「일본화」하는 계기를 만든다고 한다. 그렇다면 이러한 원형만이 존재했던 「원형의 시대」는 어떠했는가?

그러나 마루야마는 「원형의 시대」는 없었다고 말한다. 소거법에 의해 발견된 원형은 위에서 말한 것처럼 「집요한 단편적 발상」으로 이것이 최초로 보편자임을 자각한 것은 불교를 받아드린 후였다고 한다.

헤이안(平安, 794~1192)·가마쿠라(鎌倉, 1193~1333) 시대에는 불교를 통해서였고 에도(江戸, 1603~1867) 시대에는 유교를 통해서 그 원형이 신도(神道)로 나타났다. 원래 신도(神道)란 불교나 유교에 대항하기 위한 신도사상이었으나 이것이 이념화하여 된 것이다. 이러한 중세(中

世)[83]를 거치면서 신국(神国)사상[84]이 나타난다.

그러면 마루야마가 말하는「집요한 단편적 발상」이라는 일본사상의 원형을 다른 말로 말한다면 어떠한 것인가? 그의『충성과 반역』이라는 저서에 의하면 원형의 기초 범주로서 일본신화에 처음으로 대두되고 있는「되다」(なる)와 대를 잇는「다음」(つぎ)과 덕(德)이라는 의미의「이키오이」(いきほひ)라는 세 말을 들고 있으며 이 기초범주가「지금을 중심으로 하여 한 방향으로 세계를 파악하며 진행하는 정신경향」으로 원형을 보는 데까지 그가 생각하는 것 같으나 그 이상의 언급은 찾아보기 어렵다고 하겠다.

그런데 실은 마루야마가 발견한 일본사상의 원형의 모체인 신화를 기반으로 이미 메이지유신 때에 일본사상으로 확립한「국체사상」이 존재하고 있음을 우리는 알고 있다. 그렇다면 이 국체사상은 마루야마가 말하는 원형의 구체적인 표현으로 볼 수 있는 것은 아닌가? 라는 생각이 든다. 그렇다면 이를 밝히는 방법은 마루야마가 이 국체사상을 어떻게 보고있는 가를 고찰해 보면 알 수 있지 않은가라는 생각이 든다. 뿐만 아니라 마루야마가 국체사상을 어떻게 보고 있는가를 통하여 마루야마의 원형론을 좀 더 명확히 알 수 있는 것은 아닌가라는 생각이 든다. 이에 그의 국체사상에 대한 연구를 고찰해 보고자 한다.

3) 마루야마의 국체사상(国体思想)에 대한 소거법적 고찰

마루야마는 일본사상의 원형이「집요한 단편적 발상」으로 일본신화에 고층이나 집요저음으로 존재하고 있음을 소거법에 의해 언급하고 있다.

그러나 묘하게도 이미 메이지유신의 공로자들은 마루야마가 발견한 원형이 존재한다는 일본신화를 기반으로 1868년의 메이지유신을 계기로 일본사상으로서의 국체사상을 만들어냈으며, 이 국체사상은 명치·대정·소화라는 3대의 천황에 걸쳐 제2차 세계대전이 끝나는 1945년까지 약 80년 간을 정치와 교육을 통해 강력히 실천되었고 그 결과 일본의 중심사상으로 정착되었다.

마루야마가 1914년 태어났으므로 그는 당연히 국체사상을 배우며 성장하여 국체사상을 누구보다도 잘 알고 있다. 그렇다면 일본사상의 원형의 모체가 일본신화라는 그의 주장은 메이지유신의 공로자들보다는 훨씬 후의 주장이 된다. 그러기에 그가 국체사상을 어떻게 보고 있는가를 고찰함은 매우 의미 있는 일이라 하겠다. 이에 대한 자료로 그가 1961년 이와나미신서(岩波新書)로 출판한 『일본의 사상』(日本の思想)을 참조하고자 한다.

(1) 소거의 시점(始点)

마루야마는 일본사상이 좋거나 나쁘다 등의 감정적인 평가 속에 일본사상과 서양사상을 대비하는 것은 아니라고 전제한 뒤, 그는 사상사의 측면에서 국체사상과 유럽을 중심으로 한 서양사상과 비교한다. 이때 국체사상에는 서양사상과는 다르게 사상의 좌표가 되는 축이 없음을 알게 된다. 즉 유럽사상사의 경우 여러 사상이 대결하여 이루어진 사상사이기에 축이 되는 중심사상이 있다는 것이다.

여기에서 마루야마는 원형을 찾을 때와 같은 방법으로 국체사상에 대해서도 소거법을 생각한다. 즉 사상이 지금까지 전해 오는 모양이나 비판하는 방식 또는 다른 사상을 받아들이는 방법을 검토하여 만약 그 속에 사상이 구조화되는 것을 방해하는 계기가 있다면 그 계기를 문제로 하면 궁극의 원인까지는 밝히지 못하더라도 밝히는 데까지는 밝혀 앞으로 나아갈 길을 찾는다는 것이다. 이는 많은 사상이 서로 경쟁, 구축, 배제, 절멸, 섭취, 융합 속에 하나의 보편사상이 구조화되어 내려온다는 비교사상학자인 나카무라 하지메(中村元)의 생각[85]을 역으로 생각하여 원형을 찾는 작업이라고 볼 수 있겠다.

먼저 마루야마는 「국체사상」이 말하는 일본의 전통사상과 외래사상을 소거해 본다. 당시에 일본의 전통사상이라고 하면 일반적으로 유교와 불교 및 이들과 습합(習合)된 신도 그리고 에도(江戸) 시대의 국학을 말했다. 이 때의 전통은 메이지 이후에 들어 온 유럽사상과 대비하여 나온 말이다.

그러나 마루야마는 여기에 하나의 의문을 제기한다. 즉 명치시대를 계기로 사상을 구분하는 데는 의미가 있지만 전통과 비전통으로 나누는 데는 오해의 소지가 있다는 것이다. 왜냐하면 현재의 일본의 사상을 살펴보면 불교적, 유교적, 샤머니즘적, 유럽적인 것들이 잡다하게 동거하거나 서로 이어져 있으며 하나로 뚜렷이 나타나 있지 않아 전통사상과 유럽사상의 본질적인 차이를 알 수 없기 때문이다. 또한 유(儒)·불(仏)·신(神)사상이 전통사상이었다면 어떻게 그리 쉽게 유럽사상에 의해 무너졌겠는가 라는 것이다. 마루야마는 이에 대한 대답으로 일본인들의 정신이 아주 뚜렷이 달라진 메이지유신(明治維新)이라는 개국(開国)이 사상들을 전통과 비전통으로 갈라놓았다고 생각한다. 그러면 개국이란 무엇인가?

그는 「개국」의 의미에는 바깥 국제사회를 향해 자기를 여는 것과 국제사회에 대하여 자기가 하나의 통일국가가 되어야 하는 두 가지가 있으며, 당시의 아시아는 후진 지역이었으므로 개국을 해야 할 공통 운명에 놓여있었으나 개국을 단행한 것은 오직 일본만이었다고 한다. 또한 당시의 일본에는 유교와 같은 전통사상이 강하게 구축되어 있지 않았기 때문에 외국에 대하여 일본이라는 영토·국적·국가를 의미하는 힘이 필요했으며 이에 자국과 타국을 구별하는 제도적 정비를 위해 천황을 정점으로 하는 집권적 국가를 빠르게 만들어 갔다고 말한다.

그러나 한편으로는 일본이 국토를 개방함으로써 급격히 다량으로 밀려온 비전통적 사상이 당시의 사상계를 무질서하게 만들었으며 이 무질서는 천황을 중심으로 정비된 질서와 뚜렷한 대조를 이루게 되었다. 다시 말해 당시의 일본은 천황을 중심으로 정비된 질서라는 전근대(前近代)와 다량으로 밀려든 비전통적 사상이라는 근대(近代)가 공존하는 모양을 이루게 되었다. 그런데 문제는 전근대에서 근대로 이어지는 결과가 아니라 반대로 근대가 전근대에 이어지는 즉 전근대가 근대를 통합하는 현상을 만들었다는 것이다. 여기에 바로 소거의 시점이 있다고 마루야마는 말하고 있다. 그러면 마루야마는 어떻게 소거하고 있는가?

(2) 무구조(無構造)의 전통과 외래사상

일본에 외래 사상이 들어온 것은 시간적인 순서로 볼 수 있겠다. 그러나 요리를 먹은 배속에 요리들이 뒤죽박죽 섞여 있듯이 외래사상은 일본인의 정신 속에 뒤죽박죽 자리만 차지할 뿐이지 일정한 구조를 이루지 못하였다. 유교 불교 도교 등의 사상이 들어와 일본인의 사상을 이루어 왔지만 위에서 언급한 것처럼 어떤 구조 없이 있으면서 일본의 전통사상이 되었으며 이러한 속에 다른 사상을 받아들이게 되었다. 마루야마는 이렇게 받아들이게 된 상황을 세 가지로 고찰하고 있다.

하나는, 국가적 정치적 위기의 상황이다. 그 예로 메이지유신 때의 폐불훼석(廃仏毀釈)[86]과 1935년의 천황기관설(天皇機関説)[87] 등을 든다.

둘은, 일본인들은 개성에 따라 과거에 섭취한 사상들 가운데 무언가를 생각해낸다는 것이다. 만엽(万葉)[88], 사이교(西行)[89], 신황정토기(神皇正統記)[90], 요시다 쇼인(吉田松陰)[91], 오카쿠라 덴신(岡倉天心)[92], 피이테, 하가쿠레(葉隱)[93], 도원(道元)[94], 문천상(文天祥)[95], 파스칼, 톨스토이, 다쿠보쿠(啄木)[96], 자본론, 노신(魯迅)[97] 등이 있어 얼마든지 그들의 사상을 생각해낼 수 있다. 다시 말해 인간은 시대에 맞게 과거의 사상을 생각해내어 자기의 생각으로 통합한다.

셋은, 서양의 상당한 사상들이 일본에 들어와 상식과 합하기도 하며 오래된 습속에 뿌리를 둔 생활감정에 접근하기도 했다는 것이다. 이노우에 데쓰지로(井上哲次郎)가 독일의 관념론적 윤리학설을 주자학파의 이론과 관계가 있다고 보고『동서문화의 융합』이라는 절충주의를 내세웠으며 또한 프래그머티즘을 에토 상인의 철학과 같다고 본 것 등이 예가 된다.

이렇게 형성된 일본사상의 과정을 보면 유럽의 경우는 외래사상이 역설적 반어적으로 작용하는 속에서 유럽사상이 되었는데, 일본의 경우는 외래사상이 그대로 빨려 들어와 일본사상이 되어 섞여있는 양상을 보인다. 그래서 구조 없는 사상이기에 일본사상의 원형이 논해지기도 하며 나아가 근대 일본의 기축으로「국체사상」(国体思想)이 만들어졌다고 한다. 그러면 마루야마는 국체사상이 만들어지는 과정을 어떻게 보고 있는가를 고찰해 보자.

(3) 국체사상의 창출

「1888년 6월 추밀원[98]에서는 메이지천황(明治天皇)의 임석 하에 이토 히로부미(伊藤博文)를 의장으로 하는 일본제국 헌법 심의회가 열렸고 여기에서 이토는 헌법제정의 근본정신에 대한 자기의 소신을 피력한다. 유럽의 경우는 종교가 헌법정신의 기축이 되어 한 사람 한 사람의 정신을 이루고 있는데 일본의 경우에는 불교가 한 때에 흥했지만 지금은 쇠약하고 군주대대의 유훈(遺訓)을 기반으로 한 신도(神道)는 인간의 마음을 돌이키는 종교로는 힘이 부족하다. 결국 일본에는 유럽처럼 강한 전통적 종교가 없으므로 오직 황실(皇室)을 헌법의 기축으로 해야 한다는 것이다.」라고 마루야마는 말하고 있다.[99]

그런데 의문은 이토가 유교에 관하여는 전혀 언급을 하지 않은 점이다. 그러나 헌법 제정 후 유교의 충효사상을 중심으로 한 교육칙어(教育

勅語)가 만들어진 것을 보면 유교는 종교로 보지 않은 것 같다. 그러면 이토가 말한 황실은 일본헌법에 어떠한 기축이 되었는가.

이토를 중심으로 한 메이지유신의 공로자들은 일본의 황실이 오랜 역사 속에 오직 하나로 끊임없이 내려오고 있었으므로 천황이 일본을 통치해야함을 주장하며 이를 헌법 제1조로 정한다. 그리고 제2조 천황의 세습제, 제3조 천황에 대한 신성불가침을 제정한다.[100] 결국 일본은 천황의 나라가 되며 천황은 살아있는 신(神)으로 어떠한 책임도 지지 않는 존재가 된다. 천황은 최상의 정신적 권위와 최대의 정치적 권력을 갖게 되며 일본국민은 정치적으로는 천황의 신민(臣民)이요, 정신적으로는 천황의 신자(信者)가 된다. 이렇게 해서 일본은 천황을 머리로 한 유기체적 국가가 되고 이를 국체(国体)라고 하며 이를 기반으로 황국사관(皇国史観)이라는 역사관이 전개된다.

4) 국체사상에 대한 소거법적 고찰

(1) 비종교적 종교와 신민의 무한책임

마루야마는 국체사상의 「국체」(国体)를 「비종교적 종교」로 보고 그러기에 종교로서 어떠한 마술적 힘을 휘둘렀기에 그렇게 강력했는가를 고찰하고 있다. 여기에서 말하는 「마술적 힘」이란 「국민인 신민(臣民)들이 책임을 무한히 갖는다」는 것이다. 지금도 자식이 나쁜 짓을 하면 부모는 물론 초등학교 담임선생까지 그 책임을 느껴 사표를 내거나 하며 「동경대지진 때 불 속에 타는 천황의 사진을 꺼내려고 교장들이 뛰어들어 목숨을 잃은 경우가 많았다」는 동경대학의 독일인 교수의 글 등이 그 예가 된다.[101]

이러한 신민의 무한책임에 대하여 서구의 군주제나 정통교회와 결합한 황제가 다스린 러시아의 경우도 이와 같은 사회 책임을 생각하지 않았을 것이라고 마루야마는 언급한다. 문제는 무한책임이 근대 일본의 정신이나 기구와 관계를 갖는 것이라고 한다.[102]

그러면 이러한 국체의 마술적 힘이 왜 일본인들의 정신 내면에 깊숙이 침투되었는가? 이에 관하여 마루야마는 국체가 어떤 학설이나 정의로 이론화하지 않고 신도와 같이 「고유신앙」처럼 되어있어 국민을 그저 감싸고 있기 때문이라 한다. 그러면 왜 이론화하지 않았는가? 그것은 국체를 이론화했더라면 이데올로기가 되기 때문이며 그래서 당시 국체를 이데올로기로 만드는 것을 반국체라 하여 엄히 처벌하기도 했다는 것이다.

(2) 사상 형성 방법과 교육칙어

그러면 국체사상을 일본사상으로 정착하게 한 방법에는 어떠한 것이 있는가? 이에 대하여 마루야마는 사회구조 전반에 걸쳐 국체사상을 교화시키고 침투시킨 방법을 들고 있으나 더 이상의 구체적인 방법은 들고 있지는 않다. 이에 본 연구는 당시의 구체적인 방법으로 국체사상을 천황의 칙어로 간단히 정리한 교육칙어를 들어보고자 한다.

교육칙어(敎育勅語)란 천황이 1890년 직접 내렸다는 전문(全文) 315자로 구성된 교육헌장을 말한다. 이 칙어는 일본인이 앞으로 어떠한 일본인이 되어야하는가에 대한 천황의 명령으로 교육헌장이자 일본 헌장이라 할 수 있다. 일본 문부성(文部省)이 알기 쉽게 해석해 놓은 것을 들어보면 다음과 같다.

짐이 생각하느니 나의 선조께서 나라를 여신 것은 대단히 원대한 것이며 덕(德)을 세우신 것은 대단히 깊고 두터운 것이다. 또한 나의 신민(臣民)은 충(忠)에 매우 열렬했으며 효(孝)를 다 하였고 나라안의 모든 사람이 전부 마음을 하나로 해서 대대로 미풍을 만들어왔다. 이것은 나의 나라 정신의 정수이어서 교육의 기반이 되는 것이다. 너희들 신민은 부모에게 효를 다하고 형제자매 사이좋게 지내며 부부는 서로 이해하고 사랑하며 친구는 서로 신의로서 사귀어라. 또한 자기를 낮추고 기분대로 하지 말며 사람들에게 자애를 베풀도록 하고 학문을 닦고 가르침을 배워서 지식과 재능을 기르며 선량하고 쓸모 있는 인물이 되어라. 나아가 공공의 이익을 넓히고 세상을 위하는 일을 하도록 하며 언제나 황실의 규범과 함께 헌법을 비롯해 제 법령을 존중하고 지키며 만일 위급한 큰 일이 일어났을 때에는 대의에 의한 용기로 한 몸을 바쳐 황실국가를 위해 다 하도록 하라. 이렇게 해서 신(神)의 말씀대로 천지와 함께 끝없는 황위의 영광을 다하여 받들어라. 이와 같이 하는 것은 단지 짐에 대한 충의를 다하는 선량한 신민인 것만이 아니라 그것이 곧 너희들의 선조가 남긴 미풍을 확실히 나타내는 것이 된다. 여기에 제시한 길은 진정 나의 선조가 남기신 가르침이어서 황실조상 대대의 자손 및 신민은 다같이 복종하고 지켜야한다. 이 길은 고금을 통해 영원히 잘못이 없으며 우리 나라는 물론 외국에 있어서도 올바른 길인 것이다. 짐은 너 신민과 함께 이 길을 귀중하게 지키고 전부가 이 길을 체득하고 실천할 것을 간절히 바란다.[103]

이상의 교육칙어에서 알 수 있듯이 국가의 개념을 황국사관에 두고 황실과 국민과의 관계를 명확히 하며 국민은 신민으로서 천황인 신의 가르침을 받아 하나가 되도록 하는 일본의 하드웨어이다.

일본은 1890년 반포한 교육칙어를 1945년 미국과의 태평양전쟁에 패하기까지 반세기에 걸쳐 철저히 교화시키고 침투시켰다. 그 당시의 철저함이란 지금으로서는 상상 할 수 없을 정도라고 한다. 일 예로 축일행사 시에 각 학교에서는 교육칙어를 교장이 대독하였는데 한 글자라도 잘못 읽으면 할복자살까지 하는 일이 있었으며, 모든 학생은 학교에 들어서면 천황가의 사진과 교육칙어를 모신 곳을 향하여 경례를 해야하며 경례를 하지 않거나 모신 근처에서 장난하면 불순한 학생으로 퇴학을 당하기도 했다고 한다.[104] 결국 이와 같은 생활이 일본정신 형성의 견인차가 되어 국체사상을 정착시켰다고 하겠다.

(3) 픽션으로서의 국체사상

그런데 마루야마는 이러한 국체사상을 하나의 픽션(fiction)으로 보고 있다. 왜냐하면 국체사상이 일본의 정신이 되었지만 일본의 비상시에 최종의 판정권이 누구에게 있는지를 알 수 없는 사상이기 때문이다.

이토 히로부미(伊藤博文)는 메이지헌법 제정시 신민의 자유권을 모두 헌법 속에 포함시키려고 했으며 실제의 자유는 실정법으로 해결하려고 했다. 그리고 헌법이 준 권리와 의무와의 관계 외의 절대 자유는 인정하지 않았으며 절대 자유는 헌법 제정권자인 천황뿐이라고 했다. 이렇게 하여 헌법이 만들어졌으므로 결국 비상 사태에 있어서 최종의 판정권은 천황에게 있는지 아니면 신민에게 있는지 정해지지 않은 채 헌법은 제정되었다. 결국 천황은 책임이 무한히 없는 신 같은 존재로 등장하게 된다. 여기에 바로 픽션적인 요인이 있음을 마루야마는 언급한다.[105]

그러나 비상시의 최종 판정을 누가 하느냐의 문제는 메이지헌법을 통해 알 수 없는 일은 아니다. 총 76조로 된 메이지헌법을 보면 제1조에 대 일본제국은 만세일계(万世一系)의 천황이 통치한다는 것으로 되어있으며, 제3조에는 천황은 신성(神聖)하므로 침범할 수 없다는 것으로 되어 있다. 이 두 조항을 통해 천황은 신과 같은 존재이며 어떠한 책임도 지지 않음을 생각할 수 있다. 책임을 진다면 신성이 침범 당하기 때문이다. 다시 말해 통치권자이므로 국가 비상시 판정은 하되 책임은 지지 않는다는 것이다. 그렇다면 책임은 신하인 신민(臣民)이 무한히 져야 한다는 의미가 내재되어 있음을 알 수 있다.

(4) 국체의 한계

국체사상은 일본을 하나로 단결시켜 당시의 국제적 압력에 대처하며 다른 나라에 떨어지지 않는 나라가 되도록 정신을 무장시켰다. 그 결과 마루야마 말대로 일본의 근대화는 말단의 행정촌에 이르기까지 관료의 지배가 관철되었고 경공업과 군수공업을 기축으로 하는 산업혁명이 일어났다.[106] 그러나 국체사상이 강조한 「가족국가관」에 문제가 있음을 다음과 같이 분석한다.

가족국가관 속에는 국가를 가족처럼 생각하는 초근대적인 전체주의, 서로 의논하는 민주주의, 화목한 평화주의 등 모든 이념이 포함됨으로써 가족국가는 모든 추상적 이론의 속박에서 해방되어 하나의 세계에 안기는 장소가 된다는 것이다.[107]

그러나 가족국가를 강조하다 보니 가족이 내세우는 인정과 화목이 강조되어 「합리화의 하강과 공동체적 심정의 상승」이 일어나며 이를 합리화로 이끌다보면 「제도화의 진전과 인정의 모순」이 일어나게 됨을 마루야마는 지적한다. 다시 말해 제도(制度)를 물신화(物神化)시킬 정도로 관료화를 강조한다면 여기에 필요한 가치규범까지 시민의식을 끌어올려야 하는데 그렇지 않은 관계로 제도와 인간이 하나로 이어지지 않고 대립하는 사고양식이 일본의 근대화에 나타나게 되었다는 것이다.[108]

5) 그렇다면, 마루야마 마사오가 제시하는 것은 무엇인가

마루야마는 소거법에 의해 일본사상인 국체사상을 볼 때 하나의 픽션으로 보고 있다고 했다. 이는 여러 가지로 생각할 수 있으나 국체사상을 진정한 일본사상으로 보기에는 만들어진 부분이 많다는 의미가 되겠다. 즉 국체사상이 신화를 기반으로 일본사상을 구축했지만 너무 조작된 사상이란 말이 되겠다.

그렇다면 마루야마는 일본사상으로 정착된 국체사상이 진정한 일본사상이 되려면 어떻게 해야 한다는 처방천은 제시하고 있는가. 이에 대한 대답으로 연구된 것은 없으나 굳이 처방천이라고 한다면 그가 제시한 사상의 현실적인 모습[109]을 들 수 있겠다.

(1) 이미지(image)론

마루야마는 사람이 사물을 판단할 때 무엇을 기준으로 하여 판단하는가에서 생각을 시작한다. 이 때 그가 기준으로 제시하는 말은 '이미지(image)'라는 말이다.

이미지란 「인간이 자기의 환경에 적응하기 위하여 만든 윤활유와 같은 것이라고 하며 자기가 환경으로부터 급격한 충격을 받지 않기 위해 새로이 인간 개개인에 대해서 또는 집단이나 제도나 민족에 대해서 이미지를 만들고 그것에 의지하여 생각하고 행동한다」는 말이다.

그런데 이 이미지는 타인이나 비인격적인 조직의 움직임의 방법에 대한 기대와 예측이 밑바탕이 되므로 어느 정도 지속적이어야 한다. 그런데 지속적이다 보면 이미지는 다른 현실을 만들어낸다. 예를 들면 다음과 같다.

미국은 이러한 나라구나 라고 별로 확실하지 않은 막연한 이미지를 가진 경우, 이 이미지가 오래가다 보면 여러 사람에게 알려져 이미지가 점점 두터워지며 실제와는 다르더라도 널리 알려진 관계로 마치 실제처럼 작용하게 된다. 이렇게 되면 인간은 이 이미지에 맞추어 말하게 되고 행동하게되고 사실과 달라 새로운 소외감을 갖게 된다. 마루야마는 이러한 측면에서 지금의 일본을 보면 크게 두 가지의 형태를 보게 된다고 말한다.

(2) 사사라형(ササラ型, 전통차를 젓는 솔 모양의 도구)과
다코쓰보형(タコツボ型, 문어잡는 통모양)[110]

마루야마는 지금의 일본사회나 문화를 아주 도식화된 모양으로 보아 다음과 같이 두 가지로 보고 있다. 하나는 전통차를 찻잔에 넣고 휘 젓을 때 사용하는 솔과 같은 모양의 '사사라형'이고 또 하나는 문어를 잡을 때 쓰는 통 모양의 '다코쓰보형'이다.

우리가 학문이건 문화이건 사회의 어떤 제도나 조직이건 제대로 된 것은 하나의 공통부분인 손잡이에서 끝이 수없이 갈라져 나온 솔 모양의 사사라형인데, 현재의 일본을 보면 '사사라형'보다는 자기의 것만 챙기는 그래서 종적 횡적으로 관련이 없는 통과 같은 '다코쓰보형'이 일반적이다. 그가 말하는 예 중 하나를 들어보자.

> 근대 일본의 학문을 받아들이는 방법을 보면 메이지 시대에는 화혼양재(和魂洋材)라고 하여 동양의 도덕·서양의 기술이라는 이분법 아래 서양의 학문을 받아들였다. 그러나 지금은 처음부터 매우 개별화되고 전문화된 학문이 들어오고 있다. 그래서 지금의 학자는 서양 학문의 근저에 학문을 지탱하고 있는 사상 또는 문화와는 떨어져 독립되고 기술화된 학문의 틀 속에 처음부터 주저앉고 마는 것이다. 그 결과 문학자 사회과학자 역사학자 등의 사이에 토론이 있어도 공통의 기반이 없는 자기 주장만의 토론이 되고 만다.

그러면 이러한 다코쓰보형으로서의 문제는 무엇인가? 마루야마는 다음과 같이 말한다. 첫째로 다코쓰보형의 경우는 자기들만이 통하는 은어의 발생과 더불어 편견이 쌓이게 되며 가족주의적 봉건주의적인 전근대와 근대사회라는 근대가 결합하는 양상을 띠게 된다. 뿐만 아니라 둘째로는 다코쓰보형은 횡적으로는 충분한 커뮤니케이션이 안된 폐쇄적인 모양을 보이면서 국제적으로는 각자 연결된 열린 모양을 갖게 되어 기묘한 사태를 일으키게 된다. 셋째로는 여러 개의 다코쓰보형 속에는 자연히 강자와 약자가 생기게 되며 이 때 약자는 자신을 더욱 약하게 보게 되어 소수자 의식이나 강박관념 또는 강자들에 포위되어 있는 피해자 의식이 범람하게 된다. 그러면 이러한 다코쓰보형에 대한 마루야마의 해결안은 어떠한가?

(3) 「다코쓰보형」에 대한 해결안

마루야마는 해결안으로 우선 4가지를 언급한다. 첫째는, 일본의 전전(戰前, 1945. 8. 15 이전)과 전후(戰後)로 나누어 다음과 같이 설명한다. 전전에는 다코쓰보형의 조직체 사이를 연결하고 국민적 의식의 통일을 확보한 것이 천황제이며 특히 의무교육과 군대교육을 통해 주입된 것이 신민(臣民)의식이었다. 그런데 전후에는 이러한 결속이 풀려버렸기 때문에 공통의 언어 공통의 문화를 만들어내는 것이 무엇보다도 '매스컴의 역할'이 되었다. 그런데 일본의 매스컴은 아주 복잡하게 구조되어 있어 구조의 한 가운데에 매스컴이 없다는 것이다. 매스컴들이 거대한 힘을 휘두르면서도 동시에 각 조직체와의 커뮤니케이션이 여전히 안 되어있다는 것이다. 즉 한편으로는 커뮤니케이션이 안 되어 대화의 광장을 만들어야한다면서 다른 편으로는 놀랄 정도의 사고방식, 감정, 취미의 획일화 평균화가 매스컴에 의해 진행되고 있다는 것이다. 일본의 경우 어느 방송이나 신문을 봐도 개성이 없지만, 미국의 경우 매스컴의 지방화가 강하여 개성화가 강하다는 것이다.

둘째는, 현재의 조직들은 다코쓰보형인 것을 잊고 조직을 만들어야 힘을 기를 수 있다고 생각한다. 그래서 결국 자기 조직이 갖고 있는 이미지나 용어들이 조직 밖에서는 어떠한가를 생각하지 않으며 그저 이러한 이미지와 용어가 보편화하면 된다고 생각하는 것으로 그친다. 그래서 조직과 조직사이의 대화는 안 되며 자기 조직의 이미지만 의지하며 우물 안 개구리식이 되는 조직사회가 되고 만다.

셋째는, 이 사회의 많은 조직들은 부인동맹과 같은 계급적인 조직화가 아니고 원폭반대 운동 등 그저 필요에 의한 조직이 대부분이다. 그래서 조직화가 되면 계급이 요구되는데 현대 사회상황에 맞추다 보니 그때 그때의 형편에 맞추는 형편주의 등에 떨어져 사상과는 거리가 먼 조직이 되고 만다.

넷째는, 하나의 원리나 원칙에 의한 이미지로는 지금의 사회에 적응해 나가기 어렵다는 것이다. 우리가 범인을 잡을 때 범인을 본 몽타주를 만들 듯이 다양한 이미지를 소재로 이를 겹쳐 쌓아 가는 속에 하나의 논리나 아이디어를 갖게 하는 사고법을 가져야 한다는 것이다.

(4) 「이다」(である)와 「하다」(する)

마루야마는 과거의 사회와 현재의 사회를 알기 쉽게 「이다」(である)의 사회와 「하다」(する)의 사회로 나누어 설명한다.

(4.1) 「이다」의 사회

도쿠가와(德川) 시대와 같은 사회를 예로 들어보면 출생 가문 연령 등의 요소가 사회관계에 있어서 결정적 역할을 했다. 이런 요소는 우리가 현실의 행동으로 변화시킬 수가 없다. 그래서 이런 사회에서의 권력관계나 도덕이나 일반적 사고방식에 있어서 「무엇을 할까」보다는 「무엇으로 있는가」가 가치판단의 중요한 기준이 된다. 다이묘(大名, 지방영주)나 무사가 백성들을 다스리는 것은 그들을 위해서 「하는」 것이 아니라 타고난 신분이 그렇게 되어 「있기」에 다스리는 것이다.

이것은 마루야마가 「이다」(である)사회를 설명하기 위한 예문이다. 과거의 사회는 인습이나 관습으로 묶여 있어 인간은 그 속에 존재하는 것이 사는 것의 전부였다. 인간의 모든 것은 그가 태어나기 전부터 이미 존재해 있으며 그래서 그 사람의 생각과 행동의 범위는 이미 결정된 상황이 된다. 다른 말로 표현하면 「이다」(である)라는 사회는 닫혀진 사회요, 폐쇄된 사회이다.

(4.2) 「하다」의 사회

세상에는 어려운 일을 「하는」 사람을 귀한 사람이라고 말하며 쉬운 일을 「하는」 사람을 천한 사람이라고 한다. 책을 읽고 사물을 연구하여 세상을 위해 도움이 되는 일을 하는 것은 어려운 일이다. 그렇다면 사람의 귀하고 천함을 구별하는 것이 단지 그 사람이 하는 일이 어려운가 쉬운가에 달려있다. 그런데 지금의 영주 귀족 무사 등이 말을 타고 크고 작은 칼을 꽂고 다니는 것을 보면 훌륭하게 보이지만 뱃속은 빈 통처럼 비어있으며 펑펑 시간만 보내고 있다. 그러나 세상 사람들 대부분은 이들을 부러워한다. 어떻든 이런 사람을 보고 귀한 사람, 신분이 높은 사람이라고 말한다. 이런 사람들은 조상 대대로 전해오는 돈이나 곡식이 있기에 그와 같이 훌륭하게 할 뿐이지 제대로 본다면 천한 사람이다.

이는 메이지유신 때 유아를 위해 쓴 후쿠자와 유기치(福沢諭吉)의 글인데 마루야마는 이를 통해 「하다」(する)의 사회를 설명하고 있다. 특히 일본의 경우 1945년 8월 15일 이후 민주주의를 받아들이는 사회가 되었고 사회의 규범인 법이나 도덕 등의 규칙을 자기의 존재와 자유라는 속에 다시 재구성해야 하는 「하다」(する)의 사회가 되었다.

즉 민주주의를 지키고 발전시키기 위해서는 사람들은 단지 「있으면 된다는 논리」에서 「창조하고 감시 해야하는 논리」의 사회로 바뀌어야 한다. 그러므로 이제는 모든 가치 도덕을 「있다」에서 「하다」로 바꾸지 않으면 안됨을 마루야마는 강조한다.

6) 결론

마루야마는 소거법이라는 연구방법론을 만들어 일본사상의 원형(고층 =집요저음)을 일본신화 속에서 「집요한 단편적 발상」이라는 의미로 찾아 낸다. 그리고 일본신화를 기반으로 한 「국체사상」의 픽션적 측면을 강조 하며 일본사상의 재구성의 방향을 이미지론적 관점에서 제시한다.

첫째는 지금의 일본문화가 「사사라형」이 아니고 「다코쓰보형」이므로 이를 사사라형으로 바꾸지 않으면 안됨을 제시한다. 둘째는 일본의 사회 는 아직도 「이다」(である)의 사회로 이를 「하다」(する)의 사회로 바꾸지 않으면 안 된다는 것이다. 즉 이와 같은 제시가 이루어지는 사상이 곧 일본사상이라는 말이다. 그러나 마루야마는 제시에 끝나고 말았으니 이 는 왜서인가? 이 점이 일본사상 연구의 하나의 과제라 하겠다.

한 민족이 가져야 할 사상은 제일대 부모의 「잔소리」에서 비롯되는 것 이 아닌가 라고 생각해 본다면 일본 사상의 원형인 「집요한 단편적 발 상」은 「일본 최초의 부모의 잔소리」가 아닌가 라고 필자는 생각해 본다.

▌주

1) 1953년 크릭(Francis Crick)과 왓슨(James Watson)은 DNA(Deoxyribo nucleic acid)라고 하는 세포핵 속에 들어있는 유전자의 본체인 생명설계도를 발견했다. 이 발견은 1760년 영국에서 시작한 산업혁명 이래 가장 큰 혁명으로 평가되고 있다. 즉 DNA가 제시하는 내용은 생명에 대한 커다란 새로운 사고를 가져다 주었으며, 이에 대한 연구는 새로운 사고를 인간세계의 모든 면에 더욱 확

대하는 계기를 주고 있다.

2) 와쓰지 데쓰로는 도덕사상이란 말보다는 윤리와 윤리학이란 말을 사용하고 있다. 그러나 그의 윤리학을 고찰해보면 그가 풍토론이라는 독특한 철학으로 도덕을 알기 쉽게 설명하는 연구를 한 것으로 생각할 수 있다. 이에 도덕사상이란 말을 쓰고자한다.

3) 和辻哲郎, 『風土—人間学的考察』, 岩波書店, 1935/1978.

4) 필자가 일본의 쓰쿠바(筑波)대학원에서 와쓰지 데쓰로를 연구한 철학자 야마타 히테요(山田英世) 씨의 지도를 받았을 때, 와쓰지의『풍토』의 영향이 일본인에게 매우 컸음을 알게 되었음을 적어두고자 한다.

5) Martin Heidegger. Sein und Zeit. n.p. 1927. Cf.

6) 상게서 3), 1~2면.

7) 『厳密の学としての哲学』(Edmund Husserl. *Phanomenoliogie als strenge wissen schaft*) 佐竹哲雄 訳, 岩波書店, 1981.

8) 상게서 7), 1~11면.

9) 상게서 7), 참조.

10) 상게서와 같음.

11) 상게서와 같음.

12) 상게서와 같음.

13) 木田元, 『現象学』, 岩波新書, 87~95면.

14) 상게서와 같음.

15) 상게서와 같음.

16) 山崎正一 編, 『現代哲学入門』, 有斐閣, P.164에 의하면「세계」란 자연적 세계 내지 대상화된 세계가 아니고 현존재로서의 인간이 그 속에서 살고 있는 장(場) 의 의미와 방향을 주는 전체성으로서의 세계를 의미함.

17) 여기에서 말하는「관심」이란「보호」와「우려」의 양극성을 가진 말이다.

18) 상게서 13)과 같음.

19) 상게서 13), 87면.

20) 상게서 3), 1~2면.

21) 상게서 3), 7~8면.

22) 상게서 3), 24면, 43면, 62면.

23) 鈴木秀夫, 『風土の構造』, 大明堂, 1975, 『超越者と風土』, 大明堂, 1976. 千葉徳迩, 外 1名, 『風土論·生気候』, 朝倉書店, 1979. 등을 참조함.

24) 和辻哲郎, 『倫理学 下』, 岩波書店, 167~169면.

25) 몬순(mausim)이라는 말은 아라비아어로 계절이라는 의미를 갖는 말이라 한다.

26) 和辻哲郎, 『倫理学』(上・下), 岩波書店, 1965/1979. 본 저서는 원래 上・中・下의 세 권으로 출판되었다. 上은 1937년, 中은 1942년, 下는 1949년 출판되었으나 1965년 上・中을 합쳐 上권으로하여 上・下 2권으로 출판되었다.

27) 와쓰지는 화산과 지진에 관하여는 별로 언급하지 않고 있는 것 같다. 필자는 태풍과 같이 화산이나 지진에서도 자연의 강렬함을 느꼈기에 여기에서는 태풍과 같은 예로 적어본다.

28) 和辻哲郎, 『人間の学としての倫理学』, 岩波書店, 1934/78, 参照.

29) 상게서 3), 139~140면.

30) 상게서 2), 141~146면.

31) 와쓰지의 표현을 이해하기 쉽게 「家」를 「집안」으로 「家名」을 「가문」(家門)으로 바꾸어 표현하였다. 일본의 집안인 「家」에는 우리와 다르게 상징하는 문장(紋章)이 있으며 이를 가문(家紋)이라고 한다. 가문(家紋)에 관하여 와쓰지는 언급하지 않았으나 참조로 적어둔다.

32) 만요슈(万葉集)란 서기759년 오토모노 야카모치(大伴家持)라는 사람에 의해 4500수의 노래를 20권으로 모아 놓은 책을 말한다.

33) 상게서 3), 142~143면.

34) 상게서 3), 144~146면.

35) 常山春平, 『続・神々の体系』, 中公新書, 1975, 148~184면.

36) 상게서 3), 147~154면.

37) ① 久野収, 鶴見俊輔, 『現代日本の思想』, 岩波新書, 1983, 126~138면.
    ② 丸山真男, 『日本の思想』, 岩波新書, 1978, 28~34면.

38) 和辻哲郎, 『倫理学 上』, 岩波書店, 1965/79, 399면.

39) 和辻哲郎, 『倫理学 下』, 岩波書店, 1965/79, 350면.

40) 加藤地三, 中野新之祐, 『教育勅語を読む』, 三修社, 1984. 33~34면. 「教育に関する勅語の全文通釈」을 우리말로의 번역(필자)한 것임.

41) 미도학풍이란 에도 시대를 만든 도쿠가와 이에야스(徳川家康)의 열 한 번째 아들인 요리후사(頼房)의 삼남 도쿠가와 미쓰쿠니(徳川光国, 1628~1700)에 의해 생긴 학파로 국학, 사학, 신도를 기초로 한 국가 의식과 유학사상을 결합한 학풍을 말하며 천황에 대한 중국식의 충성을 주장한 것이 특징이 된다.

42) 和辻哲郎, 『日本倫理思想史 下』, 岩波書店, 1962/77. 441~445면.

43) 상게서 42), 445~447면.

44) 상게서 38), 서론 참조.

45) 紫野昌山, 『教育社会学を学ぶ人のために』, 世界思想史, 1985, 참조.

46) 상게서 28), 참조.

47) 상게서 28)의 49면.

48) 세대(世代)라는 말의 경우, 세(世)는 시대(時代)의 시(時)와 같은 의미를 갖는
　　 기도 하지만.

49) 상게서 26) 참조.

50) 상게서 38), 483~484면.

51) 상게서 38), 521면.

52) 中村 元, 『普遍思想 上』, 春秋社, 1978. 3면.

53) 상게서 52), 3~4면.

54) 상게서 52), 4면.

55) 中村元, 『東洋人の思惟方法 1』, 春秋社, 1979. 7면.

56) 상게서 55), 5~7면.

57) 여기에서 말하는 사유법칙은 형식논리학에 있어서의 사유법칙으로 간단히 설명하
　　 면 다음과 같다. 동일률(同一律)은 'A는 A이다'라는 논리이며, 모순율(矛盾律)은
　　 'A는 非A가 아니다'라는 논리이다. 이러한 동일률과 모순율은 같은 원리를 긍정
　　 형식과 부정형식으로 나타낸 것이라 하겠다. 배중률(排中律)은 'A는 B이거나 B
　　 가 아니거나에 어느 한쪽이다'라는 논리로 'B이거나 B가 아니거나'라는 둘 외의
　　 제 삼의 존재를 배제하는 논리'를 말한다. 충족이유(充足理由)의 논리는 이유율
　　 (理由律)이라고도 하며 '충분한 이유가 없으면 어떠한 사실도 성립할 수 없으며
　　 어떠한 판단도 참일 수가 없다는 논리'를 말한다. 이 논리는 라이프니치가 처음
　　 주장한 것으로 라이프니치는 이 논리와 모순율을 논리학의 이대원리로 보았으며
　　 우연적 진리는 충족이유의 논리에 필연적 진리는 모순율에 의한다고 말하였다.

58) content와 form을 사용한 사람은 영국의 교육철학자인 피터스(Richard Stanly
　　 Peters)이다. 그의 논문 Form and content in Moral Education
　　 (Authority, Responsibility, and Education. George Allen & Unwin,
　　 1978.)에 의하면, 그는 content는 도덕의 원리로 form은 원리를 규명하는 방법
　　 으로 사용하고 있다. 본 연구에서는 이를 참조로 내용과 형식이라는 말로 사용하
　　 나 더욱 포괄적인 의미로의 content(원리, 원칙, 내용 등)와 form(방법, 방식,
　　 형태)의 의미로 사용하고자 한다.

59) 상게서, 55), 10면.

60) ① 『記号を哲学する』, 山本茂雄 外4人編集, 勁草書房, 1984. 参照.
　　 ② 『現代思想・入門』, 別冊宝島44, JICC出版局, 1986. 参照.

61) 페르디낭·드·소쉬르, 『일반언어학강의』, 오원교 역, 형설출판사, 1991. 24면.

62) 상게서 58) ②, 111면.

63) 이러한 주장은 생명과학인 DNA이론이나 동물행동학에서는 일반론으로 되어있음.

64) 中村元, 『東洋人の思惟方法 3』, 春秋社, 1979. 5~8면.

65) 상게서 62)와 같음.

66) 상게서 64), 11~94면.

67) 상게서 64), 95~284면.

68) 상게서 64), 285~351면.

69) 상게서 64), 318면.

70) 상게서 64), 353~366면.

71) 마루야마 마사오 본인은 일본사상사(日本思想史)연구자임을 말하고 있지만 필자
    는 넓게 보아 사상 연구자 생각하고 있다.

72) ① 『日本政治思想史研究』, 東京大学出版会, 1952/91(新装第6刷).
    ② 『日本の思想』, 岩波新書, 1961/96(第66刷).
    ③ 『現代政治の思想と行動』, 未来社, 1964/91(第144刷).
    ④ 『忠誠と反逆』, 筑摩書房, 1998 등이다.

73) 加藤周一, 木下順二, 丸山真男, 武田清子 編 『日本文化のかくれた形』, 岩波書
    店, 1984. 87~152면. 참조.

74) 파의 머리처럼 생긴 식물로 일본에서는 식초·소금·설탕에 절인 것을 생선 회밥
    등을 먹을 때 반찬으로 사용한다.

75) 동경대학은 현재의 일본대학 565개(1995년) 가운데 최고의 대학으로 평가되고
    있다. 명치10년인 1877년에 동경개성학교와 동경의학교를 병합하여 국립으로서
    의 동경대학을 창설하였다. 1886년부터는 제국대학으로 불렀으며 1897년에는
    동경제국대학으로 이름을 고쳐 불렀다. 전후 1949년에는 제일고등학교와 동경고
    등학교를 흡수하여 지금의 동경대학이 되었다.

76) 일본민족의 고유신앙으로 일본의 건국신인 아마테라스오미카미(天照大神)를 숭
    배하는 종교를 말한다.

77) 기기(記紀)란 고지키(古事記)와 일본서기(日本書紀)를 합쳐 말할 때 쓰는 말이
    다. 고지키(古事記)란 오노야스마로(太安万侶)가 서기 712년 편찬한 일본에 현
    존하는 제일 오래된 역사 서를 말한다. 상중하 세 권으로 되어있으며 내용은 신
    화, 전설, 가요를 포함하여 천황가를 중심으로 한 국가통일사상이 뼈대를 이루고
    있다. 일본서기(日本書紀)는 나라(奈良)와 헤이안(平安)시대에 편찬된 리쓰코쿠
    시(六国史)의 하나로 나라시대에 완성된 제일 오래된 정사(正史)이다. 가미요(神

代 : 제1대 神武天皇 이전의 神들의 시대)로부터 지토천황(持統天皇)까지의 업적을 한문으로 기술한 편년체(編年体)의 역사 기록이다.

78) 일본신화는 古事記와 日本書紀에 기록되어있는 가미요(神代)의 이야기를 말한다. 가미요의 이야기들이 이상의 두 책에 기록된 것처럼 정리된 것은 천황이 일본의 통일군주가 된 후의 일이었다. 5세기나 6세기경 야마토조정(大和朝廷)이 천황의 지배적 지위를 관념상 정당화하기 위해 만들었다고 한다. 그래서 가미요의 이야기의 주제는 천황의 조상신인 아마테라스오미카미(天祖大神)의 신의(神意)에 따라 자손이 세습적으로 일본의 군주가 되기에 이르렀다는 이야기가 된다. 실제로 민간인들에게 종교적 대상으로 전해 내려온 신들에 관한 이야기로서의 신화가 아니며 물론 역사적 사건을 기술한 것도 아니다. 신들의 체계는 야마토 조정에 의해 만들어졌으나 그러나 신화에 쓰여진 자료로는 민간에게 전해 내려온 신화나 전설이며, 그 속에는 남양 등의 여러 민족에 전해 내려오는 신화나 전설과 매우 흡사한 것들이 적지 않다. 또한 고대의 일본인의 풍속습관이나 사회상태, 생활의식을 반영한 것이 많으므로 고대 일본인의 생활을 알 수 있는 구중한 사료가 된다. 일본신화가 역사적 사실이 아닌 것은 에도 시대의 학자인 우에다 아키나리(上田秋成), 야마가타반 도우(山片蟠桃)등이 언급하고 있다. 그렇지만 메이지유신 후부터 천황제 절대주의 국가체제가 만들어짐으로서 일본신화는 천황제의 원천을 나타내는 것이 되어 신성시되었으며 학교에서도 가미요의 이야기를 일본역사의 일부분으로 가르치도록 정했다. 일본 신화의 구성이 정치적 목적에 의해 창작된 것이라는 것을 처음 학문적으로 증명한 것은 쓰다 소키쓰(津田左右吉)이며 결국 그는 형사재판을 받지 않으면 안 되었다. 일본역사 교과서가 가미요의 이야기부터가 아니고 원시사회의 사실부터 쓰기 시작한 것은 일본이 미국과의 전쟁인 태평양전쟁에서 진(1945년)이후부터이다.(1957/75년의 岩波小辞典『日本史』의 기록 참조)

79) 습합(習合)이란 상이한 교리 등을 절충·조화하는 것을 의미하는 말로 신불습합(神仏習合) 등과 같이 일본에서는 잘 사용하는 말이다.

80) 806년 구카이(空海)가 창립한 진언종(真言宗)이라는 하나의 불교종파에서 금강계(金剛界)와 태장계(胎蔵界)라는 두 법문을 양부(両部)의 교리로 설명하는 신도를 말한다. 금강계란 진언종의 경전인 대일여래를 견고한 지덕(知徳)의 측면에서 본 법문이며, 금강계라는 말을 붙인 것은 산스크리트 말로 '견고'하다는 의미인 '바즈라'라를 '금강'으로 번역하여 사용한 말이다. 태장계는 경전인 대일여래를 자비(慈悲)의 측면에서 해석한 법문이며 태장이란 말은 모태 속의 아기를 보호하고 기른다는 말이다.

81) 무로마치(室町, 1392~1578) 시대말기에 교토(京都)의 요시다신도(吉田神社)의 사관(詞官)인 요시다 가네토모(吉田兼具)가 제창했다고 한다. 유교의 가르침을 神의 길(道)로 주장한 것이다.

82) 요시카와신도(吉川神道)란 에도(江戸, 1600~1867)초기에 기쓰카와 고레타루(吉川惟足)가 제창한 신도로 요시다신도(吉田神道)의 불교적 색채를 없애고 송나라의 정이 정돈의 유교를 가미한 신도를 말한다.

83) 일본의 중세란 12세기말 가마쿠라(鎌倉) 막부의 성립부터 19세기 중엽의 에도(江戸) 막부의 멸망까지를 말한다. 또는 가마쿠라 막부의 성립에서 織田信長와 豊臣秀吉의 정권을 합쳐 말하는 쇼쿠호 정권(織豊政権)이나 도쿠카와 막부(徳川幕府)가 세워지기까지를 중세라고 하며 그 후를 근세라고도 한다.

84) 신이 나라의 기초를 세웠으며 신이 수호하는 나라라는 사상이며, 이를 대표하는 역사서로 진노쇼토키(神皇正統記)가 있다. 이는 1339년 기타바타케 지카후사(北畠親房)가 썼으며 가미요(神代)로부터 1339년 즉위한 제97대 고무라카미천황(後村上天皇)까지의 역사가 내용이다.

85) 상게서 52), 3~4면.

86) 배불기석(排仏棄釈)이라고도 하며 불법을 폐하고 석존의 가르침을 포기한다는 말이다. 명치 원년 신불분리 령이 내려지고 이에 따라 신사와 절이 서로 다투게 되고 사원 불구 경문 등을 파괴하는 운동이 일어났다.

87) 메이지헌법의 해석으로 국가의 주권은 천황에 있다는 설에 대하여 천황은 법인으로서 국가의 최고기관으로 주권은 국가에 있다는 설이다. 미노베 다쓰키치(美濃部達吉) 등이 제창한 설이다. 만주사변이후 국체를 반대한 학설로 되어 1935년 국체명징문제(国体明徴問題)를 일으켰다.

88) 만요슈(万葉集)의 약자로 일본의 현존하는 제일 오래된 노래집이다. 서기 759년에 완성된 것으로 400년에 걸쳐 장가 단가 선두가 등 4,500수가 한문의 시 서한과 함께 수록되어있다. 오토모노 야카모치(大伴家持)가 편집했다고 한다.

89) 헤이안 말에서 가마쿠라 초에 걸친 가승(歌僧)이다. 新古今和集에 94수의 제일 많은 노래가 수록되어 있다.

90) 상게서 14)참조 바람.

91) 요시다쇼인(吉田松陰, 1830~1859)은 일본 규슈(九州)의 야마구치켄(山口県)의 하기(萩)라는 곳에 쇼카 손주쿠(松下村塾)를 세워 제자를 가르쳤다. 제자에는 구사카 겐즈이(久坂玄瑞) 다카스기신사쿠(高杉晋作) 이토 히로부미(伊藤博文) 등 막부 말기의 활동인 들이 있었다. 그러나 그는 천황의 칙허를 기다리지 않고 막부가 안정5개국조약을 조인한 것에 반대하여 막부 당국자 암살을 계획했다가

잡혀 사형을 당한 막부말기(幕末)의 지사(志士)이다.

92) 본명은 오카쿠라 가쿠조(岡倉覚三, 1862~1913)이며 天心은 호이다. 메이지시대의 일본미술계의 지도자로 동경 미술학교장을 지냈으며 일본미술원을 창설했다. 『동양의 이상』 『일본의 각성』 『차의 책』 등을 영문으로 저술했으며 보스톤의 미술관의 동양부장을 역임했다.

93) 하가쿠레 기키가키(葉隠聞書)의 줄인 말로 1716년경 은사(隠士) 야마모토 쓰네아사(山本常朝)의 구술에 의해 만들어진 무사(武士)의 수양서이다.

94) 가마쿠라 초기의 선승(禅僧, 1200~1253)으로 일본 조동종(曹洞宗)의 개조이다. 승양대사(承陽大師)로 불리며 『正法眼蔵』 『永平広録』을 저술했다.

95) 문천상(1236~1282)은 중국 남 송 말기의 충신으로 원(元)을 대항하여 의병을 일으켰으며 사형 당할 시 『正気歌』를 지었다.

96) 石川啄木(1886~1912)은 27세의 짧은 생애를 마친 일본이 낳은 천재시인이요 국민시인이라 한다. 삼행쓰기(三行書き)라는 독특한 형식의 단가를 남겼으며 당시의 조선을 바르게 보고 말한 문학가로 후세는 평한다. 사회주의적 경향이 강한 시인이었다고 한다.

97) 루슌(1881~1936)의 본명은 주수인(周樹人)이며 중국의 문학자로 『阿Q正伝』을 썼다.

98) 추밀원이란 명치헌법 하에서 중요한 국무 및 황실의 대사에 관해 천황의 상담에 응하는 것을 주 업무로 하는 합의기관이다.

99) 丸山真男, 『日本の思想』, 岩波新書, 1978. 28~31면.

100) 長谷川正安, 『日本の憲法』, 岩波新書, 1979. 203면. 일본의 황실이 오랜 역사 속에 끊임없이 이어져 오는 것을 만세일계(万世一系)라고 한다.

101) 상게서 40), 32면.

102) 상게서 99)와 같음.

103) 상게서 40)과 같음.

104) 상게서 40)참조.

105) 상게서 99) 42~44면.

106) 상게서 29) 63면.

107) 상게서 99) 46~47면.

108) 상게서 99) 47~52면.

109) 상게서 99) 124~180면에 있어서 Ⅲ.思想のあり方について(사상의 현실적 모습에 관해서)와 Ⅳ 「である」ことと「する」こと(「一이다」와 「一하다」)를 의미한다.

110) 상게서 99) 129~151면.

제6장

「일본의 도덕과 도덕교육」의 결론과 전망

제6장
「일본의 도덕과 도덕교육」의 결론과 전망

1. 「일본의 도덕과 도덕교육」의 결론

한국 일본 중국 세 나라의 특징을 서예(書芸)로 비유하는 경우가 있다. 즉 한국은 서예(書芸)라고 하는데 일본은 서도(書道)라고 하며 중국은 서법(書法)이라고 한다. 붓글씨 쓰는 것을 한국은 예술로 보는데 일본은 도덕으로 보며 중국은 법으로 본다는 것이다. 이와 같은 비유가 말하듯 일상생활에서의 일본인은 도덕과 도덕교육에 대해 매우 까다롭다.

일본인들의 하루의 생활을 보면 인사에서 시작하며 인사에서 끝난다. 또한 일 년을 보아도 연하인사인 연하장으로 지난해의 감사와 새해는 잘 봐달라는 인사로 시작한다. 선물을 받은 경우는 반드시 답례를 하며 선물 받은 후 다시 만났을 때는 반드시 고맙다는 말을 잊지 않는다. 대화를 할 때에는 반드시 상대의 기분을 상하지 않게 하도록 말하는 다테마에와 본심인 혼내라는 두 가지 대화가 있다.

이와 같이 그들의 일상생활에서 지켜지는 작은 도덕들은 국체(国体)라는 큰 도덕을 강화하며 하나의 도덕구조를 이룬다. 즉 일본인들의 깍듯한 일상생활의 도덕은 천황을 중심으로 한 하나의 가족국가라는 국체를 튼튼하게 한다.

일본인의 도덕구조 속에는 도덕성구조가 움직이고 있다. 즉「상대를 생각하는 마음」이라는 도덕성이「철저한 정확성」이라는 도덕성에 의해 강화되면 될수록「원만한 인간관계」라는 도덕성이 작동한다.「원만한 인간관계」도덕성은 현재의 인간관계를 말하므로 「현세 중심」이라는 도덕성이 강화된다. 도덕성 구조의 중심인 「상대를 생각하는 마음」은 바로 일본의 전통적 도덕성인 「오모이야리」를 의미한다.

일본사회에 나타나 있는 이와 같은 도덕과 도덕성의 구조를 학교의 도덕교육과 가정의 시쓰케교육을 통해 고찰한다. 여기에 우리의 도덕교육을 비교해 봄으로서 우리는 덕목의 나열에 불과하며 중심도덕성이 없는 도덕교육을 하고 있음을 알게 된다. 일본사회의 도덕은 가정과 학교의 도덕교육을 통해 그 기반이 형성됨을 알 수 있다.

뿐만 아니라 「오모이야리」도덕성을 과학화한 모럴로지라는 도덕과학사상은 연구소와 전국의 지부를 중심으로 사회에서 실천되고 있으며 그래서 일본 사회를 이끄는 도덕사상으로 그 내용을 고찰한다. 그 외에도 일본 사회에 도움을 주는 도덕사상으로 와쓰지 데쓰로, 나카무라 하지메, 마루야마 마사오 등 일본이 자랑하는 석학들의 도덕론을 고찰한다. 와쓰지는 현상학적 방법을 발전시켜 풍토사상을 확립하며 이를 기반으로 한 인간학으로의 윤리학을 제시한다. 나카무라는 사상의 비교연구를 통해 일본인의 도덕과 문화의 기반을 이루는 일본인의 사유방법을 명확히 분석한다. 마루야마는 국체라는 일본사상을 21세기에 맞는 새로운 일본사상이 되도록 그 기반의 재구성을 시도한다.

이와 같은 내용의 도덕과 도덕교육 및 도덕사상을 일본인들은 적극 연구하며 실천함으로써 일본으로 하여금 도덕의 나라로 만들고 있다고 하겠다.

2. 「일본의 도덕과 도덕교육」의 전망

1) 「참된 인간」의 의미

지금 세계는 고도의 과학문명에 의해 첨단의 정보사회로 가고 있다.

또한 정보사회는 세계를 하나로 만드는 지구촌 시대를 열어가고 있다. 그래서 지구상의 많은 나라들은 국제관계를 잘 할 수 있는 세계화를 지향하고 있다. 그런데 이와 같은 세계의 흐름 속에 자기 민족이나 자기국가의 생존을 우선 시하는 민족주의는 어떻게 해야 하는가 라는 큰 과제를 껴안게 된다.

이러한 때 무엇보다도 중요한 것은 지구상의 인간들이 고도로 발달한 과학과 첨단의 정보를 진정한 인간사회를 위해 사용할 수 있는 참된 인간이 되는 것이다. 만약 이를 게을리 한다면 인간은 어렵게 창조한 과학문명에 인간 스스로가 무덤을 파는 어리석음을 저지르고 말 것이다.

만약 인간이 인간사회를 위하는 참된 인간이 된다면 민족주의를 어떻게 국제화하는가의 문제를 비롯해 인류 존재에 위기를 가져오는 전쟁 등의 위험을 해결할 수 있다고 볼 수 있다. 다시 말해 현대가 안고있는 국제화와 전쟁의 공포를 해결하며 세계의 평화와 안전의 실현을 이룩할 수 있는 지름길은 바로 참된 인간이 되는 것이라 하겠다.

그런데 이 때에 방법이 문제가 된다. 어떻게 하면 참된 인간이 되는가이다. 여기에는 성급히 하나 아니면 몇 가지 방법이 있다고 생각해서는 안 된다. 왜냐하면 지구상의 인류는 이제까지 다양하게 살아왔기 때문이다.

지구상에는 현재 60억이 넘는 인간이 살고 있다. 이 인간들은 모두 자기 나름대로 살고 있다. 우리는 이러한 삶을 크게 몇 개의 형태(type)나 단계(step)로 구분할 수도 있다. 그러나 엄밀히 본다면 한 사람 한 사람이 다르듯 60억이 넘는 생활 방식이 존재한다고 하겠다. 그렇다면 참된 인간이 되는 방법 역시 다양하다고 하겠다. 참된 사람이란 한 사람 한 사람의 문제이기 때문이다.

그런데 묘한 것은 이렇게 다양한 생활을 면밀히 살펴보면 거기에는 민족이나 국가단위로 하나의 도덕성을 중심으로 한 도덕성 구조가 들어있다는 것이다. 이유는 어느 민족이나 국가나 처음 시작하는 모습을 생각해보면 같은 환경 속에서 공동생활로 시작하는데, 이 때 생존을 위해 어른들은 잔소리를 하게 되고, 이 잔소리가 하나의 도덕성이 된다는 것이다. 이 도덕성은 그 집단이 그 환경 속에서 생존을 하기 위한 잔소리이다 보니 소멸되지 않고 강조되며 강조된 도덕성은 전통이 된다. 전통이 된 도덕성은 시대에 따라 해석을 좁게 때로는 넓게 하면서 도덕으로 나타나면서 유지, 발전되어 오고 있다.

즉 참된 인간이 되는 방법이란 각 민족이나 국가가 유지해 온 전통 도덕성을 어떻게 해석하여 도덕으로 실천하는가의 문제인 것이다. 이 때의 도덕은 자기 민족이나 국가의 차원을 넘어 세계 즉 지구의 차원까지 해석하지 않으면 안 된다. 이러한 관점에서 일본의 도덕과 도덕교육을 생각해 보는 것이 바로 전망이 되겠다.

2) 「일본의 도덕과 도덕교육」은 「참된 인간」을 위한 것인가

일본의 사회를 보면 시골의 동네나 도시의 구석 등 전국이 깨끗이 정리정돈 되어 있다. 이러한 환경처럼 일본인 역시 깨끗한 인간관계 속에 생활하고 있다. 이러한 일본이 되기까지 일본인들은 물론 많은 노력을 해왔으며 현재도 많은 노력을 하고 있다.

일본인들은 가정을 시작으로 학교 및 사회의 여러 분야 등이 각자의 이해관계를 중심으로 활동하면서도 일본의 도덕성인 「오모이야리」를 항상 중시하고 있다. 즉 일본인들은 「오모이야리」라는 전통도덕성을 생활 속에 매우 정밀히 정확히 구조화하고 있음을 생각할 수 있다. 다시 말해 일본은 「오모이야리」의 나라라 하겠다.

그렇다면 위에서 말한 「참된 인간」이라는 관점에서 일본사회와 일본인을 본다면 과연 어떠한가? 이를 설명하기 위해서 도덕의 구조에 관하여 좀더 설명한 후에 생각해보자.

우리 인간은 도덕이라는 행위를 도덕성으로부터 만들어 생활함으로서 짐승과는 다른 인간만의 특징을 갖는 생활을 하며 만물의 영장이라는 존재가 되고 있다. 그런데 이러한 인간이 실천하고 있는 도덕을 보면 이해하기 쉽게 작은 도덕과 큰 도덕으로 나눌 수 있다. 구조의 측면에서 보면 도덕성을 핵으로 많은 작은 도덕과 몇 개의 큰 도덕이 유기적 관계 속에 하나의 구조를 이루고 있다. 마치 태양이라는 도덕성을 중심으로 9개의 도덕이라는 행성이 도는 태양계처럼 말이다. 이를 일본의 「오모이야리」구조로 설명해보자.

일본의 「오모이야리」를 보면 개인과 개인, 가정과 가정, 회사나 조합 등 어떤 집단과 다른 집단 사이에 「서로 생각하면서」(오모이야리) 인간관계나 이해관계에 필요한 도덕이 실천되고 있다. 이러한 작은 도덕들은 이 기능에서 끝나는 것이 아니라 개인과 일본이라는 국가, 천황, 일본 문화에 대해서 「서로 생각하는」(오모이야리) 큰 도덕을 갖는다. 이러한 일본 국내에서의 오모이야리는 철저히 실천되어 완벽에 가까운 일본을 도덕의 나라로 만들었다.

그러나 국제화라는 변화에 의해 일본이나 일본인 외의 외국과 외국인에 대해서 「오모이야리」를 어떻게 해야 하는가의 문제가 대두되었다. 물론 외국이나 외국인에 대하여도 「오모이야리」를 베풀어야 한다고 생각하며 노력하지만 자기 민족에 대한 「오모이야리」가 너무나 완벽에 가깝게 실천하고 있으므로 외국이나 외국인에 대하여 그리 쉽게 실천되고 있지 않은 것이 현재의 실정이다. 물론 이는 시간과 노력이 필요한 문제이리라.

만약 일본인이 자기나라와 외국을 「오모이야리」도덕성 속에 조화를 이루는 마음가짐으로 세계를 대한다면 경제적 선진국이라는 평가와 더불어 세계의 모범국으로 평가를 받는 나라가 될 것이다.

일본은 자기 나라의 안은 「오모이야리」도덕성에 의해 마치 하나의 몸처럼 1억 2천만 일본인들이 단결되어있다. 거기에다 인사, 청결, 약속, 근면 등의 작은 도덕들이 완벽할 정도로 실천되고 있다. 이러한 경우 필자는 하버드대학 교수인 에드워드 윌슨(Edward O. Wilson)의 『인간본성에 관하여』라는 저서 속에서 주장하는 말을 상기하고 싶다.

윌슨은 인간의 본능 속에는 동물과 같은 「공격성」이 설계되어 있으며 7가지의 공격적 행동으로 나타난다고 한다. 그 가운데 두 가지의 공격적 행위를 생각하지 않을 수 없다. 하나는 사회적 규칙을 지키게 하기 위하여 도덕적 훈육적 공격을 행하는 경우이며, 또 하나는 잘 조직된 집단이 우위성을 주장할 때 나타내는 공격적 행위이다. 일본이 「오모이야리」도덕성에 의해 잘 조직되거나 사회적 규칙을 지키는 데에 매우 민감하다면 윌슨이 말하는 공격적 행위가 나타남은 본능적이니 어쩔 수 없을 것이다. 왜냐하면 다른 나라는 대부분이 일본보다 못하니 말이다.

하여튼 일본은 「오모이야리」도덕성 속에 다른 나라와 조화할 수 있는 인간이 될 때에 일본의 「오모이야리」도덕성의 참다운 기능이 발휘된다고 볼 수 있겠다.

일본은 국토면적에 비해 인구가 많아 인구밀도가 336명이 넘는 세계에서도 높은 나라 중에 하나이다. 자원은 적으며 지진과 태풍이 많은 어려운 자연환경 속에서 노력에 의해 경제대국을 이룬 나라이다. 그러다 보니 외국에 대하여 더구나 가난한 나라들에 대하여 인색할 수밖에 없는 나라가 될 수밖에 없는지도 모르겠다. 또한 그들의 「오모이야리」도덕성은 바로 가난과 고난을 이기기 위해 더욱 강조된 도덕성이었으며 이로 인해 강조된 화(和)의 정신이었으므로 다른 나라와 함께 함은 어려울지 모르겠다.

그러나 오히려 「오모이야리」도덕성과 이에 의한 화(和 : 화는 온화함을 뜻하나 일본에서는 일본을 상징하는 말로 쓰인다)의 정신을 열어 세계를 받아드릴 때 일본에 주어진 어려움을 넘어서게 되며 일본은 서서히 세계의 큰 나라가 되리라 생각한다. 여기에 일본의 비전이 있다고 하겠다.

3. 한국인과 일본인의 뿌리에 관한 연구

일본에서 보면 우리 한국이 가장 가까운 나라이며 역사적으로 보면 대륙의 문화를 거의 다 우리로부터 받아드린 것을 알 수 있다. 그런 관계로 일본인의 발생지를 찾는 문제에 있어서 혹시 조상이 한국인이 아닌가 하는 의문이 오래 전부터 제기되어 왔다.

그런데 이 의문은 일본만이 아니라 우리 한국에도 매우 중요한 문제이다. 만약 이 문제의 해결이 같은 민족으로 밝혀진다면 한국과 일본 두 나라는 서로의 모든 것을 다시 해석해 봐야 하는 아주 큰 문제를 갖게 된다. 그러기에 이 문제에 대한 연구는 두 나라의 도덕이나 도덕교육을 연구함에 있어 매우 중요한 기초 연구가 된다.

마침 1998년 미국의 한 대학교수가 우리와 일본인은 같은 조상이라고 연구 발표한 논문이 이 문제를 세상에 크게 부각시켜 화제가 된 적이 있으며 이를 필자가 정리해 본 연구가 있다. 이를 마지막으로 소개해 두고자 한다.

주제 : 한국인과 일본인의 뿌리에 관한 연구

1) 서론

맑은 날 부산에서 대마도라고 부르는 일본의 쓰시마(対馬島)가 보일 정도로 한국과 일본은 가까운 나라이다. 그래서 두 나라는 역사적으로 매우 밀접한 관계를 이루어왔다. 사람들의 얼굴 모양도 같으며 언어 역시 같은 계통이다. 특히 일본 전국에는 옛 한국문화의 유적이 많이 보이고 있다.

그런데 이러한 두 나라에 있어서「같은 민족」이 아닌가 하는 의문은 오래 전부터 있어왔다. 또한 이 의문에 대해 역사학자 등의 연구가 나와 있으나 이에 대한 대답은 같은 민족「이다」 또는「아니다」로 크게 나누어져있다.

그런데 이러한 대답에 우리가 먼저 관심을 갖는 것은「이다」라는 연구가 된다. 왜냐하면 우리와 일본은 별개의 나라이기 때문에「아니다」라는 연구는 별 의미를 주지 않기 때문이다. 그러나「이다」라고 해서 정말「이다」가 되는 것은 아니다. 왜냐하면 한국인의 연구와 일본인의 연구에는 커다란 차이가 있기 때문이다.

한 마디로 말해 일본인의 연구의 경우는 일본의 고대사의 근거가 되는 고지키(古事記) 등의 기록을 중심으로 한국을 지배한 지배층이 일본에 건너와 일본인이 된 것을 강조하고 있는 데 비해 한국인의 연구는 일본인의 연구가 고지키 등을 날조한 일본 편의의 연구라고 비판하며 일본은 한국의 고대국가 때 전쟁 등 이런저런 이유에 의해 건너간 사람들이 중심이 되어 세운 나라라고 보는 것이다. 이러한「이다」에 있어서의 연구의 차를 해결하기는 그리 간단하지 않다. 해결하려면 양쪽의 연구자들이 납득할 수 있는 보다 정확한 연구가 있어야하기 때문이다.

이러한 때에 한·일 두 나라의 사람이 아닌 미국인 교수가 인간 연구에 가장 정확성이 높다는 유전인자 DNA를 조사하는 방법으로 이 연구를 발표하여(1998.6) 매우 흥미를 주고 있다. 또한 여기에 이의를 제기하는 형식으로 일본학자와 중국학자가 공동으로 역시 DNA를 조사하여 발표함(1999.3)으로서 흥미를 더해주고 있다.

그래서 이 두 연구를 고찰해 보고자 한다. 또한 한국과 관련이 있는 일본의 유물 유적들은 「이다」를 어떻게 말하고 있는가를 직접 들어보는 현장 중심 연구 두 가지를 고찰해 보고자 한다. 두 가지란 일본인 하타다기(旗田巍) 씨의 일본인들의 생각을 정리하여 두 민족의 뿌리를 언급한 연구와 재일 동포인 김달수(金達寿) 씨의 일본에 현존하고 있는 옛 우리 문화의 유적을 직접 답사하여 조사 정리한 연구이다.

이리하여 본 연구에서는 전부 합하여 4 연구를 고찰함으로서 한국인과 일본인의 뿌리를 「이다」라는 측면에서 좀더 생각해 보고자 한다.

2) J. 다이아몬드 교수의 연구

1998년 6월 1일 월요일 아침 조선일보의 한 귀퉁이에 눈길을 끄는 하나의 연구가 소개되었다. 이는 다름이 아닌 「유전적으로나 골상으로 보나 일본인은 한국인 후예」라는 기사였다. 이에 필자는 기사의 출처를 찾게되었다.

즉 미국의 과학전문지 「디스커버」 6월호에 「일본인의 뿌리」라는 제목[1]으로 발표한 미국 캘리포니아 주립대학(UCLA)의 다이아몬드(Jared Diamond) 교수[2]의 논문을 소개한 기사였다. 기사는 논문의 요지를 비교적 잘 정리하였기에 그대로 인용해 두고자 한다.

> …다이아몬드 교수는 일본의 역사와 고대문화를 자세히 훑은 후, 일본인 혈통에 영향을 준 「아이누 족」(홋카이도 쪽에 살고 있는 일본의 고대 원주민), 「조몬인」, 「야요이인」, 그리고 「한국인」을 분석했다. 조몬인은 기원전 7천5백 년 무렵 규슈에서 시작해 일본 전역에 흩어졌던 신석기 시대 사람. 야요이인은 기원전 4세기 무렵 한국에서 건너간 문물을 받아들인 신 일본족으로, 우월한 무기와 문명으로 조몬인들을 축출하고 일본의 주인이 된다.
>
> 현재 일본인 학자들은 『일본인의 조상은, 기원전 2만 년 전의 빙하기 때

아시아 대륙과 연결된 홋카이도 쪽을 통해 일본에 건너간 유럽-아시아 부족들의 후예(현 아이누족의 선조)거나, 한국을 통해 넘어간(그러나 한국인은 아닌) 아시아 기마족』이라고 주장하고 있다.

다이아몬드 교수는 이들 고대 종족들의 인골 화석에서 뽑아낸 유전자 정보와 골상 구조 등을 분석한 최근의 연구결과를 검토했다. 그의 주장에 따르면 조몬인의 유골은 현대 일본인보다는 아이누족에 가깝고, 반면 야요이인은 현대 일본인을 닮았다는 것. 조몬인들은 키가 작고 이마가 길고 날카로운 코에 넓적한 얼굴을 지닌 반면, 야요이인들은 키가 3~5cm 크고, 미간이 좁으며, 편평한 코에 날카롭고 긴 얼굴을 가졌다. 또 유전자 분석결과 현대 일본인의 유전자는 조몬인보다는 야요이인의 영향을 훨씬 많이 받은 것으로 드러났다는 것.

이로부터 그는 기원전 4세기 무렵, 한반도서 넘어간 농경인(주로 쌀 농사)들이 야요이인들에게 고급문명을 전달하며 어울려 피를 섞었고, 이들의 후예가 현대 일본인이 되었다고 결론을 내리고 있다. 어떤 학자들은 일본으로 건너간 한국인들의 수가 수백만이었다고 주장한다고 전했다.

마지막 수수께끼. 그렇다면 왜 현재 일본말과 한국말이 서로 많이 다를까. 현재 한국말은 그 뿌리가 7세기 말 이뤄진 삼국통일의 승자, 신라말이라는 것. 따라서 기원전 4세기에는 한반도에는 한 가지가 아닌 아주 다른 언어들이 서로 섞여 쓰이고 있었기 때문에, 일본으로 도래한 족속들의 언어가 현재 한국어와 매우 달랐을 수 있다고 주장했다.[3]

이와 같은 신문의 소개는 문화일보(1998년 8월 15일)에도 「한·일 쌍둥이론의 의미」라는 내용으로 소개되었다.

그런데 이 논문에서 알 수 있는 것은 DNA라는 가장 정확한 방법으로 볼 때 「지금의 일본인」은 「지금의 한국인」과 DNA가 유사하며 또한 「고대 야요이인」과 유사하다는 것이다. 그래서 그는 고대 한국인이 일찍이 일본에 건너가 일본의 야요이인과 피를 섞어 지금의 일본인이 되었다는 결론을 내리고 있다는 것이다.

이 논문이 발표된 후 필자는 이 논문에 대한 평가가 일본이나 우리 나라에서 나오지 않나 기대를 하게 되었다.

그러던 중 십 개월이 지난 1999년 3월 19일 문화일보에 「일(日)에 야요이 문화 전파 도래인 "중(中) 양쯔강유역이 원류" 제3설」이라는 기사가 나타났다.

이에 필자는 이 기사의 출처를 확인한 바 3월 19일 당일 일본의 조간 신문에 실린 연구보고서의 요약을 자료로 한 것을 알게 되었다. 이에 먼저 아사히신문과 마이니치신문을 입수하게 되었으며 연구보고서 전문은 아직 받지 못했기에 이들 신문의 소개를 근거로 내용을 생각해 보고자 한다.

3) 일본과 중국의 공동연구

1999년 3월 19일 일본 아사히신문(朝日新聞) 조간에는 「야요인 어디로부터? 논쟁(論争)에 일석(一石)」이라는 제목과 일중조사단「日中調査団」이라는 중간 제목, 「장강유역(長江流域)에 똑같은 인골(人骨)」이라는 마지막 제목으로 다음과 같은 기사가 실려있었다.

대륙으로부터 벼농사나 금속기 등 야요이문화(弥生文化)를 전하고 현대 일본인의 성립에도 큰 영향을 미쳤다고 하는 바다를 건너온 도래계(渡来系)의 야요인과 꼭 같은 인골(人骨)을 중국·장강(양자강) 유역에서 처음으로 확인했다고 일중공동조사단(일본측 단장 山口敏·국립과학박물관 명예연구원, 중국측단장 鄒厚本·남경박물원 고고연구소장)이 18일 발표했다.

북방계라고 되어 온 도래계의 야요이인의 고향의 하나가 장강 하류지역에도 있었다는 것을 묻게 하는 발견으로, 조선반도 경유 루토와 강남(江南) 루토로 나누어지는 야요이 문화의 전파를 둘러 싼 계속된 논쟁이 커다란 관심을 모을 것 같다.

중국·강소성(江蘇省)의 양왕성(梁王城), 호장(胡場) 등에서 출토한 옛 인골을 대상으로 1996년부터 인류학자 그룹이 남경박물원과 조사를 진행하고 있었던 것. 일본의 야요이 시대와 그 직전에 해당하는 춘추전국 시대로부터 전한(前漢) 시대의 인골 약 20구의 머리 해골과 팔다리뼈, 이를 조사했으며 아울러 DNA로도 조사했다. 그 결과 북부큐슈(北部九州)나 야마구치켄(山口県)에서 발견된 키가 크고 길고 미끈한 얼굴형의 도래계의 야요이인과 모습이 아주 비슷했고, 유전적으로도 가까운 것을 알았다. 또한 야요이 시대에 보여진 이(歯)를 빼는 풍습도 확인되었다.[4]

같은 날 마이니치 신문(毎日新聞)에 실린 요지도 적어 보고자 한다.

제목은 「강소성(江蘇省)의 인골(人骨) 같은 조상인가? 서일본 야요이인(西日本弥生人)」이며 부제로는 「DNA분석(分析)으로 일부일치(一部一致) '벼농사 직접 도래설'을 보강」 하에 다음과 같은 내용을 싣고 있다.

강남(江南) 인골(人骨) 일중(日中)조사단(단장·山口敏 국립 과학박물관 명예 연구원)은 18일, 중국 강소성에서 출토한 기원전8~후1세기의 인골이 서일본 출토의 도래계 야요이인에 비슷하고 DNA분석으로는 같은 선조인 가능성이 있는 인골로 확인이 가능했다고 발표했다. 북부큐슈에 벼농사를 전했다고 하는 도래인은 조선반도 남부와 산동반도의 고대인에 가까운 것으로 알고 있다. 이것에 벼농사 기원지로 된 장강류역의 강남 고대인이 더해지는 것이 되며 벼농사가 동지나해를 넘어 전해졌다는 「직접 도래설」의 보강 자료로서 주목된다.

조사는 강남 박물원의 협력으로 1996년에 시작하여 벼농사 도래기(기원전 4세기)의 전후 400년 사이에 강소성에 매장된 인골 합계 38구를 모았다. 그 평균 신장이나 얼굴의 넓이 높이 등의 평균치가 도래인과 비슷하고 춘추시대(전8~전5세기)의 두골에 있는 발치(抜歯)의 형태도 야요이의 풍습과 일치했다.

DNA분석으로는 9구의 염기배열이 알려지고 그 중에 춘추 시대의 3구가 후쿠오카켄(福岡県筑紫野市限·西小田) 유적출토의 도래계 인골(기원전 1세기)의 배열과 일치하고 전한 시대(전202~후8년)의 4구와 유사했다.

벼농사의 도래 경로는 현재, 강남 → 산동반도 → 요동반도 → 조선반도남부→ 북부큐슈라는 「간접 도래설」과 「직접 도래설」이 유력하다.

야마구치(山口) 단장(인류학)의 말, 도래계 야요이인의 원래의 고향은 조선반도나 산동반도만이 아니라 장강하류 유역을 포함한 지역까지 확대되어있다는 가능성을 말하는 결과이다.

남경박물원 고고학 연구소의 **鄒厚本** 소장(고고학)의 말, 이번의 연구로 직접 도래설이 중요한 과학적 근거를 얻게 되었다.[5]

이상의 두 신문의 요약을 통해 일본과 중국의 공동연구를 보면 한국에서 건너갔다는 도래계 일본의 야요이 인이 중국의 양자강 유역의 사람과 같다는 것이다. 그래서 한국에서 건너갔다는 간접 도래설보다는 중국에서 직접 건너갔다는 직접 도래설이 더욱 근거가 확실하다는 것이다.

또한 일본을 대표하는 민족인 야요이인은 일본 고유의 민족이 아니라 중국 양자강유역에서 직접 일본으로 건너간 민족이라는 것으로 한국인과 일본인은 같은 민족이 아님을 주장하고자 한다는 것이다.

다이야몬드 교수의 연구는 한국인과 일본인이 같은 민족으로 보는 「이다」의 관점이나 일본과 중국의 공동연구는 「아니다」로 보는 관점이라 하겠다. 또한 다이야몬드 교수의 연구는 한국고대인과 일본 야요이인과는 「다르다」로 보는데 일본과 중국의 공동연구는 「같다」로 보는 차이가 있다. 이러한 때에 기원전 4세기 경의 한국고대인의 DNA를 분석한 연구가 있다면 더욱 확실한 답을 얻지 않았을까, 라는 생각이 든다.

이에 DNA에 의한 연구와는 다른 일본학자와 일본의 한국관계 유적과 유물을 직접 조사한 연구를 고찰해 보자.

4) 하타다 기(旗田巍)의 연구

일본인은 한국인과 같은 조상을 가졌다고 생각하는가? 라는 의문에 대

해「이다」라는 관점에서 동경도립대학의 하타다 기(旗田巍) 교수의 연구를 들 수 있다.[6]

하타다는 일본인의 한국관에 대하여 일본의 고전인 고지기(古事記)나 일본서기(日本書紀) 등에 한국관을 알 수 있는 근거가 풍부하게 들어있음을 언급하면서 한 마디로 일본과 한국은 조상이 같다라는「일선동조론」(日鮮同祖論)[7]이 일본인의 한국관인 것을 역설한다.

이러한 일본인의 한국관은 고대로부터 줄곧 한국에 대한 일본인의 사고를 지배해 왔으며 지금도 남아있다고 한다. 뿐만 아니라 이러한 한국관은 일본 역사를 보면 때로는 부흥하여 강조되기도 했다고 한다. 그러면 어떤 때에 그렇게 부흥 강조되었는가?

우선 들 수 있는 것은 메이지 시대(明治時代, 1868~1912)의 한국관을 들 수 있다. 이 때에도 물론「일선동조론」(日鮮同祖論)이다. 그러면 왜?「일선동조론」이 강조되었는가? 그 이유는「한국침략」에 들 수 있다. 즉 일본은 명치시대에 조선을 정복하기 위해 평소에 가졌던「일선동조론」을 강조하기에 이르렀다. 그러나 메이지 시대 전인 에도 시대(江戸時代, 1603~1867)와 너무 다르기에 에도 시대의 한국관을 조금 들여다보고자 한다.

에도 시대는 임진왜란 후지만 조선과 일본이 평화로운 국교를 한 시대이다. 조선의 통신사가 대규모의 숫자로 12번이나 일본으로 건너가서 조선의 선진 문물을 전했다.

특히 한국 주자학의 대표 학자인 이퇴계(李退溪, 1501~1570)의 사상이 일본에 크게 영향을 미치어 후지하라 세이카(藤原惺窩), 하야시 라잔(林羅山), 야마자키 안사이(山崎闇斉) 등의 학자들은 이퇴계의 사상을 연구할 뿐만 아니라 제자들을 통하여 일본 전역에 전하였다. 이렇게 에도시대의 일본인은 조선을 좋게 보았으며 조선의 학자와 학문에 대하여 존경을 표하고 있었다.

그러나 이렇게 존경을 표하면서도 일본은 조선에 대해 우월감을 갖고 있었다고 한다. 즉 에도 초기에 미토 미쓰쿠니(水戸光国)는 조선의 동국통감을 출판했는데 이때 하야시 슌사이(林春斉 : 林羅山의 아들)는 조선은 스사노오노미코토(素盞嗚尊 : 일본 건국신인 天照大神의 동생)가 거친 곳으로 스사노오노미코토는 삼한(三韓)의 시조라고 서문에 써서 일선동조론(日鮮同祖論)을 주장했다. 아라이 하쿠세키(新井白石, 1657~1725)같은 유학자도 일본의 고전 연구를 통해 일본의 조선지배를 강조했다.

여하튼 일본은 고지키(古事記)와 일본서기(日本書紀)라는 제일 오래된 역사서(歷史書)를 근거로 하여 고대와 중세를 통해 에도에 이르기까지 일본이 한국을 지배했다는 의미의 「일선동조론」을 주장해 왔다.

즉 한국을 정복하려는 명치 때나 평화로운 에도 시대 때나 「일선동조론」을 일본인들은 주장해 왔으며 특히 스사노오노미코토(素盞嗚尊)가 삼한(三韓)의 시조라는 일본 고전의 기록을 내세워 일본이 한국을 지배해 왔다는 「일선동조론」을 가지고 있었다.

결국 일본인들은 「옛날부터 일본이 정복·지배한 한국은 일본에 종속되어야 할 한국」이라는 의식을 후대에 전하였다고 한다. 이러한 일본인의 생각이 한국을 식민지화한 자기들의 행위를 정당화한 근거가 됨은 물론이다.

5) 김달수(金達寿)의 연구

일본 여기저기 많은 곳에 산재해 있는 옛 한국의 유적과 유물은 무엇을 말하고 있는가? 이에 관하여 재일 동포로 일생을 바쳐 연구한 김달수(金達寿)의 연구[8]를 살펴보고자 한다. 김달수의 연구는 방대한 현장연구로는 유일하다고 하겠다.

소설가인 김달수는 일본 역사에 하나의 의문을 갖게 되어 일본에 있는 옛 한국문화의 유적지를 직접 답사 연구하게 되었다고 한다. 그 의문이란 일본 고대사에서 말하는 「귀화인」(帰化人)에 관해서이다. 즉 「일본」이라는 「나라」도 없었던 때인 야요이 시대(弥生時代)에 벼농사 기술을 가지고 건너온 사람들, 고분 시대(古墳時代)에 대량으로 건너온 재산과 힘을 가진 사람들을 모두 일본이 고대 한반도를 정복해서 데려온 사람이라는 의미로 「귀화인」이라고 해버린 데에 대한 의문이었다.

김달수는 이 의문의 해답을 일본 전국에 아직도 산재해 있는 고대 한국의 유적과 유물을 찾기 시작했다. 그는 특히 교토(京都), 오사카(大阪), 도쿄(東京)를 중심으로 한 유적지를 직접 보고 아는 이들로부터 이야기를 직접 들어보기로 했다. 그의 방대한 유적지의 탐사 중 본 연구는 고구려와 관계 있는 고려신사에 관한 고찰을 일 예로 들어 생각해 보고자 한다.

「고려신사」(高麗神社)

「고려신사」는 도쿄도(東京都)의 이웃에 있는 사이타마켄(埼玉県)의 「고려」(高麗)라는 곳에 있다. 이 「고려신사」에는 「고려씨계도」(高麗氏系図)라는 족보가 천수백 년을 계속하여 내려오고 있다.

그런데 이 「고려씨계도」를 보면 「고려왕 약광」(高麗王若光)을 제1대로 하여 「약광」을 제사지내는 것이 바로 「고려신사」라고 한다. 또한 「약광」은 고려신사에서만이 아니라 고려묘진(高麗明神), 오미야묘진(大宮明神), 시라히게묘진(白鬚明神) 등의 이름으로 신격화되어 일본의 어디에서나 제사를 지내고 있다고 한다.

그런데 「고려왕 약광」은 실은 고구려의 왕이 아니라 서기 703년 일본에 건너간 고구려계 사람 1,799인을 통솔한 사람이다. 그는 마치 왕과 같은 큰 두목인 대령(大領)이 된 사람으로 「고려왕」은 성(姓)이고 「약광」은 이름(名)이라 한다.

물론 1,799인이 고구려에서 건너간 사람 전부는 아니지만 「고려씨계도」를 보면 일본에 건너가 550년이 지난 1259년경에는 1,799인 늘어나 高麗, 高麗井(駒井), 井上, 新井, 神田, 丘登(岡登, 岡上), 本所, 和田, 吉川, 大野, 加藤, 福泉, 小谷野, 阿部, 金子, 中山, 武藤, 芝木 등의 성을 가진 씨족이 되었다고 한다.

이와 같은 김달수의 연구를 보면, 서기703년 건너간 고구려 유민 1,799인이 井上 등 21개의 성씨(姓氏)를 이루는 대 종족으로 불어난 것을 알 수 있다.

그렇다면 고구려유민 1,799인 외에 한국의 고대국가인 「가야」나 「백제」 「신라」 「고려」 등에서 건너간 유민들은 어떠했을까? 그러기에 일본 전국에 옛 한국문화의 흔적이 산재해 있는 것이 아닌가? 이는 바로 일본인의 대부분이 한국에 뿌리를 둔 고대 한국인의 후예라고 일본현장이 말하고 있는 것이 아닌가? 이를 김달수는 소설가의 직관으로 경청하고 있는 것이라 하겠다.

6) 결론

이상의 연구들을 종합하여 생각하면 다음과 같은 두 가지의 결론을 생각할 수 있다.

1) 이상의 연구들이 오차가 거의 없는 연구라면, 중국의 양자강 유역에서 일본으로 직접 건너간 고대 중국인이 야요이인이 되었으며(일중공동연구), 여기에 고대 한국에서 건너간 더욱 발달한 민족이 야요인과 더불어 하나의 민족을 이루게되고 이것이 지금의 일본민족이 되었다는 것이다(다이아몬드의 연구).

여기에 하타다 기의 연구를 첨가하면, 일본 야요이인이 고대한국을 지배하였으며 이 때 많은 한국인을 귀화시켰다는 말이 된다.

그러나 김달수의 연구를 첨가하면 일본 야요이인은 극히 미약했으며 한국에서 건너간 고대 한국인이 강했으며 이 들이 지금의 일본인의 선조가 되었다고 하겠다.

2) 그러나 다이아몬드의 연구와 일중공동연구를 합쳐보면 한국의 고대인과 일본의 야요인과 중국의 양자강유역의 고대인의 DNA가 유사함을 알 수 있다. 그렇다면 고대 중국에서 고대 한국을 통해 고대 일본에 건너갔거나(간접도래설), 고대 중국에서 고대 한국을 통해 고대 일본으로 건너가기도 하고 또한 직접 고대일본으로 건너갔다고 볼 수 있다(직·간접도래설).

이와 같은 1)과 2)에 하타다 기와 김달수의 연구를 함께 하여 생각해 보면 한국과 일본은 같은 민족이며 한국의 삼국 시대는 당시의 일본을 포함해 「사국 시대」였다는 말이 된다고 하겠다.

이상의 결론을 통해 생각할 때 한국인과 일본인의 뿌리를 파악하는 연구는 자칫 잘못하면 한국인에게는 일본인으로부터 받은 지배에 대한 감정의 문제로 일본인에게는 한국을 식민지화한 것에 대한 정당화의 문제로 이용당하는 하나의 수단적 연구가 되기 쉽다.

그러나 글로벌 스탠더드(Global Standard) 시대를 맞이하여 이제는 모든 것을 접어두고 정확성의 차원에서 연구하지 않으면 안되리라 생각한다.

특히 연구방법에서 볼 때에 현재 세계 선진국들이 인간 한 사람 한 사람의 DNA지도를 완전 파악하려고 하며 또한 연구가 상당히 진척되고있는 현재, 언젠가는 한국, 일본, 중국 3나라의 고대인과 현대인의 DNA지도가 전부 작성되는 날이 올 것이다. 이때에 비로소 정확한 결론이 나타나리라 생각한다.

■주

1) Jared Diamond. "Japanese Roots." DISCOVER 86 JUNE 1998.

2) 1998년 6월 다이아몬드 교수의 논문이 발표되자 한국에서는 문학사상 1998년 8월호에 「일본인은 왜 한국인의 후예인가」라는 특집을 실어 교수의 논문을 소개하고 있다. 여기에 제레드 다이아몬드(Jared Diamond) 교수를 소개한 내용을 요약하면 다음과 같다. 교수는 영국 캠브리지 대학에서 생리학 박사학위를 받고 조류학, 진화생태학, 생물지리학, 인류학 등을 깊이 종합적으로 연구한 학자로 라틴어, 그리스어, 독일어, 프랑스어, 러시아어를 자유롭게 구사하며 한글에 대하여도 조예가 깊은 멀티사이언티스트이며 과학저널리스트요 저술가라그 한다. 교수는 독특한 인류의 진화와 그 멸망의 가능성을 예단한 업적과 과학의 대중화에 기여한 공적으로 과학출판상, LA타임스 출판상, 퓰리쳐상 등을 받은 명망이 높은 학자라고 한다. 진화생태학과 인류학에 관한 200편이 넘는 논문이 있으며 『제3의 침팬지』, 『총(Guns)·균(Germs)·쇠(Steel)』 등의 책은 우리 나라에서도 번역된 명저라 한다. 현재 캘리포니아주립대학(UCLA) 교수로 재직 중이다.

3) 조선일보, 1998. 6. 1.

4) 日本 朝日新聞, 1999. 3. 19. 朝刊.

5) 日本 毎日新聞, 1999. 3. 19. 朝刊.

6) 旗田巍 著(李基東訳), 『日本人의 韓国観』, 一潮閣, 1985.

7) 일선동조론(日鮮同祖論)이라는 말은 일본(日本)과 조선(朝鮮)은 같은 조상(祖上)을 가졌다는 이론(理論)을 의미하는 말이다.

8) 金達寿 著, 『日本の中の朝鮮文化 1·2』, 講談社文庫, 1983.
金達寿 著, 『日本の中の朝鮮文化 3·4』, 講談社文庫, 1984.

「일본의 도덕과 도덕교육」의 연구를 위한 문헌소개

지금의 일본의 도덕과 도덕교육을 연구할 때 지침이 되는 문헌을 다음과 같이 간단히 소개하고자 한다.

1. 広池千九郎, 『新版 道徳科学の論文』, 広池学園出版社,
   1985/ 1986/1987.

　이 문헌은 1928년 12월 25일 초판이 발간되었으나 1986년 「도덕과학의 논문 교과서 판 편집위원회」를 설치하고 초판본을 개정하여 재 출판하였다. 개정된 신판인 제 이판의 서문에 의하면 인권의 존중과 옹호라는 현대적 시점에서 검토를 하여 내용과 표현에 부적절하다고 생각되는 곳을 삭제하거나 고쳤다. 즉 부락이라는 천민의 차별문제를 비롯해 인종, 성, 신체적 장애, 직업 등에 있어 차별을 조장하는 표현이나 인격멸시가 될 듯한 말은 고치도록 했다. 이렇게 하여 히로이케 학원 출판부에서 신판으로 다시 인쇄하여 별 권을 제한 본문만 전부 9책으로 되어있다. 단 8권은 개정을 거치지 않고 1985년 출판되었다.
　이 문헌의 내용은 도덕을 음양철학을 기반으로 최고도덕과 보통도덕으로 나누었으며 두 도덕의 설명을 당시의 인문·사회·자연과학의 모든 지식을 사용하여 입증한 도덕과학(moralogy)이다. 일본 황실을 포함한 세계5대 성인을 내세워 그들의 사상과 생활을 최고도덕으로 하고 있으며 24가지의 보통도덕을 분석한 본 문헌은 과거 현재 미래의 일본의 도덕과 도덕교육 알 수 있는 문헌이다. 뿐만 아니라 당시의 세계의 도덕과 도덕교육의 경향까지 알 수 있는 총 3,305면에 달하는 방대한 문헌이다.

2. 和辻哲郎, 『風土—人間学的考察』, 岩波書店, 1935/1978.
　이 문헌은 일본이 영어로 번역하여 세계 여러 나라에 보낼 정도로 크게 평가를 한 책으로 지금도 일본의 육십대 이상의 세대는 이 책이 역설하고 있는 풍토론적 사고에 큰 영향을 받았다고 한다.

이 문헌의 내용은 인간의 사고를 좌우하는 인간 속의 자연을 풍토라고 하며 이 풍토를 공간성을 포함한 와츠지의 현상학적방법으로 분석하여 몬슨 사막 목장으로 나누어 몬슨지역과 사막지역 및 유럽지역의 역사와 문화를 설명하는 풍토철학서이다. 일본 현대윤리학의 문을 연 와츠지테츠로의 사상적 배경을 알 수 있는 문헌이다. 253면에 달하는 문헌이다.

3. 和辻哲郎,『倫理学 上,下』, 岩波書店, 1965.

일본의 윤리를 포함한 세계의 윤리를 재구성한 윤리학 문헌이다. 이 문헌은 처음에 상·중·하 세 권으로 이와나미 출판사에서 출판되었다. 상권은 1937년, 중권은 1942년, 하권은 1949년 출판되었으나 1965년 상·중을 합쳐 상권으로 하여 상·하 두 권으로 출판되었다.

이 책은 풍토철학을 기반으로 인간의 학으로서의 윤리학을 제시한 문헌이다. 내용은 서론, 본론, 결론으로 나누어 서론에서는 인간의 학으로서의 윤리학의 의의와 방법을 쓰고 있다.

본론에서는 인간존재의 근본구조를 시작으로 인간존재의 공간적·시간적 구조와 인륜적 조직 및 인간존재의 역사적 풍토적 구조를 쓰고 있다. 본론의 인간존재의 근본구조에서 일상생활에서의 사실로부터 시작하여 인간의 개인적 계기와 전체적 계기를 고찰하며 특히 벼가 싹이 날 때 벼씨가 없어지면서 새싹이 나는 원리를 부정적 구조로 보고 이 부정적 구조를 인간존재의 근본 이법(理法)이자 윤리의 근본원리로 설명한다. 인간존재의 공간적·시간적 구조에서는 시간성을 사적존재로 공간성을 공적존재로 보며 이러한 시간성과 공간성은 서로 보완하는 관계임을 설명한다. 특히 진실 된 신뢰가 인간의 시간적·공간적 구조의 중심 윤리임을 설명하며 인륜적 조직에서는 공공성 결여의 개인적 존재를 떠나 가족에서 친족, 지연공동체, 경제적조직, 문화공동체, 국가의 윤리를 설명한다. 여기까지가 상권의 내용이 되며, 하권에서는 인간존재의 역사적 풍토적 구조를 지구적 차원에서 설명한다.

즉 역사성과 풍토성은 시간성과 공간성처럼 서로 상보하며 동일한 개념으로 파악하며 이를 기반으로 세계사의 업적을 제1기와 제2기 제3기로 나누어 고찰하고 있다. 제1기는 사막지역에서의 문명의 시작인 이집트, 메소포타미아, 원시국가를 말하며, 제2기는 사막, 목장, 몬슨 각 지역에 각각 다른 문명이 전개된 것, 즉 유태, 그리스, 로마, 인도, 중국을 말하며, 제3기는 형세의 붕괴로 시작된 이슬람 세계, 새로운 중국, 새로운 유럽, 초원민족의 활약, 근세의 시작, 국민국가의 형성을 말한다.

다시 말해 이 문헌은 풍토철학을 기반으로 혈연과 지연 및 문화공동체의 윤리를 정립한 내용이다. 다르게 말하면 인간의 학으로서 일본윤리를 중심으로 한 동양윤리를 세계윤리로 재구성한 윤리학에 많은 생각을 하게 하는 문헌이라 하겠다. 상권은 659면, 하권은 415면에 달한다.

4. 和辻哲郎, 『人間の学としての倫理学』, 岩波書店, 1935/1978.

이 문헌은 와츠지가 윤리학 재구성의 중요한 의미와 방법을 알기 쉽게 소개한 것이다. 해석적 방법을 사용하여 인간학으로서의 윤리학의 키워드인 윤리, 인간, 세상, 존재라는 말을 새롭게 해석한다. 그리고 참조로 아리스토텔레스, 칸트, 코헨, 헤겔, 포이엘바하, 칼막스의 인간학을 고찰한다.

일 예로 인간에 대한 해석을 보면 다음과 같다. 「인간(人間)」이라는 말 가운데 「인(人)」을 보면 「사람」이라는 의미와 타인을 의미하는 「남」의 의미를 표현하고 있음을 알 수 있다. 일 예를 들면 일본말에 「남의 물건

에 손을 대다」라는 말을 「사람(人)의 물건에 손을 대다」로 표현하기도
한다.

「사람(人)의 물건에 손을 대나」로 말하면 「남(他人)의 물건에 손을 대
나」의 의미가 되며, 남에게 「사람(人)의 물건에 손을 대나」로 말하면 자
기 역시 남에게는 남이 된다는 말로 「나의 물건에 손을 대나」가 된다. 이
러한 예를 보면 사람인 「인(人)」에는 자기(自己)와 타인(他人)의 의미가
다 포함되어 있음을 알 수 있다.

그런데 이러한 「인(人)」에 사이를 뜻하는 「간(間)」이 붙어 「인간(人
間)」이라는 말이 되지만 그렇다고 「인(人)」이 갖는 의미는 달라지지 않
는다. 또한 「인간(人間)」은 사람의 사이라는 의미의 「인(人)의 간(間)」
을 말하지만 자기와 타인 및 세상 사람들(世人)의 사이(間)를 말하는 것
이다.

이렇게 보면 「인간(人間)」은 「인(人)」의 전체를 의미하면서 개개의 「인
(人)」을 의미하는 것이 된다. 즉 「군인」의 경우 하나의 조직된 집단이지
만 우리는 「군인」 한 사람도 「군인」이라고 부르는 것처럼 「인간(人間)」
역시 마찬가지이다. 이는 일본어의 복수형이 발달하지 않았음을 의미하
기도 한다. 이렇게 보면 「인간(人間)」이라는 말에는 「세상 속의 사람들」
을 의미하면서 또한 「세상」 자체를 의미하는 말이 되기도 한다. 262면에
달하는 생각을 많이 하게 하는 문헌이다.

5. 和辻哲郎, 『日本倫理思想史 上,下』, 岩波書店, 1962/1977.

이 문헌은 일본의 윤리사상을 역사적으로 자세히 고찰한 것이다.

상권에서는 시대별로 윤리사상을 고찰하고 있다. 신화전설에 나타난
윤리사상에서 중심도덕을 청명심(淸明心)으로 보며, 율령국가시대의 윤리
사상은 인륜적 국가의 이상을 중심도덕으로 보았으며, 초기 무가(武家)시

대의 윤리사상에서는 헌신의 도덕을, 중기 무가시대의 윤리사상에서는 고대정신의 부흥으로 청명심의 도덕을 중심으로 설명하고 있다. 하권에서는 후기무가시대의 윤리사상에서는 고귀한 도덕으로 군자의 도덕을, 명치시대의 윤리사상으로는 동양도덕과 서양도덕의 통합을 들고 있다.

일본도덕사상사를 쓴 이에나가사부로는 이 문헌에 대하여 혹독한 평을 가하고 있다. 역사적 사실과 다르다는 것이다. 두 사람의 논쟁은 일본도덕연구에 있어서 반드시 알아야 할 점이다. 상권은 514면, 하권은 516면에 달하는 문헌이다.

6. 家永三郞, 『日本道德思想史』, 岩波全書, 1954/改版1977.

이 문헌은 역사학자인 이에나가사브로(家永三郞)가 쓴 것인데, 그는 사회주의적 관점이 강한 학자이다. 이 책 역시 사회주의적 관점이 강하다. 이 책의 구성은 원시사회인의 도덕사상을 시작으로 씨성(氏姓)계급의 도덕사상, 귀족의 도덕사상(상, 하), 승려의 도덕사상, 무사의 도덕사상(상, 하), 정인(町人, 상공업에 종사하는 사람)의 도덕사상, 농민의 도덕사상으로 나누어 고찰하고 있다.

농민의 도덕사상을 일 예로 보면, 그는 정치상의 지배자가 되지도 않고 문화의 지도자가 되지도 않은 언제나 사회의 밑층에 있는 일본 최대다수를 차지하는 것(1873년 통계에는 80%)이 농민이라고 정의하며 이 들의 정치사상 및 사회의식, 인생관, 가족도덕사상으로 나누어 정리하고 있다. 농민들은 정치사상 및 사회의식으로는 압박을 벗어나려는 의식은 있었겠지만 전혀 어떤 사상을 갖고 있지 않아 벗어날 수 없었으며 오히려 압박을 감수하려는 자세가 강했다고 말한다. 인생관은 원시적 농사 속에 진보적 생각은 할 수도 없었으며 인습의 노예가 되어있었다. 가족도덕사상으로는 농민들은 당시의 귀족계급이 가진 유교사상에는 미치지 못하였으며 오히려 귀족계급들은 농민들이 전통적으로 내려오는 자연 그대로 살기를 바랬다고 한다. 농민들은 남녀가 만나 즐기고 자식 낳고 울고불고 사는 소박한 가정 그대로였다.

이 문헌에서 그는 역사학자로서 해박하고 충분한 사료를 들어 설명하고 있다. 비록 사회주의 역사관에 의한 문헌이지만 일본의 지성을 읽는 가치가 있는 문헌이라 하겠다. 252면에 달한다.

7. 中村元,『東洋人の思惟方法(1)(2)(3)(4)』, 春秋社, 1962/1978.

이 문헌은 일본의 석학 비교사상학자인 나까무라 하지메의 대표적 저서로 불교를 중심으로 한 비교 사상론적 방법과 언어학적 방법에 의해 (1)권에서는 인도인의 사유방법을, (2)권에서는 중국인의 사유방법을, (3)권에서는 일본인의 사유방법을, (4)권에서는 티베트인의 사유방법을 쓴 문헌이다. 이 문헌은 와츠지의 풍토론과 더불어 영역을 하여 세계 각국에 보낸 일본의 명저로 평가된 책이다.

특히 (3)권의 일본인의 사유방법을 보면, 첫째로「주어진 현실의 용인」을 일본문화의 특징으로 들며, 이에 대한 구체적인 현상으로 일본인들은 현상계 안에서 절대자를 포착하려하며, 현세주의가 강하고, 인간의 자연적인 성정(性情)을 용인하며, 인간에 대한 애정을 강조하며, 관용유화의 정신이 있으며 문화의 중층성을 갖는 대신 다른 문화와 대결하는 정신이 약함을 지적한다.

둘째로 일본문화의 특징을「인륜중시의 경향」을 든다. 그리고 구체적 현상으로는 인간관계의 중시에서 개인에 대해 인간관계의 우월을 강조하며, 정해진 인륜조직을 절대시하며, 집에 대한 도덕을 중시했으며, 계위적인 신분관계를 중시하고, 국가지상주의를 부르짖으며, 특정한 개인을 절대시하며, 제왕을 숭배하며, 종파적 파벌적 폐쇄성이 있으며, 힘으로 인륜적 조직을 옹호하며, 인륜속에서 활동할 것을 강조하며, 도덕적 반성이 예민하고 종교를 자각 없이 존중하는 현상을 들고있다.

셋째로는「비합리주의적 경향」을 들며, 구체적 현상으로 비논리적 경향과 논리적 사유능력이 결여되어있어 논리학이 발달되지 못했으며, 직관적 정서적 경향이 강하고 복잡한 표상을 구성하는 능력이 결여되어있어 단순한 상징적 표상을 애호하며, 객관적 질서에 대한 지식의 결여를 든다. 마지막으로「일본인의 샤마니즘적 경향」을 고찰하고 있다. (1)권은 256면, (2)권은 238면, (3)권은 379면, (4)권은 219면에 달한다.

8. 加藤周一, 木下順二, 丸山真男, 武田清子 編
  『日本文化のかくれた形』, 岩波書店, 1984.

이 문헌은 1981년 6월 일본의 국제기독대학(ICU)의 아시아 문화연구소에서 연속 강연의 하나로「일본문화의 원형을 생각하자」라는 강연회를 개최했는데 이때 일본의 석학인 加藤周一, 木下順二, 丸山真男 등 세 사람이 강연하였으며 이를 국제기독대학의 교수인 武田清子가 엮은 책이다.

加藤周一는 일본문학사 전공 학자로 일본사회·문화의 기본적 특징이라는 주제 하에 경쟁적인 집단주의, 현실주의, 문화의 피안성, 시간 개념 속의 현재주의, 집단내부의 조정장치로서의 상징체계의 극단의 형식주의, 밖에 대한 폐쇄적 태도를 일본문화의 원형으로 들고 있다. 木下順二는 극작가로 복식 몽환능(複式夢幻能)을 둘러싸고 라는 주제 하에 일본문화의 원형은 자연주의적인 사실(写実)주의에 의한 리얼리티가 아닌 차원의 리얼리티라고 주장한다. 丸山真男는 정치사상학자로 원형·고층·집요저음이라는 주제 하에 일본문화의 원형을 오래된 지층인 고층(古層)으로, 교향곡의 가장 기초저음인 집요저음으로 비유하면서 일본신화로부터 그 원형을 추적한다. 175면에 달하는 문헌이다.

9. 丸山眞男,『日本の思想』, 岩波新書, 1961/1996.

이 문헌은 문고판 형식으로 출판되었지만 그 내용은 마루야마 마사오(丸山眞男)의 생각을 가장 잘 나타나 있다. 우선 그는 일본사상의 포괄적 연구가 왜 빈약한가 에서부터 설명을 시작하여 일본에 있어서의 사상적 좌표의 결여를 들며 일본의 전통사상과 외래사상에 있어 전통사상이란 없으며 그래서 명치유신이라는 개국(開国)때 소위 전통사상이라는 유교 불교가 서양에서 들어온 외래사상 앞에 별 힘을 쓰지 못하였음을 언급한다. 특히 국체(国体)사상의 허구성을 천황의 무책임체계, 신민의 무한책임, 명치헌법체제에 있어서의 최종적 판정권 등으로 설명한다.

근대일본의 사상과 문학을 하나의 사례연구로 제시하고 있으며 사상의 모습에 관하여 이미지론, 오차를 휘 젓는 솔 모양과 문어 잡는 통 모양의 사고방식을 가지고 설명하며, 「-이다」와 「-하다」의 도덕으로 일본사상의 재구성을 강조하고 있다. 192면에 달하는 문헌이다.

10. 難波田春夫, 輯遺,『近代の超克』, 行人社, 1992.

이 문헌은 난파다 하루오가 죽은 후 유고집으로 정리 출판된 것이다. 난파는 경제학자이지만 일본에 대한 철학이 확고한 사람이다. 문헌 속의 「나의 국가론」을 보면 다음과 같은 말이 있다.

일본에는 3개의 국가관이 있다. 하나는 천황제를 비롯해 많은 봉건적 잔재가 많아 전쟁을 하지 않으면 안되었으며 또한 전쟁에 지게되기 때문에 이를 기회로 근대화를 철저히 해야한다는 국가관으로 丸山眞男이 대표가 된다. 둘은 당시의 사회주의 사상을 기초로 일본근대화를 하려는 국가관이다. 즉 근대시민사회를 넘어 사회주의사회까지 가려는 근대화였다. 여기에 대표자는 三木淸을 든다. 셋은, 이상의 두 국가관이 유럽의 이론을 일본에 적용하는 식인데 비해 그렇지 않았다. 두 이론이 봉건적이라고 했던 가족제도, 촌락공동체 및 천황을 중심으로 하는 국민 공동체인 국체를 말살하려는 데에 반대하여 오히려 거기에 일본의 원형이 있음을 강조한다. 뿐만 아니라 집·향토·국체라는 삼중의 공동체 속에 근대를 가능하게 하며 나아가 근대화를 넘어서는 것을 가능하게 하는 무엇이 있다고 보는 국가관이다. 이를 대표하는 사람이 난파다 하루오(難波田春夫)라는 것이다.

이러한 내용을 담은 이 문헌은 역사사회철학을 비롯해 경제원리를 중심으로 일본의 근대화를 깊이 논하고 있는 책으로 도덕 연구의 기초가 되는 문헌이라 하겠다. 494면에 달하는 문헌이다.

11. 加藤地三, 中野新之祐, 『教育勅語を読む』, 三修社, 1984.

이 문헌은 일본의 교육칙어에 관하여 알기 쉽게 자세히 소개한 안내서이다. 교육칙어는 명치시대에 천황이 직접 하사한 교육헌장으로 명치이후의 일본교육의 중심사상이 되었으며 명치유신을 교육으로 이끈 315자의 천황의 말이다. 이 책은 교육칙어와 그 시대에 관한 설명을 시작으로 도덕교육 수신(修身)과 교육칙어와의 관계를 자세히 소개한다. 그후 교육칙어 성립전의 역사에 교육칙어는 부국강병과 일본국민의 통합을 위해 만든 것임을 밝히며, 학제의 공포 등을 소개한다.

또한 교육칙어의 성립과 반포에 대하여 소개하며 교육칙어가 국민 속에 어떻게 침투되었는가와 우찌무라 간조(內村鑑三)의 불경죄와 교육칙어의 다시 봄과 보강 책을 말하고 있다. 교육칙어는 상하의 관계의 도덕임으로 좌우 관계의 평등을 말하는 칙어를 낼 수 있도록 다시 봐야함을 주장하고 있으며, 1939년 178자의 청소년학도에게 내리는 칙어는 오히려 교육칙어를 보강하는 것이 아니라 오히려 교육칙어의 목을 조이는 것이라고 말하고 있다. 마지막으로 교육칙어의 종언과 21세기 국제화시대에 맞는 교육칙어의 방향을 제시하고 있다. 258면에 달하는 문헌이다.

12. 文部省,『小学校指導書 道德編』,『中学校指導書 道德編』, 1978.

일본은 도덕교육이 교과 외 과목으로 문부성이 발행한 교과서가 없으며 가르치는 사람들이 교과서 형태의 교재를 만들어 가르치게 되어 있다. 단 교재를 만들 때의 지침으로 문부성은 『小学校指導書』와 『中学校指導書』를 만들며 이 속에 『小学校指導書 道德編』과 『中学校指導書 道德編』이 있다. 일본 도덕교육을 연구하려고 하거나 알고 있는 사람은 반드시 이 책을 보아야 한다. 구성은 1. 도덕교육의 목표 2. 내용 3. 지도계획의 작성과 내용의 취급으로 간단하게 되어있다. 내용에 있어서는 초등학교의 경우는 1·2학년과 3·4학년과 5·6학년으로 나누어 정리하고 있으며 중학교는 전학년을 통합하여 제시하고 있다. 각각 130면 정도의 비교적 얇은 문헌이다.

13. 船山謙次,『戰後道德敎育論史 (上下)』, 靑木書店, 1981.

이 문헌은 일본이 이차대전에서 패망한 1945년부터 1970년대까지의 도덕교육의 역사를 자세히 쓴 책이다. 일본이 망한 1945년부터 7년 간 미국의 맥아더 장군의 군정에 들어간다.

  1) 군정의 교육관리 정책부터 시작하여 신 일본 건설에 관한 조서로서 천황의 신성(神聖)을 부인하는 인간선언(1946.1.1.)과 맥아더의 환영 성명을 소개하고 있다.

  2) 다음은 천황제를 가르치는 교육을 비판하는 속에 민주교육과 도덕

교육론을 소개하며 공민과의 신 구상을 언급한다. 또한 신교육지침에 의거 사회과의 발족을 언급한다.

3) 한국 6.25사변(조선전쟁) 전후의 도덕교육을 살핀다. 애국심 교육론의 대두와 요시다(吉田)수상의 애국심 교육론을 고찰한다. 또한 문부성의 일본교육에 관한 개혁을 보고하는 보고서와 5명의 미국교육사절단 보고서를 소개한다. 애국심 교육론에 편승하여 일본의 국기인 일장기(히노마루)와 국가인 키미가요 및 수신과를 부활하자는 아마노(天野)수상의 도덕교육구상을 소개한다. 드디어 1966년 44면에 달하는 교사를 위한 새로운 도덕교육 안내서가 만들어진다.

4) 1952년 일본과 미국사이에 협정이 맺어지면서 미군기지가 생긴다. 또한 맥아더의 군정은 끝나게 된다. 그러자 다시 애국을 위한 도덕교육행정이 되살아난다. 그러나 경험주의와 도덕교육, 근대시민도덕의 확립 내면성을 둘러싼 도덕교육 등의 이론도 나오게 된다.

5) 문부성은 도덕을 특별히 설치하여 실천할 것을 강행하기에 이르고 이에 대한 일교조(일본교육조합)의 비판과 일본교육학회의 비판, 연구자들의 도덕에 대한 정책비판이 일어남을 알린다.

6) 특설도덕 긍정론을 소개한다. 勝部真長, 平野武夫라는 두 연구자의 긍정이유를 소개한다. 두 사람의 공통은 도덕은 변하나 반드시 필요하다는 것이 기본적 생각이다.

7) 그러나 또한 工藤綏夫 등의 반대론을 소개한다.

8) 미국과의 안보개정을 기회로 도덕교육론이 다시 대두되며 경제개혁과 교육정책 속에 교육의 국가통제가 강화된다. 이때 능력주의 교육론이 대두한다.

9) 문부성이 내놓는 「기대되는 인간상」의 중간 초안에 대한 비판을 소개한다.

10)「기대되는 인간상」답신을 둘러싼 高坂正顯이나 矢川德光의 비판과 森戶辰男의 교육 재 개혁론을 소개하며 필자의 소견을 피력한다.

11) 마지막으로 1970년 이후의 교육을 고찰하며 교육의 황폐에 의한 아동들의 실태를 고찰하며 川合章 및 右島洋介의 민주주의 도덕교육론을 소개한다.

상권은 321, 하권은 320면에 달하는 문헌이다.

14. 勝部眞長, 渋川久子,『道德教育の歷史』, 玉川大学出版部, 1984.

일본도덕교육의 역사를 정리한 문헌이다. 명치기의 수신과의 성립을 시작으로 교학성지(教学聖旨)와 수신과 교육, 교육칙어의 환발(渙発, 천황이 내린 명령)과 수신과 교육, 국정교과서의 성립, 대정(大正) 민주주의기의 수신과 교육, 제2차 세계대전 하의 수신과 교육, 대전후의 도덕교육으로 나누어 정리하고 있다. 특히 이 문헌의 특징은 당시의 자료를 그대로 소개하고 있다는 것이다. 225면에 달하는 문헌이다.

15. 中野光, 藤田昌士,『史料道德教育』, 総合労働研究所, 1982.

이 문헌은 제2차 세계대전 전과 후로 크게 나누어 일본의 도덕교육에 필요한 사료를 일목요연하게 정리하고 있다. 전쟁 전에는 1. 봉건사회와 도덕교육(実語教(抄), 御文(抄), 女大学(「女子を教ゆる法」)(抄)로 되어 있음) 2. 명치유신과 도덕교육 3. 천황국가의 확립과 도덕교육 4. 도덕교육에 있어서 자유와 국가통제 5. 저항의 도덕교육과 전시교육으로 나누어 그 당시의 사료를 전부 수록하고 있다.

전쟁 후에는 1. 전후교육의 출발과 도덕교육 2. 도덕교육의 진흥 3.「도덕」의 특설에서「기대되는 인간상」에 4. 도덕교육의 현 단계로 나누어 정리하고 있다. 마지막으로 자세한「사료 도덕교육 연표」를 첨부하고 있다. 296면에 달하는 문헌이다.

16. 古川哲史編,『日本道徳教育史』, 有信堂, 1975.

이 문헌은 일본 도덕교육의 역사를 정리한 문헌으로 저자 후루카와 테츠시를 포함해 9인의 학자 모두가 윤리학 및 철학을 전문으로 한 관계로 교육보다는 도덕 쪽에 비중을 둔 도덕교육사라는 특징이 있다.

내용은 고대국가의 도덕교육을 시작으로 귀족사회의 도덕교육, 불교의 도덕교육, 무가(武家)사회의 도덕교육, 서민사회의 도덕교육, 근대사회의 도덕교육, 전후의 도덕교육으로 나누어 정리되어있다. 특히 근대사회의 도덕교육에는 명치기의 학제의 확립과 도덕교육사조의 전개를 시작으로 교육칙어, 수신교과서와 도덕교육, 군대의 도덕교육, 기독교와 도덕교육 등으로 구성되어 근대의 일본 역사 속에 도덕교육의 사상적 측면을 자세히 알도록 되어있다. 273면에 달하는 문헌이다.

17. 現代道徳教育研究会編,『道徳教育の授業理論－十大主張とその展開』, 明治図書, 1981.

1918년(大正11년)에『8대 교육주장』이라는 책이 나와 당시의 교육계가 주목을 했다고 한다. 그로부터 60년이 지난 1981년 10대 이론을 정리한 것이 이 문헌으로 크게 3장으로 구성되어 있다.

제1장은 도덕교육의 수업이론의 회고와 전망을 정리하고 있다. 이를 더 구체적으로 보면 1958년 이전을 도덕교육의 수업이전으로, 1958년 문부성의『소학교 도덕지도서』발행을 도덕시간 수업의 개막으로, 1965년 1월 30일「문초초제85호」로 각 도도부현(都道府県)에 보낸 문부성 통지「도덕 읽기 자료에 관해서」를 도덕수업의 전진으로 정리하고 있다. 그러나 일본 학교 도덕교육은 문부성의 막연한 전통적인 것과 현대

적 사고의 조화를 강조한 지침을 통지함으로서 일본인을 이중인격으로 만든다는 혼란을 가져온다. 여기에 등장한 것이 미국의 헐휘쉬(H. G. Hullfish)가 쓴 『민주교육의 건설』이며 이를 계기로 통일장면을 맞이한 도덕수업이 전개되고 드디어 생활과 가치의 통일 또는 문제해결과 가치 이해의 통일이라는 도덕수업이 전개되었음을 정리하고 있다.

제2장에서는 이 문헌의 본론인 10대 이론을 정리하고 있다. 첫째로 쓰꾸바대학의 교수인 이노우에 지로(井上治郎)의 '자료로 가르친다'가 아니라 '자료를 가르친다'는 도덕수업관을 제시하며 이에 따라 아동들이 쓴 생활작문을 기초로 그 속에 내재된 가치를 토론을 통해 파악하는 수업이론이다. 둘째는 도덕적 가치 실천화론을 주장하는 히로시마대학 교수였던 스기타니 마사후미(杉谷雅文)의 수업론을 든다. 도덕수업이란 도덕적 가치의 실천화를 가르치는 것을 말하는데 그러기 위해서는 도덕적 가치의 성격이나 본질을 밝혀야함을 강조한다. 셋째로는 도덕적 가치의 일반화를 살리는 도덕수업을 강조하는 동경도립 교육연구소의 타케노우치 이치로(竹ノ内一郎)의 이론을 든다. 가치의 일반화라는 말은 1966년부터 있었으며 그 의미는 장래에 만나게 될 여러 가지 장면 상황에 있어서 가치를 실현할 수 있는 내면적 자질, 즉 도덕적 판단력, 심정, 태도, 의욕을 도덕시간에 충분히 이해하도록 지도의 효과를 높이는 공부를 말한다. 넷째로는 가치의 갈등의 장을 살리는 교토교육대학 교수인 히라노 타케오(平野武夫)의 도덕 수업론을 든다. 인간은 성장하는 가운데 가치의 갈등을 수없이 겪는다. 이와 같은 가치갈등의 장을 극복해나가는 체험을 통해 도덕적 실천력을 높이자는 것이 그의 수업이론의 중요점이 된다. 다섯째로는 도덕가치 형성 과정론을 주장하는 니이카타현의 중학교 선생인 히로카와 마사아끼(広川正昭)를 든다. 인간에게는 가치형성 과정이 있다. 자기를 부정하고 새로운 자기를 발견 창조하는 인간형성과정이 있으며 이

를 도덕수업에서 살리자는 이론이다. 여섯째는 신가치주의적 도덕 수업론을 전개한 오차노미즈 여자대학교수인 미야다 타케오(宮田丈夫)를 든다. 신가치주의적 도덕수업론은 기존의 도덕수업을 생활지도중심이나 가치중심으로 문제를 해결하거나 더 높은 가치를 실현하려는 수업으로 봤다. 그 결과 현재의 도덕문제를 해결 못하는 결과를 가져왔다. 이에 생활지도와 가치중심을 생활 속에 통합하는 방법을 시도하여 새 가치주의라는 말로 이론을 형성한 것을 말한다. 일곱째는 교토교육대학교수인 무라카미 토시하루(村上敏治)의 알기 쉽게 조립한 도덕 수업론을 든다. 도덕 및 도덕수업이란 정신의 문제이기에 추상적이고 알기 어려운 점이 일반적 특징이다. 이에 수업지도안을 알기 쉽게 작성함에 중점을 두고 있다. 여덟 째는 내면적 자각을 기르는 도덕수업이론을 주장한 사가대학교수인 무라다 노보루(村田昇)를 들고 있다. 무라다는 헤르발트처럼 지식에 의한 의지적 태도의 육성을 비판하며 오히려 페스탈로치가 보여준 행위에 의한 행위의 형성을 내면적 자각을 배양하는 방법의 원리로 주장하는 점이 특징이다. 아홉째는 피아제나 콜버그의 발달단계론과 같은 경향의 발달단계를 기반으로 한 도덕수업론을 전개한 오사카교육대학 교수인 모리오카 타카야(森岡卓也)를 들며 마지막으로 역행도(易行道)를 향한 도덕수업론을 전개한 오사카교육대학 교수인 야마모토 마사오(山本政夫)를 든다. 역행도(易行道)란 불교에서 나온 말로 불교를 쉽게 대중화하는 방법(道)을 의미하는 말이다. 즉 자료를 보고 선생자신이 깨달은 점을 솔직히 학생에게 말함으로 학생들이 마음을 열고 같이 공감을 하게되는, 그래서 이론에서 실천으로 가게 되는 원리를 강조하는 수업이다. 이를 사제(師弟)의 구학구진(具学具進)이라는 말로 표현한다.

18. 上寺久雄,『道德敎育の昏迷からの脱出』, 泰流社, 1978.

이 문헌은 위의 『道德敎育の授業理論－十大主張とその展開』문헌처럼 8인의 일본의 도덕교육학자의 이론을 들고 있다. 그런데 위의 문헌과 다른 점은 이 문헌이 들고 있는 8인 가운데 이노우에 지로(井上治郎) 등 3인을 제외 한 4인이 다른 사람이란 점이며 이 문헌의 목적이 현대 도덕교육의 병리를 반성하며 혼미한 지금의 일본 도덕교육을 벗어나기 위해 고찰한 점을 들고 있는 것이다.

1. 타케다 카즈오(竹田加寿雄)의 생활주의와 가치주의의 통일을 기초로 한 도덕교육을 정리하는 것을 시작으로 2. 오히라 카츠마(大平勝馬)의 갈등심리와 도덕지도, 3. 도덕교육과 내면화를 주장하는 카츠베 사네나가(勝部真長), 4. 가치갈등과 도덕지도를 주장하는 히라노 타케오(平野武夫), 5. 신가치주의에 선 도덕교육을 주장하는 미야다 타케오(宮田丈夫), 6. 자료주의에 선 도덕지도를 주장하는 이노우에 지로(井上治郎), 7. 도덕지도와 생활지도를 주장하는 아오키 타카요리(青木孝頼), 8. 도덕교육의 구조를 역설하는 무라카미 토시하루(村上敏治)를 고찰 정리하고 있다. 200면에 달하는 문헌이다.

19. 梅根悟監修,『世界敎育史大系、道德敎育史(Ⅰ)(Ⅱ)』, 講談社, 1976.

일본의 강담사 출판사는 우메내 사토루(梅根悟)를 감수로 세계교육사대계 40권을 1976년 경 출판한다. 40권 가운데 38권과 39권을 도덕교육사로 하고 있으며 39권을 일본도덕교육사로 하고 있다. 내용을 보면 1. 무사의 도덕교육을 중심으로 한 일본의 중세근세의 도덕교육사로부터 시작하여, 2. 명치계몽기의 도덕교육 3. 자유민권운동과 도덕교육 4. 교육칙어와 도덕교육 5. 대정 민주주의와 도덕교육 6. 일본 파시즘과 도덕교육 7. 전후 도덕교육의 개혁과 반개혁으로 구성하고 있다. 특히 부록으로 도덕 교육사 연표를 작성한 것은 주목할 점이다. 382면에 달하는 문헌이다.

20. 宇佐美 寬, 『「道德」授業批判』, 明治図書, 1974/1982.

이 문헌은 1958년부터 강조된 도덕수업에 사용되는 도덕자료에 관하여 비판한 유일한 문헌이다. 저자는 일본 도덕수업에 사용하는 도덕자료의 비판에 있어서 자신의 도덕관을 먼저 명확히 밝히고 있다. 도덕은 무엇보다도 사회적인 사실이라는 것이다. 사회적 사실이란 개인이 다른 인간과의 관계에 있어서 자기의 행위에 대한 의지를 결정한다고 하는 사실이라는 것이다. 그러기 때문에 도덕적 사실을 그렇지 않은 비도덕적 사실과 구별하는 것이 불가능한 경우가 많다고 한다.

그렇기 때문에 도덕수업 자료를 사용하는 경우 목표에서만이 아니라 자료를 선택할 때도 도덕적 사실의 중요한 제 특징을 생각하게 하는 자세를 갖추지 않으면 안 된다고 한다. 제 특징이란 예를 들면 '국가의 원조가 없는데 자기의 부담으로 사람들을 위해 새로운 일을 하는 경우' '이용자의 수가 많고 그 때문에 이용할 기회가 제한된 공공시설' '가지고 있는 돈이 한정되어 사용할 곳이 몇 군데 밖에 없으며 어느 곳인가 선택해야할 경우' '규칙을 만드는 방법 지키는 방법 규칙을 어긴 자를 처리하는 방법' 등을 들 수 있다. 이 문헌은 바로 위에서 예로 말한 4가지 제 특징에 대해 자료 하나씩을 들어 검토 비판하고 있다. 일본 도덕수업의 자료 연구에 도움이 되는 242면에 달하는 문헌이다. 씨의 『「道德」授業をどうするか』가 1984년 明治図書에서 출판되었음을 적어둔다.

21. 村井実,『道徳教育の論理』, 東洋館出版社, 1981.

이 문헌은 새로운 일본의 도덕교육론을 제시한 것으로 내용은 크게 1. 인간과 도덕의 논리 2. 도덕적 주체성의 논리 3. 도덕교육의 논리로 구성되어 있다. 1. 인간과 도덕의 논리에서는 인간이 무엇인가를 시작으로, 인간에 있어서 과학과 도덕, 윤리적 인간상, 윤리적 인간과 가치를 언급하고 있으며, 2. 도덕적 주체성의 논리에서는 주체성의 길, 관습적 도덕의 유형, 도덕적 요구의 지령, 도덕적 주체성의 실현을 설명하고 있으며, 3. 도덕교육의 논리에서는 인간교육으로서의 도덕교육, 도덕시간의 과제, 도덕적 실천의 교육을 언급하고 있다. 소크라테스를 깊이 연구한 저자의 이 문헌은 282면에 달하는 역작이라 하겠다.

22. 西部邁,『国民の道徳』,産経新聞社, 2000.

이 문헌은 2000년에 들어와 우리와 일본 사이에 문제가 된 역사교과서를 만든 「새 역사교과서를 만드는 모임」의 이사인 평론가 니시베 스스무(西部邁)가 쓴 것이다.

그는 일본의 전후(戰後, 제2차 세계대전 후)란 미국을 경유한 순수한 근대주의의 가치관에 일본이 흔들린 반세기였다고 말하며 이러한 가치관을 도덕이라고 부르지 않고 인류보편의 원칙이라고 불렀다. 진보주의, 휴머니즘, 평화주의, 민주주의라는 원칙들이 반세기간을 일본을 서서히 부도덕의 흙구덩이로 끌어드렸다고 말한다. 그래서 이 책을 쓰게 되었다고 한다.

내용은, 1장에서는 에도 이전의 도덕과 명치이후의 도덕을 고찰하는 도덕의 역사와 일본 나라의 성격을 언급한다. 2장에서는 패전한 일본인의 도덕에 무엇이 일어났는가를 물은 후, 천황은 성(聖)과 속(俗) 사이에 서있다고 대답하며, 전쟁책임, 조국을 위해 싸운다는 것의 의미, 민주헌법의 부도덕, 미국과 소련의 역사 경시에 다가선 전후지식인에 관하여 일본중심이 무엇인가를 말하고 있다. 3장에서는 도덕을 상처 낸 미국적인 것이 무엇인가를 언급한다. 개인문제, 자유가 도덕을 파괴한다는 관점, 자유의 허망과 평등의 기만 및 박애의 위선을 지적한다. 메스 미디아가 제일 권력을 가지고 있으며 권위를 발로 차는 대중, 건전한 내셔널리즘이 지도자의 조건임을 주장한다.

4장에서는 도덕의 본질을 문화로서 생각하며 문화가 가지고 있는 전통은 평형감각이 있음을 언급한다. 공과 사의 드라마가 국가의식을 낳는다고 하며 역사의 양식이 국민의 룰이라고 한다. 또한 국어, 역사, 고전적 도덕을 배우는 것이 덕육임을 주장한다. 도덕 없는 글로벌리즘은 하나의 환상에 불과하며 국가의 부재가 시장의 실패를 가져오며 조직이란 도덕에 의해 유지된다. 기술이 환경파괴를 가져오므로 도덕의 필요성을 강조한다. 특히 이러한 점을 경제에 주문하고 있다.

마지막 6장에서는 우리는 도덕을 다시 불러드릴 수 있는 사회를 만들 수 있는가를 묻는다, 잘사는 사회 속에 가난한 점, 물신(物神)에 기댄 욕망, 여론의 도덕과 세론의 부도덕, 부끄러움의 문화를 부수는 대중사회, 몸을 팔고 사람을 죽이는 흐름, 가정은 부모가 자식에게 반드시 전해주어야 하는 사교장이며 지역사회는 도덕의 훈련장이며 사생관은 도덕을 단련시킨다.

일본의 국체라는 전통도덕을 지금의 흩어진 일본사회에서 재구성하려는 의도를 보여주는 문헌이라 하겠다. 673면에 달하는 방대한 문헌이다.

이 문헌의 뒷면에 적혀있는 「새 역사 교과서를 만드는 모임」의 역원의 명부를 적어두고자 한다. 会長, 西尾幹二(전기통신대학교수/독일문학), 副会長, 高橋史朗(명성대학교수/교육학), 理事, 伊藤 隆(정책연구대학원대학교수/동경대학명예교수/일본사학·근대사), 理事, 坂本多加雄(학습원대학교수/

일본정치사상사),   理事,   田久保忠衛(행림대학교수/국제정치학·국제관계론),
理事, 田中英道(동북대학교수/미학·서양미술사),   理事, 種子島経(BMW동
경주식회사전사장), 理事, 中島修三(변호사), 理事, 西部邁(평론가/発言者塾
主宰),   理事,   芳賀徹(쿄토조형예술대학학장/동경대학명예교수/비교문학),   理
事, 藤岡信勝(동경대학교수/교육학),   理事대우, 小林요시노리(만화가), 理
事·사무국장, 高森明勅(국학원대학강사/신도학), 監事, 古賀正(동방레용주
식회사상담역), 監事, 富樫信子(공인회계사)이다.

23. 青木孝頼·金井肇·佐藤俊夫·村上民治 編,『新道徳教育事典』,
第一法規, 1980.

일본에는 도덕교육사전이라는 것이 있다. 이 문헌의 구판(旧版)으로
1965년에 출판된 것이 있으나 이번에 다시 개편하여 나온 것이다. 위의
편자 네 학자를 포함하여 30인이 작성한 사전이다. 내용은 1. 도덕교육
의 기본원리를 시작으로 2. 도덕교육의 변천 3. 제 외국의 도덕교육 4. 도
덕성의 구조와 발달 5. 교육과정과 도덕교육 6. 학교·학급경영과 도덕교
육 7. 도덕교육의 목표와 내용 8. 도덕교육의 계획 9. 도덕지도에 있어서
주제의 구성 10. 도덕지도의 제 방법 11. 도덕지도의 자료의 활용 12. 도
덕의 지도과정 13. 지도안의 작성 14. 도덕교육에 있어서의 평가 15. 도
덕교육의 현대적 과제 16. 도덕지도내용의 해설이 소학교와 중학교로 나
누어 구성되어있다.

부록에는 교육기본법, 학교교육법(초), 아동헌장, 소학교 중학교의 도
덕실시요령에 관해서, 학교에 있어서의 도덕교육의 충실한 방책에 관해
서, 도덕의 독서자료에 관해서, 청소년 단체활동의 촉진에 관해서, 동화
(일본의 천민을 말함, 부락민이라고도 함)교육에 관해서, 동화대책요강, 동화
대책사업 특별 조치법(초), 동화교육추진에 관해서, 동화지구에 관한 사

회적 및 경제적 제 문제를 해결하기 위한 기본방책에 관하여(초), 기대되는 인간상, 소련의 생도규칙, 중국의 중학생 소학생의 수칙, 소·중·고의 교육과정의 기준의 개선에 관하여, 소학교 학습지도요령(抄 1958·1968·1977), 중학교 학습지도요령(抄 1958·1968·1977), 문부성 편 소학교 도덕의 지도 자료 명 일람, 문부성 편 중학교 도덕의 지도 자료 명 일람, 문부성 간 소학교 도덕지도서·지도 자료류 일람, 문부성 편 중학교 도덕지도서·지도 자료류 일람 등이 갖추어져 있다. 327면에 달하는 문헌이다.

■ 참고문헌

〈제1장〉

1. Richard Stanly Peters. *Form and content in Moral Education(Authority, Responsibility, and Education. George Allen & Unwin*, 1978.
2. 河合雅雄, 沢田允茂, 『動物と人間』, 思索社, 1980.
3. Richard S. Peters. *Moral Development and Moral Education*. George Allen & Unwin, 1896.
4. 盛田昭夫, 石原慎太郎 共著, 『「No」と言える日本』, 光文社, 1990.
5. 加藤地三, 中野新之祐, 『教育勅語,を読む』, 三修社, 1984.
6. Arnold Joseph Toynbee. 『歴史の教訓』, 松本重治 訳, 岩波書店,1981.
7. 中村元, 『東洋人の思惟方法 3 日本人の思惟方法』, 春秋社, 1979.
8. 渡辺格, 外2人 編, 『NOBEL賞講演 生理学, 医学 1970〜73』, 講談社, 1985.
9. 土居健郎, 『甘えの構造』, 弘文堂, 1980.
10. 이어령, 『「縮み」志向の日本人』, 学生社, 1982.
11. 今道友信, 岩波書店, 『思想』(1983년 1월호)의 「技術時代における新しい倫理学」, 『エコエテカ』, 講談社学術文庫, 1990.
12. 中村元, 『原始仏教の生活倫理』, 春秋社, 1972/1978.

〈제2장〉

13. 丸山真男, 『日本の思想』, 岩波新書, 1961/1978/1996.
14. 長谷川正安, 『日本の憲法』, 岩波新書, 1979.
15. 岩波講座, 『東洋思想第16巻 日本思想2』, 岩波書店, 1989.
16. 加藤地三, 中野新之祐, 『教育勅語を読む』, 三修社, 1984.
17. 新村出 編, 『広辞苑』, 岩波書店, 1976.
18. C. L. Stevenson. *Ethics and Language*. Yale University Press, 1985.
19. Edward O.Wilson. *On Human Nature*. Harvard University Press, 1978.
20. Edward O.Wilson. *Sociobiology : The New Synthesis*. Harvard University Press, 1975.
21. 永井博, 『生命論の哲学的基礎』, 岩波書店, 1973.

22. 프리조프 카프라(Fritjof Capra), 『현대물리학과 동양사상』, 이성범, 김용
　　정 번역, 범양사, 1993.
23. Edward O. Wilson. Sociobiology : The New Synthesis. harvard University
　　Press, 1975.
24. 교육부, 「국민 학교 교육과정」, 「중학교 교육과정」, 1994.
25. 교육부, 「바른 생활」(1-2학년), 「도덕」(3-6학년), 1996학년도 1학기.
26. 교육부, 「도덕」(중학교1-3학년), 1996학년도 1학기.
27. 문부성, 「소학교지도서 도덕편」, 1993.
28. 문부성, 「중학교지도서 도덕편」, 1993.
29. 上寺久雄 編著, 『道德敎育の昏迷からの脫出』, 泰流社, 1975.
30. 井上治郞, 『新編道德自作資料選集』, 小学校低・中・高 三冊, 1990.
31. 文部省, 「中学校指導書 道德編」, 1993.
32. Norman J. Bull. *Moral Education*. Routledge & Kegan Paul, 1969.
33. 교육부, 제6차 초등학교 교육과정,1992. 제6차 중학교 교육과정, 1992.
34. 교육부, 제7차 바른 생활, 슬기로운 생활, 즐거운 생활, 우리들은 1학년
　　교육과정, 1997.
35. 제7차 도덕과 교육과정, 1997.
36. 교육부, 제6차 초등학교 교육과정, 1992.
37. 교육부, 제6차 중학교 교육과정, 1992.
38. 교육부, 제7차 도덕과 교육과정, 1997.
39. 문부성, 소학교학습지도요령, 1998.
40. 문부성, 중학교학습지도요령, 1998.
41. 문부성, 소학교학습지도요령, 1988.
42. 문부성, 중학교학습지도요령, 1988.
43. 문부성, 소학교학습지도요령해설 도덕 편, 1999.
44. 문부성, 중학교 학습지도요령 해설 도덕 편, 1998.

〈제3장〉

45. 千石保, 遠山敦子, 『比較日本人論』, 1980.
46. 中村吉治, 『武家의 歷史』, 岩波新書 647, 1967.
47. 『新敎育学大事典 3』,細谷俊夫 外3人, 第一法規, 1990.
48. 『現代のエスプリ　しつけ』 NO. 113, 松原治郞, 佐藤カツコ編集解説, 至文堂, 1976.

49. 『子どものしつけ百話』, 近藤薫樹, 好永邦夫 外2人, 新日本新書 119.
　　 1970 / 1985.

50. 『現代のエスプリ　しつけ　NO. 113』, 松原治郎, 佐藤カツコ編集解
　　 説, 至文堂, 1976.

〈제4장〉

51. 広池千九郎, 『道徳科学の論文 1-9』, 広池学院出版部, 1986/1987/1988.

52. 荒木美智雄, 「陰陽道」(岩波講座, 『東洋思想』第16巻, 『日本思想 2』),
　　 岩波書店, 1989.

53. 蔡恒息(中村璋入, 武田時昌　訳), 「易のニューサイエンス」, 東方書
　　 店, 1989.

54. Fritjof Capra의 *The Tao of Physics*. Murray Pollinger, 1975/1983.(이성범,
　　 김용정 번역, 『현대물리학과 동양사상』, 범양사출판부, 1979/1993)

55. Essays in moral development. Vol. I : The philosophy of moral development.
　　 New York : Harper & Row. 1981.

56. Essays in moral development. Vol. II : The psychology of moral development.
　　 New York : Harper & Row. 1985.

57. Essays in moral development. Vol. III : The education of moral development.
　　 New York : Harper & Row. 1990.

58. Frank Thilly. *A History of Philosophy*. Holt, Rinehart and Winston,
　　 1914/51/56.(제3판, 김기찬 번역, 현대지성사, 1998, 출판.)

59. *A Dictionary of Christ and Gospels*. ed. by J. Hastings, vol. II, 1909.

60. 中村元, 『ヒンドゥー教史』, 山川出版社、 1979.

〈제5장〉

61. 和辻哲郎, 『風土―人間学的考察』, 岩波書店, 1935/1978.

62. Martin Heidegger. Sein und Zeit. n.p. 1927. Cf.

63. 『厳密の学としての哲学』(Edmund Husserl. *Phanomenoliogie als strenge
　　 wissen schaft*) 佐竹哲雄 訳, 岩波書店, 1981.

64. 木田元, 『現象学』, 岩波新書, 1970/1979.

65. 山崎正一 編, 『現代哲学入門』, 有斐閣, 1968.

66. 鈴木秀夫,『風土の構造』, 大明堂, 1975.

67. 鈴木秀夫,『超越者と風土』, 大明堂, 1976.

68. 千葉徳迩, 外 1名,『風土論・生気候』, 朝倉書店, 1979.

69. 和辻哲郎,『倫理学』(上・下), 岩波書店, 1965 / 1979. 본 저서는 원래
上・中・下의 세 권으로 출판되었다. 上은 1937년, 中은 1942년,
下는 1949년 출판되었으나 1965년 上・中을 합쳐 上권으로하여
上・下 2권으로 출판되었다.

70. 和辻哲郎,『人間の学としての倫理学』, 岩波書店, 1934/78.

71. 常山春平,『続・神々の体系』, 中公新書, 1975.

72. 久野収, 鶴見俊輔,『現代日本の思想』, 岩波新書, 1983.

73. 和辻哲郎,『日本倫理思想史 下』, 岩波書店, 1962/1977.

74. 紫野昌山,『教育社会学を学ぶ人のために』, 世界思想史, 1985.

75. 中村 元,『普遍思想 上』, 春秋社, 1978.

76. 中村元,『東洋人の思惟方法 1』, 春秋社, 1979.

77.『記号を哲学する』, 山本茂雄 外4人編集, 勁草書房, 1984.

78.『現代思想・入門』, 別冊宝島44, JICC出版局, 1986.

79. 페르디낭・드・소쉬르,『일반언어학강의』, 오원교 역, 형설출판사, 1991.

80. 中村元,『東洋人の思惟方法 3 』, 春秋社, 1979.

81. 丸山真男,『日本政治思想史研究』, 東京大学出版会, 1952/91(新装第6
刷).

82. 丸山真男,『現代政治の思想と行動』, 未来社, 1964/91(第144刷).

83. 丸山真男,『忠誠と反逆』,筑摩書房, 1998.

84. 加藤周一, 木下順二, 丸山真男, 武田清子 編『日本文化のかくれた
形』,岩波書店, 1984.

85. 長谷川正安,『日本の憲法』, 岩波新書, 1979.

〈제6장〉

86. Jared Diamond. "Japanese Roots." DISCOVER 86 JUNE 1998.

87. 旗田巍 著(李基東訳),『日本人의 韓国観』, 一潮閣, 1985.

88. 金達寿 著,『日本の中の朝鮮文化 1-4』, 講談社文庫, 1983 / 1984.

색 인

ㅇ

日本の道徳と道徳教育

『日本の道徳と道徳教育』という本をかく意図は次の三つである。

一つは、われおれ韓国人は一番近い国のひとつである日本に関してかならず正確に知って置かなければならない。その理由はわが国の歴史がよく教えているように、われわれにおいていいことやよくないことやすべて近い国との間で発生するからである。つまり、われわれが隣国を正確に把握することによって、いいことに関しては互いに激励し、よくないことに関しては互いに前もって予防することができるからである。

今までのわが民族を見ると、心善い民族だからかもしれないが、他国が自分の国に対して悪いことは絶対にしないだろうと思っている。しかし、われわれのそのような思いは一つの希望にすぎない。国と国、民族と民族のあいだには、とても冷酷なことが多く発生する。自分の国または自分の民族が生存するためには、まわりの国や民族を搾取の対象とすることは自然の理である。しかし、このことは搾取の対象になる国にとって大変なことである。大変なことが自分の国や民族におこらないように、周りの国を正確に把握し自分を強く育てるしかない。

では、日本を正確に把握するとき、日本の何を正確に把握することかという疑問をもつことになる。疑問に対する答は、われわれの文化を見ると、その答えが可能である。文化というものはもとより多方面で多様化されている。これは日本の文化においても同様である。というと、正確に把握することとは、丁度多様化されている文化を知ることである。

ところが正確に把握することは文化のみではなく、文化の底に横たわっている思考方式まで把握することである。なぜかというと思考方式は価値判断を根拠にして文化を発展させる主体になるからである。このような価値判断は結局道徳の問題にかかわっているので、この本を書くことになったと言えよう。

　二つは、おれわれ韓国は経済的にゆたかな生活をしたい目標を立てている。経済的にゆたかな生活をしたいということはなにより衣食住を十分に備えることである。ところが、備えるためには国民のみんなが不断な努力をしなければならない。しかし、実際には努力だけでは足りない。国民が一つに団結しあい協力する精神を持たなければならない。このように精神をもって行動するのが道徳であり道徳教育である。言い変えれば、道徳と道徳教育がよく行われていないと、経済的なゆたかは存在し難いということである。もし、道徳と道徳教育がよく行われていないのに、経済的なゆたかが存在するんだとすれば、これは異国の援助があったからか、または一時的な現状にすぎないだろう。

　現在の日本は経済的な状況が悪くなりつつあるとしても、韓国より非常に発達した経済大国である。経済大国に潜んでいる日本の精神を正確に把握しなければならない。このようなことに役に立たせるような目的で、この本を書くことになったのである。

　三つは、われわれは経済的なゆたかを追求しながら精神的なゆたかも望んでいる。精神的なゆたかというのは多様化されたさまざまな知識を通をして、自分を知り自分を調節しながらまわりに善い影響を与える精神能力だと言えよう。というと、このような精神能力の形成は社会における道徳的な雰囲気と家庭や学校における道徳教育からはじまる。

　しかし、韓国のばあいは経済的なゆたかが教育の目的のようになり、そのうえ大学入試教育が教育のすべてのようになった現実のなかで、形式的

な教育改革だけを言っている。だから道徳や道徳教育に関してはなんにも
していない。このような時期に、どなりの日本はどうしているかは非常に
知りたいことである。とくに道徳と道徳教育に関心をもっている人には一
つの基礎研究になると思われる。そいうわけでこの本を書くようになった
のである。

　では、以上のような三つの意図をもってこの本を書くが、本の内容はど
のように構成されているかを簡単に要約してみる。

　第1章では、日本社会で見られる道徳に関してありのまま書いてみる。
さらに道徳がもっている道徳性を構造的に考察してみる。このような道徳
と道徳性の構造が維持発展するために、第2章では、学校の道徳教育、第
3章では、家庭の道徳教育がどうなっているかを考察する。特に、学校の
道徳教育のばあいは、韓国における学校の道徳教育の問題点を考えさせた
いということで、韓・日比較研究の形態を取る。以上のような道徳と道徳
教育をなりたたせる道徳思想に関して二つにわけ考察するが、第4章では、
道徳と道徳教育に直接関連がある道徳思想として道徳科学(moralogy)に
関して考察する。第5章では、道徳と道徳教育に大きい影響を与えている
日本の碩学達の道徳思想に関して考察する。日本の六・七十代の人々に
大きい影響を与えた和辻哲郎の道徳思想をはじめ、中村元の日本人の思
惟方式論、丸山真男の日本思想論を考察する。第6章は最後の章として、
日本の道徳と道徳教育に関する結論と展望を書いているが、特に韓国人と
日本人は同じ先祖をもつ民族ではないだろうかという疑問に関してまとめ
たものを紹介する。附録としては、日本の道徳と道徳教育に関する研究に
必要な代表的文献を紹介している。

후 기

『일본의 도덕과 도덕교육』이라는 본서는 우리 나라에서는 처음으로 일본도덕연구를 시도한 책이다. 이 책에 관하여 두 가지를 말해 두고자 한다.

하나는, 책이란 내용의 정확성이 문제라고 제1장에서 밝혔다. 과연 이 책의 내용은 정확한가를 마지막으로 생각하지 않을 수 없다. 이 책에 사용된 자료로서의 논문들이 몇 년 전 것과 최근의 것이 같이 있다보니 아무리 해도 정확도가 지나간 것이 있거나 내용이 중복된 것이 있으리라 생각한다. 그러나 가치판단과 관련 있는 도덕은 그리 쉽게 변하지 않는 부분이 있음을 고려한다면 본서의 내용은 읽을 가치가 충분한 자료라 생각한다.

또 하나는, 일본에 오래 거주하다 보니 본인도 모르게 문장의 표현이 어렵게 되어있음을 고백하지 않을 수 없다. 우리말을 쓸 때는 일본어의 표현방법이, 일본어를 쓸 때는 우리말의 표현방법이 시간을 걸리게 한다. 역시 사람은 한가지 말을 사용하든지 머리가 아주 좋든지 해야 하나 보다. 표현의 부족을 독자의 너그러운 이해에 돌리게 되어 죄송하기 그지없다.

이 책을 만드는 과정에 본인을 지켜본 집 식구들이나 학교와 학회의 동료교수들, 보고사 출판사의 여러분께 그저 감사의 인사를 올릴 뿐이다.

2001년 12월 저자 씀.

저자약력

홍현길(洪顯吉)

경복고를 졸업하고 연세대 철학과에 들어갔으나 중퇴하고 서울교육대에 들어갔다. 초등 교사를 하면서 명지대학에서 문학을 공부했으며 대한기독신학교에서 신학을 공부했다. 일본에 건너가 케이오(慶応)대학에서 일본어를 공부하고 국제기독교대학(ICU)에서 도덕사상을 공부했으며 쓰꾸바(筑波)대학에서 일본사상과 도덕교육을 공부하였다. 쓰꾸바대학에서 국제학석사, 교육학석사, 교육학박사 학위를 받았다.

일본도덕과학연구소에 촉탁연구원으로 있다가 귀국하여 가천길대학 교수로 교육학을 강의하고 있다. 국내의 여러 대학과 대학원에 시간강사도 해보았다.

저서로는 일본교육, 일본문화에 관한 것이 있으며 히로시마 원폭에 관한 번역서가 있다. 일본인, 일본사상, 한일도덕교육비교, 도덕교육 등에 관한 다수의 논문이 있다.

일본연구총서 10

일본의 도덕과 도덕교육

2001년 12월 29일 초판 발행

저　자　洪顯吉
발　행　韓國日本學協會
펴낸곳　도서출판 보고사(등록 제6-0429)
　　　　서울시 성북구 보문동7가 11번지
　　　　Tel. : 02-922-5120~1　　Fax. : 02-922-6990
　　　　E-mail : kanapub3@chollian.net
　　　　HomePage : www.bogosabooks.co.kr

ⓒ BOGOSABOOKS. 2001

ISBN 89-8433-111-2　　정가 16,000원

본서는 2001년도 일본 만국박람회기념협회와 국제교류기금의 보조금에 의한 출판물이다.
本書는 平成13年度日本万国博覧会記念協会と国際交流基金の補助金による出版物である。